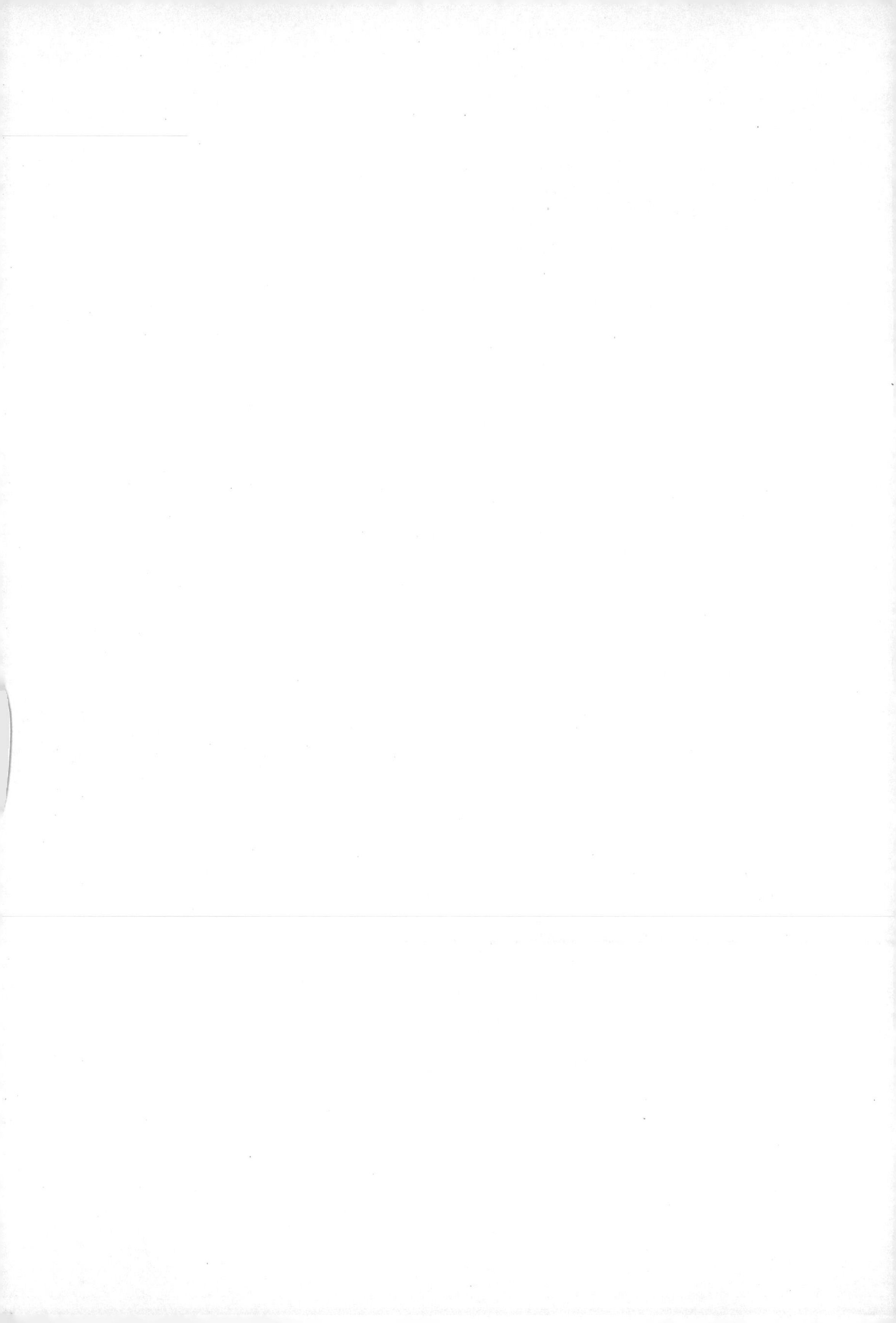

楊序

近年來，教育領域的研究，由於社會科學方法與工具的不斷開發和突破，以及教育改革和教育內涵的變革與創新，使得在研究的質與量方面，有了可觀的成果。探討研究方法的書籍，在教育領域方面雖然已經不少，但是，著重在量化研究方面的書籍，畢竟還是鳳毛麟角，因此，需要教育學者投注更多心血去耕耘這塊園地。

黃芳銘博士係本校教育系助理教授，目前在該系任教教育統計與教育研究法等課程，並曾於國立體育學院教育學程中心擔任四年教職，教授有關教育測驗與評量、教育統計、教育社會學，以及教育哲學等課程。芳銘君早年就讀於台灣師大社會教育系社會工作組，並選修數學為輔系，畢業後在台北縣擔任五年國中數學教師，旋即赴美攻讀社會學碩士、博士，基於這些背景，使得芳銘君在教育統計與教育社會學方面皆有精湛的研究心得。

本書係一本介紹「結構方程模式」的書籍，綜覽全書，對統計技術的理論基礎有深入淺出的探討，並且能配合教育相關資料來闡述，所以對有志於教育量化研究的讀者而言，可以說是一本值得推薦的入門書籍。

楊國賜

民國九十一年七月十六日

于國立嘉義大學校長室

邱序

孜孜不倦於學術研究之年輕學者，出書是累聚豐碩知能的必然結果。芳銘即將問世的這本統計書籍，就是年輕人努力耕耘的回首。我與芳銘結緣於民國七十二年，個人正從事教育廳所委託的社區全民運動研究，當時，擔任我研究助理的芳銘君，就已展現其令人折服的統計能力。民國八十年，當我得知芳銘到美國猶他大學攻讀社會學博士，我心中不但高興，而且有一種踏實的感覺，如同此刻為他寫序，感受得到他一步一腳印的認真、誠懇與厚重。

回國後，芳銘在國立體育學院教育學程中心任教，教授教育社會學、教育測驗與評量、教育統計，以及教育研究法等課程。就個人所知，芳銘教課認真、上課方式相當風趣且能和學生互動，所以他所教授之課程皆能受到學生相當程度的歡迎。教育工作者均知，唯有不斷挑戰自己教學心得，旁徵博引各類教學素材的學者，才能引發上課學生的共鳴。芳銘習慣性的激勵自己，再度得到驗證。

因著這份激勵，熱愛學術治學嚴謹的芳銘，將自己數年來的教學所得彙整撰寫成《結構方程模式：理論與應用》一書，我再度看到他執著學術的特質。這本書取材相當豐富，書中不僅使用教育資料，更廣納體育界相關之資料與實例，以深入淺出方式，引導讀者應用結構方程之模式。要把統計抽象的術語，寫得淺顯易懂著實不易。體育界的朋友，如果您仍在相關量化研究的路上困擾，那麼，嘗試看看芳銘君的傑作吧！

邱金松

民國九十一年七月十七日

于國立體育學院研究室

自 序

1991年4月4日，我收到美國猶他大學社會學系提供獎學金的信，是年8月，辭去國中數學教職，隨後於9月3日帶著一顆期待與惶恐的心，搭上聯合航空的班機，前往修習研究所課程。在第一堂的統計課裡，聽到一個我在台灣未曾學過的新統計名詞——「結構方程模式」——那是系上統計老師Dr Tom Burns介紹的，從此啟迪了我學習這門課的興趣。我的博士論文指導教授郭文雄先生，他給了我深厚的統計基礎。

基於在美修習不少統計方面的課程，回國後便一直有機會教授教育統計，並在課餘積極從事量化的研究。三年前，個人開始醞釀寫書的構想，幾經思量，有感於「結構方程模式」乃統計技術上的一大革命，對社會與行為科學的研究有相當的俾益，近來在台灣也漸漸受到重視，而坊間卻沒有一本專論的書籍，於是便決定以「結構方程模式」作為我的第一本寫作目標。

三年來，懷著社會學大師Weber所謂「學術作為一種志業」的態度，汲汲於蒐集相關的英文書籍、文章，以及LISREL軟體，希能寫好本書。雖將書名定為《結構方程模式：理論與應用》，然一開始就無意涵蓋所有結構方程模式的議題，只希望先寫出基本的理論與應用，作為初學者入門之用。

本書分兩大篇，將理論與應用分開處理。第一篇主要是談基本理論，總共九章，九個章節主要是依據結構方程模式驗證程序來鋪成；第二篇則有六章，在第十章中先讓讀者熟悉如何撰寫結構方程模式的程式語言，讓讀者可以較輕鬆地學會將其所建構的理論模式以軟體做出來。其後四個章節在處理結構方程模式經常碰到的應用問題。無可諱言地，結構方程模式能夠應用的層面相當廣泛，所以本書無法將所有問題全部包含。最後一章則用來處理有關的批判以及對一些值得注意的重要主題稍加介紹。

本書是筆者的第一本書，囿於個人知識能力有限，必有不少偏失繆誤之處，願就教於學者先進與各方高明，若蒙不吝指正，筆者必虛心學習，並於日後補正之。

本書的完成要感激的人相當多：墊基我統計基礎的師大林清山老師；一路帶領我走上研究之路，並鼓勵與支持我出國留學的前體院校長邱金松老師，特別一提的是，他對我的關心與照顧，已如同親生父親；國中時的陳素秋老師，如同親生母親般，在我人生的過程中，不斷的關懷我；師大宋明順老師奠定了我的社會學理論基礎，這使得我在研究的過程中，更重視理論的實質性，而非僅僅依據統計的資料來說話。

此書是進入嘉義大學不久後完成的，能夠如此順利的完成，實應感謝楊國賜校長、蔡榮貴院長、李新鄉所長，以及周立勳主任，是他們提供了我一個良好寫書的環境與設備。感謝嘉義大學國小師資班邱莉婷同學，幫助我校閱初稿的一些用詞。感謝黃琦智同學校閱稿件之外，也幫我整理參考文獻、索引以及編排版面。

感謝向陽公益基金會的支持，本書中部分統計分析資料是本人在擔任其副執行長任內蒐集的。感謝五南圖書出版公司楊榮川先生以及總編輯王翠華女士的厚愛，慨允出版本書。

最後，要感謝我的父母親，雖然他們無法看到此書的出版。更要感謝我的妻子黃惠玲，她用心照顧兩個可愛的女兒，使我無後顧之憂，而能夠全心地撰寫此書。

黃芳銘 謹識

民國九十一年六月三十日

國立嘉義大學教育系

目錄

第一篇　理論篇

第二篇　應用篇

第一篇

理論篇

第一章

結構方程模式的意義與概念

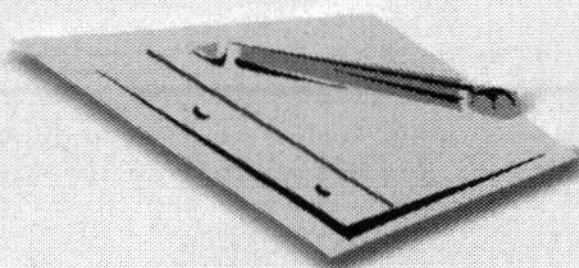

結構方程模式（structural equation modeling, SEM）是一個相當新的統計技術，它大量地應用在社會及行為科學的領域裡也不過是近三十年的事。SEM是什麼呢？Mulaik和James（*1995*）認為SEM是一種呈現客觀狀態（objective status of affairs）的數學模式。所以說，它是一種呈現客觀狀態的語言[1]。從統計的語言來說，SEM 是用來檢定有關於觀察變項（observed variables）與潛在變項（latent variables）之間假設關係的一種全包式統計取向（*Hoyle, 1995*）。它所以能夠是一種全包式統計的方法論乃是因為融合了因素分析（factor analysis）以及徑路分析（path analysis）兩種統計技術。

SEM 為何如此受歡迎呢？Bollen 和 Long（*1993*）認為是因為 SEM 具有普遍性（generality）的特質。它提供研究者用於量化與理論檢定的一種包羅萬象的方法。如果讀者對計量經濟學（econometrics）熟悉的話，那麼會發覺SEM和計量經濟學中的聯立方程模式（simultaneous equation modeling，又可稱為徑路分析）一樣，可以處理具有許多內因變項（endogenous[2] variables）的聯立方程式。但是在計量經濟學裡，測量變項皆被視為是沒有任何測量誤（measurement errors）存在，也就是說，假設這些觀察變項的信度皆為1.00。學理上，我們皆瞭解任何測量都會產生誤差，例如，用尺來量身高，尺的精確度會導致誤差存在。對 SEM 而言，其允許處理變項的測量誤，並且試圖更正測量誤所導致的偏誤（biases）。這點使得其較計量經濟學中的聯立方程模式更受歡迎。

在心理計量學與社會計量學中，因素分析（factor analysis）是相當受歡迎的一種統計技術，常用來從一堆變項中抽取出一些共同因素

---

1 對許多善用數學的人而言，數學也是一種語言。作為溝通抽象概念的語言。

2 Endogenous 內因的一詞是從希臘文字 endos 衍生而來的，意味「內在起源的」（of internal origin）。在 SEM 裡，其代表受到內在其他變項的影響。

（common factors），用以呈現潛在的理論構念（construct）[3]。因素分析的起源可以追溯到Galton[4]與Pearson（*1904*）的作品，然而，真正處理潛在因素與觀察變項之間關係的文章是 Spearman 在1904年所發表的作品（*Cudeck, Toit, & Sörbom, 2001*）。

當共同因素被出取出來之後，就可以獲得每個項目和每個因素間的因素負荷量（factor loadings），用以代表測驗項目測量共同因素的重要性指標；其也可以讓研究者以因素負荷量判斷個別項目與相對應因素的關係，更可以從因素轉軸中所獲得的指標來評量項目的優劣。雖然，因素分析有如此多的好處，但是，其只能作為測驗編製過程中的初步結構探討或理論形成之用，而無法作為檢定理論因素建構之用。其次，因素分析也有下列之限制：

1. 測驗的個別項目只能分派到一個因素，並只有一個因素負荷量。如果一個測驗項目與兩個或以上的因素構念有關，因素分析就無法處理。
2. 因素與因素之間的關係必須是全有或全無，即所有因素必須有相關或所有因素必須是無相關。
3. 因素分析假定測驗項目與測驗項目之間的誤差是不相關的，但事實上，許多測驗的項目與項目之間的誤差來源是相似的。

相對於因素分析的這些問題，SEM就具有以下的優點：

1. 可做項目分析，精確的估計個別項目，且將項目分析的概念融合於因素結構的檢測中。
2. 可檢定個別項目的測量誤差，並且將測量誤差從項目的變異量中抽離出來，使得因素負荷量具有較高的精確度。
3. 可依據理論，預先設定項目放置於哪一個因素中，或哪幾個因

---

[3] 構念、概念與觀念這三個詞有某種程度的相似性，因此一般研究者會交替使用，不過對SEM的學者而言，建構通常會和潛在因素或潛在變項交替使用。

[4] Galton 被稱為因素分析的先驅（the forerunner of factor analysis）。

素中，亦即，一個項目可以同時分屬於不同因素，並可設定一個固定因素負荷量，或設定任何幾個項目的因素負荷量相等。

4. 可依據理論，設定某些因素之間具有或不具有相關，甚至於將這些相關設定為相等的關係。

5. 可對整體因素模式做統計的評估，來瞭解理論所建構的因素模式與所蒐集資料間的符合程度。所以說，SEM是一種理論模式檢定（theory-testing）的統計方法。

看到上面這些理由，我們不得不承認 SEM 是一個應用範圍廣的統計技術，難怪，近年來在臺灣的社會與行為科學界也跟著流行起來。

第一節　結構方程模式的基本概念

SEM是一個結構方程式的體系，在這些方程式裡包含有隨機變項（random variables）、結構參數（structural parameters），以及有時也會包含非隨機變項（nonrandom variables）。隨機變項包含三種類型：觀察變項[5]、潛在變項[6]以及干擾／誤差變項（disturbance/error variables）。

觀察變項是可以直接測量的變項。例如教育水準、收入、職業等。潛在變項則是理論的或假設的構念，它們通常無法直接地測量。例如文化資本（cultural capital）、社會資本（social capital），以及疏離感（alienation）。而潛在變項是可以用觀察變項來加以建構。SEM 中

5 觀察變項也可稱為可測量變項（measured variables）、觀察測量（observed measures）、項目（items）、指標（indicators）。其中指標是最常與觀察變項交替使用的名詞。

6 潛在變項也可稱為潛在構念（latent constructs）、無法觀察變項（unobservables variables）、構念變項（construct variables）。

變項與變項之間的連結關係是以結構參數來呈現。結構參數是提供變項間因果關係的不變性常數。結構參數可以描述觀察變項與觀察變項間的關係、觀察變項與潛在變項間的關係，以及潛在變項與潛在變項間的關係。非隨機變項則是探測性變項，它們的值在重複隨機抽樣下依然不變。

上述變項所組成的 SEM 體系又可以分為兩個次體系：測量模式（measurement model）次體系以及結構模式（structural model）次體系。

一 測量模式

使用觀察變項來建構潛在變項的模式就是測量模式。也就是說，用觀察變項來反映潛在變項。正因為此種原因，在 SEM 中的觀察變項有時也被稱為是反映指標（reflective indicators）（關於此一概念的詳細探討請見附錄 1-1）。有時為了與潛在變項有相對應的關係，有些學者便稱觀察變項為顯在變項（manifest variables）。

測量模式在SEM的體系裡就是一般所稱的驗證性因素分析（confirmatory factor analysis, CFA）模式，也就是說，在 SEM 中的驗證性因素分析的技術是用於評鑑觀察變項可以定義潛在變項的程度。在SEM中，測量模式可以界定為外因（exogenous）[7] 觀察變項或獨立（independent）觀察變項與內因（endogenous）觀察變項或依賴（dependent）觀察變項兩類。

我們採用LISREL[8] 的命名方式，則外因觀察變項是以 X 變項命名之，內因觀察變項則是以 Y 變項命名之。由 X 變項所反映的潛在變項

---

7 Exogenous 外因的一詞是從希臘文字 exo 衍生而來的，意味「外在起源的」(of external origin)。在 SEM 裡，外因代表其總是作為一個「因」，而不會是一個「果」。

8 LISREL 乃是一種 SEM 的統計軟體。由 Jöreskog 於 1970 所撰寫的，它是 LInear Structural RELationships 的縮寫，也是本書中主要用來執行 SEM 程式的統計軟體。

稱為外因潛在變項（exogenous latent variables）[9]，這些變項以希臘字 ξ（Xi）代表之。ξ 與 ξ 之間所形成的變異數－共變數矩陣（variance-covariance matrix，簡稱共變數矩陣）則是以 Φ（phi）表示之。構成外因觀察變項與外因潛在變項間的迴歸係數（結構參數）是以 Λ_x（lambda x）表示之。外因觀察變項的測量誤以 δ（delta）表示之，δ 之間的共變數矩陣以 Θ_δ（theta-delta）表示。由 Y 變項所反映的潛在變項稱為內因潛在變項（endogenous latent variables），以 η（eta）表示之。Y 變項的測量誤以 ε（epsilon）表示之。ε 之間的共變數矩陣以 Θ_ε（theta-epsilon）表示之。構成內因觀察變項與內因潛在變項間的迴歸係數以 Λ_y（lambda y）表示之。

這些變項關係的組合形成各種測量模式，以下就常遇到的測量模式，以圖解方式加以說明。圖 1-1 呈現以外因觀察變項為定義的測量模式。圖 1.2 呈現以內因觀察變項為定義的測量模式。

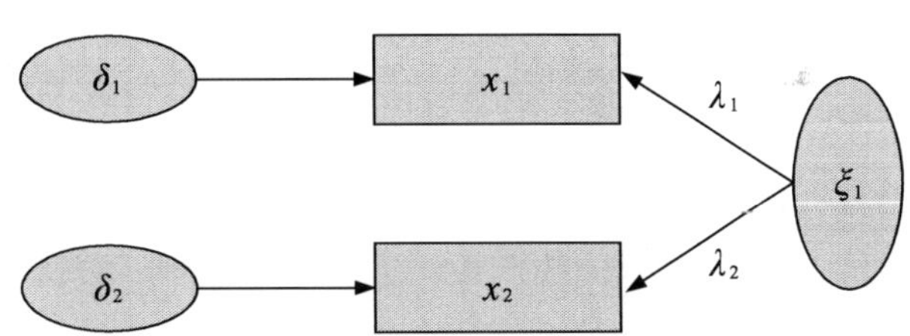

圖 1-1　外因觀察變項為定義的測量模式

---

[9] 我們有一個問題，即要稱為外因（內因）潛在變項還是潛在外因（內因）變項。在 Bollen（*1989b*）的書中，一開始以 exogenous （endogenous）latent variables 來論述，但是在其第 14 頁裡，卻定義為 latent exogenous（endogenous）variables。我們查過 SEM 這本期刊，學者比較常用 exogenous （endogenous）latent variables。因此，我們一律使用外因潛在變項。如果讀者看到別本書使用潛在外因變項時，它跟我們使用的是同一個指涉。

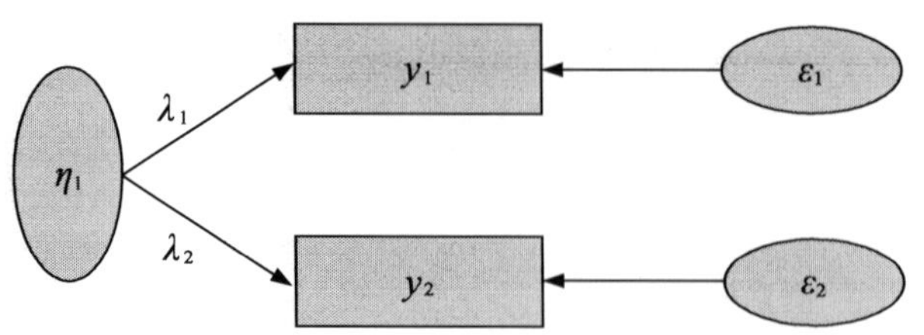

圖 1-2　內因觀察變項為定義的測量模式

圖 1-1 以迴歸方程式的表示如下：

$$x_1 = \lambda_1 \xi_1 + \delta_1 \quad \text{【1-1】}$$

$$x_2 = \lambda_2 \xi_1 + \delta_2 \quad \text{【1-2】}$$

方程式 1-1 和 1-2 可以用下面矩陣形式的方程式來表示：

$$\mathbf{x} = \mathbf{\Lambda_x} \boldsymbol{\xi} + \boldsymbol{\delta} \quad \text{【1-3】}$$

在此方程式中$E(\xi)=0$與$E(\delta)=0$，而且ξ與δ無相關存在。
方程式 1-3 轉成向量形式如下：

$$\begin{matrix} x & & \Lambda_x & \xi & & \delta \\ \begin{bmatrix} x_1 \\ x_2 \end{bmatrix} & = & \begin{bmatrix} \lambda_1 \\ \lambda_2 \end{bmatrix} & [\xi_1] & + & \begin{bmatrix} \delta_1 \\ \delta_2 \end{bmatrix} \end{matrix} \quad \text{【1-4】}$$

圖 1-2 以迴歸方程式的表示如下：

$$y_1 = \lambda_1 \eta_1 + \varepsilon_1 \quad \text{【1-5】}$$

$$y_2 = \lambda_2 \eta_1 + \varepsilon_2 \quad \text{【1-6】}$$

方程式 1-5 與 1-6 可以用下面矩陣形式的方程式來表示：

$$\mathbf{y} = \Lambda_y \boldsymbol{\eta} + \boldsymbol{\varepsilon} \quad \text{【1-7】}$$

在此方程式中，$E(\eta)=0$與$E(\varepsilon)=0$，而且ε與η無相關存在。
方程式 1-7 轉成向量形式如下：

$$\begin{array}{cccc} y & \Lambda_y & \eta & \varepsilon \end{array}$$

$$\begin{bmatrix} y_1 \\ y_2 \end{bmatrix} = \begin{bmatrix} \lambda_1 \\ \lambda_2 \end{bmatrix} [\eta_1] + \begin{bmatrix} \varepsilon_1 \\ \varepsilon_2 \end{bmatrix} \quad 【1\text{-}8】$$

圖 1-1 與圖 1-2 皆是單一潛在變項的測量模式。測量模式也可以推展到兩個以上有共變關係的潛在變項（因素）。圖 1-3 就是屬於兩個有共變關係潛在變項的測量模式，每一個潛在變項以三個觀察變項來建構。此種測量模式由於兩個因素是屬於同一層次，因此稱為一級（first-order）或初級（primary）驗證性因素分析測量模式。當然，對於一級驗證性因素分析測量模式而言，形成一級的因素，可以是二個因素、三個因素、四個因素……。而反映這些因素的觀察變項可以用兩個、三個、四個……等。

圖 1-3 之矩陣形式的方程式表示如下：

$$\mathbf{x} = \Lambda_x \xi + \boldsymbol{\delta} \quad 【1\text{-}9】$$

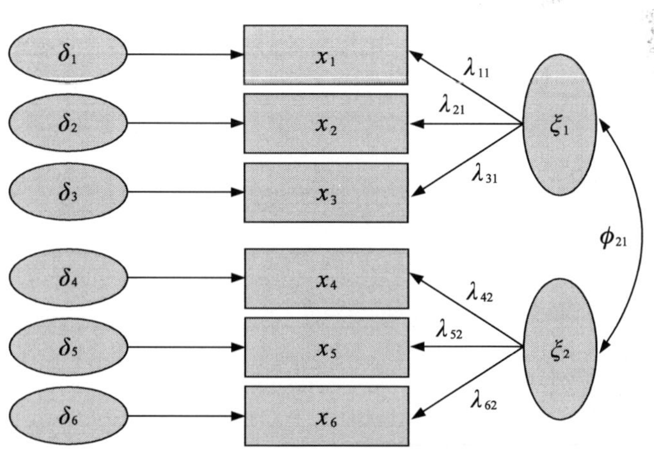

圖 1-3　潛在變項相關的測量模式

方程式 1-9 轉成向量形式如下：

$$\underset{x}{\begin{bmatrix} x_1 \\ x_2 \\ x_3 \\ x_4 \\ x_5 \\ x_6 \end{bmatrix}} = \underset{\Lambda_x}{\begin{bmatrix} \lambda_{11} & 0 \\ \lambda_{21} & 0 \\ \lambda_{31} & 0 \\ 0 & \lambda_{42} \\ 0 & \lambda_{52} \\ 0 & \lambda_{62} \end{bmatrix}} \underset{\xi}{\begin{bmatrix} \xi_1 \\ \xi_2 \end{bmatrix}} + \underset{\delta}{\begin{bmatrix} \delta_1 \\ \delta_2 \\ \delta_3 \\ \delta_4 \\ \delta_5 \\ \delta_6 \end{bmatrix}} \quad 【1\text{-}10】$$

此一矩陣也可以用較複雜的變異數—共變數矩陣來表示：

$$\mathbf{\Sigma_x = \Lambda_x \Phi \Lambda'_x + \Theta_\delta} \quad 【1\text{-}11】$$

方程式 1-11 轉成向量形式如下：

$$\underset{\Sigma_x}{\begin{bmatrix} Var(x_1) \\ Cov(x_2,x_1) & Var(x_2) \\ Cov(x_3,x_1) & Cov(x_3,x_2) & Var(x_3) \\ Cov(x_4,x_1) & Cov(x_4,x_2) & Cov(x_4,x_3) & Var(x_4) \\ Cov(x_5,x_1) & Cov(x_5,x_2) & Cov(x_5,x_3) & Cov(x_5,x_4) & Var(x_5) \\ Cov(x_6,x_1) & Cov(x_6,x_2) & Cov(x_6,x_3) & Cov(x_6,x_4) & Cov(x_6,x_5) & Var(x_6) \end{bmatrix}} =$$

$$\underset{\Lambda_x}{\begin{bmatrix} \lambda_{11} & 0 \\ \lambda_{21} & 0 \\ \lambda_{31} & 0 \\ 0 & \lambda_{42} \\ 0 & \lambda_{52} \\ 0 & \lambda_{62} \end{bmatrix}} \underset{\Phi}{\begin{bmatrix} \phi_{11} & \\ \phi_{21} & \phi_{22} \end{bmatrix}} + \underset{\Lambda'_x}{\begin{bmatrix} \lambda_{11} & \lambda_{21} & \lambda_{31} & 0 & 0 & 0 \\ 0 & 0 & 0 & \lambda_{42} & \lambda_{52} & \lambda_{62} \end{bmatrix}} +$$

$$\Theta_\delta = \begin{bmatrix} Var(\delta_1) & & & & & \\ 0 & Var(\delta_2) & & & & \\ 0 & 0 & Var(\delta_3) & & & \\ 0 & 0 & 0 & Var(\delta_4) & & \\ 0 & 0 & 0 & 0 & Var(\delta_5) & \\ 0 & 0 & 0 & 0 & 0 & Var(\delta_6) \end{bmatrix} \quad 【1\text{-}12】$$

此類型的測量模式可以再加以變化，如果研究者認為測量誤之間有相關存在，則圖 1-3 可以變為圖 1-4 的模式。

圖 1-4 之矩陣形式方程式如下：

$$\mathbf{x} = \mathbf{\Lambda_x}\boldsymbol{\xi} + \boldsymbol{\delta} \quad 【1\text{-}13】$$

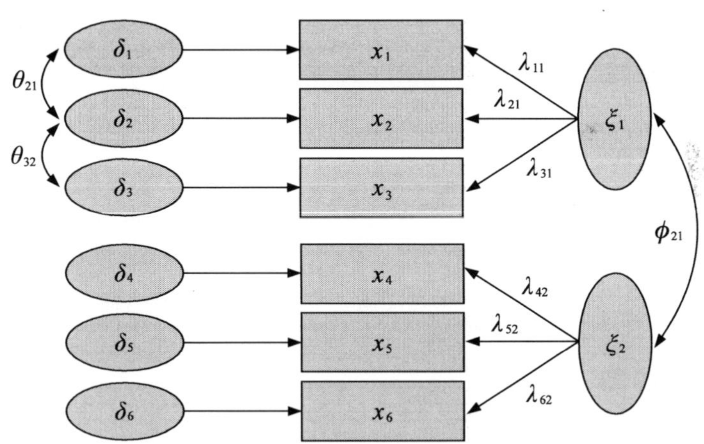

圖 1-4　具測量誤相關的測量模式

方程式 1-13 轉成向量形式如下：

$$\begin{matrix} x & & \Lambda_x & \xi & & \delta \end{matrix}$$

$$\begin{bmatrix} x_1 \\ x_2 \\ x_3 \\ x_4 \\ x_5 \\ x_6 \end{bmatrix} = \begin{bmatrix} \lambda_{11} & 0 \\ \lambda_{21} & 0 \\ \lambda_{31} & 0 \\ 0 & \lambda_{42} \\ 0 & \lambda_{52} \\ 0 & \lambda_{62} \end{bmatrix} \begin{bmatrix} \xi_1 \\ \xi_2 \end{bmatrix} + \begin{bmatrix} \delta_1 \\ \delta_2 \\ \delta_3 \\ \delta_4 \\ \delta_5 \\ \delta_6 \end{bmatrix} \qquad 【1\text{-}14】$$

其變異數—共變數矩陣如下：

$$\boldsymbol{\Sigma}_{\mathbf{x}} = \boldsymbol{\Lambda}_{\mathbf{x}} \boldsymbol{\Phi} \boldsymbol{\Lambda}'_{\mathbf{x}} + \boldsymbol{\Theta}_{\boldsymbol{\delta}} \qquad 【1\text{-}15】$$

方程式 1-15 轉成向量形式如下：

$$\Sigma_x$$

$$\begin{bmatrix} Var(x_1) \\ Cov(x_2,x_1) & Var(x_2) \\ Cov(x_3,x_1) & Cov(x_3,x_2) & Var(x_3) \\ Cov(x_4,x_1) & Cov(x_4,x_2) & Cov(x_4,x_3) & Var(x_4) \\ Cov(x_5,x_1) & Cov(x_5,x_2) & Cov(x_5,x_3) & Cov(x_5,x_4) & Var(x_5) \\ Cov(x_6,x_1) & Cov(x_6,x_2) & Cov(x_6,x_3) & Cov(x_6,x_4) & Cov(x_6,x_5) & Var(x_6) \end{bmatrix} =$$

$$\begin{matrix} \Lambda_x & \Phi & \Lambda'_x \end{matrix}$$

$$\begin{bmatrix} \lambda_{11} & 0 \\ \lambda_{21} & 0 \\ \lambda_{31} & 0 \\ 0 & \lambda_{42} \\ 0 & \lambda_{52} \\ 0 & \lambda_{62} \end{bmatrix} \begin{bmatrix} \phi_{11} & \\ \phi_{21} & \phi_{22} \end{bmatrix} + \begin{bmatrix} \lambda_{11} & \lambda_{21} & \lambda_{31} & 0 & 0 & 0 \\ 0 & 0 & 0 & \lambda_{42} & \lambda_{52} & \lambda_{62} \end{bmatrix} +$$

$$\Theta_\delta$$

$$\begin{bmatrix} Var(\delta_1) & & & & & \\ Cov(\delta_2,\delta_1) & Var(\delta_2) & & & & \\ 0 & Cov(\delta_3,\delta_2) & Var(\delta_3) & & & \\ 0 & 0 & 0 & Var(\delta_4) & & \\ 0 & 0 & 0 & 0 & Var(\delta_5) & \\ 0 & 0 & 0 & 0 & 0 & Var(\delta_6) \end{bmatrix}$$

【1-16】

如果在理論上，研究者認為圖 1-4 中的二個潛在變項的關係可以用一個單一潛在因素來表示，就構成二級（second-order）驗證性因素分析測量模式。圖 1-5 就是一個「二級驗證性因素分析測量模式」。

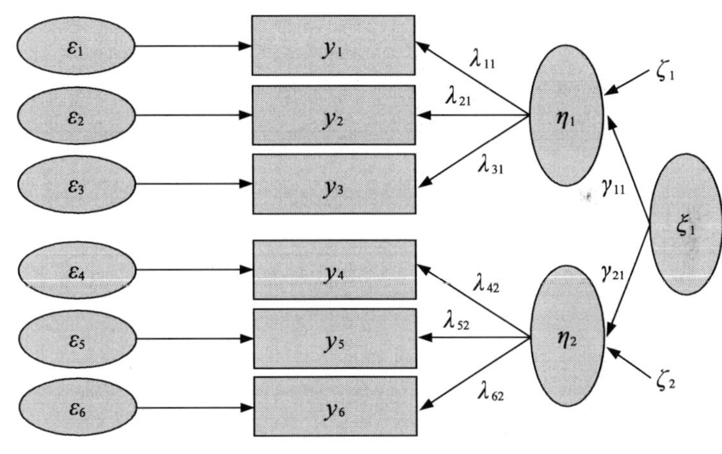

圖 1-5　二級 CFA 模式

圖 1-5 之矩陣形式方程式表示如下：

$$\mathbf{y} = \mathbf{\Lambda}_y \boldsymbol{\eta} + \boldsymbol{\varepsilon} \quad 【1\text{-}17】$$

$$\boldsymbol{\eta} = \mathbf{\Gamma} \boldsymbol{\xi} + \boldsymbol{\zeta} \quad 【1\text{-}18】$$

方程式 1-17 轉成向量形式如下：

$$\begin{matrix} y & & \Lambda_x & \eta & & \varepsilon \end{matrix}$$

$$\begin{bmatrix} y_1 \\ y_2 \\ y_3 \\ y_4 \\ y_5 \\ y_6 \end{bmatrix} = \begin{bmatrix} \lambda_{11} & 0 \\ \lambda_{21} & 0 \\ \lambda_{31} & 0 \\ 0 & \lambda_{42} \\ 0 & \lambda_{52} \\ 0 & \lambda_{62} \end{bmatrix} \begin{bmatrix} \eta_1 \\ \eta_2 \end{bmatrix} + \begin{bmatrix} \varepsilon_1 \\ \varepsilon_2 \\ \varepsilon_3 \\ \varepsilon_4 \\ \varepsilon_5 \\ \varepsilon_6 \end{bmatrix} \quad 【1\text{-}19】$$

方程式 1-18 轉成向量形式如下：

$$\begin{matrix} \eta & & \Gamma & \xi & & \zeta \end{matrix}$$

$$\begin{bmatrix} \eta_1 \\ \eta_2 \end{bmatrix} = \begin{bmatrix} \gamma_{11} \\ \gamma_{21} \end{bmatrix} [\xi_1] + \begin{bmatrix} \zeta_1 \\ \zeta_2 \end{bmatrix} \quad 【1\text{-}20】$$

很顯然地，測量模式可以用觀察變項來反映潛在變項（因素），也可以用潛在變項來反映更高層次的潛在變項。一般而言，觀察變項建構一個潛在變項時至少用兩個（含）以上的變項，而當所有 n 個潛在變項皆是觀察變項所建構的，則為一級 n 因素測量模式。若 n 個一級潛在變項可以再建構高一層次的 s 個潛在變項，就成為二級驗證性因素分析測量模式，如此可達到 p 級驗證性因素測量模式。二級以上的測量模式可稱為高階（high order）驗證性因素分析測量模式。

二 結構模式

結構模式又可稱為潛在變項模式（latent variable models）或線性結構關係（linear structural relationships）。結構模式主要是建立潛在變項與潛在變項之間的關係。結構模式相當類似於徑路分析模式，唯獨不同的是徑路分析使用觀察變項，而結構模式使用潛在變項。

在結構模式中除了涉及外因潛在變項（ξ）、內因潛在變項（η），也涉及潛在干擾，其以 ζ（zeta）表示之。ζ 與 ζ 之間的共變數矩陣則是以 Ψ（psi）表示之。內因潛在變項與內因潛在變項間的迴歸係數以

β（beta）表示之，其結構係數矩陣為 B。外因潛在變項與內因潛在變項間的迴歸係數以 γ（gamma）表示之，其結構係數矩陣為 Γ。

常用的結構模式有數種形式，例如一個外因潛在（獨立）變項預測一個內因潛在（依賴）變項（圖 1-6）。兩個內因變項之間有互惠的關係（reciprocal relationship）（圖 1-7）。兩個外因潛在變項相關連地預測一個內因潛在變項（圖 1-8）。一個外因潛在變項預測一個內因潛在變項，此內因潛在變項再預測第三個潛在變項（圖 1-9）。一個外因潛在變項預測兩個內因潛在變項，其中一個內因潛在變項預測另一個內因潛在變項（圖 1-10）。

圖 1-6　一個外因潛在變項預測一個內因潛在變項

圖 1-6 的迴歸方程式如下：

$$\eta_1 = \gamma_{11}\xi_1 + \zeta_1 \quad 【1\text{-}21】$$

圖 1-6 的矩陣形式的方程式如下：

$$\boldsymbol{\eta} = \boldsymbol{\Gamma\xi} + \boldsymbol{\zeta} \quad 【1\text{-}22】$$

方程式 1-22 換成向量形式如下：

$$\begin{matrix} \eta & & \Gamma & & \xi & & \zeta \\ [\eta_1] & = & [\gamma_{11}] & & [\xi_1] & + & [\zeta_1] \end{matrix} \quad 【1\text{-}23】$$

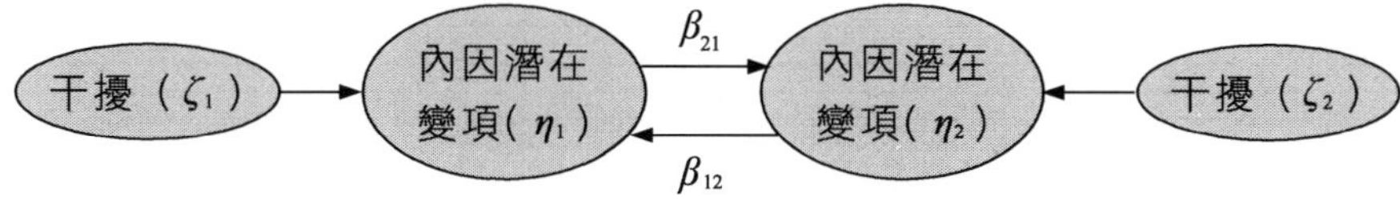

圖 1-7　互惠關係的結構模式

圖 1-7 的迴歸方程式如下：

$$\eta_1 = \beta_{12}\eta_2 + \zeta_1$$ 【1-24】

$$\eta_2 = \beta_{21}\eta_1 + \zeta_2$$ 【1-25】

圖 1-7 的矩陣形式之方程式如下：

$$\boldsymbol{\eta} = \mathbf{B}\boldsymbol{\eta} + \boldsymbol{\zeta}$$ 【1-26】

方程式 1-26 轉換成向量的形式如下：

$$\underset{\eta}{\begin{bmatrix} \eta_1 \\ \eta_2 \end{bmatrix}} = \underset{\mathrm{B}}{\begin{bmatrix} 0 & \beta_{12} \\ \beta_{21} & 0 \end{bmatrix}} \underset{\eta}{\begin{bmatrix} \eta_1 \\ \eta_2 \end{bmatrix}} + \underset{\zeta}{\begin{bmatrix} \zeta_1 \\ \zeta_2 \end{bmatrix}}$$ 【1-27】

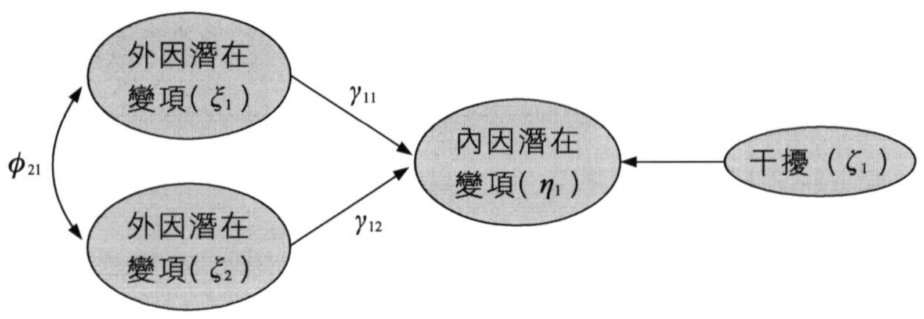

圖 1-8　二個外因潛在變項預測一個內因潛在變項

圖 1-8 之迴歸方程式如下：

$$\eta_1 = \gamma_{11}\xi_1 + \gamma_{12}\xi_2 + \zeta_1$$ 【1-28】

圖 1-8 之矩陣形式方程式如下：

$$\boldsymbol{\eta} = \boldsymbol{\Gamma}\boldsymbol{\xi} + \boldsymbol{\zeta}$$ 【1-29】

方程式 1-29 轉換成向量的形式如下：

$$\overset{\eta}{[\eta_1]} = \overset{\Gamma}{[\gamma_{11}\ \ \gamma_{12}]} \overset{\xi}{\begin{bmatrix}\xi_1 \\ \xi_2\end{bmatrix}} + \overset{\zeta}{[\zeta_1]} \tag{1-30}$$

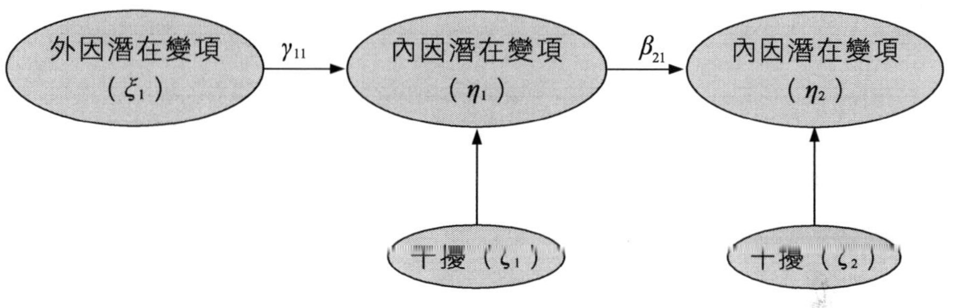

圖 1-9　中介關係之結構模式(一)

圖 1-9 之迴歸方程式如下：

$$\eta_1 = \gamma_{11}\xi_1 + \zeta_1 \tag{1-31}$$

$$\eta_2 = \beta_{21}\eta_1 + \zeta_2 \tag{1-32}$$

圖 1-9 以矩陣形式方程式表示如下：

$$\boldsymbol{\eta} = \boldsymbol{\Gamma\xi} + \mathbf{B}\boldsymbol{\eta} + \boldsymbol{\zeta} \tag{1-33}$$

方程式 1-33 轉換成向量形式如下：

$$\overset{\eta}{\begin{bmatrix}\eta_1 \\ \eta_2\end{bmatrix}} = \overset{\Gamma}{\begin{bmatrix}\gamma_{11} \\ 0\end{bmatrix}} \overset{\xi}{[\xi_1]} + \overset{\mathbf{B}}{\begin{bmatrix}0 & 0 \\ \beta_{21} & 0\end{bmatrix}} \overset{\eta}{\begin{bmatrix}\eta_1 \\ \eta_2\end{bmatrix}} + \overset{\zeta}{\begin{bmatrix}\zeta_1 \\ \zeta_2\end{bmatrix}} \tag{1-34}$$

圖 1-10 的迴歸方程式如下：

$$\eta_1 = \gamma_{11}\xi_1 + \zeta_1 \tag{1-35}$$

$$\eta_2 = \beta_{21}\eta_1 + \gamma_{21}\xi_1 + \zeta_2 \tag{1-36}$$

圖 1-10 以矩陣形式方程式表示如下：

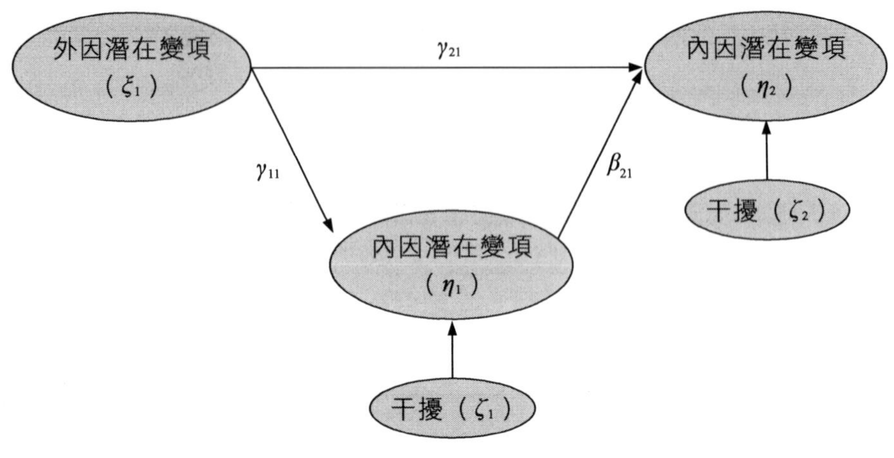

圖 1-10　中介關係之結構模式(二)

$$\boldsymbol{\eta}=\mathbf{B}\boldsymbol{\eta}+\boldsymbol{\Gamma}\boldsymbol{\xi}+\boldsymbol{\zeta} \tag{1-37}$$

方程式 1-37 轉換成向量形式如下：

$$\underset{\eta}{\begin{bmatrix}\eta_1\\ \eta_2\end{bmatrix}}=\underset{\mathrm{B}}{\begin{bmatrix}0 & 0\\ \beta_{21} & 0\end{bmatrix}}\underset{\eta}{\begin{bmatrix}\eta_1\\ \eta_2\end{bmatrix}}+\underset{\Gamma}{\begin{bmatrix}\gamma_{11}\\ \gamma_{21}\end{bmatrix}}\underset{\xi}{[\xi_1]}+\underset{\zeta}{\begin{bmatrix}\zeta_1\\ \zeta_2\end{bmatrix}} \tag{1-38}$$

三　完整的（廣義的）結構方程模式

一個完整的SEM包含了一個測量模式以及一個完全的結構模式。Kline（*2005*）認為此種模式有三個稱呼：(1)結構迴歸模式（structural regression models）；(2)統合模式（hybrid models）；(3) LISREL 模式。第三個稱呼乃是反映其是第一個用來分析此種模式的電腦軟體。依此定義，則一個完整的 SEM 涵蓋一組變項體系，此一體系裡依據理論建立潛在變項與潛在變項間的迴歸關係以及建構潛在變項與適當的觀察變項間的關係，圖 1-11 呈現一個完整的 SEM。

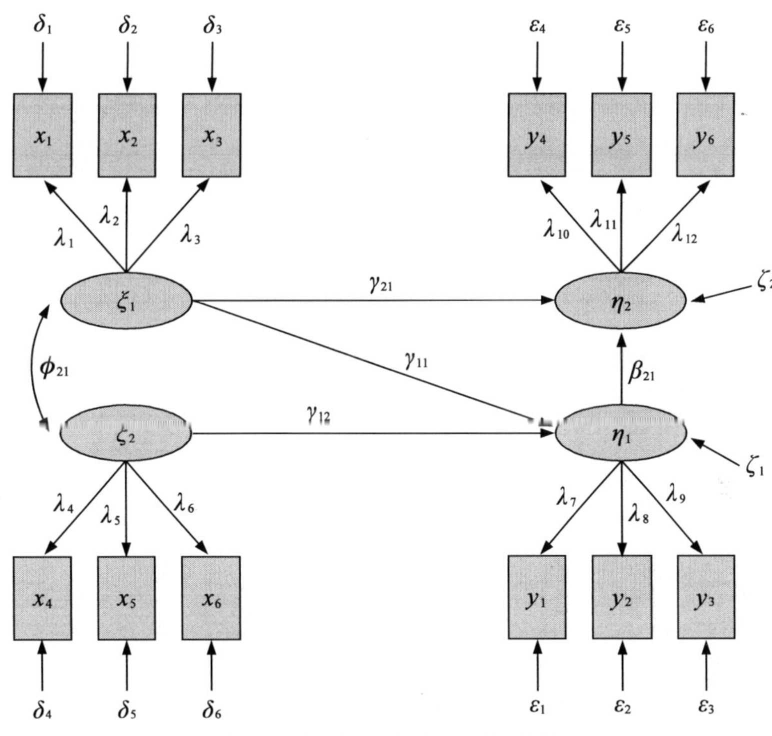

圖 1-11　假設性的廣義 SEM

圖 1-11 的迴歸方程式如下：

$$\eta_1 = \gamma_{11}\xi_1 + \gamma_{12}\xi_2 + \zeta_1 \quad 【1\text{-}39】$$

$$\eta_2 = \beta_{21}\eta_1 + \gamma_{21}\xi_1 + \zeta_2 \quad 【1\text{-}40】$$

$$x_1 = \lambda_1\xi_1 + \delta_1 \quad 【1\text{-}41】$$

$$x_2 = \lambda_2\xi_1 + \delta_2 \quad 【1\text{-}42】$$

$$x_2 = \lambda_3\xi_1 + \delta_3 \quad 【1\text{-}43】$$

$$x_4 = \lambda_4\xi_2 + \delta_4 \quad 【1\text{-}44】$$

$$x_5 = \lambda_5\xi_2 + \delta_5 \quad 【1\text{-}45】$$

$$x_6 = \lambda_6\xi_2 + \delta_6 \quad 【1\text{-}46】$$

$$y_1 = \lambda_7\eta_1 + \varepsilon_1 \quad 【1\text{-}47】$$

$$y_2 = \lambda_8\eta_1 + \varepsilon_2 \quad 【1\text{-}48】$$

$$y_3 = \lambda_9 \eta_1 + \varepsilon_3 \quad \text{【1-49】}$$

$$y_4 = \lambda_{10} \eta_2 + \varepsilon_4 \quad \text{【1-50】}$$

$$y_5 = \lambda_{11} \eta_2 + \varepsilon_5 \quad \text{【1-51】}$$

$$y_6 = \lambda_{12} \eta_2 + \varepsilon_6 \quad \text{【1-52】}$$

上面這一整組方程式可以用矩陣方程式表示如下：

$$\mathbf{x} = \mathbf{\Lambda_x} \boldsymbol{\xi} + \boldsymbol{\delta} \quad \text{【1-53】}$$

$$\mathbf{y} = \mathbf{\Lambda_y} \boldsymbol{\eta} + \boldsymbol{\varepsilon} \quad \text{【1-54】}$$

$$\boldsymbol{\eta} = \mathbf{B} \boldsymbol{\eta} + \mathbf{\Gamma} \boldsymbol{\xi} + \boldsymbol{\zeta} \quad \text{【1-55】}$$

方程式 1-53 轉換成向量形式如下：

$$\overset{x}{\begin{bmatrix} x_1 \\ x_2 \\ x_3 \\ x_4 \\ x_5 \\ x_6 \end{bmatrix}} = \overset{\Lambda_x}{\begin{bmatrix} \lambda_1 & 0 \\ \lambda_2 & 0 \\ \lambda_3 & 0 \\ 0 & \lambda_4 \\ 0 & \lambda_5 \\ 0 & \lambda_6 \end{bmatrix}} \overset{\xi}{\begin{bmatrix} \xi_1 \\ \xi_2 \end{bmatrix}} + \overset{\delta}{\begin{bmatrix} \delta_1 \\ \delta_2 \\ \delta_3 \\ \delta_4 \\ \delta_5 \\ \delta_6 \end{bmatrix}} \quad \text{【1-56】}$$

方程式 1-54 轉換成向量形式如下：

$$\overset{y}{\begin{bmatrix} y_1 \\ y_2 \\ y_3 \\ y_4 \\ y_5 \\ y_6 \end{bmatrix}} = \overset{\Lambda_y}{\begin{bmatrix} \lambda_7 & 0 \\ \lambda_8 & 0 \\ \lambda_9 & 0 \\ 0 & \lambda_{10} \\ 0 & \lambda_{11} \\ 0 & \lambda_{12} \end{bmatrix}} \overset{\eta}{\begin{bmatrix} \eta_1 \\ \eta_2 \end{bmatrix}} + \overset{\varepsilon}{\begin{bmatrix} \varepsilon_1 \\ \varepsilon_2 \\ \varepsilon_3 \\ \varepsilon_4 \\ \varepsilon_5 \\ \varepsilon_6 \end{bmatrix}} \quad \text{【1-57】}$$

方程式 1-55 轉換成向量形式如下：

$$\overset{\eta}{\begin{bmatrix}\eta_1\\\eta_2\end{bmatrix}}=\overset{\mathbf{B}}{\begin{bmatrix}0&0\\\beta_{21}&0\end{bmatrix}}\overset{\eta}{\begin{bmatrix}\eta_1\\\eta_2\end{bmatrix}}+\overset{\Gamma}{\begin{bmatrix}\gamma_{11}&\gamma_{12}\\\gamma_{21}&0\end{bmatrix}}\overset{\xi}{\begin{bmatrix}\xi_1\\\xi_2\end{bmatrix}}+\overset{\zeta}{\begin{bmatrix}\zeta_1\\\zeta_2\end{bmatrix}} \quad【1\text{-}58】$$

四 結構方程模式的方程式與徑路圖之符號表示

最後，我們將 SEM 中各變項在 LISREL 統計軟體上所使用的符號表示法以表 1.1 來呈現。並且將SEM常用的徑路圖（path diagrams）之符號呈現於表 1.2 中，讓讀者能夠清楚的瞭解這些符號的意義。

表 1.1 SEM 在 LISREL 中之符號表示法

結構模式：$\eta=\mathrm{B}\eta+\Gamma\xi+\zeta$
$E(\eta)=0$，$E(\xi)=0$，$E(\zeta)=0$；ζ與ξ無相關存在；(I-B)是非奇異的（non-singular）。

測量模式：$x=\Lambda_x\xi+\delta$　　$y=\Lambda_y\eta+\varepsilon$
$E(\eta)=0$，$E(\xi)=0$，$E(\varepsilon)=0$，$E(\delta)=0$；ε與η、ξ，以及δ無相關；δ與ξ、η，以及ε無相關。

符號	名字	維度	定義
η	eta	$m\times1$	內因潛在變項
ξ	xi	$n\times1$	外因潛在變項
ζ	zeta	$m\times1$	干擾（潛在誤差）
B	beta	$m\times m$	內因潛在變項間的係數矩陣
Γ	gamma	$m\times n$	外因潛在變項間的係數矩陣
Φ	phi	$n\times n$	ξ的共變數矩陣
Ψ	psi	$m\times m$	ζ的共變數矩陣
y		$p\times1$	η的觀察指標
x		$q\times1$	ξ的觀察指標
ε	epsilon	$p\times1$	y的測量誤差
δ	delta	$q\times1$	x的測量誤差
Λ_y	lambda y	$p\times m$	連結y至η的係數矩陣
Λ_x	lambda x	$q\times n$	連結x至ξ的係數矩陣
Θ_ε	theta-epsilon	$p\times p$	ε的共變數矩陣
Θ_δ	theta-delta	$q\times q$	δ的共變數矩陣

表 1.2　SEM 中常用的徑路圖符號

類別	符號			定義
變項				
觀察 □		或	▭	被研究者測量的變項，又可稱為顯在變項或指標。
潛在 ○		或	⬭	一個無法觀察的或是假設的構念，通常又可稱為因素。
變項之關係				
直接效果 →		或	⌒→	單一方向的路徑。
互惠效果 ⇄				雙方向的路徑，又可稱為回饋環（feedback loop）。
相關或共變 ↔		或	←⌒→	變項間的關係被假設是共變的，並且變項間的關係沒有任何特定的假設存在，又可稱為未分析的連結。
殘差變異				
干擾 ○↙		或	⬭↙	內因潛在變項中無法被模式中有影響變項所能解釋的變異。
測量誤差 □←		或	▭←	觀察變項中無法被其所反映的潛在變項所能解釋的變異。

第二節　共變數

早期 SEM 此一名詞尚未被廣泛使用時，有些學者習慣稱此種分析技術為共變數結構分析（covariance structure analysis）或者共變數結構模式（covariance structure modeling）[10]。所以說共變數[11]是SEM的中心概念，SEM的數學計算就是牽涉共變數的分解。由前面的章節，我們知道 SEM 是由研究者事先依據理論的假設而提出一個有關變項間關係的模式，這個模式會形成一個理論預測的共變數矩陣（predicted covariance），為了證明此一理論模式是適當的，研究者蒐集一組樣本資料，這組樣本資料形成一個樣本共變數（sample covariance）。整個模式的檢定就是企圖將樣本共變數與理論預測共變數之間的差距最小化。SEM處理過程的基本假設是觀察變項的共變數矩陣是一組參數的函數。如果理論模式的界定是正確的且資料的分配假設獲得滿足，那麼母群體共變數矩陣應該被確實地再製（reproduction）。此一假設就是我們在SEM檢定上的虛無假設（null hypothesis），其數學形式如下：

$$\Sigma = \Sigma(\theta) \quad 【1\text{-}59】$$

Σ 為觀察變項的母群體共變數矩陣；θ 為包含模式估計參數（free parameters）的一個向量；$\Sigma(\theta)$ 為 θ 函數所形成的共變數矩陣。

基於上述原因，在此節裡，我們對共變數的一些規則加以介紹。

規則一：對一個隨機變項 X 而言，其自身的共變數就是此一變項的變異數。

$$\mathrm{COV}(X, X) = \mathrm{Var}(X) = E[(X - E(X))^2] \quad 【1\text{-}60】$$

規則二：X、Y、Z 為隨機變項，c 為常數，則下列關係成立。

[10] 共變數結構分析在早期有數個名稱，包括潛在變項結構模式（latent variable structural modeling）、帶有無法觀察變項的結構模式（structural modeling with unobservables）、線性結構關係（linear structural relations）、潛在變項方程系統（latent variable equation systems）、動差結構模式（moments structure modeling），以及帶有無法觀察變項的因果模式（causal modeling with unobservables）。在最近的幾年，學者們獲得一個比較有共識的名稱：SEM。

[11] 變異數—共變數矩陣（variance-covariance matrix）慣稱為共變數矩陣。

$$\text{COV}(c,X)=0\;;\;\text{COV}(cX,Y)=c\,\text{COV}(X,Y)\;;$$
$$\text{COV}(X+Y,Z)=\text{COV}(X,Z)+\text{COV}(Y,Z) \qquad 【1\text{-}61】$$

規則三：對 W、X、Y、Z等四個隨機變項，且 a、b、c、d 為四個常數，則以下的關係成立。

$$\begin{aligned}\text{COV}(aW+bX,cY+dZ)&=ac\,\text{COV}(W,Y)+ad\,\text{COV}(W,Z)\\&\quad+bc\,\text{COV}(X,Y)+bd\,\text{COV}(X,Z)\end{aligned} \qquad 【1\text{-}62】$$

規則四：X、Y 為隨機變項，a、b 為常數，則下列關係成立：

$$\begin{aligned}\text{VAR}(aX+bY)&=\text{COV}(aX+bY,aX+bY)\\&=a^2\,\text{COV}(X,X)+b^2\,\text{COV}(Y,Y)+2ab\,\text{COV}(X,Y)\end{aligned}$$
【1-63】

$$\begin{aligned}\text{VAR}(aX-bY)&=\text{COV}(aX-bY,aX-bY)\\&=a^2\,\text{COV}(X,X)+b^2\,\text{COV}(Y,Y)-2ab\,\text{COV}(X,Y)\end{aligned}$$
【1-64】

如果X、Y是無相關的，則$\text{VAR}(aX+bY)=\text{VAR}(aX-bY)=a^2\,\text{COV}(X,X)+b^2\,\text{COV}(Y,Y)$。這些規則可以用前面圖 1-1 的例子來說明。在圖 1-1 裡，假設有兩個觀察變項，每一個連結到相同的潛在變項，其迴歸方程式為：

$$x_1=\lambda_1\xi_1+\delta_1 \qquad 【1\text{-}65】$$
$$x_2=\lambda_2\xi_1+\delta_2 \qquad 【1\text{-}66】$$

且 $\text{COV}(\xi_1,\delta_1)=\text{COV}(\xi_1,\delta_2)=\text{COV}(\delta_1,\delta_2)=0$。依據規則三，我們得到：

$$\begin{aligned}\text{COV}(x_1,x_2)&=\text{COV}(\lambda_1\xi_1+\delta_1,\lambda_2\xi_1+\delta_2)\\&=\lambda_1\lambda_2\,\text{COV}(\xi_1,\xi_1)+\lambda_1\,\text{COV}(\xi_1,\delta_2)\end{aligned}$$

$$+\lambda_2\,\mathrm{COV}(\xi_1,\delta_1)+\mathrm{COV}(\delta_1,\delta_2)$$
$$=\lambda_1\lambda_2\phi_{11} \qquad 【1\text{-}67】$$

再依據規則一，我們獲得：

$$\begin{aligned}\mathrm{VAR}(x_1)&=\mathrm{COV}(\lambda_1\xi_1+\delta_1,\lambda_1\xi_1+\delta_1)\\&=\lambda_1\lambda_1\,\mathrm{COV}(\xi_1,\xi_1)+\lambda_1\,\mathrm{COV}(\xi_1,\delta_1)+\lambda_1\,\mathrm{COV}(\delta_1,\xi_1)+\mathrm{COV}(\delta_1,\delta_1)\\&=\lambda_1^2\phi_{11}+\theta_1 \qquad 【1\text{-}68】\\\mathrm{VAR}(x_2)&=\mathrm{COV}(\lambda_2\xi_1+\delta_2,\lambda_2\xi_1+\delta_2)\\&=\lambda_2\lambda_2\,\mathrm{COV}(\xi_1,\xi_1)+\lambda_2\,\mathrm{COV}(\xi_1,\delta_2)+\lambda_2\,\mathrm{COV}(\delta_2,\xi_1)+\mathrm{COV}(\delta_2,\delta_2)\\&=\lambda_2^2\phi_{11}+\theta_2 \qquad 【1\text{-}69】\end{aligned}$$

使用上面的結果，則圖 1-1 之理論預測共變數矩陣可以顯示如下：

$$\Sigma(\theta)=\begin{bmatrix}\lambda_1^2\phi_{11}+\theta_1 & \\ \lambda_1\lambda_2\phi_{11} & \lambda_2^2\phi_{11}+\theta_2\end{bmatrix} \qquad 【1\text{-}70】$$

第三節　結構方程模式的分析過程

雖然 SEM 是一個應用相當廣泛的統計技術，但是在執行 SEM 的分析時，它們卻有著非常類似的基本分析步驟。這些步驟呈現於圖 1-12 中。圖 1-12 中的步驟將會在後續的章節中仔細的討論，在此只對其做一般性的描述。

㈠理論（theory）

由於 SEM 主要是一種驗證性的技術，雖然，它也可以用在探測社會世界中的現象，但是，其最終還是回歸到對研究者所欲瞭解之現象的肯定與證明。因此，SEM 中變項間關係的呈現，需要依靠理論來

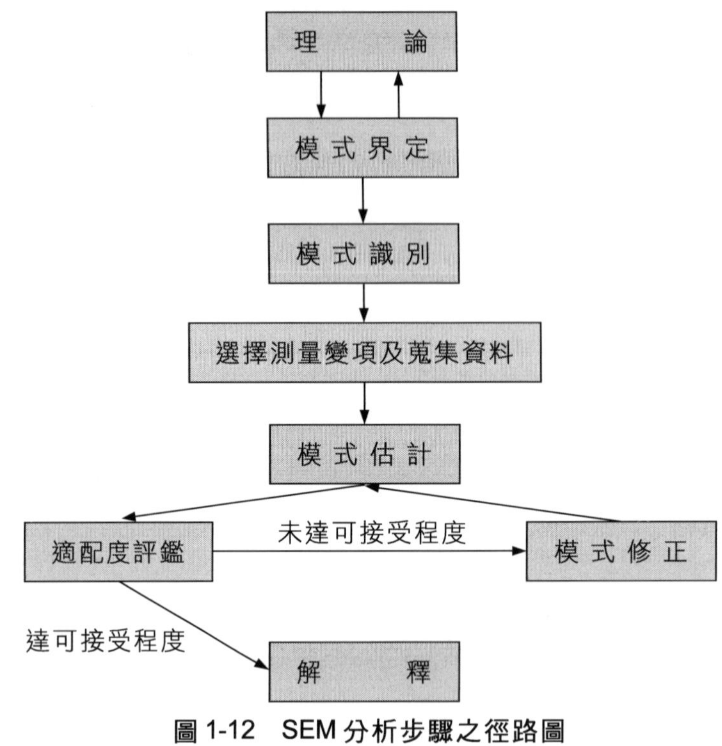

圖 1-12　SEM 分析步驟之徑路圖

建立，而且理論是假設模式成立主要的解釋依據，所以，理論的建立就成為 SEM 的第一個步驟。

㈡模式界定（model specification）

此一步驟乃是將理論所呈現的假設以 SEM 的形式加以表達。一般皆使用表 1.2 中模式徑路圖符號來界定模式，並且模式也可以用一系列的方程式來表達。

㈢模式識別（model identification）

決定模式是否是可識別的（identified），如果模式是可識別的，則表示理論上模式中的每一個參數皆可以導出一個唯一的估計值。不同類型的 SEM 必須符合某些要求才能獲得可識別的條件。如果模式無法識別，那麼，將無法對模式做正確的估計。也就是說，第二個步驟模式界定是失敗的。

㈣選擇測量變項以及蒐集資料

此一步驟乃是選擇用於模式中的測量變項，並且蒐集測量變項的資料以作為後面分析模式之用。

㈤模式估計（model estimation）

此一步驟牽涉使用所蒐集的資料來估計模式中參數的方法。在估計方法的使用上，雖然一般多元迴歸技術的單一階段最小平方法可以用來估計 SEM，但是最大概似法（maximum likelihood, ML）以及一般化最小平方法（generalized least square, GLS）等疊代法[12]（iterative method）是最受統計軟體如 LISREL、EQS、AMOS 等的青睞。

㈥適配度評鑑（assessment of fit）

用以決定理論預測模式與所蒐集資料間適配的程度。一般適配度的評鑑可以分為整體模式適配度檢定、測量模式適配度檢定以及結構模式適配度檢定。一般而言，在整體模式適配度檢定達到模式可接受的程度時，才接著檢定另外兩類，否則則是進入下一個步驟：模式修正。或者，如果研究者傾向於嚴格的檢定過程，則可以宣稱模式失敗。

㈦模式修正（model modification）

當整體模式適配度未達到可接受的程度，可以依據理論假設以及統計所呈現的結果，來將參數釋放（free）或固定（fixed），再重新估

---

[12] 疊代法乃是企圖使用起始值來估計參數，然後將所得參數作為另一個起始值，再次代入程式中，這個過程會不斷地反覆進行，直到所得到的適配函數值的改變相當小，一般而言，這個微小值通常設定為 0.000001。

計模式。如果理論允許的話，這個過程可以重複直到模式達到接受的程度。

㈧解釋（interpretation）

此乃是對模式的統計結果做解釋。通常在結果呈現時，牽涉非標準化參數（unstandardized parameters）估計與標準化參數（standardized parameters）估計，以及直接效果（direct effect）、間接效果（indirect effect）與總效果（total effect）。非標準化參數與量尺本身的規模有關，非標準化估計映含當所有其他獨立變項維持平均數狀態下，一個單位的獨立變項的改變造成依賴變項改變的程度。標準化估計是非標準化估計的轉變形式，其目的是去除量尺規模的影響。因此，其可以做模式內參數的比較，使研究者可以知道哪一個參數影響力較大，哪一個較小。直接效果乃是指某一變項對另一變項的直接影響。間接效果則是某一變項對另一變項的影響乃是透過其他變項而形成的。總效果是指某一變項對另一變項的直接效果加上間接效果的總和。

第四節　結論

上面各節的描述，使我們對 SEM 此一新流行的統計技術有了粗淺的瞭解，作者將其歸納為下列幾個重點：

1. SEM 乃是一組變項間相互關係所形成的數學模式，而此模式中的假設關係乃是依據先前所具備的健全理論或概念來建立。因此，SEM 可以說是一種事前的（a priori）檢定，大部分在使用 SEM 時，研究者大都在做驗證性（confirmation）的工作，但是，此並不表示 SEM 只能處理驗證性的問題，它也可以應用在探測性的研究。

2. SEM 是徑路分析與因素分析的一種整合統計技術，它可以用於處理徑路分析的統計，也可以處理因素分析的統計。對徑路分析而言，其總是將變項的信度視為是 1.00，也就是其忽略測量誤的問題，而 SEM 則是將測量誤考慮進去。因素分析在尋找潛在構念，但是其對因素間關係的設定比較固定，而 SEM 則是較具彈性。在潛在構念的探討上因素分析是只能做探測性的工作，而 SEM 則可以做探測性以及驗證性的處理。
3. SEM 主要的統計是依據共變數的概念，因此其又被稱為共變數結構分析，但是其也可以用來處理平均數的統計檢定。
4. SEM 不僅是處理非實驗性資料的一個好的統計技術，其也可以用於處理實驗性的資料[13]。
5. SEM 是一種大樣本的統計技術。也就是說，處理此種統計需要大的樣本。
6. 雖然有些學者並不認為處理非實驗性資料的統計技術可以做因果推論，但是許多學者依然認為 SEM 具有某種程度上因果推論的可行性。

[13] 以 SEM 來處理實驗設計的文章有 Bagozzi（*1977*）、Bagozzi 和 Yi（*1989*）以及 Bagozzi、Yi 和 Singh（*1991*）、Kano（*2001*）。

反映性指標與形成性指標

反映性指標與形成性指標是潛在變項與觀察變項之間由於因果優先性所產生的不同概念的指標關係。如果潛在變項被視為是一種基底的（underlying）構念，這種構念產生某些被觀察到的事物，那麼反映這種潛在變項的指標，就稱為是反映性指標（reflective indicators），又可稱為效果指標（effect indicators）。此時，觀察變項是一種效果，而潛在變項是一種因子。反之，如果潛在變項是被觀察變項所影響的，也就是說，潛在變項是效果，而觀察變項是因子，它們形成線性的關係，則這些觀察變項稱為形成性指標（formative indicators），又可稱為因子指標（cause indicators）。

如果以 X_1、X_2 以及 X_3 代表觀察變項，η 代表潛在變項。則反映性的界定如下：

$X_1=\beta_1\eta+\varepsilon_1$

$X_2=\beta_2\eta+\varepsilon_2$

$X_3=\beta_3\eta+\varepsilon_3$

它們可以用以下的路徑圖來表示：

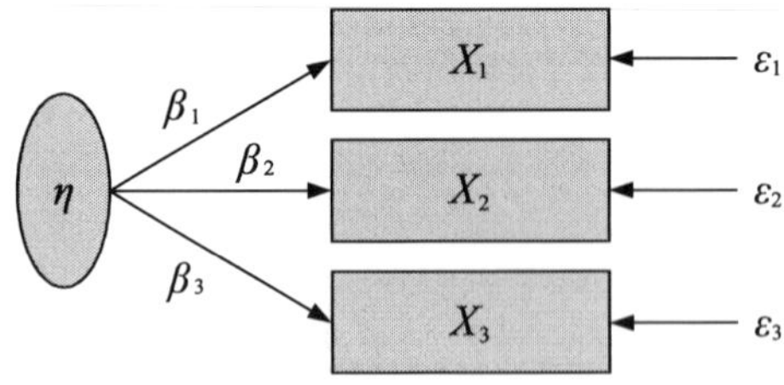

形成性的界定如下：

$\eta=\gamma_1X_1+\gamma_2X_2+\gamma_3X_3+\zeta$

它們可以用以下的路徑圖來表示：

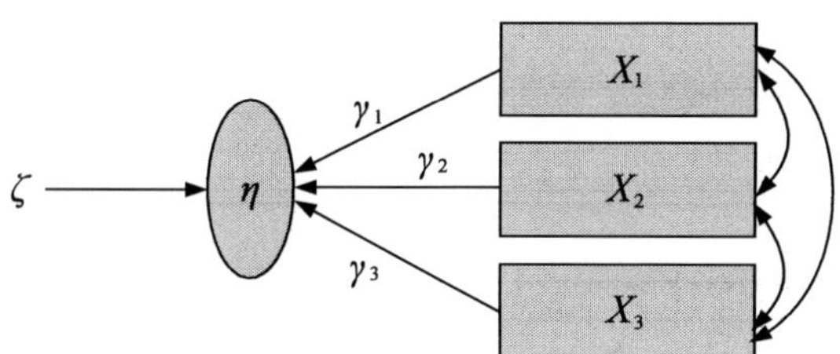

第二章

理論與模式界定

第一節　理論的角色

SEM乃是企圖將事物的客觀狀態以因果假設的方式加以呈現，然後以量化的資料加以驗證。如何能夠將事物的客觀狀態加以因果式的呈現呢？當然，這一切就需要依靠「理論」。也就是說，使用理論將所要觀察的現象加以嚴謹的呈現，這種呈現應用複雜的因果關係加以鋪陳時，就形成一種理論的模式。將這種模式轉換成數學方程式，就形成 SEM。這也是為何幾乎所有的 SEM 學者皆強調「理論」（或者健全的假設）在 SEM 的建構上是不可或缺。當然，不同於其他多變量的統計技術，SEM是相當依賴理論的建構，實際上，可以說理論就是 SEM 的生命。一個活生生的 SEM，我們所看到的那個用方程式所鋪設的徑路圖是它的骨架，而理論就是填塞這個骨架的內涵以及精神。因而使得SEM反應現實世界的某些現象。所以說，在應用LISREL軟體來檢定模式的過程中，我們可以發現它的第一個步驟稱為模式概念化（model conceptualization），而此一步驟實質上是不關乎統計，其主要的關注在於理論基礎假設的發展，作為潛在變項間以及相對應指標間連結的引導。由此可知，對 SEM 而言，理論是先於統計的。

在社會及行為科學界，理論可以說是看待或思考世界的一種簡要方式。也可以說是關於某種現象完整或局部的解釋。社會理論（social theory）可以界定為由相互關連地將社會世界的知識加以濃縮與組織起來的抽象概念所構成的體系（system）（*Neuman, 2000*）。一個好理論必須具備數種條件：首先，對客觀現象解釋的功力（power）要相當強，這包括了理論能夠正確地且廣泛地解釋各種不同現象的能力。其次，理論必須是可檢證的（testable）。能夠被檢證的理論，才能對其所犯之錯誤做修正，使其能夠更正確地預測現象，而可檢證性也是理論能夠具有科學特性的條件之一。最後，理論也必須具備簡單性（simplicity），也就是說，在既有的解釋程度之下，能夠以愈少的概念和關係來呈現愈好。

在社會及行為科學裡，大部分的理論是依據抽象概念或假設性構念（hypothetical constructs）所構成的。通常，理論中的假設性構念是無法直接觀察或是測量的，例如，自我概念、疏離、家庭解組、社會控制（social control）[1]。因此，假設性構念之測量就必須間接地藉由一個或多個可觀察的指標來完成。譬如，社經地位可以用收入與教育程度來形成。假設構念在 SEM 裡便是以潛在變項來表示，其與觀察變項之間所形成的因果關係，就是上一章所提的測量模式。理論不僅牽涉單一的假設構念，通常理論是一組能反映客觀現象的抽象概念間有體系的設準（postulations）。抽象概念與抽象概念之間的因果關係，便對應到 SEM 中潛在變項與潛在變項間的因果關係，形成了所謂的結構模式。因此，無論是潛在變項或是觀察變項，這些變項之間的理論關係構成了統計的模式。而這種統計模式便是 SEM。

Hanson（*1958, p.64*）對於理論對因果模式形成的角色有以下的描述：

> 原因連結效果；但這是因為我們的理論連結它們，不是因為這個世界被宇宙的膠質結合在一起。或許這個世界可能被一種稱為不可稱量的物質所膠結在一起，但是這是無關乎我們瞭解因果的解釋。唯有針對理論的型態，因「*X*」與果「*Y*」背後的觀念才會顯得那麼有智慧的。那也是因為一個人對 *X* 到 *Y* 的推論做了保證，這種保證區別了真正的因果關連與巧合。

SEM的統計模式也牽涉一種關係形式的界定，包括線性與非線性

[1] 這個名詞是指 Hirsh（*1990*）的概念。

的關係。理論不僅能夠決定模式中的變項關係是線性的或非線性的，也能夠決定變項間的方向性，是由 A 到 B，B 到 A，A 與 B 互惠或者只是相關。更可以決定直接關係或者是非直接關係。直接關係呈現的是線型的一個變項到另一個變項間的假設性直接影響。間接關係呈現變項間的假設性相關連結。也就是說，SEM 中的因果性假設必須依據理論來鋪成。所以說，因果的本質是一個值得探討的觀念，許多書籍在論述 SEM 時皆相當強調統計與資料分析，如估計量、適配函數、模式適配度、模式識別等等，卻忽略了理論的重要性以及模式中因果假設的說服性。

到底 SEM 是否可以作為因果性的探討，這個問題在學術界裡引起相當大的爭論。有些學者認為SEM能夠呈現的僅僅是預測關係（predictive relations），而非因果關係。Hoyle（*1995, pp.10-11*）認為

> SEM也不過是在檢定研究者所要評鑑的變項間關係……在徑路圖中的方向性箭頭典型上是用來說明SEM中的關係，是不應該視為是映含因果方向的假設……。

但是有些學者則是認為 SEM 可以呈現因果關係。「我們應該將SEM解釋為一種客觀狀態的呈現，其乃是以資料來建立的一種因果關係。」（*Mulaik & James, 1995, p.118*）。

> 我們宣稱因果性是以客觀的語言呈現客體的特質間相依賴的關係，但是因為客體的特質是以變項的值將其邏輯地集合在一起，因此因果性採取了變項間一種函數關係的形式。
> （*James, Mulaik, & Brett, 1982*；引自 *Mulaik & James, 1995, p.129*）

當然，本節並不是要來批判或評定哪一方比較合理，主要的目的是要讓讀者瞭解因果性的觀念，以使讀者在建立 SEM 時，更能夠體會理論的重要性。只有理論才能讓 SEM 中的因果關係站得住腳。對統計的檢定而言，充其量也只不過能夠不去肯定模式，它們從來是無

法證明一個模式或者是模式中的因果關係。因此，因果性是抽象概念系統的部分，不必然是真實世界的性質。因與果是一種方便的方法來思考這個世界的現象，但不是用它們來建構世界（*Hayduk, 1987*）。

從這個角度來看，我們可以知道，基礎模式發展的假設在本質上可以是因果的，但是模式評鑑的統計適配度檢定是無法提供因果推論的基礎。對社會行為科學而言，因果關係的呈現是建基在理論的辯護（justification）。科學哲學對因果性問題曾經有許多的討論，一般而言，學者認為建立因果性有以下四種判準：(1)原因項在時間上必須先於結果項；(2)兩變項間需有充分的連結；(3)無關的影響變項必須被排除；(4)因果關係必須具備相當的理論基礎（*Bagozzi, 1980; Bullock, Harlow, & S. Mulaik, 1994; Bollen, 1989b; Hair et al., 1998*）。顯然地，要符合這些條件比較在乎的是研究設計（research design）而不是統計技術。

對第一個條件而言它是一種時間秩序（temporal ordering）的條件。順序上，原因必須在結果之前發生，因而建立了因果關係的方向性（directionality）。所以，這是一種規定，當一個事件發生在另一個事件之前，而這種關係確實具有因果性時，則時間在先者稱為因，在後者稱為果。當然，時間的先後只不過是因果性的眾多條件之一，而且是一種必要的但非充分的條件。對教育的研究而言，建立時間順序常常是不太容易做到的。例如，到底是成績不好才產生行為偏差，還是行為偏差導致成績不好。有時候學者乾脆稱這種情形為互惠關係，也就是說，A 影響 B，B 也影響 A，用路徑圖顯示如下圖 2-1。

這種互惠關係通常不太容易加以檢定，SEM 可以處理此種關係，不過會使得結果的解釋複雜化（在第九章裡會更詳細的探討此一問題）。

當然，即使獲得兩個事件具有時間上的先後存在，也不必然就有因果存在，下一個需要觀察的是這兩個事件是否具有連結的關係。這

圖 2-1　互惠關係之路徑圖

種連結關係統稱關連（association），關連不一定是相關（correlation），相關可以說是關連性的一種。一般而言，相關是一種技術層面的名詞，而相關係數是一種用來呈現連結關係的統計量（*Newman, 2000*）。其他如兩個事件同時發生的共時變異（concomitant variance）也是一種關連。

當研究者發現兩事件有連結存在，依然無法證明這兩個事件具有因果關係。我們知道，在自然科學裡，例如研究牛頓定理，研究者設計了真空的情境，在真空的環境中只有兩個東西存在，一個是作用力，一個是被作用力所作用的物體，然後我們可以宣稱，那個物體之所以運動是作用力使然。其實，我們很清楚的知道這種真空的目的是企圖將所有其他可能影響的因素排除掉。

在研究社會行為時，情境是開放的，也就是說，可能的干擾因素是存在的。那麼A與B的關連，是否是第三個事件所產生的，是一個值得懷疑的事情。因此，必須加入第三個條件：其他無關的影響因素必須被排除掉，這個條件又稱為孤立（isolation）。這個條件對因果關係的決定是相當重要。長期以來各種實驗、準實驗以及觀察研究設計無不透過控制的形式或者隨機化（randomization）的過程來設法處理孤立的問題。如何達成所謂的孤立呢？這個問題形成了古典決定論主義（determinism）以及機率論（probabilistism）[2]二者間的主要辯論。對於決定論者而言，因果之間是一種一對一的對應關係。既定的一個因變項改變會在被影響變項裡的所有例子形成相同的結果。用方程式來表示如下：

$$Y_1 = \beta_1 X_1 \qquad \text{【2-1】}$$

2 關於因果機率論（probabilistic theory of causality），讀者可以閱讀Suppes（*1970*）所寫的《因果機率論》。

其意涵為當一個單位的 X_1 的改變會讓 Y_1 產生完全 β_1 的改變。Hume（*1977*）將這種假設稱為是恆定連結（constant conjunction）。這種恆定連結在現實世界上很難去達成，我們實在無法否定有許多影響 Y_1 的因素存在，因此，實質上 X_1 的影響能力只是部分而已。從機率主義論者的觀點來看，X_1 對 Y_1 的影響機率絕對不是 1。那麼，如何處理 X_1 機率非 1 的影響結果呢？機率主義者採用的方式就是加入一個干擾（disturbance）變項。Bollen（*1989b*）將這種處理方式稱為假性孤立（pseudo-isolation）。而這種加入額外的一個成分來使得因果訴求可以成立，可以說已經是在SEM中獲得相當的共識。James、Mulaik和Brett（*1982*）將這種條件稱為是自我抑制（self-containment）。也就是說，機率主義者將公式 2-1 改為下列的形式：

$$Y_1 = \beta_1 X_1 + \varepsilon \qquad 【2\text{-}2】$$

而自我抑制代表 $COV(X_1, \varepsilon) = 0$。很明顯的這種處理方式，可以讓我們在孤立 ε 的情況下評鑑 X_1 對 Y_1 的影響。James、Mulaik 和 Brett 等人一再強調若是這種條件無法成立，則方程式或者是函數關係皆無法代表一種因果關係。

Kenny（*1979*）認為這種干擾變項的加入是相當符合人們日常生活的型態，因為某部分無法解釋的變異基本上是無法被認知到的，它是一種自由意志（free will），一種讓人們能夠在外在影響力之外隨機行動的能力。這說明了人類的行為並非是機械化的，他可以有改變的自由意志，這種自由意志是使得 X_1 無法完全影響 Y_1 的因素之一。所以，加入一個干擾變項且此一變項與 X_1 成直角（orthogonal）關係是必要的。當然，這種概念可以擴展到多變項的形式，如果研究者在理論上認為有相當多的預測變項可以用來預測其對 Y_1 的影響。那麼，公式 2-2 就可以改為：

$$Y_1 = \beta_1 X_1 + \beta_2 X_2 + \cdots\cdots + \beta_n X_n + \varepsilon \qquad 【2\text{-}3】$$

其中 $E(\varepsilon)=0$，假性孤立的條件就是 $\text{COV}(X,\varepsilon)=0$。

其實，用此種假性孤立的方式來企圖解決因果性問題依然存在著許多潛在的問題需加以解決。基本上，我們實無法在自然的情境中孤立所有對 Y_1 的影響。如果 X_1 到 X_n 的變項已經將所有可能影響的因素包括進去，那麼，公式 2-3 的誤差項就可以拿掉，這種情境便再度符合決定主義的觀點。但是，社會科學的研究往往不太可能拿掉誤差項。加入誤差項建構了所謂Bollen的假性孤立，但是這種假性孤立依然存在著許多破壞的可能性。用Bollen的觀念，即當假性孤立被破壞時，$\text{COV}(X,\varepsilon)\neq 0$。

Bollen（*1989b*）提出了三種類型的情境可能破壞假性孤立。第一種類型是遺漏中介變項（intervening variables）。第二類型是遺漏共同因（common causes），第三類型是遺漏與解釋變項有模糊關係（ambiguous relation）的變項。

首先，討論遺漏一個中介變項所產生的影響，假設下面一個簡單的兩個方程式的真實模式確實存在：

$$Y_1=\gamma_{11}X_1+\varepsilon_1 \quad【2\text{-}4】$$

$$Y_2=\beta_{21}Y_1+\gamma_{21}X_1+\varepsilon_2 \quad【2\text{-}5】$$

其中 $\text{COV}(\varepsilon_1,\varepsilon_2)=0$，$\text{COV}(X_1,\varepsilon_1)=0$，$\text{COV}(X_1,\varepsilon_2)=0$。

公式 2-4 與 2-5 可以畫成下面的路徑圖：

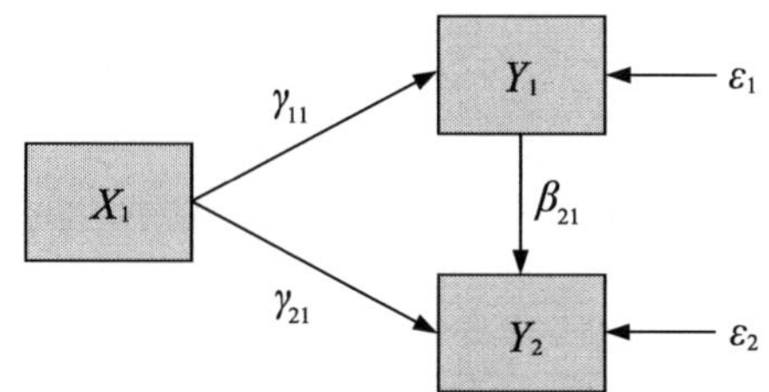

圖 2-2　兩個方程式的非遞回模式路徑圖

在圖 2-2 中，Y_1 就是一種中介變項，部分的 X_1 對 Y_2 的影響可以透過 Y_1。這種中介的效果稱為間接效果（indirect effects）。在這個模式中，間接效果等於 $\gamma_{11}\beta_{21}$，另外 X_1 直接指向 Y_2 的效果稱為直接效果（direct effects），其為 γ_{21}。將一個變項影響另一個變項的直接效果加上所有間接效果稱為總效果（total effects），在此模式總效果為 $\gamma_{11}\beta_{21}+\gamma_{21}$（關於這些觀念的詳細介紹參看第九章）。

現在假設我們在做研究時錯誤地遺漏了變項 Y_1，則在方程式 2-5 中，右邊的 $\beta_{21}Y_1$ 就不存在。此時，方程式 2-5 變成下面的形式：

$$Y_2=\gamma_{21}X_1+\varepsilon_2^* \qquad 【2\text{-}6】$$

其中 ε_2^* 應該等於方程式 2-5 中的 $\beta_{21}Y_1+\varepsilon_2$。依據假性孤立的原則，$COV(X_1,\varepsilon_2^*)$ 應當等於 0。如果 $COV(X_1,\varepsilon_2^*)\neq 0$，則假性孤立就被破壞，那麼，因果推論就出了問題。現在我們看看 $COV(X_1,\varepsilon_2^*)$ 是否為 0。

$$\begin{aligned}COV(X_1,\varepsilon_2^*)&=COV(X_1,\beta_{21}Y_1+\varepsilon_2)\\&=COV(X_1,\beta_{21}(\gamma_{11}X_1+\varepsilon_1)+\varepsilon_2)\\&=\beta_{21}\gamma_{11}VAR(X_1)\end{aligned} \qquad 【2\text{-}7】$$

方程式 2-7 中，我們發現只要 $\beta_{21}\neq 0$，$\gamma_{11}\neq 0$，以 $VAR(X_1)\neq 0$，則 $COV(X_1,\varepsilon_2^*)$ 一定不等於 0，所以假性孤立被破壞。Bollen（*1989b*）推算出這種中介變項的遺漏造成實質的總效果大於 γ_{21}。而無可避免地，在 SEM 中，這種中介變項的遺漏是經常發生的，我們無法將所有對後果變項有影響的變項皆加入模式中，不過正如 Bollen 所言：「無論如何，通常從一個方程式中將它們（中介變項）遺漏掉並不是相當有害的，只要我們記得被包含變項的效果是經由排除中介變項後的淨效果（net effects）。」

共同因的遺漏就不像中介變項的遺漏那麼幸運，它的影響效果就嚴重的多了。Bollen（*1989b*）認為共同因有兩種類型，其一為虛假關係（spurious relations），意味著一個原有的關係被一個介入的變項所解釋。其二為抑制關係（suppressor relations），意味著某一變項會掩蓋其他兩個變項的關係。我們以徑路圖（圖 2-3）來說明此兩種關係（注意在前面是遺漏了 Y_1，在此是遺漏 X_1）。

其中，由於左邊模式中的 X_1 被遺漏，使得右邊的 β_{21}^* 等於 $\beta_{21}+\gamma_{21}b_{X_1Y_1}$。其證明如下（*Bollen, 1989b*）：

$$\begin{aligned}\text{plim}(\hat{\beta}_{21}^*) &= \frac{\text{COV}(Y_1, Y_2)}{\text{VAR}(Y_1)} = \frac{\text{COV}(Y_1, \beta_{21}Y_1+\gamma_{21}X_1+\varepsilon_2)}{\text{VAR}(Y_1)} \\ &= \frac{\beta_{21}\text{VAR}(Y_1)+\gamma_{21}\text{COV}(Y_1, X_1)+\text{COV}(Y_1, \varepsilon_2)}{\text{VAR}(Y_1)} \\ &= \beta_{21}+\gamma_{21}\frac{\text{COV}(Y_1, X_1)}{\text{VAR}(Y_1)} \\ &= \beta_{21}+\gamma_{21}b_{X_1Y_1} \\ &\equiv \beta_{21}^*\end{aligned}$$

首先，若是 $\beta_{21}\neq 0$，但是 $\gamma_{21}b_{X_1Y_1}=0$，則 β_{21}^* 等於 β_{21}，那麼，X_1 的遺漏並沒有導致 Y_1 對 Y_2 的影響有任何改變。當然，這種遺漏就沒有問題，但是還有下列幾種情形會發生。

第一種情形是 $\beta_{21}=0$，但是 $\gamma_{21}b_{X_1Y_1}\neq 0$，則 β_{21}^* 也不等於 0，且其絕對值會大於 β_{21} 的絕對值。很顯然的，X_1 的遺漏導致 Y_1 對 Y_2 從完全無

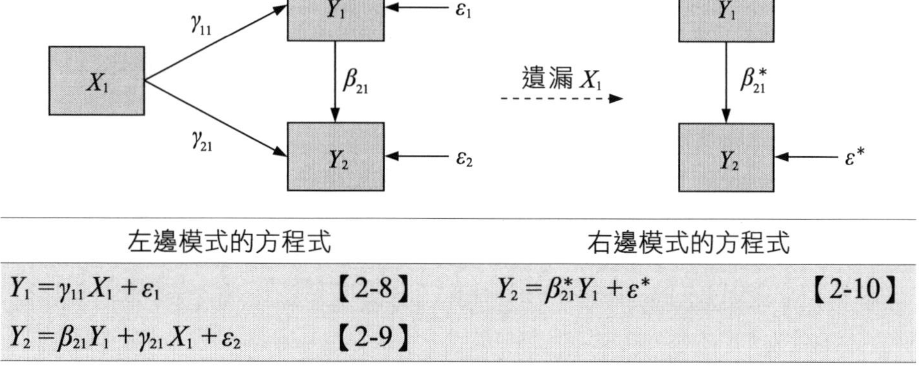

左邊模式的方程式		右邊模式的方程式	
$Y_1=\gamma_{11}X_1+\varepsilon_1$	【2-8】	$Y_2=\beta_{21}^*Y_1+\varepsilon^*$	【2-10】
$Y_2=\beta_{21}Y_1+\gamma_{21}X_1+\varepsilon_2$	【2-9】		

圖 2-3　虛假關係與抑制關係之模式說明圖

影響變成有影響，這種現象稱為完全虛假關係（totally spurious relation）。

第二種情形是$\beta_{21}>0$且$\gamma_{21}b_{X_1Y_1}>0$或者是$\beta_{21}<0$且$\gamma_{21}b_{X_1Y_1}<0$，則β_{21}^*的絕對值大於β_{21}的絕對值。也就是說，X_1的遺漏導致Y_1對Y_2的影響從有（正或負）影響變成更加有（正或負）影響，這種現象稱為部分虛假關係（partially spurious relation）。

第三種情形則是$\beta_{21}>0$且$\gamma_{21}b_{X_1Y_1}<0$，或者是$\beta_{21}<0$且$\gamma_{21}b_{X_1Y_1}>0$，而結果皆造成β_{21}^*的絕對值小於β_{21}的絕對值，這種情形稱為抑制關係。

這些現象可以用表2-1來呈現。這個結果給了古老格言「相關並無法證明因果性」（correlation do not prove causation）一個新的啟示：「缺乏相關並沒有否定因果性」（a lack of correlation do not disprove causation）（*Bollen, 1989b, p.52*）。

第三類型的遺漏乃是指被排除的變項和解釋（explanatory）變項之間具有曖昧關係，這個關係可以用圖2-4來說明。

右邊的模式其$COV(X_1, \varepsilon_1^*)$等於$\gamma_{12}COV(X_1, X_2)$，其證明如下：

$$\begin{aligned} COV(X_1, \varepsilon_1^*) &= COV(X_1, \gamma_{12}X_2+\varepsilon_1) \\ &= \gamma_{12}COV(X_1, X_2)+COV(X_1, \varepsilon_1) \\ &= \gamma_{12}COV(X_1, X_2) \end{aligned} \quad【2\text{-}11】$$

表2-1　遺漏共同因所形成$|\beta_{21}^*|$ vs. $|\beta_{21}|$的關係表

X_1遺漏時，Y_1對Y_2的關係		β_{21}	$\gamma_{21}b_{X_1Y_1}$	$\lvert\beta_{21}^*\rvert$ vs. $\lvert\beta_{21}\rvert$
沒有衝擊		$\neq 0$	0	$\lvert\beta_{21}^*\rvert=\lvert\beta_{21}\rvert$
虛假關係	完全	0	$\neq 0$	$\lvert\beta_{21}^*\rvert>\lvert\beta_{21}\rvert$
	部分	>0	>0	$\lvert\beta_{21}^*\rvert>\lvert\beta_{21}\rvert$
	部分	<0	<0	$\lvert\beta_{21}^*\rvert>\lvert\beta_{21}\rvert$
抑制關係		>0	<0	$\lvert\beta_{21}^*\rvert<\lvert\beta_{21}\rvert$
		<0	>0	$\lvert\beta_{21}^*\rvert<\lvert\beta_{21}\rvert$

資料來源：Bollen（*1989b, p.50*）。

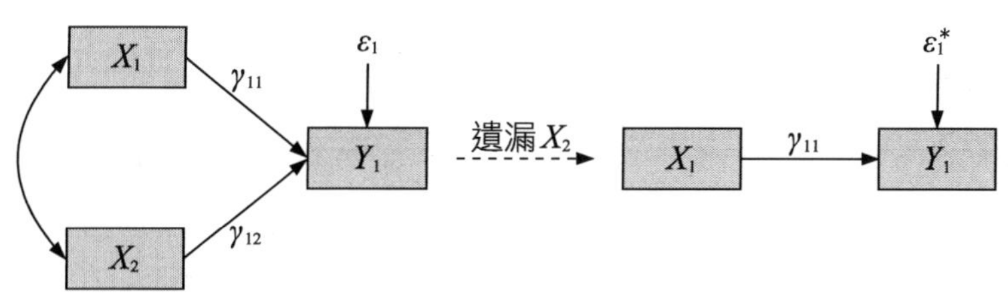

左邊模式的方程式	右邊模式的方程式
$Y_1=\gamma_{11}X_1+\gamma_{12}X_2+\varepsilon_1$ 【2-12】 其中 $\mathrm{COV}(\varepsilon_1, Xi)=0, i=1, 2$， 且 $E(\varepsilon_1)=0$。	當 X_2 被遺漏時 $Y_1=\gamma_{11}X_1+\varepsilon_1^*$ 【2-13】

圖 2-4　遺漏解釋變項間有曖昧關係的變項

當 γ_{12} 以及 $\mathrm{COV}(X_1, X_2)$ 不等於 0，則 $\mathrm{COV}(X_1, \varepsilon_1^*)$ 就不等於 0。現在我們比較一下係數的變化，首先，以OLS估計一下右邊模式的 $\hat{\gamma}_{11}^*$，這個估計值將聚合於 $\gamma_{11}+\gamma_{12}b_{X_2X_1}\equiv\gamma_{11}^*$。證明如下：

$$
\begin{aligned}
\mathrm{plim}(\hat{\gamma}_{11}^*) &= \frac{\mathrm{COV}(X_1, Y_1)}{\mathrm{VAR}(X_1)} = \frac{\mathrm{COV}(X_1, \gamma_{11}X_1+\gamma_{12}X_2+\varepsilon_1)}{\mathrm{VAR}(X_1)} \\
&= \frac{\gamma_{11}\mathrm{VAR}(X_1)+\gamma_{12}\mathrm{COV}(X_1, X_2)+\mathrm{COV}(X_1, \varepsilon_1)}{\mathrm{VAR}(X_1)} \\
&= \gamma_{11}+\gamma_{12}\frac{\mathrm{COV}(X_1, X_2)}{\mathrm{VAR}(X_1)} \\
&= \gamma_{11}+\gamma_{12}b_{X_2X_1} \\
&\equiv \gamma_{11}^* \qquad \text{【2-14】}
\end{aligned}
$$

我們以下表 2-2 來比較 γ_{11} 與 $\gamma_{11}^*(=\gamma_{11}+\gamma_{12}b_{X_2X_1})$。

這個結果和表 2-1 類似，而我們無法知道的是 X_2 的遺漏是一種中介變項還是共同因。唯一可以知曉的是 X_1 與 X_2 是相關的。

除了上面這三種類型的解釋變項之遺漏，導致虛假孤立的條件被破壞，進而使得參數估計不一致之外，其他還有好幾種現象也會破壞假性孤立，這些現象包括：⑴解釋變項含有隨機測量誤；⑵當設定 X

表 2-2 γ_{11} 與 γ_{11}^* 之比較

γ_{11}	$b_{X_2X_1}$	$\gamma_{12}b_{X_2X_1}$	γ_{11} v.s. γ_{11}^*
$=0$	$=0$	$=0$	$\gamma_{11}=\gamma_{11}^*$
>0	>0	>0	$\gamma_{11}<\gamma_{11}^*$
>0	<0	<0	$\gamma_{11}>\gamma_{11}^*$
<0	>0	<0	$\gamma_{11}>\gamma_{11}^*$
<0	<0	>0	$\gamma_{11}<\gamma_{11}^*$

影響 *Y*，但是這種假設卻是錯誤的，其可能是 *Y* 影響 *X* 或者是兩者互惠；⑶解釋變項與干擾變項存在相關；⑷錯誤函數的界定，例如，非線性（nonlinear）界定為線性（linear）。

很顯然地，探討這些假性孤立破壞原因，乃是企圖瞭解機率論者在鋪陳因果關係時所面臨的一些問題，這種加入干擾變項的方式使得因果關係變成可能。但是社會及行為科學的研究大都暴露在自然情境中，許多因素是無法真正被控制住。當然使用實驗研究法或許可以多多少少的控制這些潛在的問題，但是研究者很難將所有干擾因素加以完全孤立。因此，Bollen（*1989b*）認為唯有儘可能的消除虛假孤立的威脅，則任何對因果關係宣稱的可行性是應該被承認的。但是，必須一再地強調的是「統計的檢定是無法證明一個模式或者是模式中的因果關係，唯一可以做到的是否定模式。」（*Bollen, 1989b, p.79*）

最後，在深入的瞭解這種因果的訴求時，絕對不可以忽略的是，對於不論是遺漏中介變項、共同因、曖昧關係變項，或者是影響方向的錯誤假設等等，這些錯誤的作為皆是因為理論使然，唯有理論才能讓上面的各種檢定站得住腳，因此，理論對於因果關係的辯護扮演著相當重要的角色，這也就是為何許多學者加入了因果關係的第四個條件：因果關係必須具備相當的理論基礎。包括徑路分析之父 Wright（*1923*）也都如是的說：「因果關係的先前知識被設定為是一種先決條件。」

第二節　模式界定──發展理論基礎的模式

模式界定是 SEM 在應用上的第一個步驟。其主要目的在於明確地陳述估計之前的初始模式。也就是說，依據先前的理論設定模式的假設以及變項間的關係。Bollen（*1989b*）認為 SEM 的基本假設為觀察變項的共變數矩陣是一組參數的函數。用方程式表示，其基本的假設如下：

$$\Sigma = \Sigma(\theta) \qquad \text{【2-15】}$$

其中，Σ 是觀察變項的母群體共變數矩陣，θ 乃是模式參數的一個向量，$\Sigma(\theta)$ 乃是 θ 函數所寫成的共變數矩陣。

SEM統計的這種假設是相當複雜的，其涉及一種結構性的統計技術，也牽涉相當多的因果性問題以及變項的潛在結構問題，這些因果關係以及變項的潛在結構組合成一個需要檢定的統計模式。基於此種現象，我們必須瞭解的是，並沒有一種唯一而且是正確的方式來處理這種多變項結構性的統計問題，唯有依靠研究者事先設定的研究目標，才能夠在適配的方法中，使用適當的統計技術來達成目標。對研究者而言，其可能嚴格地界定這些關係，目標在於嚴格地驗證這些關係。當然，或許研究者認為這些關係可以比較寬鬆地認定，其目標只是想要發覺這些關係是否真的存在。因此，模式策略的應用就顯得相當的重要。

一　模式策略

Jöreskog和Sörbom（*1993*）等人認為當檢定一個共變數矩陣，一般可以區分為三種情境，其一是嚴格驗證的情境，其二是選替模式的情境，其三是模式衍生的情境。此三種情境形成三種模式策略：⑴驗證性模式策略（confirmatory modeling strategy）；⑵競爭模式策略（competing models strategy）；⑶模式發展策略（model development strategy）。

㈠驗證性模式策略

Jöreskog和Sörbom（*1993*）等人將此以嚴格驗證（strictly confirmatory, SC）表示之，其目標是以所蒐集的經驗資料嚴格地檢定研究者所界定的理論模式，看看理論模式是應該被接受或是應該被拒絕。這種檢定是嚴格的，乃是因為當模式被拒絕時，不再企圖尋找能讓模式被接受的可能線索。但是，由於此種嚴格性，可能導致研究者產生一種驗證性偏誤（confirmation bias）的現象，也就是一種期望模式獲得肯定的企圖，那麼無論何種適配度指標被使用來檢定模式，都有導向模式被肯定的意圖，其結果會使得模式較容易獲得接受的現象。其實，一組經驗資料往往可以用來接受數個不同的理論模式，甚至於可能同等的接受此數個理論模式（*Hair et al., 1998*）。所以說，競爭模式策略的使用更符合實際的現狀。

㈡競爭模式策略

Jöreskog和Sörbom（*1993*）等人將此以選替模式（alternative models, AM）表示之，其目標是研究者事先界定數個替代理論模式或競爭模式，蒐集一組經驗的資料，來檢定哪一個理論模式與經驗資料最適配。競爭模式策略說明了一個很重要的觀點，對一組經驗的資料來說，是可以有許多適配的模式，也就是說，一個適配的模式並不保證是最好的模式。競爭模式策略是一種相當好的策略，因為，通常在現實世界裡，一種社會現象並非只有一種理論模式可以解釋，其往往有多個理論的解釋方式。哪一種解釋的方式最好呢？過去的統計方式通常很難來處理此一問題，現在SEM正可以有效地處理此一問題。

㈢模式發展策略

Jöreskog 和 Sörbom（*1993*）等人將此以模式生成（model generating, MG）表示之，此為一般研究者常用的策略，顧名思義，乃是研究者希望利用資料來衍生出一個較適配的理論模式。其方法是研究者一開始利用理論界定出一個起始模式，蒐集一組資料，檢定其適配程度。如果理論模式不是相當適配，研究者利用 SEM 統計中的某種指數，來瞭解理論模式需修正的地方，若需修正的地方有健全的理論可以解釋，則將其修正，然後再度的檢定模式，這種過程不斷地重複，直到可接受的模式產生。值得注意的是，雖然研究者獲得了一個可接受的理論模式，但是可能由於此種修正過程導致該理論模式無法推論到其他樣本或母群體。通常，這種現象的產生表示研究者事後的修正之理論不夠健全，也就是說，其所憑的只不過是經驗的法則。其次，這種作為已經將 SEM 的驗證性本質推向探測性的本質（此一問題在第八章複核效化中會詳細討論）。

二 模式界定的步驟

模式界定的主要目的是將研究者的假設以 SEM 的形式來表達。由於研究者的假設通常是建基於理論或是健全的概念，因此，模式界定的第一個步驟往往是理論基礎模式的發展，然後，將理論模式中的假設建構一個因果關係的徑路圖，最後將徑路圖轉換成為一系列的結構方程式（structural equations）與測量方程式（measurement equations）。以下我們就以青少年生活痛苦指數量表來說明模式的界定。

㈠青少年生活痛苦指數量表的理論基礎模式

在編製青少年生活痛苦指數量表時，首先由研究者整理文獻與相關理論，提出建構此一指標的雙向構念表，其中，縱面向是青少年可能涉及的生活構面，橫面向是可能產生痛苦的構面。再由四位教育、犯罪與社會學專家，針對這些構面討論，縱構面在理論上所牽涉的生活構面有哪些以及橫構面所關連的痛苦構面是什麼，再依據所決定的構面設計題目。從所設計的題目中，再選取最為認可的二十個題目，作為青少年生活痛苦指數量表。經四位專家討論的結果，在縱構面採用了七個青少年生活構面，包括教育、家庭、休閒、法治、生態環境、兩性關係與未來期望。教育此一概念叢牽涉相當多構面的次概念，經討論後採用學校處遇、學校課業、學校行政。從學校處遇而言，專家一致認為挫折感的產生是其痛苦的最主要來源，學校課業主要痛苦來源是壓力，學校行政的主要痛苦來源是自由的問題。

家庭生活構面可以再分為父母期望、父母對待、家庭支持等三個次構面，父母期望與父母對待的痛苦來源採挫折構面，而家庭支持則使用疏離感。休閒生活構面則再分為休閒時間、休閒支持、休閒選擇等三個次構面，休閒時間的痛苦來源採不自由，休閒支持的痛苦來源採疏離感，休閒選擇的痛苦來源採疏離感。

法治生活構面則分為社會失序、校園安全、法律保障、社會安全等四個次構面，校園安全與社會安全兩構面的痛苦來源主要是焦慮恐懼的問題。社會失序的痛苦主要是疏離感的問題，而法律保障的痛苦則是一種疏離感的呈現。

生態環境的生活構面選擇了三個次構面，包括交通問題、環境美化問題、環保問題。這三個構面皆以不快樂的程度作為痛苦的來源。兩性關係生活構面採用性別意識與異性交往兩個次構面。性別意識探討疏離感的問題，異性交往瞭解其疏離感的現象。最後，未來期望生活構面也採未來自我期許與未來社會期許，兩者皆探討對未來所感受的挫折感。

這二十個次構面搭配痛苦的來源，設計出二十道題目（見本章附錄 2-1），就是青少年生活痛苦指數量表。表 2-3 將整個構念以雙向細目表的方式呈現。痛苦指數選項方式為：單項最高五分，表示對此一

表 2-3　生活構面與痛苦構面之雙向構念表

生活構面 ＼ 痛苦構面		不自由	不快樂	挫折	壓力	恐懼	疏離感
教育	學校處遇			*			
	學校課業				*		
	學校行政	*					
家庭	父母期望			*			
	父母對待						*
	家庭支持			*			
休閒	休閒時間	*					
	休閒支持						*
	休閒選擇						*
法治	社會失序						*
	校園安全					*	
	法律保障						*
	社會安全					*	
生態環境	交通問題		*				
	環境美化		*				
	環保問題		*				
兩性關係	性別意識						*
	異性交往						*
未來期望	未來自我期許			*			
	未來社會期許			*			

指數呈現的現象「非常同意」，亦即痛苦程度最高；其次是「同意」得四分；「偶而同意」得三分；「不同意」得兩分；「非常不同意」得一分，此意味對此一現象完全沒有痛苦存在。二十項痛苦指數最高得分為 100 分，最低得分為 20 分。

㈡青少年生活痛苦指數量表之徑路圖

徑路圖乃是以簡單的圖形呈現模式中各種要素的關連性。它是用以呈現模式結構的一個整體的形貌。經由上面理論的建構之後，可以知道，教育、家庭、休閒、法治、環境、兩性關係、未來期望等七個概念是無法直接觀察，而由其他變項來建構，因此，此七個概念就形成潛在變項，用橢圓形表示。學校處遇、學校課業、學校行政等三個觀察變項（用長方形表示）反映教育的痛苦構面，此一教育的構面影響此三個觀察變項，設定單向箭頭由教育構面指向此三個觀察變項。且依據假設，觀察變項皆有測量誤差存在，因此假定各有一個測量誤差影響觀察變項。此四個變項所形成的關係以徑路圖表示如下（圖 2-5）。

依據同樣的道理，我們可以畫出家庭與其三個觀察變項的徑路圖（如圖 2-6），休閒與其三個觀察變項的徑路圖（如圖 2-7），法治與其四個觀察變項的徑路圖（如圖 2-8），生態環境與其三個觀察變項的徑路圖（如圖 2-9），兩性關係與其二個觀察變項的徑路圖（如圖 2-10），未來期望與其兩個觀察變項的徑路圖（如圖 2-11）。

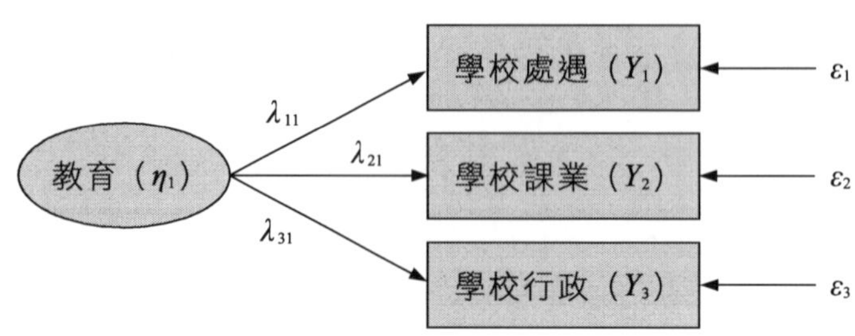

圖 2-5　教育痛苦的徑路圖

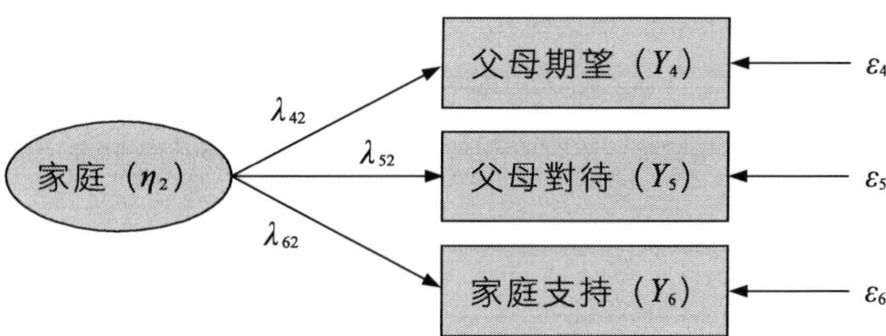

圖 2-6　家庭痛苦的徑路圖

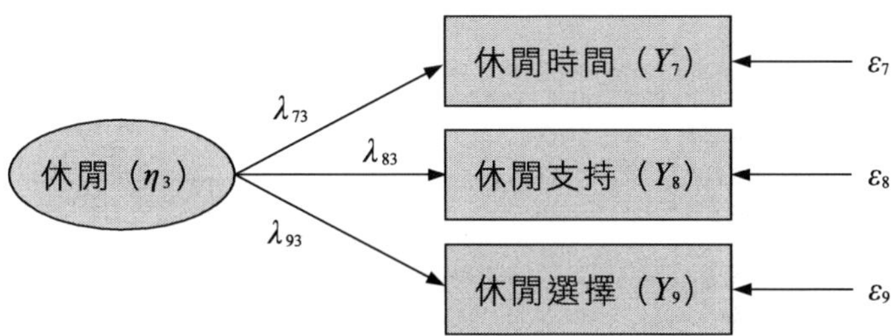

圖 2-7　休閒痛苦的徑路圖

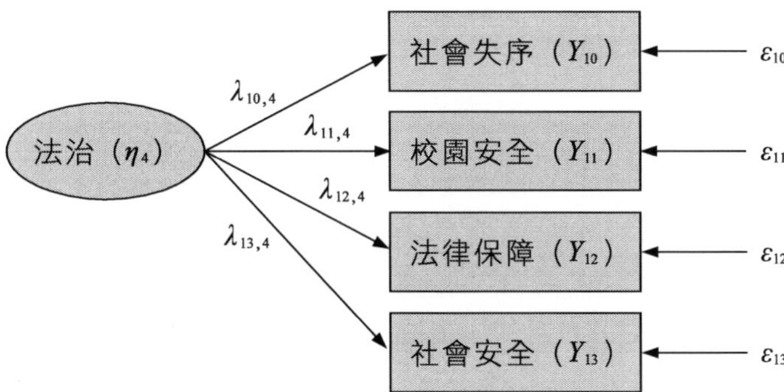

圖 2-8　法治痛苦的徑路圖

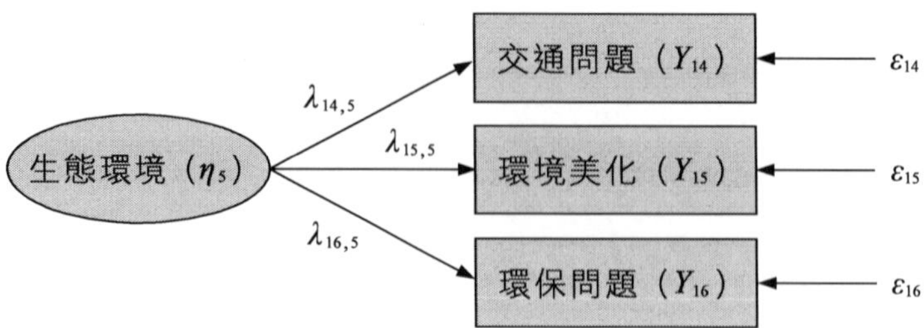

圖 2-9　生態環境痛苦的徑路圖

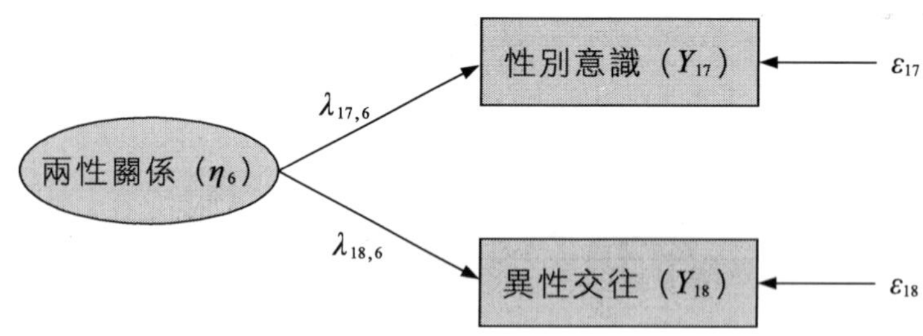

圖 2-10　兩性關係痛苦的徑路圖

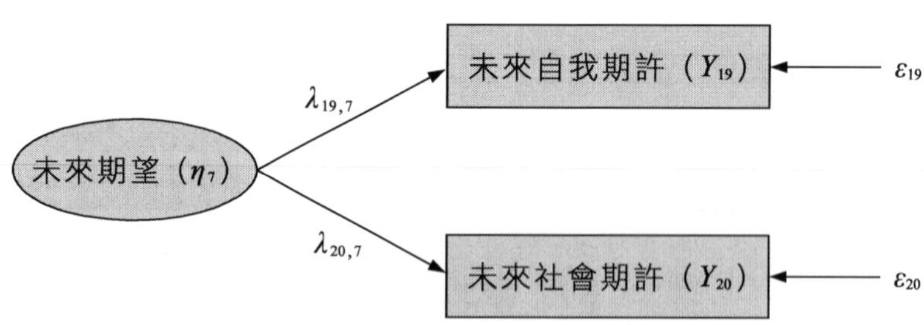

圖 2-11　未來期望痛苦的徑路圖

由於七個潛在變項構成整體的量表，因此，整體量表形成為一個二級的潛在變項（ξ_1）。此二級潛在變項影響此七個一級潛在變項，且假設二級潛在變項對一級潛在變項的預測是有誤差存在。因此，每一個一級潛在變項皆有一個殘差（residual）與其相連結（$\zeta_1-\zeta_7$）。如此形成一個生活痛苦指數的二級 CFA 測量模式。

當我們利用 SEM 來檢定一個量表的假設模式，其假設模式需有一些規定，本研究模式之規定如下：(1)每一測驗項目皆有一個不是零的負荷量（nonzero loading, λ）在其所測量的一級因素上，但是對其他的六個一級因素之負荷量是 0；(2)測驗項目與項目之間所連結的測量誤差項（errors of measurement, ε）彼此之間不相關；(3)七個一級因素之間的共變量（covariation）可以完全以它們在二級因素上的結構係數來解釋。此一模式就可以用圖 2-12 之徑路圖表示之。

(三)將徑路圖轉換成方程式

對模式界定而言，最後的步驟就是將徑路圖所描述的關係轉換成線性方程模式的系統。此一步驟相當重要，其目的在於將來在使用統計軟體時，能確保所輸入的檔案是正確的，如此才能夠正確地識別（identification）與估計。

圖 2-12 中的關係可以用下列的幾組方程式表示：

1. 測量方程式

學校處遇 = f（教育，測量誤）$Y_1=\lambda_{11}\eta_1+\varepsilon_1$
學校課業 = f（教育，測量誤）$Y_2=\lambda_{21}\eta_1+\varepsilon_2$
學校行政 = f（教育，測量誤）$Y_3=\lambda_{31}\eta_1+\varepsilon_3$
父母期望 = f（家庭，測量誤）$Y_4=\lambda_{42}\eta_2+\varepsilon_4$
父母對待 = f（家庭，測量誤）$Y_5=\lambda_{52}\eta_2+\varepsilon_5$
家庭支持 = f（家庭，測量誤）$Y_6=\lambda_{62}\eta_2+\varepsilon_6$
休閒時間 = f（休閒，測量誤）$Y_7=\lambda_{73}\eta_3+\varepsilon_7$
休閒支持 = f（休閒，測量誤）$Y_8=\lambda_{83}\eta_3+\varepsilon_8$
休閒選擇 = f（休閒，測量誤）$Y_9=\lambda_{93}\eta_3+\varepsilon_9$
社會失序 = f（法治，測量誤）$Y_{10}=\lambda_{10,4}\eta_4+\varepsilon_{10}$

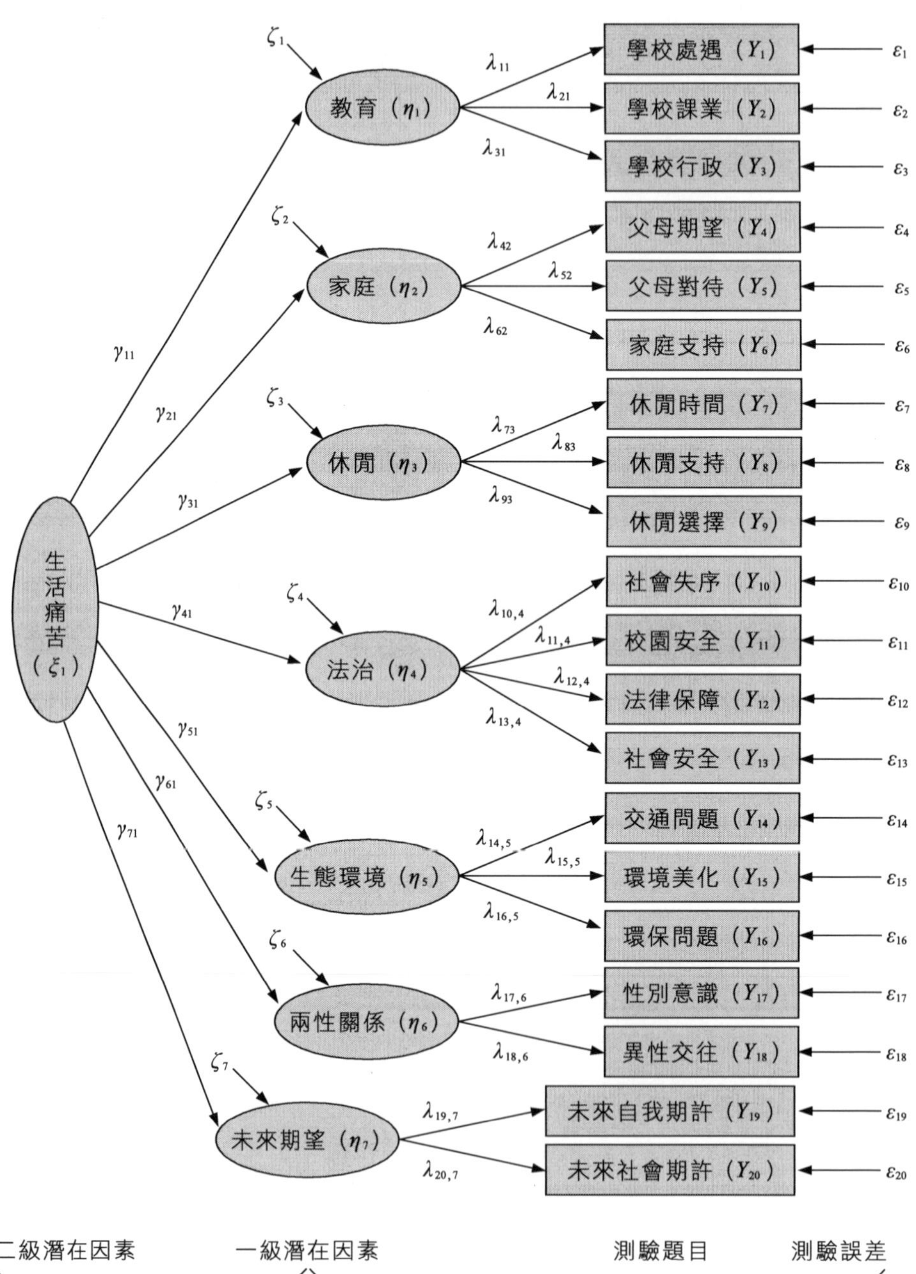

圖 2-12　青少年痛苦指數 CFA 測量模式

校園安全＝f（法治，測量誤）$Y_{11}=\lambda_{11,4}\eta_4+\varepsilon_{11}$
法律保障＝f（法治，測量誤）$Y_{12}=\lambda_{12,4}\eta_4+\varepsilon_{12}$
社會安全＝f（法治，測量誤）$Y_{13}=\lambda_{13,4}\eta_4+\varepsilon_{13}$
交通問題＝f（生態環境，測量誤）$Y_{14}=\lambda_{14,5}\eta_5+\varepsilon_{14}$
環境美化＝f（生態環境，測量誤）$Y_{15}=\lambda_{15,5}\eta_5+\varepsilon_{15}$
環保問題＝f（生態環境，測量誤）$Y_{16}=\lambda_{16,5}\eta_5+\varepsilon_{16}$
性別意識＝f（兩性關係，測量誤）$Y_{17}=\lambda_{17,6}\eta_6+\varepsilon_{17}$
異性交往＝f（兩性關係，測量誤）$Y_{18}=\lambda_{18,6}\eta_6+\varepsilon_{18}$
未來自我期許＝f（未來期望，測量誤）$Y_{19}=\lambda_{19,7}\eta_7+\varepsilon_{19}$
未來社會期許＝f（未來期望，測量誤）$Y_{20}=\lambda_{20,7}\eta_7+\varepsilon_{20}$

2. 結構方程式

教育＝f（生活痛苦，干擾）$\eta_1=\gamma_{11}\xi_1+\zeta_1$
家庭＝f（生活痛苦，干擾）$\eta_2=\gamma_{21}\xi_1+\zeta_2$
休閒＝f（生活痛苦，干擾）$\eta_3=\gamma_{31}\xi_1+\zeta_3$
法治＝f（生活痛苦，干擾）$\eta_4=\gamma_{41}\xi_1+\zeta_4$
生態環境＝f（生活痛苦，干擾）$\eta_5=\gamma_{51}\xi_1+\zeta_5$
兩性關係＝f（生活痛苦，干擾）$\eta_6=\gamma_{61}\xi_1+\zeta_6$
未來期望＝f（生活痛苦，干擾）$\eta_7=\gamma_{71}\xi_1+\zeta_7$

3. 其他的假定

$E(\eta)=0$，$E(\varepsilon)=0$，ε 與 η 以及 ξ 無相關。

第三節　模式界定的議題

一　可否證性

從科學的角度而言，理論所界定出來的模式必須是可以否定的，此乃是Popper（*1959*）所謂可否證性（disconfirmability）的命題。Popper認為如果任何假設的命題沒有任何被否定的可能性存在時，那麼科學便蕩然無存。在界定模式時，我們必須瞭解的是，理論本身具有簡效的功能，其目的在於以簡效的方式呈現現實的命題。因此，理論模式是不應該完美地適配觀察資料。當理論模式是一種完美的適配時，可否證性就不存在了。

在什麼狀況之下，完美的適配會發生呢？其實，產生完美的適配並不難，研究者只要讓模式中所要估計的參數等於觀察資料共變數矩陣中的要素即可。例如，有五個變項，則其共變數矩陣可以形成 $\frac{5(5+1)}{2}=15$ 個要素。那麼，只要研究者界定出十五個需要估計的參數，則這個模式就形成不可否證性。很明顯的，當所要估計的參數等於觀察資料共變數中的要素時，此一模式的自由度是0。也就是說，自由度是0的模式是無法被否證的，其與觀察資料形成完美適配。Mulaik（*1990*）認為模式自由度的程度就是樣本資料與再製模式之間差異的維度數，因此，自由度是模式可否證性的一個測量。

上面的例子說明有效參數的界定是相當重要的，當模式的自由度太低時，其可否證的機率相對地減低。而當一個模式無法具有相當合理程度的可否證性，那麼，即使發現模式是適配的，通常也是無用的且無意義的。這個議題告訴我們，研究者必須謹記可否證性原則，模式的建構愈簡效愈好，一個具有高估計參數的模式是不值得鼓勵的。

二 對等模式

模式界定的第二個議題是對等模式（equivalent models）的存在。所謂對等模式就是指和假設模式有相同的統計適配程度，但是對資料的實質解釋卻是相當不同的模式（*Stelzl, 1986*）。正因為如此，對等模式對社會及行為科學的理論發展產生了相當嚴重的威脅（*Raykov & Marcoulides, 2001*）。MacCallum 等人（*1993*）認為無論一個原始被考慮的模式適配資料多麼的好，除非模式的對等性問題被描述，否則它的解釋依然只是可能的一種手段罷了。

簡單的方式來形成對等模式就是將模式中的方向性顛倒過來，或者是將影響性改為相關性，例如，有三個變項A、B、C，原始上我們認為，A影響B，B影響C，C影響A，畫成徑路圖如下（圖2-13）。

在圖2-13中，隨便改一個徑路的方向就形成一個對等模式，例如，我們將A影響B，改成B影響A，形成圖2-14。

圖2-13與圖2-14是兩個可以獲得相同適配程度，但是解釋截然不同的模式。如果，我們將A影響B，改為A與B相關，則又形成如圖2-15的另一個對等模式。

很明顯地，如此我們還可以改變其他的路徑，獲得許多對等模式。這讓我們感受到是否具有無限的模式其對等於原始界定的模式。

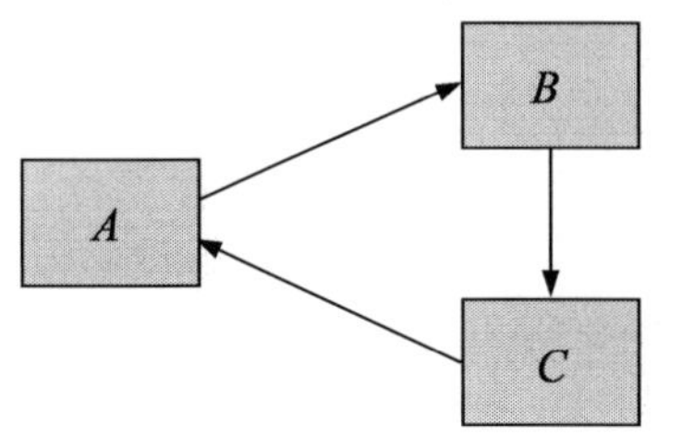

圖2-13　原始模式

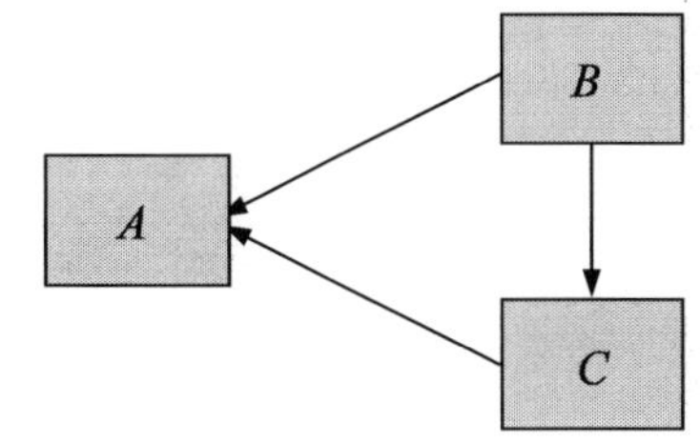

圖2-14　改變方向性的對等模式

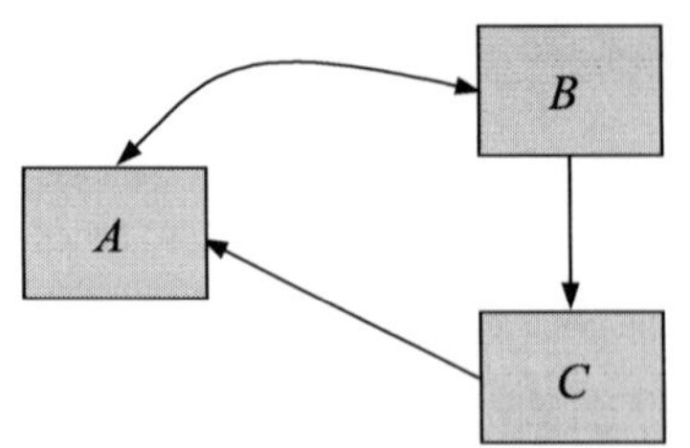

圖 2-15　變成相關性的對等模式

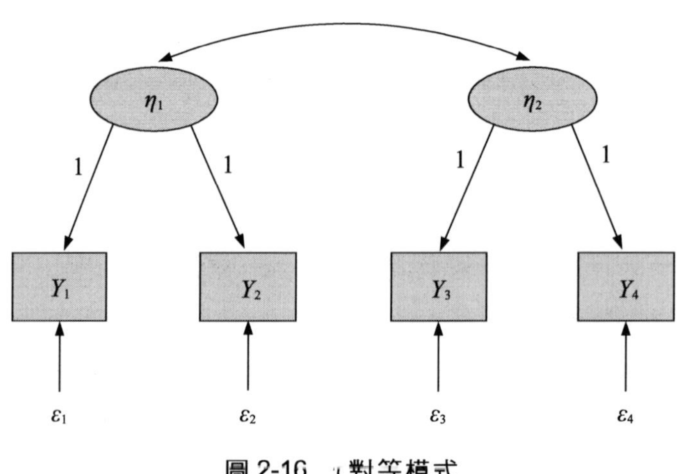

圖 2-16　τ 對等模式

Raykov 和 Marcoulides（*2001*）在其一篇文章，名為「是否有無限多的模式對等於既定的共變數結構模式？」中，以下面的三個圖（圖 2-16、圖 2-17、圖 2-18），說明此種無限多模式產生的方式。

圖 2-16 中模式假設 η_1 與 η_2 是共變的，且每一個因素以一種 τ 對等（τ-equivalent）[3] 測驗的指標所建構。在圖 2-17 的模式中假設觀察變項 Y_1 到 Y_4 之間的相關的共同來源並不是來自於 η_{11} 與 η_{22} 之間的相關，而

[3] 此乃是以相同的測量單位來測量相同的真實分數，但是具有不同的誤差變異。

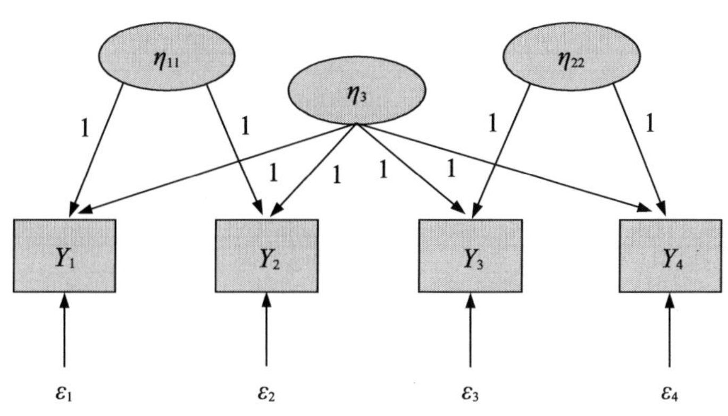

圖 2-17　τ對等模式的擴展

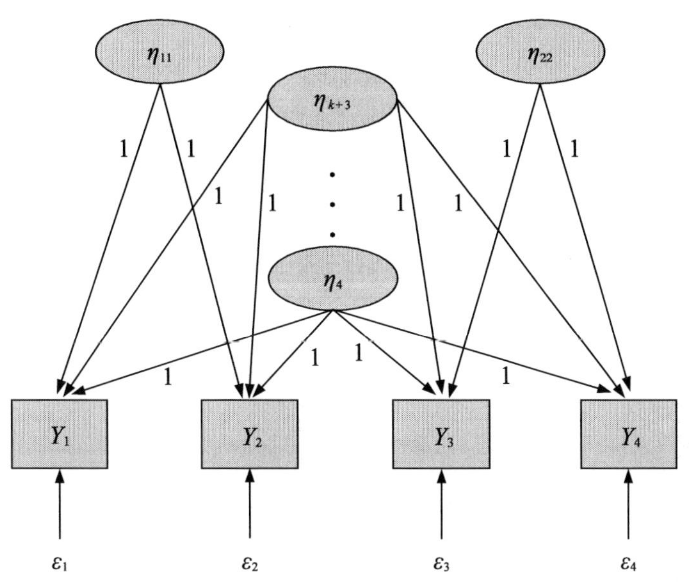

圖 2-18　τ對等模式的無限擴展

是來自於第三個構念 η_3。因此，在圖 2-17 中的三個建構彼此不相關。Raykov 和 Marcoulides（*2001*）認為此兩種模式是對等的，因此，任何和圖 2-17 中的模式產生相同映含的共變數矩陣的模式也會對等於圖

2-16 中的模式。依此道理，則可以擴充無限個對等模式，如圖 2-18 中的類型。圖 2-18 中的模式具有四個特質：(1)對所有觀察變項的負荷量皆是 1；(2)所有新的構念和 η_{11} 與 η_{22} 的關係皆是直角的；(3)新的構念彼此間皆無相關；(4)這些新的構念之總和需等於 η_3。當第四個特質條件成立時，圖 2-18 中模式的類型所產生的共變數矩陣會與圖 2-16 中模式所產生的共變數矩陣相一致。

從上面的概念，我們可以立刻推想出在第一章裡，我們曾經提出驗證性因素分析的一級模式（見圖 2-19）和二級模式（見圖 2-20），它們是否也是對等的呢？事實上，這兩個模式也是一種對等模式，它們會產生相同的映含共變數矩陣，但是解釋上卻是相當不同。

MacCallum 等人（*1993, p.186*）對對等模式所產生的現象提出了一個類比式的描述：

> 對等模式的存在應該可以被視為類似於實驗設計中的一個混淆個案。如果一個實驗被設計或被建構成多元因素的效果是混淆的因而無法加以區別，那麼對觀察資料而言將會有另類的相等真實性的解釋。在這個例子裡，實驗設計被認為

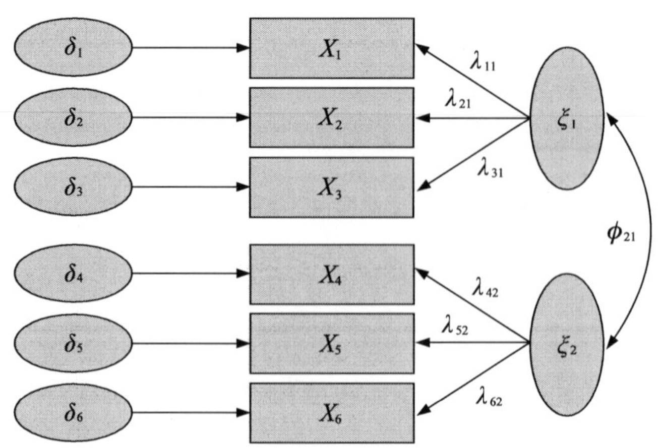

圖 2-19　一級二因素 CFA 模式

是有缺失的。

同樣地，在 SEM 中，研究者是無法忽視對等模式的存在，他不可以任意的認為他所界定的模式最有效地解釋所蒐集的資料。

而實際上，當一個映含的共變數矩陣具有相當大數量的對等模式時，問題將會相當的嚴重。對研究者而言，他實在很難去辯駁為何他所提的假設模式是最能夠用來解釋資料。基本上，MacCallum 等人（*1993*）提出了幾個處理此一問題的建議，其中對一般的研究者最受用的處理方法是優位理論的地位性（status of a priori theory），也就是說，模式的發展是來自於理論或先前的研究，經由健全理論所建構的模式應該比那些尚未有理論或先前研究所形成的對等模式更具有解釋資料的優位性。因此，理論建構的模式應當比未有任何理論建構的模式更有效的解釋資料。這種對對等模式現象的建議意涵理論在模式的界定上的重要性，當然，研究者在理論上應當要相當健全，否則不健全理論所建構下的模式可能比未用理論來建構的對等模式對於觀察資料的解釋更加糟糕。

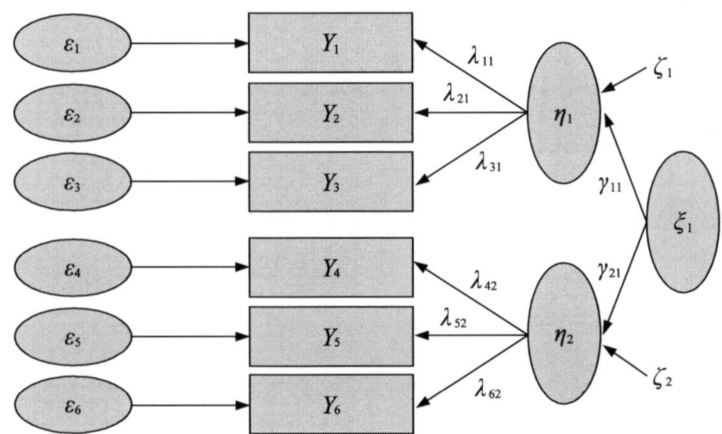

圖 2-20　一級二因素 CFA 模式之對等模式

第四節 結論

對模式界定的過程而言，理論扮演著相當重要的角色，說穿了就是模式的界定來自於健全理論的建構，所有模式中的因果關係是依據理論來鋪陳的，理論不僅可以界定模式的策略，也可以界定模式中的因果強度、因果方向、間接關係與直接關係等等。因此，往往在模式界定時的第一個步驟就是理論基礎模式的建立，接著使用 SEM 的符號建構一個模式的徑路圖，最後依據徑路圖將模式的因果關係以方程式的方式加以表達，形成假設，就完成模式界定的過程，然後，就可以進入下一個步驟——模式的識別。

青少年生活經驗量表

> 親愛的同學您好：
>
> 在成長過程中，許多同學都曾經有「失意」的生活經驗，因此，我們需要您提供寶貴的經驗，幫助我們更深入的瞭解青少年朋友。
>
> 這份問卷所涉及的完全是您個人的看法，您的看法就是青少年重要的經驗呈現，為了能真實的反應青少年的觀點，所以請您依照真實的情況作答。對於您所提供的資料，研究單位負保密之責，敬請安心，非常感謝您的合作！
>
> **財團法人向陽公益基金會　敬上**

青少年生活經驗

親愛的同學，以下二十題，想瞭解您對青少年生活經驗的真實感受。請依您的實際感覺回答。**我們珍惜您的每一項經驗，所以請您儘量回答每一題目，謝謝！**

	非常同意	同意	偶而同意	不同意	非常不同意
1. 我總覺得老師認為我不是一位好學生。	□	□	□	□	□
2. 我認為學校所給予的課業負擔，對我而言是相當的沉重。	□	□	□	□	□
3. 我總覺得學校的規定有許多是不合理的，而我卻又不得不遵守。	□	□	□	□	□
4. 無論我如何努力，都無法達到家人對我的期望。	□	□	□	□	□
5. 雖然跟家人同住，但是我總覺得我是一個局外人。	□	□	□	□	□

6.每當我需要錢買我想要買的東西時，家人總是不太支持。 ‥ □□□□□
7.除了唸書之外，我覺得我沒有休閒時間。 ‥‥‥‥‥‥‥‥‥ □□□□□
8.我有我喜歡的休閒娛樂，但是這些休閒娛樂總是不太受到允許。 ‥‥‥‥‥‥‥‥‥‥‥‥‥‥‥‥‥‥‥‥‥‥‥ □□□□□
9.我實在不清楚，我可以從事何種所謂的良好或適當的休閒活動。 ‥‥‥‥‥‥‥‥‥‥‥‥‥‥‥‥‥‥‥‥‥‥‥ □□□□□
10.我總覺得現代社會太過於混亂，使得我不知如何自處。 ‥‥ □□□□□
11.我非常擔心，在校園中被勒索或是恐嚇。 ‥‥‥‥‥‥‥‥‥ □□□□□
12.我認為現在我們國家的法律無法充分保護好人。‥‥‥‥‥‥ □□□□□
13.我很害怕還有許多壞人尚未繩之以法，使我有隨時可能成為受害者的焦慮。 ‥‥‥‥‥‥‥‥‥‥‥‥‥‥‥‥‥‥ □□□□□
14.出門總是碰到混亂的交通，令我十分難受。‥‥‥‥‥‥‥‥ □□□□□
15.生活環境中缺乏足夠的綠地與公園，令我覺得不快樂。 ‥‥ □□□□□
16.我居住的四周圍，到處可以見到垃圾，令我覺得很不舒服。 □□□□□
17.我很煩惱，在我這個年齡喜歡異性是否是正常？‥‥‥‥‥‥ □□□□□
18.我很想結交異性朋友，但總是不受到該有的支持？‥‥‥‥‥ □□□□□
19.我擔心以我目前的能力，將來將會生活得很辛苦？‥‥‥‥‥ □□□□□
20.我對未來台灣的局勢感到相當憂心。 ‥‥‥‥‥‥‥‥‥‥‥ □□□□□

第三章

模式識別

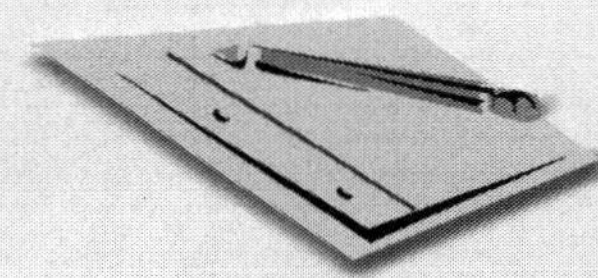

模式識別（model identification）這個步驟乃是處理所獲得的模式是否為唯一解。也就是說，當一個模式被證明為可識別的（identified），則其每一個參數在理論是可能計算出一個唯一的估計值。模式的識別形式可分為三種：低識別（under-identified）、正好識別（just-identified），以及過度識別（over-identified）。這些觀念可以用二元一次方程式來加以簡單說明。首先，我們看看下面的二元一次方程式：

$$X+Y=10 \quad 【3\text{-}1】$$

要求此一方程式的解，如果沒有任何其他條件的話，我們知道 X 與 Y 皆有無限多解，因此就無法獲得唯一解。也就是說，當只有一個方程式，而有兩個未知數（在模式裡就是有兩個要估計的參數），這種情形稱為低識別。依此推論，當所要估計的參數比方程式的數目還要多，就形成低識別的結果。一些學者將此結果稱為「無望」（hopeless），就是說不可能獲得所要的解。這種現象套用中國的一句成語來表達就是「巧婦難為無米之炊」。所以，解決低識別的問題之不二法門是增加模式的限制（restriction），使其形成至少與估計參數相同數目的方程式。

基於上面理由，我們再增加一個限制如下：

$$X-Y=4 \quad 【3\text{-}2】$$

將方程式 3-1 與 3-2 聯立起來，形成二元一次聯立方程式。

$$\begin{cases} X+Y=10 & (1) \\ X-Y=4 & (2) \end{cases} \quad 【3\text{-}3】$$

結果我們解出 $X=7$，$Y=3$，獲得唯一解，這種情形稱為正好識別。也就是說，一般而言，當方程式的數目等於未知數（估計參數）的數目時，就形成了正好識別。

如果我們再加一個方程式，使其方程式的數目多於所要估計的未知數，其結果會是如何呢？

$$\begin{cases} X+Y=10 & (1) \\ X-Y=4 & (2) \\ 2X+3Y=13 & (3) \end{cases} \qquad【3\text{-}4】$$

首先，從(1)與(2)所獲得的解是 $X=7$，$Y=3$，帶入方程式(3)，發現答案不符。如果以(2)與(3)的解 $X=5$，$Y=1$，則又無法滿足方程式(1)的解。同樣地，以(1)與(3)的解，$X=17$，$Y=-7$，也是無法滿足方程式(2)解。也就是說，它可以得到完全符合任意兩組的解，但此解無法滿足另外第三個方程式的解。上述的現象是方程式的數目多於未知數的數目，稱為過度識別。

過度識別的情形是否可以獲得唯一解呢？統計學者認為是可以的，處理的方法就是利用統計的限制，我們以迴歸方程式來說明，就容易理解。記得在簡單回歸中，方程式 $Y=aX+b$，如果沒有任何統計限制的話，此一方程式是不容易獲得唯一解，但是，我們知道當我們在跑迴歸時，經常使用一個統計的限定，稱為最小平方法，也就是說，要求獲得預測誤差最小，因此，我們限定 $\min\Sigma\left(Y-\hat{Y}\right)^2$，其中，$Y$ 為觀察分數，$\hat{Y}$ 為預測分數。在這種情況之下，就可以獲得此 $Y=aX+b$ 的最適當的解。

在 SEM 裡，我們經常會遇到此種現象，也就是，方程式的數目多於所要估計參數的數目。我們知道，所要估計的參數是依據理論來界定，一個理論是簡效的，就不應該把所有的關係皆陳列。所以SEM裡經常是在估計過度識別的模式。對 SEM 而言，過度識別的模式經常是有一大堆的解，不過，統計學者提供了一個處理此一問題的方法，就是選擇一個最接近解釋觀察資料且產生的誤差也是最小的解。所以說對過度識別的模式，我們可以找到唯一解，但是其結果可能無法完全的再製觀察資料。當然，要處理此一問題的過程就顯得相當複雜，在下一章裡就會詳細的來討論此種估計的技術。

第一節 *t* 規則

由上面得知，處理識別問題在 SEM 裡是相當重要的，如果一個模式無法解決識別問題，則無法獲得唯一解，那麼模式的建構是失敗的。在SEM中，方程式的來源與觀察資料有關，假設有 p 個外因觀察變項，q 個內因觀察變項，則所形成的共變數矩陣要素共有 $\frac{1}{2}(p+q)(p+q+1)$ 個。例如有兩個觀察外因變項 x_1、x_2 以及三個內因觀察變項 y_1、y_2、y_3 等，則其所形成的共變數矩陣如下：

$$\begin{bmatrix} \mathrm{VAR}(x_1) & & & & \\ \mathrm{COV}(x_1,x_2) & \mathrm{VAR}(x_2) & & & \\ \mathrm{COV}(x_1,y_1) & \mathrm{COV}(x_2,y_1) & \mathrm{VAR}(y_1) & & \\ \mathrm{COV}(x_1,y_2) & \mathrm{COV}(x_2,y_2) & \mathrm{COV}(y_1,y_2) & \mathrm{VAR}(y_2) & \\ \mathrm{COV}(x_1,y_3) & \mathrm{COV}(x_2,y_3) & \mathrm{COV}(y_1,y_3) & \mathrm{COV}(y_2,y_3) & \mathrm{VAR}(y_3) \end{bmatrix}$$

數一數上面的矩陣，共有 15 個要素。以公式來算算看，$\frac{1}{2}(2+3)(2+3+1)=15$，結果是一樣。也就是說，兩個外因觀察變項以及三個內因觀察變項可以提供 15 個可用於估計的訊息。如果所欲估計參數的數目多於 15，則形成低識別，那麼就形成「阿婆生子——無望」。如果所欲估計的參數小於或等於 15，那麼就有可能獲得唯一解。Bollen（*1989b*）將此一法則稱為「t-rule」，其數學條件表達如下：

$$\mathrm{t} \leqq \frac{1}{2}(p+q)(p+q+1) \qquad 【3\text{-}5】$$

不過此一條件是必要但非充分條件（necessary but not sufficient）。在此條件中，若 $\mathrm{t}=\frac{1}{2}(p+q)(p+q+1)$ 時，為正好識別，通常此種模式也稱為飽和模式（saturated model）。此種狀況，唯一解一定能夠獲得，且模式與資料之間形成完美的適配（perfect fit）。使用此一規則來檢視識別問題的好處是可以很快地發現低識別的模式，但是並不保證一定會得到唯一解。因此，Bollen（*1989b*）又提出虛無B規則（null B rule）與遞回規則（recursive rule）。

第二節　虛無B規則與遞回規則

所謂虛無B規則就是指B矩陣是零（B=0）。也就是說，在模式中，沒有任何內因變項影響其他內因變項。在此狀況之下，就沒有任何β係數存在。Bollen（*1989b*）認為當此一條件存在，模式中的Φ、Γ以及Ψ等，可以寫成一個觀察變項識別的共變數矩陣函數，那麼模式就可以識別[1]。可見，虛無B規則是一個充分條件而非必要條件（sufficient but not necessary）。

遞回規則也是模式識別的一個充分條件，但不是一個必要條件。遞回條件毋須要求B=0，但是其必須是三角的（triangular）且Ψ矩陣必須是對角的（diagonal）。比較精確地說，B矩陣必須是一種下三角矩陣（lower triangular matrix）的形式。當這些條件成立時，模式就能識別。Bollen提出此一規則的意涵相當明顯，也就是說當研究者在指定參數的方向時，最好採用單向因果箭頭。

當模式中只使用單向因果箭頭，也就是說，在一個既定的時間點，一個變項是另一個變項的因就不會是它的果，此種模式就稱為遞回模式。當然，遞回模式並非是識別模式時的必要條件。在識別模式時，使用非遞回模式（nonrecursive model）也有可能獲得識別。非遞回模式包括互惠性關係，回饋環（feedback loops），或者是有相關的干擾變項。

---

[1] 關於此一規則的證明，請參考 Bollen（*1989b*）《潛在變項之結構方程式》一書，頁 94-95。

第三節　識別非遞回模式的順序與等級規則

如果在理論上，研究者不得不採用非遞回模式，則其模式就無法滿足B與Ψ的各種限制，它就必須利用其他方式來判定識別的問題。Bollen（*1989b*）提出了階與秩條件（order and rank conditions）來運用在非遞回模式的識別判定上。階條件是一個必要但非充分條件，這個條件的要求是對一個模式而言，如果模式中有N個內因變項，這些內因變項所形成的方程式中，至少要有$N-1$個變項，它們的迴歸係數必須被設定為0。我們以簡單的徑路分析來說明，三個內因變項Y_1、Y_2以及Y_3，三個外因變項X_1、X_2以及X_3。其影響的路徑如圖3-1。

圖3-1，以方程式表示如下：

$$Y_1 = 0Y_2 + \beta_{13} Y_3 + \gamma_{11} X_1 + 0X_2 + \gamma_{13} X_3 + \zeta_1 \qquad【3\text{-}6】$$

$$Y_2 = \beta_{21} Y_1 + 0Y_3 + \gamma_{21} X_1 + \gamma_{22} X_2 + 0X_3 + \zeta_2 \qquad【3\text{-}7】$$

$$Y_3 = \beta_{31} Y_1 + \beta_{32} Y_2 + 0X_1 + 0X_2 + \gamma_{33} X_3 + \zeta_3 \qquad【3\text{-}8】$$

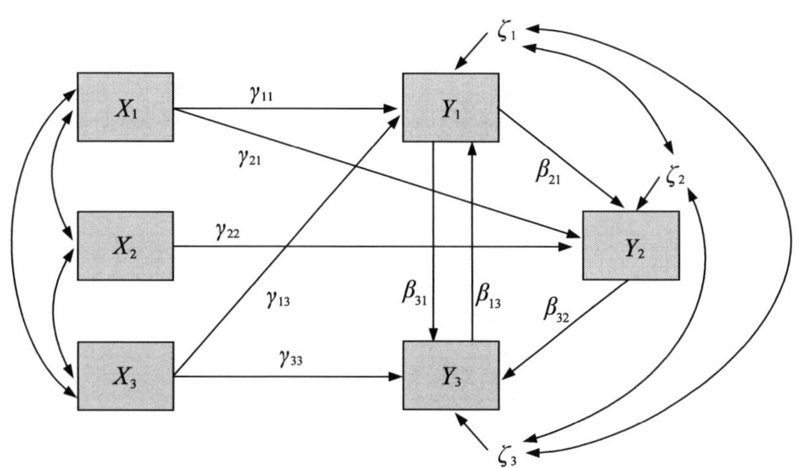

圖 3-1　非遞回因徑模式

要檢查階條件的方式就是先將殘差項換到方程式的左邊，將左邊的內因變項換到方程式的右邊。形成如下的方程式：

$$\zeta_1 = -1Y_1 + 0Y_2 + \beta_{13}Y_3 + \gamma_{11}X_1 + 0X_2 + \gamma_{13}X_3 \quad 【3\text{-}9】$$

$$\zeta_2 = \beta_{21}Y_1 - 1Y_2 + 0Y_3 + \gamma_{21}X_1 + \gamma_{22}X_2 + 0X_3 \quad 【3\text{-}10】$$

$$\zeta_3 = \beta_{31}Y_1 + \beta_{32}Y_2 - 1Y_3 + 0X_1 + 0X_2 + \gamma_{33}X_3 \quad 【3\text{-}11】$$

我們將方程式右邊的係數抽離出來，形成如下的矩陣 C：

$$C = \begin{bmatrix} -1 & 0 & \beta_{13} & \gamma_{11} & 0 & \gamma_{13} \\ \beta_{21} & -1 & 0 & \gamma_{21} & \gamma_{22} & 0 \\ \beta_{31} & \beta_{32} & -1 & 0 & 0 & \gamma_{33} \end{bmatrix}$$

從上面的矩陣可以看出，第一列裡有兩個係數是 0，第二列裡有兩個係數是 0，第三列裡也有兩個係數是 0，所以此一模式符合階條件（$N-1=3-1=2$）。階條件可以讓一個所有干擾變項皆相關的非遞回模式排除掉低識別的現象。不過，這並不能保證一定能夠被識別。

秩條件比階條件還要嚴格，因此，其為一個充分且必要條件。檢查秩條件的步驟如下：

1. 在 C 矩陣中，去除所有欄位其在第 i 列中非 0 的係數。就上面的 C 矩陣而言，第一列中的 1、3、4、6 等欄位必須去除掉。

$$C = \begin{bmatrix} -1 & 0 & \beta_{13} & \gamma_{11} & 0 & \gamma_{13} \\ \beta_{21} & -1 & 0 & \gamma_{21} & \gamma_{22} & 0 \\ \beta_{31} & \beta_{32} & -1 & 0 & 0 & \gamma_{33} \end{bmatrix}$$

2. 剩餘的欄位形成一個 C_1 矩陣，此一矩陣要符合秩的條件是，C_1 的秩必須大於或等於（$p-1$），p 為內因變項的個數。上面的 p 為 3，則其秩為 $3-1=2$，因此，C_i 的秩必須大於或等於 2。上面的矩陣，消去 1、3、4、6 等欄位後，其 C_1 矩陣如下：

$$C_1 = \begin{bmatrix} 0 & 0 \\ -1 & \gamma_{22} \\ \beta_{32} & 0 \end{bmatrix}$$

如果讀者對矩陣熟悉的話，就可以直接判定此一矩陣的秩。不過，為求慎重起見，最好將矩陣轉換成以下的形式，再做判定比較安全。首先，將矩陣中非0的係數皆以1取代，0的係數還是保持0。

$$C_1 = \begin{bmatrix} 0 & 0 \\ 1 & 1 \\ 1 & 0 \end{bmatrix}$$

接著簡化矩陣，其中凡是列中的要素皆是0者，此一列將之去除。其次去除任何一列，其可以複製其他列者，或是複製某些相加的列[2]。精簡化後的化約矩陣為：

$$C_{1R} = \begin{bmatrix} 1 & 1 \\ 1 & 0 \end{bmatrix}$$

此一矩陣的秩為2，符合秩條件。

接著檢驗第2列，經消除第二列中非0的欄位，獲得C_2矩陣如下：

$$C = \begin{bmatrix} -1 & 0 & \beta_{13} & \gamma_{11} & 0 & \gamma_{13} \\ \beta_{21} & -1 & 0 & \gamma_{21} & \gamma_{22} & 0 \\ \beta_{31} & \beta_{32} & -1 & 0 & 0 & \gamma_{33} \end{bmatrix}$$

[2] 下面的例子說明此種相加列的複製情形。將2、3、4列相加正好等於第1列，因此，去除第1列，此一矩陣的秩為3。

$$\begin{bmatrix} 1 & 1 & 1 & 0 \\ 1 & 0 & 0 & 0 \\ 0 & 1 & 0 & 0 \\ 0 & 0 & 1 & 0 \end{bmatrix}$$

$$C_2=\begin{bmatrix}\beta_{13} & \gamma_{13}\\ 0 & 0\\ -1 & \gamma_{33}\end{bmatrix}$$

再以0與1來替代係數，得到矩陣如下：

$$C_2=\begin{bmatrix}1 & 1\\ 0 & 0\\ 1 & 1\end{bmatrix}$$

C_2 化約的結果如下：

$$C_{2R}=[\,1 \quad 1\,]$$

此一矩陣的秩是1，因此，不符合秩條件。
檢定第3列的結果，獲得的秩為2，因此，符合秩條件。

$$C=\begin{bmatrix}-1 & 0 & \beta_{13} & \gamma_{11} & 0 & \gamma_{13}\\ \beta_{21} & -1 & 0 & \gamma_{21} & \gamma_{22} & 0\\ \beta_{31} & \beta_{32} & -1 & 0 & 0 & \gamma_{33}\end{bmatrix}$$

$$C_2=\begin{bmatrix}\gamma_{11} & 0\\ \gamma_{21} & \gamma_{22}\\ 0 & 0\end{bmatrix}$$

$$C_2=\begin{bmatrix}1 & 0\\ 1 & 1\\ 0 & 0\end{bmatrix}$$

$$C_{3R}=\begin{bmatrix}1 & 0\\ 1 & 1\end{bmatrix}$$

很不幸的是這個模式，第二列的秩條件無法獲得滿足，因此，此一模式就無法獲得識別。那麼該怎麼辦呢？如果研究者只是一種理論的建立，尚未蒐集所需的資料，那麼就可以用增加外因變項的方法來解決。當然，增加外因變項必須符合理論的要求，而且增加的外因變項所增加的觀察數目必須多於所要增加估計參數的數目。每一個外因變項所要排除的變項數目至少為1。最後，所修正的模式要符合秩條件。

如果研究者資料已蒐集好了才發現不符合階或秩條件時，那麼所能做的事就是從模式中消除某些路徑。也就是說，將某些係數設定為0。就 C_2 矩陣而言，β_{13} 與 -1 不適合消除，那麼只好選擇 γ_{13} 或 γ_{33} 來消除。哪一條比較恰當，研究者最好依據理論的重要性來做抉擇。

雖然利用上面的方式來檢定秩條件，可以獲得一個非遞回模式其符合充分的秩條件。但是這並不表示其在實證上不會碰到低識別的現象。如果模式的界定出現多元共線性（multicollinearity）的問題（參見第四章），低識別依舊會發生。其次，如果某些直接效果的係數，它們的值接近0，例如0.01，則實際上這些連結的關係必須從模式中消除掉，那麼就可能破壞了秩條件。以上面 C_{3R} 矩陣的例子而言，如果 γ_{22} 的值為0.02，在實際的檢定上，這個值是不顯著的，那麼就有必要從模式中去除掉。那麼 C_{3R} 矩陣就會減少一個秩，使其秩只剩1，則 Y_3 的秩條件就被破壞了，形成經驗上的低識別現象。

第四節　CFA 測量模式的一些識別問題

除了上述的規則之外，另外有一些實際應用上的要求也必須要符合。當研究者在估計任何一個 CFA 測量模式時，其必須加上一個條件，模式才能識別。此一條件為：每一潛在因素必須賦予一個尺度。這是一個必要但非充分條件。為何需要賦予一個尺度呢？主要的原因是潛在變項無法直接測量，因此，需要一個測量尺度才能夠估計有關的效果。有兩種方法來賦予潛在變項尺度，其一為將潛在變項的變異數設定為常數，通常是1.00，此種方式是標準化潛在變項；另一個方式是在每一潛在變項中的指標，皆選擇一個指標，將其因素負荷量（factor loading）（此為非標準化係數）設定為1.00。此一方法的意義是企圖使潛在變項等化該指標的度量。而負荷量被設定為1.00的指標稱為參照變項（reference variable）。哪一個指標被指定為參照變項是最好的呢？一般認為選擇信度最高的來當參照變項是最好的。

其次，如果研究者所估計的標準 CFA 測量模式只有一個潛在變項，則其賦予此一潛在變項的指標必須至少三個。因為，當指標只有兩個時，其可用的資訊只有三個，但是所要估計的參數卻有四個，形成低識別的問題。例如，圖3-2，其中有δ_1、δ_2、λ_{11}以及λ_{21}等參數要估計，但是訊息只有變異數（X_1）、變異數（X_2），以及共變數（X_1, X_2）可以使用。當然，當所要估計的潛在變項有兩個以上，則每一個潛在變項有兩個以上的指標也是可以獲得識別。我們稍微算一算就知道，此一模式可以提供十個訊息，所要估計的參數只有九個。不過，要小心的是此種現象所提供的有用資訊比較少。在界定模式時，稍一不注意就會產生低識別，所以，許多學者皆建議還是給每一潛在變項至少三個指標是比較安全的。

研究者在處理二級 CFA 測量模式時，也要注意識別的問題。例如，圖3-3中，研究者認為η_1以及η_2，可以用更高的潛在變項來建構，形成圖3-4的模式。此一模式之所以產生低識別的原因在於三個潛在變項，有四個參數需要估計。此一例子說明，一個二級CFA模式要能夠獲得識別，建構二級因素的一級因素至少需要三個。

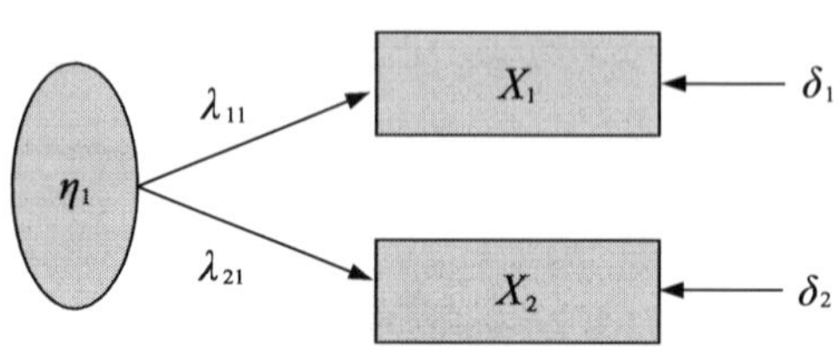

圖3-2 單因素兩個觀察變項模式

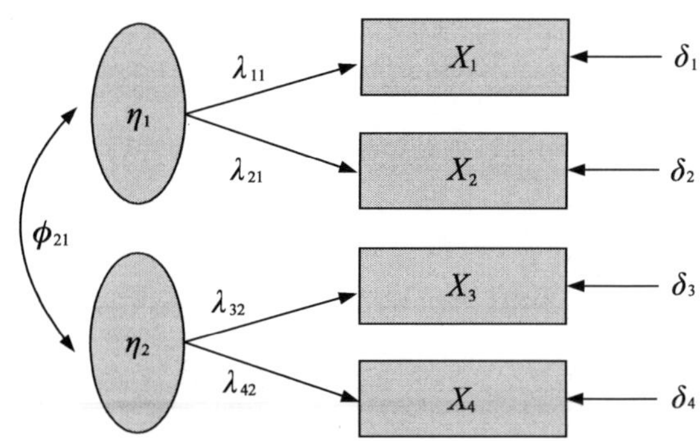

圖 3-3 雙因素各有雙觀察變項之模式

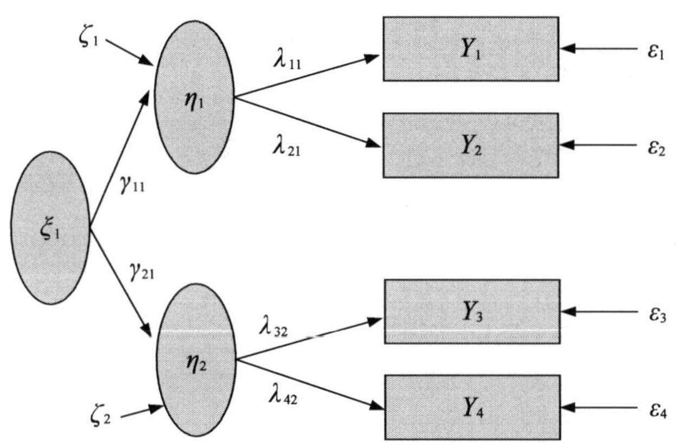

圖 3-4 帶有二個一級因素之二級 CFA 測量模式

第五節 結論

模式識別問題是處理 SEM 過程中的一個重要步驟。一般對 SEM 的理論不太清楚的研究者通常會忽視此一步驟，而將其交由統計軟體來處理。雖然，諸如 LISREL 等電腦程式會主動透過檢驗訊息矩陣來瞭解模式是否能夠識別。當模式無法識別時，電腦程式會自動停止，出現警示的語句。但是，卻無法告知缺乏可識別的原因何在。當然，在某些情形之下，電腦的輸出結果並未明顯告知已有識別問題產生。這可是需要研究者仔細閱讀輸出的報表。Hair 等人（*1998*）提出四種可能產生違反識別規則的情況：⑴在輸出的報表中發現有部分的參數值有很大的標準誤；⑵電腦程式無法轉換訊息矩陣；⑶出現相當不合理或是不可能的估計值，例如負的誤差變異數；⑷標準化係數超過 1 或是兩個估計數之間的高相關（±0.90 或更大）。

值得注意的是，電腦統計程式或許一次就出現模式是可識別的，但是這不盡然就表示模式沒有識別的問題。Bollen（*1989b*）以及 Hair 等人（*1998*）皆強調研究者最好用以下的步驟對已識別的模式做再確認的工作。首先，模式再估計幾次，每次都使用不同的初始值，如果所得的結果皆無法聚合於同一點上，就表示可能有識別問題產生，研究者必須仔細的檢定識別問題。其次，研究者可以評鑑單一係數的識別問題。其做法為先估計整個模式，獲得估計係數，接著以所獲得的係數值來固定（fix）該係數，然後重新估計模式，如果整體模式指標變化很大的話，就表示有識別問題產生。

Jöreskog和Sörbom（*1986*）提出以矩陣的方式來檢視識別問題。首先，依正常程序估計 S 矩陣，則 LISREL 電腦程式會產出 $\hat{\Sigma}$ 矩陣，此為模式參數估計的預測共變矩陣，接著以 $\hat{\Sigma}$ 矩陣來取代S矩陣，然後再跑相同的程式，如果模式是可識別的，則新的估計值應該和S矩陣所產生估計值一致。最後，研究者也可以用隨機次樣本（random sub-samples）來做經驗性的識別檢定，如果這些次樣本所獲得的結果相當一致，表示模式是可以識別的。

當然，如果資料已蒐集完畢，模式卻發生識別問題，唯一能做的是刪除模式中的某些估計參數。這種模式簡化的工作一些學者認為實質上對改進識別問題是有限的，它也可能產生模式錯誤界定（model misspecification）的問題。相較上，增加一些有影響力的變項對模式識別是比較有利的。

無論如何，我們知道，模式識別與模式界定是息息相關的，所以 Hayduk（*1987*）提出一些避免模式無法識別的初步策略，首先是界定模式時愈精簡愈好。如果模式依然遭遇識別問題，接著依下列步驟來修補：⑴如果可行的話，將潛在變項的誤差固定；⑵若是結構參數的信度是已知的話，將其固定；⑶將有問題的變項加以刪除。真的很不幸，這些該做的手段都做了，模式依然無法識別，那麼，唯一能夠做的是研究者只好重新界定理論模式，提供相對於所要檢驗的因果關係之數目還要多的構念（*Hair et al., 1998*）。

第四章

結構方程模式的假定

我們知道在迴歸統計裡有許多的假定（assumptions）[1]，包括變異數同質性（homoscedasticity）、殘差為常態分配且其平均數為0、無共線性（noncollinearity）、無界定誤（no specification bias）存在、預測變項與殘差無相關，以及線性關係等等。當這些假定遭受到破壞時，迴歸的估計就會出問題。也就是說，當這些假定能夠成立時，才能夠獲得最佳的線性不偏估計值。

同樣地，SEM也有基本的假定，當這些假定被滿足時，才能夠確保統計的推論。SEM的假定包括多變項常態性（multivariate normality）、無系統遺漏值（non-systematic missing value）、足夠大的樣本（sufficiently large sample size）、正確的模式界定（correct model specification），以及簡單隨機抽樣（simple random sampling）。本章將就此五個假定仔細的討論。

第一節　多變項常態分配

SEM的多變項常態分配假定是指觀察變項是從一個連續且是多元常態的母群體中抽取出來的。需要如此的假定跟 SEM 的估計方法有關，特別是最大概似法以及一般化最小平方法。這兩個方法都是常態理論下的估計方法（第五章會對此兩種估計法詳細描述）。當然，如果研究者所採用的估計法無分配假定的估計方法，例如漸近分配自由法（asymptotic distribution free, ADF）（參見第五章），那麼此條假定

1 假定（assumptions）與假設（hypotheses）是不一樣的，但是過去限於翻譯無統一的用詞，而一些學者將 assumptions 翻譯成假設，因而造成混淆。假定指的是無須驗證就成立的假想性關連。假設則是有待驗證的變項間之假想性關連。在本書中，凡使用假定一詞即指 assumptions，使用假設一詞指的就是 hypotheses。

就無須太在乎了。SEM 的資料分配非常態性（non-normality）問題可能發生在兩種層面，第一個層面是單變項，第二個層面是多變項。此兩層面的檢定方法不太一樣，因此，分成兩個小節來討論。

一 單變項常態性之檢定

單變項非常態性指的是個別變項分配的情形。導致單變項無法常態分配的要素有二：態勢（skewness）和峰度（kurtosis）。態勢的分配可以分為三類：正偏態（positive skew）、負偏態（negative skew），以及對稱態（symmetrical skew）。峰度的分配也可以分為三種：高狹峰（positive kurtosis，又稱為 leptokurtic）、低闊峰（negative kurtosis，又稱為 platykurtic），以及常態峰（normal kurtosis）。對於常態的影響可能來自於單一個要素，也可能是兩個要素交雜影響的結果。

態勢與峰度都與動差的方程式有關，一般動差的方程式如下：

$$m_r = \frac{\sum_{r=1}^{n}(X-\mu)^r}{N} \quad【4\text{-}1】$$

其中 X 為觀察分數，μ 為母群體平均數，N 為樣本數。

當 $r=1$時，稱為一級動差，此時 $m_1=0$。

當 $r=2$時，稱為二級動差，此時 m_2 等於變異數。

當 $r=3$時，稱為三級動差，此時 m_3 為：

$$m_3 = \frac{\sum(X-\mu)^3}{N} \quad【4\text{-}2】$$

態勢（S）的公式為：

$$S = \frac{m_3}{m_2\sqrt{m_2}} \quad【4\text{-}3】$$

當 $r=4$時，稱為四級動差，此時 m_4 等於：

$$m_4 = \frac{\Sigma(X-\mu)^4}{N} \quad 【4\text{-}4】$$

此時，峰度（K）的公式等於：

$$K = \frac{m_4}{m_2 m_2} - 3 \quad 【4\text{-}5】$$

公式S之值為正的，則分配為正偏態；若是負的，則為負偏態；當$S=0$時，則為對稱態。公式K之值，若為正的，則分配為高峽峰；若是負的，為低闊峰；若$K=0$時，為常態峰。S與K的絕對值愈大表示變項的分配愈不常態。如果研究者用 SPSS 軟體來檢定這些值時，通常其會呈現單變項態勢與峰度的顯著檢定，不過這些檢定在大樣本下，是不太有用的，因為一點點的常態變化可能產生顯著的結果。S與K值的檢定公式如下：

$$z_S = \frac{S}{\sqrt{\frac{6}{N}}} \quad 【4\text{-}6】$$

$$z_K = \frac{K}{\sqrt{\frac{24}{N}}} \quad 【4\text{-}7】$$

其中N為樣本數。z值大於某一顯著水準的臨界值表示非常態問題產生。例如$\alpha=0.01$時，臨界值為±2.58；$\alpha=0.05$時，臨界值為±1.96。

通常比較有用的方法是使用絕對值來判斷，S絕對值大於3.0時，一般被視為是極端的偏態。K的絕對值大於10.0時表示峰度有問題，若是大於20.0時就可以視為是極端的峰度（*Kline, 1998*）。

一般的統計軟體會提供一種稱為常態機率圖（normal probability plots），讓研究者判斷單變項常態的問題。這種圖乃是企圖用一系列的點來畫出兩個彼此相對的累積分配（實際的z值與期望的z值）。如果兩個分配是一致的，則獲得一條沿著45度角發展的直線（見圖4-1）。

任何一個觀察變項實質上偏離單變項常態性，則多變項分配無法

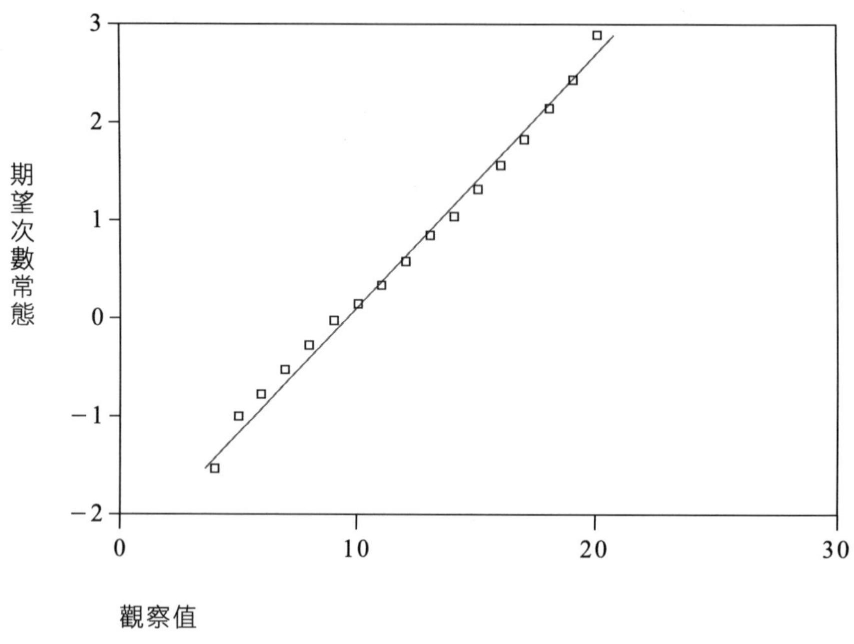

圖 4-1 常態機率圖

常態。但是，所有觀察變項皆是常態，也不保證多變項分配是常態。然而，當多變項分配是常態時，單變項分配一定是常態。

有另一種單變項常態的檢定方式被應用在 PRELIS 的統計軟體（*Jöreskog & Sörbom, 1996, p.166*）裡，其為 D'Agostino（*1986*）所發展的。表 4-1 以及表 4-2 是此種檢定統計的摘要，表 4-1 的六個步驟是用來計算 Z_S，Z_S 近似一個標準化常態變項用以檢定態勢（H_0：$S=0$）。Z_S 可以在 $N \geqq 8$ 時運作得很好，若 $N \geqq 150$ 時，則 Z_S 只用 a_1 來計算即可。表 4-2 的六個步驟是用來計算 Z_k，Z_k 近似一個標準化常態變項用以檢定峰度（H_0：$k-3=0$）。當 $N \geqq 20$，Z_k 運作得相當好。如果要用簡單的計算 $Z_k=c_1$，則 N 需要 ≧ 1000。D'Agostino（*1986*）提出一個態勢與峰度的聯合假設的檢定指標 K^2，其公式如下：

$$K^2=Z_S^2+Z_k^2 \qquad 【4\text{-}8】$$

表 4-1　單變項態勢的檢定統計

態勢 H_0：$S=0$
計算
(1) $S=\dfrac{m_3}{m_2\sqrt{m_2}}$ (2) $a_1=S\left[\dfrac{(N+1)(N+3)}{6(N-2)}\right]^{1/2}$ (3) $a_2=\dfrac{3(N^2+27N-70)(N+1)(N+3)}{(N-2)(N+5)(N+7)(N+9)}$ (4) $a_3=-1+[2(a_2-1)]^{1/2}$ (5) $a_4=\left(\dfrac{1}{\log a_3}\right)^{1/2}$ (6) $a_5=\left(\dfrac{2}{a_3-1}\right)^{1/2}$
If　$N\geq 8$
$Z_S=a_4\log\left\{\dfrac{a_1}{a_5}+\left[\left(\dfrac{a_1}{a_5}\right)+1\right]^{1/2}\right\}$
If　$N\geq 150$
$Z_S=a_1$ Z_S 近似 $N(0,1)$

K^2 近似一個自由度為 2 的卡方分配。D'Agostino（*1986*）建議 $N\geq 100$ 時才能使用此一檢定。

二　多變項常態性之檢定

第二個層面的多變項常態檢定是多變項的。多變項常態的假定在 SEM 中有以下的意涵：(1)所有單變項分配是常態的；(2)任何變項間的組合分配是常態的；以及(3)所有雙變項的分配圖是線性的且變異同質的（*Kline, 1998*）。檢定多變項常態性可以藉助於 Mardia（*1970, 1974, 1985*）的多變項態勢與峰度指標。此一指標為一種三級以及四級動差

表 4-2　單變項峰度的檢定統計

峰度 $H_0：k-3=0$
計算 (1) $k=\dfrac{m_4}{m_2 m_2}$ (2) $E(k)=\dfrac{3(N-1)}{N+1}$ (3) $\mathrm{VAR}(k)=\dfrac{24N(N-2)(N-3)}{(N+1)^2(N+3)(N+5)}$ (4) $c_1=\dfrac{k-E(k)}{[\mathrm{VAR}(k)]^{1/2}}$ (5) $c_2=\dfrac{6(N^2-5N+2)}{(N+7)(N+9)}\left[\dfrac{6(N+3)(N+5)}{N(N-2)(N-3)}\right]^{1/2}$ (6) $c_3=6+\dfrac{8}{c_2}\left[\dfrac{2}{c_2}+\left(1+\dfrac{4}{c_2^2}\right)^{1/2}\right]$
If $N\geq 20$ $Z_k=\dfrac{1-\left(\dfrac{2}{9c_3}\right)}{\left(\dfrac{2}{9c_3}\right)^{1/2}}-\dfrac{\left[\dfrac{\left(1-\dfrac{2}{c_3}\right)}{\left\{1+c_1\left[\dfrac{2}{(c_3-4)}\right]^{1/2}\right\}}\right]^{1/3}}{\left(\dfrac{2}{9c_3}\right)^{1/2}}$
If $N\geq 1000$ $Z_k=c_1$ Z_k 近似 $N(0,1)$

的函數，其擁有近似標準化常態分配的特質。

Mardia（*1970, 1974, 1985*）的態勢樣本測量的公式如下：

$$b_{1,p}=\left(\frac{1}{N^2}\right)\sum_{i=1}^{N}\sum_{j=1}^{N}[(z_i-\bar{z})'S^{-1}(z_j-\bar{z})]^3 \qquad 【4\text{-}9】$$

Mardia（*1970, 1974, 1985*）的峰度樣本測量的公式如下：

$$b_{2,p}=\frac{1}{N}\sum_{i=1}^{N}[(z_i-\bar{z})'S^{-1}(z_i-\bar{z})]^2 \qquad 【4\text{-}10】$$

表 4-3 與表 4-4 中的 $W(b_{1,p})$ 與 $W(b_{2,p})$ 在大樣本之下有標準化常態分配，且有助於和其他可能的統計檢定相比較。一個用來檢定沒有多變項偏態與過多的峰度的聯合假設之指標如下：

$$K^2 = W(b_{1,p})^2 + W(b_{2,p})^2 \qquad【4\text{-}11】$$

這個指標近似於自由度是 2 的卡方分配。對 SEM 而言，Mardia 的多變項峰度特別重要，許多學者（*Browne, 1982; Bollen, 1989b; West, Finch,*

表 4-3　Mardia 多變項態勢檢定

態勢　$H_0：\beta_{1,p}=0$
(1)$b_{1,p}$ (2)$W(b_{1,p})=[12p(p+1)(p+2)]^{-1/2}$ $\times\{[27Np^2(p+1)^2(p+2)^2 b_{1,p}]^{1/3}-3p(p+1)(p+2)+4\}$

資料來源：Mardia（*1985*）。

表 4-4　Mardia 多變項峰度檢定

峰度　$H_0：\beta_{2,p}=p(p+2)$
(1)$b_{2,p}$ (2)$E(b_{2,p})=\dfrac{(N-1)p(p+2)}{N+1}$ (3)$\text{VAR}(b_{2,p})=8p(p=2)N^{-1}$ (4)$\text{stnd}(b_{2,p})=\dfrac{b_{2,p}-E(b_{2,p})}{[\text{VAR}(b_{2,p})]^{1/2}}$ (5)$f_1=6+[8p(p+2)(p+8)^{-2}]^{1/2}$ $\times N^{1/2}\left\{\left[\left(\dfrac{1}{2}\right)p(p+2)\right]^{1/2}\times(p+8)^{-1}N^{1/2}+\left[1+\dfrac{1}{2}p(p+2)(p+2)^{-2}N\right]^{1/2}\right.$ (6)$W(b_{2,p})=3\left(\dfrac{f_1}{2}\right)^{1/2}\left[1-\left(\dfrac{2}{9f_1}\right)-\left(\dfrac{1-\dfrac{2}{f_1}}{1+\text{stnd}(b_{2,p})\left[\dfrac{2}{(f_1-4)^{1/2}}\right]}\right)^{1/3}\right]$

資料來源：Mardia & Foster（*1983*）。

& Curran, 1995）皆認為嚴重的峰度偏差比態勢偏差更會影響估計的正確性。多變項常態的影響將在其他有關的各章中加以論述。PRELIS的電腦軟體有提供此一指數，作為檢驗多變項常態之用（參看第十章）。

處理 SEM 的非常態問題有三種方法。首先是將單變項做常態的轉換，不過，有時非常態性的產生可能是來自於其他的問題，例如偏離值（outliers）的影響或者是變異異質性（heteroscedasticity）的問題等等。我們必須瞭解的是做常態轉換並不能完全保證多變項一定變成常態分配，所以，透過檢驗偏離值或變異異質性的問題，是提高變項常態性的另一種可行的方法。其次，關於多變項常態問題需要受到如此關注的原因，乃是因為 SEM 在估計參數時所採用的估計方法。其實，有些學者認為，當遇到多變項非常態的現象時，還是可以直接用ML來估計，此乃因為，ML的強韌性（robustness）。除非多變項常態的偏差太過於嚴重，一般研究發現，多變項峰度的絕對值超過25時，才會影響ML的估計。最後一種方法就是改變估計法，使用比較不受分配影響的估計法。例如在 LISREL 裡的加權最小平方法（weighted least squares, WLS）[2]。7

第二節　遺漏值

遺漏值對 SEM 之所以有影響乃是因為 SEM 假設每一個分析單位必須是完整資料。不過在蒐集變項時，經常會發生填答者沒有填該變

---

[2] 實際上，學者不斷的發展各種方法來處理此一問題，例如 Satorra 和 Bentler 的量尺化卡方統計（scaled χ^2 statistic），Muthén 和其同僚（*1993*）所發展的平均數調整加權最小平方法（mean-adjusted WLS estimator, WLSM），以及平均數—變異數調整的 WLS 估計式（mean-and variance-adjusted WLS estimator, WLSMV）。有興趣者可以參看 Satorra（*1988*），Muthén 和 Muthén（*1998*）的文章。

項的答案，或者是在登錄時遺漏等現象，形成了遺漏值的存在。這種不完整資料的呈現將會對 SEM 的推論以及統計檢定產生影響。

對遺漏值研究相當有貢獻的學者Rubin（*1976*）認為，不完整資料有數種型態，其中有些型態的不完整性是可忽視的，有些則是不可忽視。Rubin 的任務主要是探究可忽視性的機制。如果以反應樣本分配為基礎的推論和整個資料為基礎的推論是同等時，資料的不完整性是可以忽視的。但是如果遺漏的項目是由於研究工具設計的問題或者是題目過於敏感而拒答，則資料的不完整性是不可以忽視的。

處理不完整資料和其他變項間是息息相關的。首先，假設變項 A，其有一部分資料遺漏了，以 $A(m)$ 表示，沒有遺漏的部分（觀察值）則以 $A(u)$ 表示；另外有其他變項，其遺漏值部分則以 $B(m)$ 表示，沒有遺漏的部分以 $B(u)$ 表示。那麼：

1. 隨機遺漏（missing at random, MAR）：不完整資料的類型 $A(m)$ 和其他變項的遺漏值 $B(m)$ 互相獨立；和其他變項的觀察值 $B(u)$ 則是相關連的（見圖 4-2）。
2. 隨機觀察（observed at random, OAR）：不完整資料的類型 $A(m)$ 和其他變項的觀察值 $B(u)$ 是相互獨立的；與其他變項的遺漏值

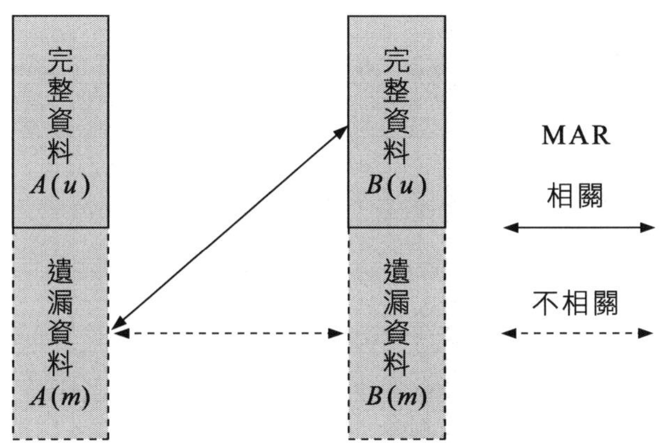

圖 4-2　MAR 類型之遺漏值

則是相關連（見圖 4-3）。

3. 完全隨機遺漏（missing completely at random, MCAR）：完全隨機遺漏值是最嚴格的假定。這種假定是不完整資料類型 $A(m)$ 必須和其他變項的遺漏值 $B(m)$ 以及觀察值 $B(u)$ 是獨立的（見圖 4-4）。也就是說，MCAR 既是 MAR 也是 OAR。
4. 系統遺漏（systematic missing）：資料不完整的類型 $A(m)$ 與其他變項的觀察值 $B(u)$ 以及遺漏值 $B(m)$ 之間存在著依賴的關係（見

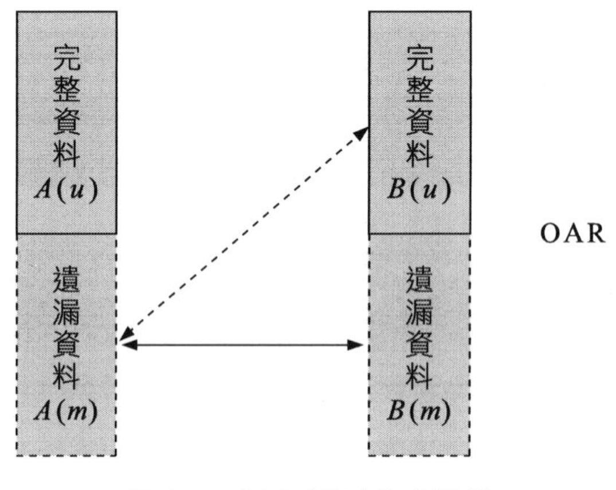

圖 4-3　OAR 類型之遺漏值

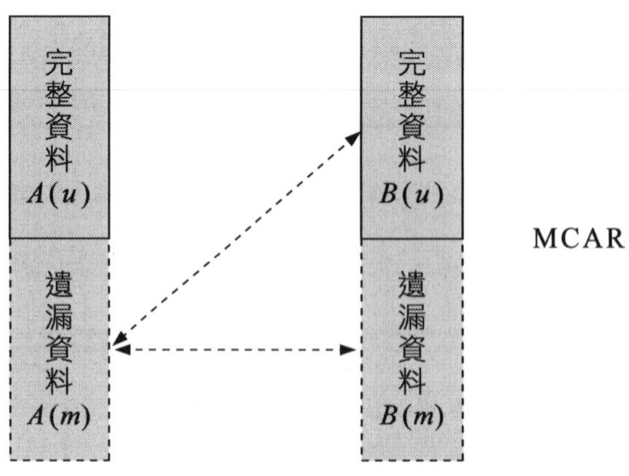

圖 4-4　MCAR 類型之遺漏值

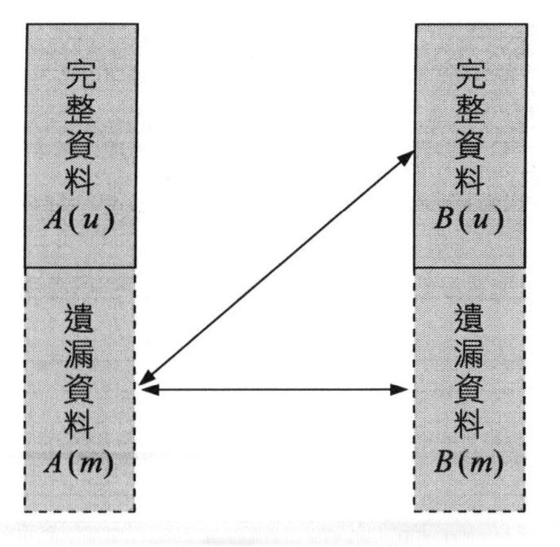

圖 4-5 系統遺漏值

圖 4-5）。這種系統遺漏值是不可忽視的（nonigonarable）。很不幸的，並沒有一種統計技術可以幫助我們更正系統遺漏值的問題。研究者唯一能夠做的是瞭解此種系統性資料遺失的意涵，在解釋結果時能夠加以呈現，以避免錯誤的解釋，或是過多的推論。

雖然，MAR 以及 MCAR 類型的遺漏值是可以忽視的，不過，如果遺漏值過多，而產生樣本數不足，也是一個問題。Cohen（*1988*）認為 5%甚至於 10%的遺漏值是可以接受的。

能夠利用統計處理的遺漏值是完全隨機遺漏值以及隨機遺漏值這兩類的資料，大致上有三類方式可以用來處理這些遺漏值的問題：刪除法（deletion）、取代法（replacement），以及模式基礎取向（model-based approach）。前二類方法假設資料的遺漏是 MCAR，後一類只需是 MAR 即可。

一 刪除法

刪除法長年以來一直支配著帶有遺漏值的資料分析（*Kim & Curry,*

1977; Roth, 1994）。刪除法有兩類：表列刪除法（listwise deletion）以及配對刪除法（pairwise deletion）。

㈠表列刪除法

表列刪除法就是當任何一個變項有遺漏值時，屬於此遺漏值的受試者就被排除而不加以計算。也就是說，任何一個受試者必須完整填答所有要分析的變項，才會被用來做分析。在 SEM 中，這種表列式處理法之所以受歡迎，乃是因為 SEM 的共變數是一種 Wishart 分配[3]（Wishart distribution）。這種分配要求完整的資料才能計算機率密度，所以在需要完整資料的要求之下，最簡便且快速的方法就是表列刪除法。

對 SEM 的分析而言，這種刪除法可能刪掉太多的受試者，導致樣本數太小而影響到估計。從另一個角度來看就是它浪費了訊息。例如，如果在資料中每一個變項有 $S\%$ 的不完整資料，且資料中有 P 個變項，則使用表列刪除法可能導致 $S\%$ 到 $P \times S\%$ 的訊息流失。

其次，此種刪除法僅僅運用到變項的邊際分配的訊息來估計參數，在遺漏值是MCAR時，這種邊際分配的訊息並不會影響到估計，因為遺漏值和所有值間皆是獨立的。但是在遺漏值是 MAR 時，估計參數就會偏差。因為此時的遺漏值和其他變項的非遺漏值間的關係並不是獨立的。

㈡配對刪除法

配對刪除法主要的做法是遺漏值只有在要分析的變項時才會被排除。SEM是以共變數矩陣來分析，共變數是兩兩變項關係所形成。因此，當一個受試者有遺漏值在某一變項時，只有在分析與此一變項有

[3] 樣本共變數矩陣的抽樣分配被稱為 Wishart 分配。

共變的計算時才會將遺漏值排除。而此一變項的遺漏值不會影響到該受試者其他無遺漏值變項的分析。此種刪除法的好處是減少樣本的損失。但是卻存在著一些問題，第一個問題就是不一致性（inconsistency）。由於刪除是基於兩兩變項，可能產生不同的樣本數來估計不同的係數，如此可能產生不可能的係數關係。例如，三個變項 X、Y 以及 Z，依據 Pearson 相關統計，此三個變項間的相關會呈現下面的關係：

$$r_{XZ}r_{YZ}-\sqrt{(1-r_{XZ}^2)(1-r_{YZ}^2)}\le r_{XY}\le r_{XZ}r_{YZ}+\sqrt{(1-r_{XZ}^2)(1-r_{YZ}^2)} \quad \text{【4-12】}$$

所謂不可能的係數，就是指 r_{XY} 並不落在上面公式的範圍裡。這種現象在 SEM 中就稱為非正定共變矩陣或相關，如果共變數或相關無法正向定義，就導致差距函數值變成負數，就會破壞差距函數值 0 低界的要求（*Brown, 1982*）。

第二個問題是沒有一個單一的樣本數可以用來處理統計意義的檢定，使得假設檢定產生問題。Muthén、Kaplan 和 Hollis（*1987*）認為這種配對式的樣本會破壞 Wishart 分配假定，導致無法最佳化任何適當的概度函數。在常態分配假設之下，樣本共變數的矩陣S的漸近共變數矩陣的方程式如下：

$$a\,\mathrm{COV}(S_{ij},S_{gh})=\frac{1}{n}(\sigma_{ig}\sigma_{ih}+\sigma_{ih}\sigma_{jg}) \quad \text{【4-13】}$$

其中 $n=N-1$。如果改用配對共變數矩陣，則上面的方程式改寫如下（*Heiberger, 1977*）：

$$a\,\mathrm{COV}(S_{ij},S_{gh})=\frac{n_{ijgh}}{n_{ij}n_{gh}}(\sigma_{ig}\sigma_{ih}+\sigma_{ih}\sigma_{jg}) \quad \text{【4-14】}$$

問題就出在於方程式 4-14 以 $\frac{n_{ijgh}}{n_{ij}n_{gh}}$ 取代 $\frac{1}{n}$，這個乘數無法適用 Wishart分配假定，結果卡方適配度檢定就受到影響。為了讓樣本數目可以單一，在LISREL裡使用內定值為配對數中最小值。Marsh（*1998*）認為這種內定值並無任何理論的依據來證明它比採用配對數的平均值或最大值來的更好。使用最小值是一種較保守的方法，小的樣本數可以使卡方檢定值較小，則有利於獲得更好的適配值。

第三個問題是以配對刪除法所形成的共變數矩陣在估計參數的大小時會產生系統性的偏差。這種偏差隨著遺漏值比率的增加而增大（*Brown, 1994*）。更令人訝異的是這種偏差的矩陣是以一個 MCAR 資料所建構的。

第四個問題是以卡方統計為主的適配度指標可能會因為遺漏值的比率與樣本數間的互動結果而產生偏差（*Marsh, 1998*）。第五個問題是此種刪除法必須假定所有遺漏值是 MCAR。

最後，不論是表列刪除法或者是配對刪除法皆被視為是一種事後的取向（post hoc approach），說明白些，就是放馬後砲，所以它們最被詬病的就是缺乏理論的說理。

二 取代法

取代法包括平均數取代法、迴歸估計取代法、Cold Deck取代法、個例取代法、多元取代法以及型態匹配取代法。

㈠平均數取代法

平均數取代法就是以變項中有效值（不含遺漏值）的平均數來取代該變項的遺漏值。此法具有簡單性的好處，且平均數通常被視為是最好的單一取代值。不過，它確有不利之處。首先是平均數取代並不會影響整個變項的平均數值，但會影響整個變項的變異數，也就是說，變異數中除數的上方離均差平方和（$\Sigma(X-\overline{X})^2$）不變，但除數的下方之樣本數變大，這種取代低估資料的真實變異。其次，該變項的實際分配情形也會被破壞，如果植入的平均數太多，則因為太多的趨中數值被植入，則將會產生一種高峰式的分配（*Rovine & Delaney, 1990*）。最後，此法會壓迫變項與變項間的真實相關，因為所有遺漏值是被一個常數所取代。

(二)迴歸估計取代法

迴歸估計取代法乃是使用迴歸分析來預測遺漏值，將預測分數取代遺漏值。這種方法免除了平均數取代法中取代值對其他變項缺乏敏感性的問題。在此法中一個變項的遺漏值的取代主要是來自該變項與其他變項間的關係。所以它的好處就是取代值具有預測的特質。它的缺點是它增強了已經存在資料中的關係。所以它會使得樣本的特性更加獨特，通則化（generalization）的能力就會減少。其次，除非對估計值加入隨機條件，否則分配的變異性會被低估。這個方法必須假定遺漏值的變項與其他變項間具有實質相關，如果相關不夠充分，還是使用平均數取代法比較好（*Hair et al., 1998*）。最後，迴歸估計並沒有限制估計數的範圍，因此，很有可能該變項是 Likert 五點量表（最高分為 5，最低分為 1），但其所得到的取代值卻是 6。那麼，它必須加以調整，頗麻煩的。

(三) Cold Deck 取代法

這個方法是研究者使用外在資源或者是先前的研究所獲得的一個常數值來取代遺漏值。顯然地，這是一種外在取代法，其相當類似平均數取代法，但平均數取代法是一種內在取代法。當然，要使用外在的數值而不使用內在衍生的數值時，必須要有相當的信心認為這些外在數值是比較有效的。在統計上，它具有和平均數取代法一樣的缺點。

(四)個例取代法

個例取代法乃是尋找樣本以外與此案例很類似的觀察案例，將樣本以外的觀察案例之值取代遺漏值。例如，家庭收入變項有一個遺漏值，這個遺漏值是來自於低下階層，那麼，我們可以找一個低下階層的家庭，詢問他的家庭收入，用此值取代遺漏值。這個方法是一個相當廣泛用來取代遺漏值的方法（*Hair et al., 1998*）。當然，對少量遺漏值而言，這個方法是很好的方法，但對較大量的遺漏值而言，用此法的成本也是相當的驚人。

㈤多元取代法

多元取代法乃是數種方法組合的取代法。兩個以上的取代法用來衍生一個組合的估計數，通常是各種估計的平均值，以取代遺漏值。使用此法的目地是為了減低單一方法的特殊關注。當然，使用多元方法是比較耗時，但是卻具有潛在好處互相交換的考量（*Hair et al., 1998*）。

㈥型態匹配取代法

型態匹配（pattern-matching）取代法乃是指某一個個例 A 在某變項的的一個遺漏值以個例B中同一個變項的值來取代，而A與B在資料中的其他變項非常相似。也就是說，個例A中的遺漏值是以一個可以相匹配的個例B的同一變項值來取代。這種取代法所依賴的是觀察資料中需有可以相匹配的個例存在，如果找不到相匹配的個例，那麼，此一遺漏值依然無法被取代。

在PRELIS II 的軟體有此一方法（*Jöreskog & Sörbom, 1996b*），它的技術如下：讓 *Yp* 代表一個帶有不完全資料變項的向量，而 *Xq* 為完整資料變項的向量，其用來設算 *Yp* 的遺漏值。現在讓 *Zq* 代表標準化的 *Xq*，對每一個個案 c 而言，

$$Z_{cj} = \frac{(X_{cj} - \overline{X}_j)}{s_j} \quad j = 1, 2, \ldots q \qquad【4\text{-}15】$$

其中，X_{cj} 為第 j 個變項的第 c 個個案的完整值。$\overline{X}_j$ 為估計平均數，s_j 為完整資料的估計標準差。設算的過程如下：

1. 發現第一個個例 a，有一個遺漏值在 *Yp*，而其帶有 *Xq* 的完整值。如果這個條件未能符合，設算將不會產生。

2. 發現所有的個例 b，在 Yp 上沒有遺漏值，在 Xq 上也沒有遺漏值，然後最小化

$$\sum_{j=1}^{n}(Z_{bj}-Z_{aj})^2 \quad \text{【4-16】}$$

3. 兩種情形將會發生

(1)如果有一個個例 b 滿足條件 2，則 *Ya* 以 *Yb* 取代。

(2)否則，如果有 $n>1$ 個匹配個例b，帶有公式4-16 中相同最小化值，則 *Ya* 以這些個例的平均數取代。

這種方法又稱為類似反應型態取代法（similar response pattern imputation），一些學者認為此一種取代方式依然是缺乏理論的辯護。由於很少有學術文章來評鑑此種取代法的影響，因此，並不曉得到底這種方法在 SEM 的應用上的優缺點如何（*Brown, 1994*）。

三 模式基礎處理法

模式基礎處理法在很早期時就已經被發展，但是一直到最近才受到相當的重視。Wothke（*2000*）認為這種技術的忽視是因為整合這種取向的統計軟體未被發展之故。由於此種方法是一種理論基礎的取向，因此它能夠處理比較不嚴格的 MAR 假定。且不論在 MCAR 或 MAR 的條件下皆可以獲得不偏估計值。

在 SEM 裡，模式基礎處理法有兩種取向。第一種取向企圖對參數模式做最大概似的估計。這個取向最常被使用的方法是期望最大法（expected maximization, EM）。EM 是涉及重複兩階段的方法，一個階段稱為 E 階段，讓遺漏值獲得最佳估計的階段。另一個階段稱為 M 階段，企圖將假定為遺漏值的參數估計值（平均數、標準差，或是相關）取代遺漏值。這兩個階段會不斷的重複直到整個估計的改變值為最佳的取代值。所以說，EM加大了遺漏值與參數之間的互賴性（*Schafer, 1997*）。

在 LISREL 裡，EM 的技術是以下面的方式來計算的（*du Toit & du Toit, 2001*）：

假設 $y=(y_1, y_2, \dots, y_p)$ 是隨機樣本的一個向量，其平均數為 μ，共變數矩陣為 Σ，且 $y_1, y_2, \dots, y_p$ 是 y 的一個樣本。第一個階段為M步驟，從估計 μ 與 Σ 開始。例如資料裡的沒有遺漏值的一組資料，樣本的平均數為 $\bar{y}$，共變數為 S。如果資料的每一列皆有一個遺漏值，則可以用 $\mu=0$ 且 $\Sigma=I$ 來開始估計。

第二階段為E步驟。計算 $E\left(y_{imiss} \mid y_{iobs}\,;\,\hat{\mu}, \hat{\Sigma}\right)$ 以及 $COV\left(y_{imiss} \mid y_{iobs}\,;\,\hat{\mu}, \hat{\Sigma}\right)$，$i=1, 2, \dots, N$，用這些估計值取代 M 步驟中的 μ 與 Σ，然後重複第一步驟與第二步驟直到 $\left(\hat{\mu}_{k+1}, \hat{\Sigma}_{k+1}\right)$ 基本上與 $\left(\hat{\mu}_k, \hat{\Sigma}_k\right)$ 是相同的。

模式基礎處理法的第二個取向乃是將遺漏值直接放入模式中分析。這個取向有兩種方法：多群體模式估計法以及單一群體ML修正法。後者一般稱為完全訊息最大概似取向（full information maximum likelihood approach）。

㈠多群體模式估計法

雖然早在 1971 年 Hartley & Hocking 已經會使用所獲得的 ML 參數估計來取代遺漏值，但是一直到 1987 年才由 Muthén、Kaplan 和 Hollis（*1987*）以及 Allison（*1987*）等人將此一方法以SEM的方式加以處理，因而形成所謂的多群體模式估計法。這些學者主要是採用 LISREL 的程式來介紹這種處理法。Bollen（*1990*）則是利用EQS統計軟體來顯示如何使用此種處理法。這種處理法主要的理念乃是藉助於多重群體比較的觀念，企圖將變項間遺漏值所形成的型態來區分不同的群體，個別計算這些群體的對數概度函數，當所有群體的對數概度函數相加起來就形成整個資料的對數概度函數。

依據此種構想，整個分析的資料必須分為完整資料型態以及不完整資料型態。完整資料型態只有一種，就是所有變項的觀察值都有，沒有任何一個遺漏值存在。不完整資料型態可以分為許多種，依據變項是否有遺漏值來區分，例如有三個變項 X_1、X_2、X_3，如果三個變項皆有遺漏值，則第一種型態為資料帶有 X_1 遺漏值，第二個型態為資料帶有遺漏值 X_2，第三個為資料帶有遺漏值 X_3，第四個型態為資料帶有遺漏值 X_1 以及 X_2，第五個型態為資料帶有遺漏值 X_1 以及 X_3，第六個型態為資料帶有遺漏值 X_2 以及 X_3，最後一個型態為資料帶有遺漏值 X_1、X_2 以及 X_3。總共有七個，其公式為 (2^V-1)，V 為變項數。

我們以 Muthén、Kaplan 和 Hollis（*1987*）的架構來呈現這種方法的 SEM的界定。假設有一個 p 向量的連續潛在反應變項 y^*，其測量 m 向量的潛在變項 η，其方程式表示如下：

$$y^*=\nu+\Lambda\eta+\varepsilon \qquad【4\text{-}17】$$

讓 $E(\eta)=k$，則上面的公式就可以用一般的 SEM 來呈現：

$$\eta=\alpha+B\eta+\varsigma \qquad【4\text{-}18】$$

正如上面所描述，必須界定不同群體，而這種界定可以用遺漏值的有無來區分，Muthén、Kaplan 和 Hollis 等人於是提出另外一個變項 S^* 作為選擇 y^* 變項中有無遺漏值之用。這個潛在選擇變項 S^* 的向量以線性關係的界定如下：

$$s^*=\Gamma_\eta\eta+\Gamma_y y^*+\delta \qquad【4\text{-}19】$$

其中，Γ_η 以及 Γ_y 乃是允許我們選擇 η 函數的係數矩陣。如此狀況，我們知道當 $\Gamma_y y^*$ 被去掉的時候，我們依然可以用 $\Gamma_\eta\eta$ 來處理觀察變項，只要我們定義某些 η 和一些 y^* 是一致的。

讓 τ_j 是 s_j^* 變項的一個門檻（threshold）參數。則選擇第i個觀察變項的方式如下：

$$s_{ij}=\begin{cases}1 & if \quad s_{ij}^*>\tau_j \\ 0 & if \quad s_{ij}^*\le\tau_j\end{cases} \qquad【4\text{-}20】$$

也就是說，當 $s_{ij}=1$，則相對應的 y_j^* 被選擇觀察，否則其就是遺漏值。當 γ 參數影響遺漏值選擇的強弱，則 τ 參數影響遺漏值的量。變項 y^* 以及 S^* 被視為是多變項常態。

在母群體中，使用一般的假定，母群體的平均數以及共變數矩陣的公式如下：

$$\mu=E(y)=\nu+\Lambda k \quad 【4\text{-}21】$$
$$\Sigma=V(y)=\Lambda\Psi\Lambda'+\Theta_{\varepsilon\varepsilon} \quad 【4\text{-}22】$$

原始模式的參數包括：

$$\theta=(\nu,\Lambda,\Psi,\Theta_{\varepsilon}) \quad 【4\text{-}23】$$

其中Ψ是 η 的共變數矩陣，Θ_{ε} 為單一變異的對角矩陣。

其次，有關遺漏性機制（missing mechanism）的參數如下：

$$\Phi=(\Gamma,\Theta_{\delta\delta},\Theta_{\delta\varepsilon},\tau) \quad 【4\text{-}24】$$

其中，$\Theta_{\delta\varepsilon}$ 表示允許 ε 與 δ 可以相關。

上面這種取向讓 Muthén、Kaplan 和 Hollis（*1987*）可以安排資料成為 G 個不同的遺漏資料型態。顯然，$G=(2^V-1)$，其中 V 表示具有遺漏值的變項數目。現在，讓 Σg 以及 Sg 為第 g 個遺漏資料類型的母群體共變數矩陣以及樣本共變數矩陣。那麼對數概度以 θ 以及 ϕ 之表示如下：

$$\log(\theta,\phi|y)=\sum_{g=1}^{G}\log\phi^g(\theta|y)+\log f(\theta,\phi|y) \quad 【4\text{-}25】$$

其中，

$$\log\phi^g(\theta|y)=cons\tan t-\frac{1}{2}N^g\log|\Sigma^g f| \\ -\frac{1}{2}N^g tr\Sigma^{g-1}[S^g+(\bar{y}^g-\mu^g)(\bar{y}^g-\mu^g)'] \quad 【4\text{-}26】$$

其中，N^g 是觀察值的數目。

Muthén、Kaplan 和 Hollis（*1987*）將公式 4-25 稱為「真實概度」（true likelihood），等號右邊的第一個詞稱為「準概度」（quasi-likelihood），此乃因為它忽略了遺漏性的機制。由最大化準概度所獲得的估計數就稱為完全準概度（full quasi-likelihood, FQL）估計數。這個完全準概度的估計數是整個估計興趣之所在，因為其可以讓我們探討遺漏性機制。也就是說，到底遺漏值是可忽視或是不可忽視。如果遺漏值是一種 MCAR 型態（MCAR 映含 $S^*=\delta$，也就是說，$\Gamma_\eta=0$，$\Gamma_y=0$以及 $O_{\delta\varepsilon}=0$），則公式 4-25 的最大化將產生正確的最大概似估計值。其最大概似的估計值如下：

$$-\frac{1}{2}\sum_{g=1}^{G}N^g[\log|\Sigma^g|+tr(S^g(\Sigma^g)^{-1})+C^g] \qquad 【4\text{-}27】$$

其中，C^g 是依賴資料的一個常數。

Enders（*2001*）認為此種方法有以下的好處：⑴這種方法可以用來估計正好識別（也就是說相關或迴歸）以及過度識別（也就是說SEM）的模式參數；⑵它無須事先設算遺漏值就可以直接的估計模式的參數以及標準誤；⑶它可以對模式適配產生一般所用的卡方檢定統計，不過自由度以及 p 值是不太正確，因為它在輸入帶有遺漏值的次樣本共變數矩陣時使用了虛擬變項（dummy variables）。還好要處理此種問題的方式就是將自由度減去這些虛假值；⑷這種處理法所產生的卡方統計可以用來檢定MCAR的假定。也就是說，當所有次群體的參數估計是一樣的時候，則此一資料所形成的遺漏型態是MCAR。此一技術乃是應用 LISREL 中的群體恆等性（group invariance）的檢定法。

㈡單一群體 ML 修正法

看到上面的方法，我們不禁會有Arbuckle（*1996*）的想法，要能夠以上面的方法來處理不完全資料，研究者真需要是一位高水準的專家。當然，上面的方法若是遺漏值資料類型的數目相當大時，恐怕也相當不容易處理。因此，Arbuckle（*1996*）提出了一種可以在單一群體下使用ML法來處理遺漏值。Arbuckle（*1996*）的方法主要是源自於Finkbeiner（*1979*）的文章，當時Finkbeiner是用此一方法來處理因素分析的遺漏值問題。他的概念如下：

首先，讓 X_i 為個例 i 觀察資料的向量。則 X_i 的長度為有完整資料的變項數。接著依據觀察資料的完整性所形成的類型來形成平均數與共變數矩陣。我們以表 4-5 的資料來說明：表中有三個變項，Y、Z、W，此三個變項皆有遺漏值。

$$X'_1=[23\ 8]$$
$$X'_2=[34\ 12\ 14]$$
$$X'_3=[56\ 20]$$
$$X'_4=[24\ 15\ 17]$$
$$X'_5=[18\ 45]$$
$$X'_6=[19\ 32]$$

表 4-5　三個變項八個個案的資料

個案	Y	Z	W
1	23	8	—
2	34	12	14
3	56	—	20
4	24	15	17
5	—	18	45
6	—	19	32
7	15	34	—
8	17	—	25

$X'_7 = [15\ 34]$

$X'_8 = [17\ 25]$

現在，讓此三個變項有一個母群平均數向量以及一個共變數矩陣Σ。則其向量與矩陣之數字形式如下：

$$\mu' = [\mu_Y \quad \mu_Z \quad \mu_W] \quad 且 \quad \Sigma = \begin{bmatrix} \sigma_{YY} & \sigma_{YZ} & \sigma_{YW} \\ \sigma_{ZY} & \sigma_{ZZ} & \sigma_{ZW} \\ \sigma_{WY} & \sigma_{WZ} & \sigma_{WW} \end{bmatrix}$$

讓 μ_i 以及 Σ_i 為第 i 個觀察個案的變項之母群平均數向量和共變數矩陣。則

$$\mu'_2 = \mu'_4 = \mu'$$

$$\mu'_1 = \mu'_7 = [\mu_Y \quad \mu_Z]$$

$$\mu'_3 = \mu'_8 = [\mu_Y \quad \mu_W]$$

$$\mu'_5 = \mu'_6 = [\mu_Z \quad \mu_W]$$

$$\Sigma_2 = \Sigma_4 = \Sigma$$

$$\Sigma_1 = \Sigma_7 = \begin{bmatrix} \sigma_{YY} & \sigma_{YZ} \\ \sigma_{ZY} & \sigma_{ZZ} \end{bmatrix}$$

$$\Sigma_3 = \Sigma_8 = \begin{bmatrix} \sigma_{YY} & \sigma_{YW} \\ \sigma_{WY} & \sigma_{WW} \end{bmatrix}$$

$$\Sigma_5 = \Sigma_6 = \begin{bmatrix} \sigma_{ZZ} & \sigma_{ZW} \\ \sigma_{WZ} & \sigma_{WW} \end{bmatrix}$$

一旦平均數與變異數矩陣形成，Arbuckle（*1996*）的完全訊息 ML 取向的估計法利用下面的公式來處理，對第 i 個個案而言，其對數概度函數如下：

$$\log L_i = K_i - \frac{1}{2}\log|\Sigma_i| - \frac{1}{2}(x_i - \mu_i)' \Sigma_i^{-1} (x_i - \mu_i) \qquad 【4\text{-}28】$$

其中 K_i 為第 i 個個案的有效變項數。

整個樣本的對數概度就是個別對數概度的總和。其公式如下：

$$\log L(\mu, \Sigma) = \sum_{i=1}^{N} \log L_i \quad \text{【4-29】}$$

現在我們界定 $\mu = \mu(\gamma)$ 且 $\Sigma = \Sigma(\gamma)$ 為模式一些參數向量（γ）的函數，則 γ 的 ML 估計可以獲得，透過對下面公式的最大化：

$$\log L(\mu(\gamma), \Sigma(\gamma)) \quad \text{【4-30】}$$

此種最大化將等同於下面公式的最小化：

$$\begin{aligned} C(\gamma) &= -2\log L(\mu(\gamma), \Sigma(\gamma)) + 2\sum_{i=1}^{N} K_i \\ &= \sum_{i=1}^{N} \log|\Sigma_i| + \sum_{i=1}^{N} (X_i - \mu_i)' \Sigma_i^{-1} (X_i - \mu_i) \end{aligned} \quad \text{【4-31】}$$

顯然的，多群體模式估計法是一種成群式概度函數（groupwise likelihood function），而單一群體 ML 修正法則是成例式概度函數（case-wise likelihood function）。

Arbuckle（*1996*）將此種方法與表列刪除法及配對刪除法相比較，獲得以下的結果：

1. 當觀察變項的遺漏值呈現 MCAR 時，表列刪除法及配對刪除法的估計是一致的，但是統計上是無效率的。而 ML 估計是既一致且有效率。

2. 當觀察變項的遺漏值呈現僅僅是 MAR 時，表列刪除法及配對刪除法的估計皆會偏差，ML 估計則是漸近（大樣本）不偏差。

3. 相對於 ML 估計，配對刪除法無法提供一個估計標準誤來做統計的檢定。

4. 當所有遺漏值是不可忽視的，則所有三個取代法皆會產生偏差。

顯然地，雖然 Arbuckle（*1996*）的遺漏值處理法與 Allison（*1987*）和 Muthén 等人（*1987*）的遺漏值處理法兩者都是理論基礎導向的處理法，但是前者比後者在應用上是方便多了。其次，和多群體模式估計法一樣，單一群體ML修正法也可以應用在正好識別以及過度識別的模式估計。在 SEM 的應用上，此一方法可以產生卡方統計，但是其形式不再是 $(N-1)\times F$，因為沒有單一的樣本數可以應用在此一方法的計算上，此相當類似迴歸中的配對刪除法。另外，其不像一般SEM中的適配函數，FIML的對數概度函數並沒有一個最小值與其相連結，因而當模式適配的很糟糕時，這種統計值將會增加。取而代之的是，模式適配的卡方檢定是以不限制模式以及限制模式之間對數概度函數的差距來計算，其自由度就是兩個模式估計自由度的差（*Endon, 2001*）。

第三節　界定誤

正如我們在研讀迴歸統計時，界定誤（specification error）被視為是一個相當重要的迴歸假定。廣義的來看界定誤，其為在界定被檢定模式時所產生的錯誤。換句話說，即是模式的函數形式是不正確的。對迴歸而言，學者認為比較值得重視的界定誤包括遺漏相關變項、無關變項被包含在模式中，以及界定為線性模式但卻是非線性的。研究顯示不同的界定誤對估計產生不同的影響，其中最為學者關注的是遺漏相關變項（在第二章的因果關係討論中有詳細的描述）。迴歸的這種傳統也傳給了 SEM。對 SEM 而言，由於它的模式界定更為複雜，且估計時整個模式一起估計，因此，界定誤的問題就顯得更加複雜了。

對 SEM 而言，界定誤的廣義定義為模式界定錯誤。錯誤界定的模式包括哪些呢？學者們各有其看法，例如，Hayduk（*1987*）對界定誤提出的問題就相當的詳細，包括遺漏重要的參數、包含無關的參數、設定路徑包含不正確的因果方向、使用不正確的函數形式、遺漏虛假的因素、包含了無關的外因變項、不正確的誤差界定（假設誤差彼此間是獨立的或與外因變項間獨立）、無法達成等距測量，以及模式化的資料組沒有達到均衡。Satorra（*1990*）將模式界定誤視為是結構問題（structural problems），用以對照分配問題（distributional problems）（非常態性、遺漏值以及類別性測量等）。結構問題分為兩種：一為外在界定誤（external specification errors），其為遺漏觀察的與理論的變項；二為內在界定誤（internal specification errors），其為遺漏或錯誤界定測量方程式以及結構方程式的徑路。

由於SEM在估計模式的參數時，大部分採用完全訊息技術（full-information techniques），例如，ML以及GLS（參見第五章）。所謂完全估計技術乃是模式中的所有方程式會同時被估計，因此，當一個變項的參數界定錯誤，那麼無可厚非的是，這種效果會擴散到其他的參數，進而影響到其z檢定的統計力。很明顯地，對完全訊息技術而言，它真的會「牽一髮而動全身」。研究顯示這種效果不僅產生在遺漏重要參數的情況下，也會產生在包含不重要參數的情形。不過一些學者認為，雖然不重要參數的去除將影響其他參數的檢定統計力，但是比起將遺漏的重要參數重新釋放的影響是輕微的多了。這種結果相當類似於迴歸方程式，當無關變項被包括在迴歸方程式中時，迴歸係數的估計並沒有偏差，只產生兩種結果，一是自由度減少，二是估計的標準差比較大些。但是，當重要變項被遺漏時，迴歸係數的估計就產生偏差了。

無論是 SEM 或是迴歸方程式，對無關變項的包含有些衝擊是需要考慮的，其一是其減低了模式的簡效性（parsimony）[4]。簡效性是SEM在模式選擇中的一個相當重要的指導原則，簡效性包括以下兩種情境：(1)如果有數種模式皆適配觀察資料且近似實體的程度也相同，

---

[4] 正如Popper（*1959, p142*）所說的「簡潔的敘述應比不簡潔的敘述獲得更高的重視，因為它們告訴我們更多的東西，因為它們的實證內容可更豐富，也因為它們更能被檢驗。」

則應當選擇最簡單的模式；(2)選擇一個較簡單的模式，這個模式被認為比起較複雜的模式容易通則化到其他的樣本。也就是說，選擇一個模式其可以適配觀察資料且比較具有通則化的能力，而不是選擇一個最適配觀察資料但卻無法推論到其他的樣本的模式。其二是無關變項的加入會蓋住甚至於取代其他有用變項的效果。最後，由於無關變項加入對標準誤的估計產生影響，因此，造成獨立變項的顯著檢定比較不精確，降低統計以及實際分析的顯著性。

對於重要變項的遺漏應當給於更多的關注，因為此種現象會導致參數估計的偏差。Kaplan（*1988*）的研究顯示遺漏重要變項會產生實質上參數估計上的偏差。就理論上而言，重要變項的遺漏意味著研究者所提出的模式不是所研究變項與母群的真實特徵。這明顯地告訴我們，當重要變項被遺漏時，模式的解釋是值得懷疑的。如果遺漏的變項與外因變項間不相關，那麼，它的影響效果只在於降低整體模式的預測性。如果所遺漏的變項與外因變項有相當強的關係，那麼由此種遺漏所形成的參數偏差就相當的嚴重（*Galtini, 1983*）。

在探討變項的遺漏問題時，可能會遭遇一個相當兩難的問題：一則研究者期望包含所有重要的變項，但是 SEM 的實際操作上卻有某種限制存在。當然，就純理論而言，一個模式要包含多少變項是沒有規定的，但是在實際的考量上，我們知道電腦程式可能會有某種極限存在，而且就統計的檢定而言，當概念的數目愈大，統計的顯著性解釋就愈困難。Hair 等人（*1998*）認為超過 20 個概念，整個結果的解釋是相當困難，因此，研究者實必須在遺漏變項所形成的問題與簡效的理論模式間取得某種平衡。

第四節　大樣本

大樣本也是 SEM 必須考慮的一個假定，因為，對 SEM 而言，通常需要較大的樣本才能夠維持估計的精確性（accuracy of estimates）以及確保代表性（representativeness）。SEM 的統計需要較大樣本的另一項原因是因為 SEM 總是需要處理多元觀察指標或變項，以及其應用程式的需要。所以，樣本的議題一直是處理 SEM 統計時，當要求實質的強韌性（substantive robustness）時，常被提出的一項議題。這種要求乃是基於 SEM 是採取漸近理論（asymptotic theory）[5] 來估計參數。而所估計的參數要獲得一致性以及常態分配的假定，樣本必須足夠的大。在小樣本之下，檢定統計的分配無法適當地近似 χ^2 分配。Boomsma 和 Hoogland（*2001*）認為小樣本，如 $N<200$，如果真的要處理 SEM 的話，有兩個持續性的估計問題可能會發生：無法聚合性與不適當的解。

到底多大的樣本才稱為足夠大呢？學者的說法相當不一，Anderson 和 Gerbing（*1988*）認為 100-150 是滿足樣本大小的最低底線。Boomsma（*1982, 1983*）則是認為 400 是最恰當的數目，有些學者附議這種樣本數，認為此樣本數所得的統計結果最適切。不過，Hu、Bentler 和 Kano（*1992*）的研究顯示，對某些研究的例子而言，5000 個樣本仍嫌不足。Marsh、Hau、Balla 和 Grayson（*1998*）以及 Marsh 和 Hau（*1999*）等證實 Boomsma（*1982*）的建議，如果觀察變項與因素的比值是 3 或是 4，則樣本數至少 100，若比值是 6 以上，則像 50 這麼小的樣本也會足夠。這個研究證實「愈多愈好」（more is better）的結論。也因此獲得一個一般性的應用原則，樣本數與觀察變項／因素的比值有互補性的效果

5 漸近理論是一種用以描述當樣本數增加到無限大時，隨機變項所產生的行為表現。

（*Boomsma & Hoogland, 2001*）。

到底多少樣本最恰當呢？有些學者採用相關統計的「首要規定」（rules of thumb）。也就是說，每一變項10個樣本，或20個樣本。當然，對SEM而言，樣本愈大愈好，但是，在SEM的適配度考驗中絕對適配指數（請參看第六章適配度檢驗）受到樣本的影響相當大。樣本愈大，模式被拒絕的機會也增大。所以，要在樣本數與適配度上取得平衡是相當不容易。Shumacker和Lomax（*1996*）的觀察或許值得參考，此二人發現大部分的SEM研究，樣本數在200-500之間。當然，如果某些研究實在是無法蒐集如此多的樣本，那麼，採用Bontlor和Chou（*1987*）的建議也是相當不錯的，此二人認為如果你手邊的變項符合常態或橢圓的分配，每個變項5個樣本是足夠的，如果是其他的分配，每個變項10個樣本就足夠了。

建議在處理SEM時，最好檢查一下Hoelter（*1983*）所提的臨界N（見第六章），此一指數可以用來呈現當處理一個SEM統計時，所使用的樣本數是否足夠來獲得所要求的統計顯著水準下的卡方值，以及是否足夠用以估計參數值，決定模式的適配度。

第五節　抽樣假定

SEM乃是一種參數估計統計方法學，其目的在於利用樣本來推論母群體的特性。因此，一些抽樣的假定必須維持，否則此種推論將會產生問題。主要的抽樣假定有二：簡單隨機抽樣以及觀察值的獨立性（independence of observations）。對SEM而言，抽樣時需採用簡單隨機抽樣主要是因為SEM的估計法有個假定，即母群體的每一個單位具有相等機率被抽取為樣本。這個條件被破壞的話，影響最大的是母群體的標準誤，它將會是一個不適當的估計數。

教育的研究經常會使用非簡單隨機抽樣的機率抽樣法，特別是多階段叢集抽樣法，這種抽樣法實質上已經破壞了相等機率抽取的假定，因此使得所使用資料的未調適平均數、變異數以及共變數，和相對應母群體的估計數是不一致的。我們知道，當我們以一個班級的方式來抽取樣本，這種聚集性會破壞了誤差的獨立性，導致參數估計是偏差的。當然，如果研究者現有可用的資料就是此種抽樣法所獲得的，依然可以使用 SEM 來分析，但是，所輸入的平均數、變異數以及共變數必須加以調整。這種調整可以用在計算中給予觀察值不同加權的程序來解決[6]。如果資料需要做如此的調適，但卻未被執行，研究者必須瞭解，模式所獲得的結果只能通則化到與觀察樣本相類似的母群體，而不必然是一般的母群體（*Bentler & Chou, 1987*）。

抽樣的另一個假定就是觀察值獨立性，觀察值獨立性乃是指一個人的反應無論如何是不會影響到另一個人的反應。產生觀察值不獨立的原因有許多，例如時間序列的資料，也就是測量在不同時間裡被執行，對同樣的人執行，就是重複量數的資料。不過對不同群的人執行也會產生觀察值不獨立的問題，因為前一群人可能影響後一群人，以最簡單的考試來說，兩個班不同時間考相同測驗，後一班就可能探查前一班考些什麼。如此就形成前一個反應者影響後一個反應者。再者，以集群的方式蒐集的資料也會破壞了此種假定。集群者本身會分享共同的經驗，導致他們對問題的回答是相關連的。其次，外在的或是為測量的效果也會影響反應者導致他們彼此的反應是相關連的。

當觀察值不獨立就可能形成所謂的自我相關，其定義如下：對干擾 ς_i 而言，ς_{ik} 表示為第 k 個觀察值的 ς_i 值，ς_{il} 表示為第 l 個觀察值的 ς_i 值，則對所有 k 與 l 而言（$k \neq l$），$\mathrm{COV}(\varsigma_{ik}, \varsigma_{il}) \neq 0$。在統計上，當觀察值不獨立時，其聯合密度函數的計算方式就會不同於觀察值獨立的

6 關於調適偏差樣本選擇的方法有興趣者可以參看 Bowden（*1986*）以及 Kaplan 和 Ferguson（*1999*）的文章。

計算方式，如果觀察值是不獨立的，而一直將它視為獨立的方式來處理，很明顯地，統計估計將有問題，最主要的問題是估計的標準誤將是偏差的，進而影響統計顯著性的檢定。

研究者在處理觀察值不獨立時，必須仔細瞭解不獨立的原因，然後對症下藥。例如如果這種不獨立性是一種群體的效果，則需改採群體的平均分數來分析，而非使用個別反應的分數。當然，若這種資料具有層次性，如學校中的班級，班級中的學生，也就是說，包括第一層次的學生，第二層次的班級，以及第三層次的學校，則可以使用多層次 SEM（multilevel structural equation modeling，在第十四章中有比較詳細的討論）。如果是時間序列的影響可以採用lag的處理法。另外，在 SEM 裡，GLS 估計法以變異數及共變數矩陣來加權，對此種自我相關的效果具有校正功能。最後，當觀察值不獨立的現象存在時，研究者最好使用比較高水準的顯著性（0.01 或是更低）來檢定參數。

第六節　其他觀察資料分配特性的問題

雖然有些觀察資料的分配並未被列入 SEM 的假定中，但是當變項的觀察資料出現這些情形時，依然會影響到模式的估計，其原因是此種現象會直接的破壞 SEM 的假定，進而影響模式的估計。偏離值（outliers）就是其中一種觀察資料分配可能產生的現象，它對模式估計的影響也是不容忽視的。另外一個是觀察變項從頭到尾所形成的誤差項之變異分配必須是同質性，即變異同質性或稱為等分散性（homoscedasticity）。

一　偏離值

偏離值簡單的說是一種不尋常的或是極端的資料點，可以分為單變項偏離值與多變項偏離值。單變項偏離值指的是在單一變項上的不尋常值；多變項偏離值是兩個或以上的變項所組合成的一種不尋常值。當然，直接從分數的角度來看偏離值有時無法獲得真正的意涵，實際上，偏離值也可以定義為跟其他案例相當不同的一種帶有唯一特性組合的觀察案例。從這個角度來看，偏離值可能是有益的，也可能是有問題的。如果所獲得的偏離值是母群中的一種，那麼意味著這種唯一的特徵並未被一般常態分析所發現。如果此種偏離值不是母群特徵之一，表示此一偏離值是有問題的。由於偏離值可能會對模式適配度指標、參數估計以及標準誤等產生很大的衝擊，它也可能導致不適當的解（improper solution，請參見第六章），因此，研究者在估計模式時，實需先檢定偏離值是否存在，以及這種存在是否具有影響性。

在 SEM 中有兩個取向可以用來偵測觀察值是否是偏離值，一為模式獨立取向，這種取向只考慮觀察值與其他大量資料點間的偏離情形。二為模式基礎取向，這種取向是以一個特殊模式為基礎的預測值來和觀察資料點相對照，如果觀察值極端的偏離此種預測值，則此觀察值是偏離值。

第一種取向又可分為單變項的偵測或是多變項的偵測。單變項偵測可以用分布圖或者莖葉圖，以及分數與樣本平均數之距離來偵測（z 分數的次數分配）。前兩者研究者可以參看一般的統計軟體指導手冊。觀察值和它的樣本的平均數的距離是蠻常被用來檢定偏離值的一種方式，一般而言，一個觀察值距離平均數多遠算是一種偏離值，在統計界裡一直未有絕對的定義。有些學者認為這種距離是 3 個標準差時就可以認定為偏離值。有些學者認為必須要考慮樣本的大小，當樣本比較小時（通常是 80 或以下），應當採取 2.5 個標準差為偏離值。樣本較大時，可以採取 3 或 4 個標準差。

多變項的偵測比單變項麻煩多了，前面我們提到的Mardia（*1985*）多變項峰度檢定是一種方法，當某些觀察值對多變項非常態的貢獻最大時，其可能就是一種多變項偏離值。在統計上一般可以用兩種方式來偵測：槓桿點（leverage points）以及影響性觀察值（influential observations）。

槓桿點的觀念正如我們做槓桿一樣，當某一個人距離槓桿中心愈遠，他更能夠撐住另一邊比他近槓桿且較多的人。也就是說，偏離值是那些能夠單獨對整個關係做槓桿作用的觀察值。最常被用來偵測槓桿點的是Mahalanobis距離（Mahalanobis distance），Mahalanobis距離企圖檢查個別觀察分數和其他觀察值所形成的重心（centroids）[7]間的距離。Mahalanobis距離可以做統計顯著性的檢定，將Mahalanobis距離加以平方（Mahalanobis D^2）可以用自由度為變項數的卡方分配來解釋。一般學者建議檢定Mahalanobis D^2的顯著性時，最好採用保守的檢定，也就是說，以$\alpha=0.001$的卡方值作為臨界的標準。當一個特殊的觀察值其 Mahalanobis D^2的值大於0.001水準的$\chi^2_{(df)}$值時，此一特殊觀察值才可以視為偏離值。

「hat」矩陣是另一個用來評鑑槓桿點的統計技術，在hat矩陣中的hat值（呈現在hat矩陣中的對角線上）代表著每一個觀察值的槓桿度。hat值主要是測量依變項對其預測變項衝擊的程度。大的對角線值代表觀察值對決定依變項的預測值時具有不對稱加權。

hat 值的範圍介於0與1之間，它的平均值為p/n。p為預測變項的數目，亦即係數加上1（加1乃是因為常數項的關係），n為樣本數。當p大於10，且樣本數大於50時，觀察值的hat值大於兩倍的平均值（$2p/n$）時可以視為具有槓桿作用。當p小於10，且樣本數小於50時，採用三倍的平均值（$3p/n$）。

常用來評鑑影響性觀察值的是Cook's距離（Cook's distance），它可以說是檢定單一偏離值影響性的一個加總性測量，被認為是單一最具代表性的整體適配影響性測量。Cook's距離處理的方式是將一個觀

---

[7] 所有變項平均數所產生的那一點就是重心。

察值從估計過程中消除掉，然後看看其他所有殘差的總體改變的狀況。這種觀察值的衝擊是從兩種方面來探討：當一個觀察值被消除後，這種消除對預測值改變程度（與 studentized 殘差的偏離）以及該觀察值和其他觀察值間的觀察距離（槓桿）。如果其值大於 1 表示該觀察值是一個具有實質影響性的偏離值。

二 變異同質性

變異數同質性主要是探討 SEM 中的干擾，其變異數從觀察值的頭到尾皆須是相等。這個結果也適用於誤差項，我們以干擾為主要探討即可。也就是說，從第一個觀察值所形成的干擾變異數到最後一個所形成的干擾變異數必須是一個常數。這並非指兩個不同方程式所形成的兩個干擾變項的變異數必須是一樣的，變異數同質性指的是在一個方程式裡的那個干擾變項。用方程式表示如下：

$$\eta = B\eta + \Gamma\xi + \varsigma \qquad 【4\text{-}32】$$

其中對干擾 ς_i 而言，ς_{ik} 表示為第 k 個觀察值的 ς_i 值，則對所有 k 而言，$E(\varsigma_{ik}^2) = \mathrm{VAR}(\varsigma_i)$，就是變異數同質性的定義。

變異數同質性與常態分配的假定有關，當多變項常態分配成立時，則干擾或誤差變異數會成為同質的分配。當干擾或誤差變異數分配呈現非同質性，或者直接稱呼為變異異質性（heteroscedasticity），又稱為不等分散性，表示某個或某些預測變項的分配不是常態，或者是在某些層面上，它們有太大的測量誤，也可能是因為其有太多的遺漏值。變異數異質性的影響在迴歸的分析裡是眾所周知的，但是在 SEM 中的影響卻是相當少被研究。一般認為如果干擾或誤差變項呈現變異數異質性，則所用來檢定的標準誤是比較沒有效率的，導致統計的顯著度檢定不太正確。雖然方程式參數的估計依然是一致的且不偏的，但是這種結果對變項間的連結關係做了錯誤的推論。

第五章

模式估計

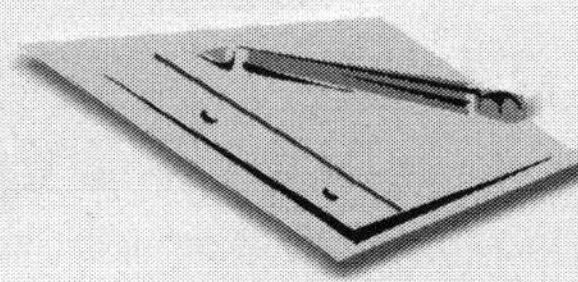

對 SEM 而言，當一個理論的假設模式已經被界定且識別好了，接下來就是估計假設模式的參數，這個過程就成為模式估計[1]。假設模式的參數包括：(1)觀察變項連結到潛在變項的係數矩陣，Λ_y 與 Λ_x；(2)測量誤的變異數與共變數矩陣，Θ_ε 與 Θ_δ；(3)外因變項之變異數與共變數，Φ；(4)干擾變項之變異數與共變數，Ψ；(5)潛在變項間的係數矩陣，B與Γ。想要估計這些參數的做法是將差距函數（discrepancy function）$F(S,\Sigma(\theta))$ 給予最小化，$F(S,\Sigma(\theta))$ 乃是樣本共變數矩陣 S 與理論假設模式矩陣$\Sigma(\theta)$間距離的一個數值。它必須具有以下之性質（*Browne, 1981a*）：

1. $F(S,\Sigma(\theta)) \geqq 0$，

2. $F(S,\Sigma(\theta)) = 0$，若且為若 $\Sigma(\theta) = S$，

3. 在 S 與$\Sigma(\theta)$中，$F(S,\Sigma(\theta))$ 是一連續函數。

要滿足上述三個條件而獲得 θ 的一致性估計值，常用的估計函數有三種：(1)最大概似法（maximum likelihood, ML）；(2)一般化最小平方法（generalized least squares, GLS）；(3)漸近分配自由法（asymptotic distribution-free, ADF）。前兩者是基於共變數結構的古典常態理論（classic normal theory）來估計，其假設漸近的變異數與共變數所形成的S矩陣中的要素是下面的形式：

$$ACOV(s_{gh}, s_{ij}) = \frac{1}{N}(\sigma_{gi}\sigma_{hj} - \sigma_{gh}\sigma_{hi}) \quad \text{【5-1】}$$

其中N是總樣本數，而此公式成立，觀察變項需是一個多變項常態分配或者其S矩陣是一種Wishart分配。漸近分配自由法則無需具備這些條件。

[1] 注意！SEM的估計通常是採用共變數矩陣，而不是相關矩陣。

第一節　最大概似法

最大概似估計（ML）是目前最廣為應用的SEM適配函數估計法。最早提出此一方法的學者是Koopmans、Rubin和Leipnik（*1950*），他們提出來的目的是為了估計計量經濟學中的聯立方程模式。到了七〇年代，Jöreskog（*1970*）將其應用在 SEM 裡，那一年他提出了 LISREL 統計軟體第一版，從此 ML 就變成最廣為應用的適配函數估計法。

所謂ML是使可能性為最大的一種優良估計量，其目的是替母群參數尋求「最可能」解釋觀察資料的值。所謂「最可能」的方式就是選擇可以最大化觀察資料之聯合密度（joint density）的一個參數值。所以ML的假定為所抽出的樣本是所有可能樣本出現的機率最大者。當此假定滿足時，估計參數會等於母群參數。若此一條件無法滿足時，那麼估計參數就不一定等於母群參數。

基於上面的理由，ML 估計的樣本必須符合兩個條件：樣本是多變項常態母群體且是以簡單隨機抽樣來獲得的。現在假定觀察值的向量z，代表一個來自多變項常態母群體的隨機樣本，z包含y與x，其為$(p+q)\times 1$個向量，其相對應的不偏樣本共變數矩陣為S，估計的母群體共變矩陣為Σ。在多變項常態分配的狀況下，其所有觀察值的聯合密度函數就是個別常態機率的乘積。

$$f(z_1,z_2,\ldots,z_N\,;\,\theta)=f(z_1\,;\,\theta)f(z_2\,;\,\theta)\cdots\cdots f(z_N\,;\,\theta)$$
$$=\prod_1^N f(z_i\,;\,\theta) \qquad 【5\text{-}2】$$

個別常態機率之公式如下：

$$f(z\,;\,\Sigma)=(2\pi)^{-\frac{(p+q)}{2}}|\Sigma|^{-\frac{1}{2}}\exp[(-\frac{1}{2})z'\Sigma^{-1}z] \qquad 【5\text{-}3】$$

因此，獲得

$$L(\theta)=\prod_{i=1}^{N}(2\pi)^{-\frac{(p+q)}{2}}|\Sigma|^{-\frac{1}{2}}\exp[(-\frac{1}{2})z'\Sigma^{-1}z]$$
$$=(2\pi)^{-\frac{N(p+q)}{2}}|\Sigma(\theta)|^{-\frac{N}{2}}\exp[(-\frac{1}{2})\sum_{i=1}^{N}z'_j\Sigma^{-1}(\theta)z_i] \quad \text{【5-4】}$$

$L(\theta)$ 定義為樣本的概似函數（likelihood function）。要簡化此一函數而又不失其一般特性的方式是將 $L(\theta)$ 變成 log 函數，其結果如下：

$$\log L(\theta)=\log[\prod_{i=1}^{N}f(z_i;\theta)]=\sum_{i=1}^{N}\log[f(z_i;\theta)]$$
$$=\frac{-N(p+q)}{2}\log(2\pi)-\frac{N}{2}\log|\Sigma(\theta)|-\frac{1}{2}\sum_{i=1}^{N}z'_j\Sigma^{-1}(\theta)z_i$$
$$\text{【5-5】}$$

在矩陣的運算中，我們知道 $x'Ax=tr(x'Ax)=tr(Axx')$，所以上述公式之第三部分可以改寫為：

$$-(\frac{1}{2})\sum_{i=1}^{N}z'_j\Sigma^{-1}(\theta)z_i=-(\frac{1}{2})\sum_{i=1}^{N}tr[z'_j\Sigma^{-1}(\theta)z_i]$$
$$=-(\frac{N}{2})\sum_{i=1}^{N}tr[N^{-1}\Sigma^{-1}(\theta)z'_jz_i]$$
$$=-(\frac{N}{2})tr[S^*\Sigma^{-1}(\theta)] \quad \text{【5-6】}$$

其中 S^* 是以 N 個樣本（非以 $n=N-1$）所形成的共變數矩陣。公式 5-5 就可以改寫為：

$$\log L(\theta)=\frac{-N(p+q)}{2}\log(2\pi)-\frac{N}{2}\log|\Sigma(\theta)|-\frac{N}{2}tr[S^*\Sigma^{-1}(\theta)] \quad \text{【5-7】}$$

接著就是最大概化公式 5-7，要最大概化公式 5-7 必須對模式參數做導數的工作，將 $\log L(\theta)$ 的第一導數設定為0（$\frac{\partial\log L(\theta)}{\partial\theta}=0$）[2]，然後

---

[2] 當然，要獲得最大值尚有一個條件，即二次導數要小於 0，即 $\frac{\partial^2\log L(\theta)}{\partial\theta^2}<0$。

求解。讀者若還有記憶的話，馬上想到這種做法其實就是高中時用導數最大值的概念是一樣的。首先，$\frac{-N(p+q)}{2}\log(2\pi)$ 為一個常數，不會影響任何導數的結果，因此，可以將此忽略。其次，雖然 S^* 是以 N 個樣本為基礎的共變數矩陣，而不偏估計共變數矩陣 S 是以 $N-1$ 個樣本為基礎。然而，在大樣本之下，其差別是可以忽視的，因而，公式 5-7 可以重新寫為：

$$\log L(\theta)=-(\frac{N}{2})\{\log|\Sigma(\theta)|+tr[S^*\Sigma^{-1}(\theta)]\} \quad 【5\text{-}8】$$

公式 5-8 有些問題存在，首先，$-\frac{N}{2}$ 的存在，使得其不會是最大概化，而是最小概化。因此，解決此一問題的方式是將 $-\frac{N}{2}$ 去除。其次，此公式缺乏上面所描述的性質，當 $S=\Sigma^{-1}(\theta)$ 時，其值非 0。因此，必須加入一些東西以符合此一特質。將 $-\log|S|-(p+q)$ 加入公式中，就解決了此一問題。因此，獲得的 ML 估計之適配函數為：

$$F_{ML}=\log|\Sigma(\theta)|+tr(S\Sigma^{-1}(\theta))-\log|S|-(p+q) \quad 【5\text{-}9】$$

在此一函數中的Σ(θ)與 S 必須是正向定義。當假設模式可以完美地預測樣本共變數矩陣時，則表示 $\Sigma(\theta)=S$，那麼取代上面的式子，獲得：

$$F_{ML}=\log|S|+tr(I)-\log|S|-(p+q) \quad 【5\text{-}10】$$

由於，$tr(I)$ 剛好等於 $p+q$，因此，可知 $F_{ML}=0$，此意涵一個完美的適配，其值為 0。由於 F_{ML} 乃是一個相當複雜的結構參數非線性函數，通常很難獲得明顯的解答，因此，它常常利用疊代的程序來獲得參數。

使用 ML 來估計 SEM，其所獲得的參數估計值有下列幾個重要的特質（*Bollen, 1989b*）：

1. 這些參數估計值是漸近的，當大樣本時這些參數估計值才能成

立，且不會低估或高估相對應的母群參數。也就是說，它們具有漸近不偏性（asymptotic unbiasedness）。

2. 這些參數估計值是一致的，當在大樣本之下，$\text{plim}\dot{\theta}=\theta$，且 $\dot{\theta}$ 為 ML 估計參數，θ 為母群參數。也就是說，它們具有漸近一致性（asymptotic consistency）。
3. 在樣本不斷的增加之下，所有的估計參數的變異數變小。也就是說，它們是漸近有效性（asymptotic efficiency）。
4. 這些估計參數的分配隨著樣本的增加而趨近於常態。
5. 如果估計參數的標準誤已知，則估計參數與其標準誤的比率近似大樣本之 z 分配。
6. $(N-1)F_{ML}$ 近似於大樣本的卡方分配，允許對模式的適配度做檢定。

第二節　一般化最小平方法

一般化最小平方法（GLS）和 ML 一樣是基於相同的假定，包括樣本要夠大、觀察變項是連續變項、觀察變項必須是多變項常態分配，以及估計模式必須有效的界定。GLS 也會與 ML 產生相當類似的估計結果，並且具有相同的統計特質。要瞭解GLS，我們必須先瞭解加權最小平方法（weighted least squares, WLS）。Browne（*1984a*）認為所有的適配函數都可以是用以分析共變數矩陣的一般適配函數家族的一個特殊個例，這個家族的函數型態如下：

$$\begin{aligned}F(\theta)&=(s-\sigma)'W^{-1}(s-\sigma)\\&=\sum_{g=1}^{k}\sum_{h=1}^{g}\sum_{i=1}^{k}\sum_{j=1}^{i}w^{gh,ij}(s_{gh}-\sigma_{gh})(s_{ij}-\sigma_{ij})\end{aligned} \quad \text{【5-11】}$$

其中，$s'=(s_{11},s_{21},s_{22},s_{31},\ldots,s_{kk})$ 是 $k\times k$ 秩的 S 共變數矩陣中包括對

角線以及下半部的 $\frac{1}{2}k(k+1)$ 個相對要素向量。

$\sigma'=(\sigma_{11}, \sigma_{21}, \sigma_{22}, \sigma_{31}, \ldots, \sigma_{kk})$ 是 $k\times k$ 秩的 $\Sigma(\theta)$ 的相對要素向量，且 $w^{gh,ij}$ 是一個 $u\times u$ 秩正定矩陣 W^{-1} 的典型要素，$u=\frac{1}{2}k(k+1)$。

公式5-11這一家族的差距函數一般被稱為加權最小平方法（WLS）。WLS 的主要特徵就是在於 W^{-1} 的選擇。如果我們選擇一個單元矩陣（identity matrix）作為加權矩陣，亦即 $W^{-1}=I$，則此一差距函數就改稱為未加權最小平方法（unweighted least squares, ULS）。這種方法非常類似於普通最小平方法（ordinary least squares, OLS）。ULS的最小化函數的估計數為：

$$F_{ULS}=\frac{1}{2}tr[(S-\Sigma(\theta))^2] \quad 【5\text{-}12】$$

這種方法忽略了誤差項的變異數異質性的問題，也就是說，它不是漸近有效的。採用此種方法對模式參數的估計不會產生偏差（漸近不偏與漸近一致），但是用以檢定模式顯著度的標準誤將會是不正確的，進而使得模式的顯著檢定產生問題。

處理此一變異數異質性問題的方法就是對矩陣中變異數與共變數做調整，調整的方法之一就是選擇樣本共變數 S 的反矩陣 S^{-1} 來代替 W^{-1}，亦即 $W^{-1}=S^{-1}$。這種取代就形成GLS，則GLS適配函數可以寫成下列的公式：

$$\begin{aligned} F_{GLS} &= \frac{1}{2}tr(\{S^{-1}[S-\Sigma(\theta)]\}^2) \\ &= \frac{1}{2}tr[I-S^{-1}\Sigma(\theta)]^2 \end{aligned} \quad 【5\text{-}13】$$

其實，GLS乃是企圖加權S與 $\Sigma(\theta)$ 彼此間的變異數與共變數之差距平方。有兩個關於S要素的假定導致此種加權矩陣的選擇，也因而產生 GLS$\dot{\theta}$ 的最佳特質。此兩假定是：(1) $E(s_{ij})=\sigma_{ij}$；(2) S要素的大樣本分配必須是多變項常態。當這些假定獲得滿足後，GLS的參數估計值將具有以下之特質：

1. 這些參數估計值是漸近的，當大樣本時這些參數估計值才能成立，且不會低估或高估相對應的母群參數。也就是說，它們具有漸近不偏性。
2. 這些參數估計值是一致的，當在大樣本之下，$\text{plim}\dot{\theta}=\theta$，且 $\dot{\theta}$ 為 GLS 估計參數，θ 為母群參數。也就是說，它們具有漸近一致性。
3. 在樣本不斷的增加之下，所有的估計參數的變異數變小。也就是說，它們是漸近有效性。
4. 這些估計參數的分配隨著樣本的增加而趨近於常態。
5. 如果估計參數的標準誤已知，則估計參數與其標準誤的比率近似大樣本之 z 分配。
6. $(N-1)F_{GLS}$ 近似於大樣本的卡方分配，允許對模式的適配度做檢定。

相對於 ML，GLS 有一個潛在的好處就是計算時間比較少，且所需的記憶空間也比較少。

第三節　ML 與 GLS 估計的問題

由於ML與GLS分享著相同的假定，且都是以常態理論來探討。因此，此兩個估計所使用的觀察變項若無法具備多變項常態分配，或者是太過於高峽峰，它的估計就可能產生問題。問題包括：(1) χ^2值變得太大；(2) χ^2的適配度檢定無法獲得正確的模式適配評鑑指標；(3)所有的參數估計可能是偏差的，且容易產生顯著的結果。表 5-1 詳加說明多元常態的、無過多峰度的、橢圓的，以及任意的等四種觀察變項分配對 ML 與 GLS 估計參數性質的影響。由表中可以看出在一致性方

表 5-1　有無多元常態觀察變項之 ML 與 GLS 估計參數的性質

觀察變項的分配	ML 與 GLS 估計參數的性質			
	一致性	漸近有效性	漸近共變矩陣（ACOV $(\hat{\theta})$）	卡方估計
多元常態分配	是	是	正確	正確
無過多峰度分配	是	是	正確	正確
橢圓分配	是	是	不正確	不正確
任意分配	是	否	不正確	不正確

資料來源：Bollen（*1989b, p. 416*）。

面四種分配皆無影響。也就是說，四種分配之下，以ML或GLS來估計參數，其參數皆具一致性的性質。只有任意分配的觀察變項在ML與GLS的估計之下無法獲得參數的漸近有效性。如果觀察變項是橢圓分配或者是任意的分配，則其所獲得的 ACOV $(\hat{\theta})$是不正確的，且其卡方估計也是不正確的。

解決這些問題的威脅有以下幾種方法：

1. 找出這些問題變項，經過變項的轉換，讓其更近似多變項常態分配，或是去除其高峽峰的現象。
2. 使用Browne（*1984a*）所提供的一般統計及標準誤調整法，那麼修正的 F_{ML} 以及 F_{GLS} 顯著性檢定將符合大樣本正確性。
3. 使用靴環法（bootstrap）[3]的再取樣程序來形成無母數統計檢定。
4. 採用Browne（*1984a*）發展出的一種不需要考慮測量變項分配，且是大樣本有效性的估計方式，稱為漸近分配自由法。

對第一個方法而言，其最大問題是使用轉換變項會使得解釋上變

[3] 靴環法乃是一種提供參數估計以及適配指標等變異性的經驗訊息的技術。這種技術乃是將研究的資料當成是母群體，然後不斷地對資料再抽樣的程序。原始資料組的個案不斷地被以可置回式的隨機抽取，來產生另一組通常與原始資料組相同樣本數的資料。

得較困難，第三個方法的缺點是在估計模式時通常採用疊代法，若不限制疊代的次數，此方法將會相當耗時而變得不實際。其次，第二個方法與第三個方法所獲得的結果都不是大樣本有效性。所以，第四個方法就變成最受青睞的方法。

第四節 漸近分配自由法

為了解決變項分配非多元常態問題，Browne（*1984a*）提出了這種稱為漸近分配自由法（ADF）。正如Browne（*1984a*）所言，所有適配函數都是加權最小平方法的一個特殊個例，所以 ADF 也是利用加權最小平方法中W^{-1}來處理。這種處理主要是希望消除多元非常態分配的影響。這種消除使其無須多變項常態分配之假定，且在估計的程序上採用GLS的估計程序。因此，ADF又被稱為恣意的一般化最小平方法（arbitrary GLS）。

如何處理多元非常態的問題呢？影響非常態分配的因素有態勢與峰度兩種，其中過多的峰度是產生非常態的致命所在。因此，峰度的更正（correction of kurtosis）當然就是漸近分配自由的關鍵所在。我們在前一章探討過峰度的產生是受到四級動差的影響，所以將四級動差放入加權矩陣W^{-1}中，就是最好的解決之道。

首先，在GLS中採用的W^{-1}為S^{-1}，S^{-1}為漸近的變異數與共變數所形成的S矩陣的反矩陣，此S矩陣的要素是下面的形式：

$$A\,\mathrm{COV}(s_{gh}, s_{ij}) = \frac{1}{N}(\sigma_{gi}\sigma_{hj} - \sigma_{gh}\sigma_{hi}) \quad 【5\text{-}14】$$

Browne（*1984a*）企圖將此種只有二級動差形式的矩陣轉變成一種包含二級以及四級動差的共變數矩陣，其形式如下：

$$A\,\text{COV}(s_{gh}, s_{ij}) = \frac{1}{N}(\sigma_{ghij} - \sigma_{gh}\sigma_{ij}) \quad 【5\text{-}15】$$

σ_{ghij}是平均數的四級動差，$E(X_g-\mu_g)(X_h-\mu_h)(X_i-\mu_i)(X_j-\mu_j)$。

σ_{gh}以及 σ_{ij} 分別是 X_g 和 X_h 以及 X_i 和 X_j 的母群共變數。

我們知道

$$F_{WLS} = (s-\sigma)' W^{-1}(s-\sigma) \quad 【5\text{-}16】$$

則只要將W中的每一個要素定義為公式5-15的估計值，就是ADF的估計法。其中 σ_{ghij} 的四級動差樣本估計值如下：

$$S_{ghij} = \frac{1}{N}\sum_{a=1}^{N}(z_{ga}-\bar{z}_g)(z_{ha}-\bar{z}_h)(z_{ia}-\bar{z}_i)(z_{ja}-\bar{z}_j)$$

σ_{gh} 以及 σ_{ij}的樣本估計值分別如下：

$$s_{gh} = \frac{1}{N}\sum_{a=1}^{N}(z_{ga}-\bar{z}_g)(z_{ha}-\bar{z}_h)$$

$$s_{ij} = \frac{1}{N}\sum_{a=1}^{N}(z_{ia}-\bar{z}_i)(z_{ja}-\bar{z}_j)$$

四次動差的樣本共變數矩陣如下：

$$\text{COV}(s_{gh}, s_{ij}) = \frac{1}{N}(s_{ghij} - s_{gh}s_{ij})$$

Browne（*1984a*）認為上述的樣本估計值是偏差的，因此提出$(\sigma_{ghij}-\sigma_{gh}\sigma_{ij})$的一個不偏樣本共變數的估計，其公式如下：

$$\frac{N(N-1)}{(N-2)(N-3)}(s_{ghij}-s_{gh}s_{ij}) - \left[\frac{N}{(N-2)(N-3)}\right]\left[s_{gi}s_{hj}+s_{gj}s_{hi}-\left(\frac{2}{N-1}\right)(s_{gh}s_{ij})\right] \quad 【5\text{-}17】$$

最後我們可以獲得F_{ADF}的適配函數如下：

$$F_{ADF} = \frac{1}{2}\{[S-\Sigma(\theta)]\,W_{ADF}^{-1}\}^2 \quad 【5\text{-}18】$$

很顯然地，當矩陣W_{ADF}改採用I時，其就是ULS估計法，改採用S時就是GLS估計法，改採用$\hat{\Sigma}$就是ML估計法。而採用公式5-15估計值（其不偏估計數為公式5-17）所形成的共變數矩陣就是ADF估計法。對F_{ADF}而言，即使資料是一種帶有無限動差的任意分配，其亦可以正確地界定。所以，ADF估計法所限制的假定比ML與GLS還要少。

對SEM而言，使用ADF估計有三個相當實際性的限制：⑴ ADF適配函數的計算需要做ADF最佳加權矩陣的轉置。就以CFA模式為例，若有p個測量變項，則Γ是一個$p^* \times p^*$階的矩陣，其中p^*為$\frac{1}{2}p(p+1)$，此為S矩陣中唯一要素的個數，如果測量變項有20個，那麼它需要轉置一個210×210的加權矩陣，此一矩陣將具有44,100的唯一要素；⑵矩陣的計算涉及四級動差，需要大樣本才能產生穩定的估計（*West, Finch, & Curran, 1995*）；⑶若資料有遺漏值時，必須使用表列刪除法，否則在公式5-15中，處理不同動差時將牽涉不同觀察值的數目，導致運算困難。

最後，由於ADF的目的是企圖對觀察資料所產生的峰度的程度（degree of kurtosis）加以調整。而要形成觀察資料的峰度就必須依靠原始資料。因此，使用ADF估計模式時，就非得使用原始資料，而無法利用摘要式的矩陣資料，如共變數矩陣或相關矩陣等。其次，龐大的資料導致於在計算時需要較長的時間且需要較多的電腦記憶體。

第五節　估計方法的經驗適配與參數估計的差距

在SEM處理適配問題時，學者們經常會論及三種適配的情形。一為理論適配（theoretical fit），二為真實經驗適配（true empirical fit），三為經驗適配（empirical fit）（這三種適配之說明參見附錄二）。影響估計法產生經驗適配與參數估計差距的因素有兩個：其一是模式界定錯誤，其二是資料為非多變項常態分配。如果模式界定是錯誤的，而資料是多變項常態分配，則ML所估計的適配度函數與參數應該不同於 GLS 與 ADF 所獲得的適配度函數與參數。如果模式界定是正確的，而資料不是多變項常態分配，則ADF的估計結果應當不同於GLS以及 ML。

會有這種現象的原因乃是因為三種估計方法使用不同的加權要素（weight element）。對ADF而言，由於其加權矩陣中的典型要素是一種二級動差與四級動差的組合，而這種組合減免資料非多變項常態的影響。而 ML 的加權矩陣為 $W_{ML}^{-1}=K_p^{-}(\Sigma(\hat{\theta}_1)^{-1}\otimes\Sigma(\hat{\theta}_1)^{-1})K_p^{-1}$（$K_p$與 K_p^{-} 為 Browne 在 1974 年所定義）。此一加權矩陣是模式的一個函數，不同於GLS以及ADF，此二種估計法的加權矩陣為觀察資料的二級動差函數以及觀察資料的二級與四級動差組合的函數。也就是說，GLS 與 ADF的加權矩陣皆不依賴模式，而是依據觀察資料的矩陣 S。然而，不論模式界定的多麼差勁，S 依然會聚合到 Σ。這種結果相當不同於ML的表現，對ML之估計，只有當模式適配的非常好的狀況下，$\Sigma(\hat{\theta}_1)$ 才能夠接近 Σ。

Olsson、Foss、Troye和Howell（*2000*）在探究模式界定錯誤與非常態分配情境下之 ML、GLS 以及 WLS（ADF）三者在 SEM 上的表現行為時發現，依據經驗適配與理論適配，三者受到樣本、界定誤、峰度等的影響而有不同的表現。在這三種方法中，ML 對樣本與峰態的變化上比另兩種方法較不敏感。比起另外兩種估計法，ML 不僅較穩定且較精確。GLS估計需要好的界定模式，但是依據理論與經驗的適配其允許小樣本的估計。WLS也需要好的界定模式，且在大樣本之下才能表現好的估計。然而，它不僅允許使用有峰度的資料，而且實質上對於研究者使用非常態資料時會獲得報酬。

Boomsma 和 Hoogland（*2001*）在探討 SEM 的強韌性時，再度對估

計法做一個探討。他們發現在有限的樣本數之下，ADF估計也無法避免樣本分配效果的影響。所以說，ADF真的非常依賴樣本數，只有在大樣本時它的表現才會比較好。GLS則是在小模式時表現得比較好。在大模式裡（一般定義觀察變項大於六或八個），它真的表現得相當糟糕。對大模式而言，在各種非常態分配的條件之下，ML估計和ADF以及GLS相比的話，具有比較好的統計特質。這些研究顯示ML估計比較具備強韌性。

第六節　非正定問題

由於SEM在使用ML與GLS來估計模式的參數時，採用矩陣的數學來處理，因此，樣本的共變數矩陣以及理論映含的共變數矩陣必須是正定的（positive definite）或是非奇異的（nonsingular）。如果樣本共變數矩陣或理論映含的共變數矩陣兩者有其一或兩者皆無法正定，就形成所謂的非正定（non-positive definition）問題。此一問題對SEM的使用者而言是常見的，當電腦出現錯誤訊息「The matrix is not positive definite」，就表示非正定問題產生了。

在數學上對於矩陣所產生的非正定之條件是相當簡單而精確。但是在 SEM 的使用上，產生非正定問題的狀況卻是相當的多，且遍布在分析的各種階段中。因此，在此節中，我們除了對非正定的一些數學特質加以簡單的介紹外，更對 SEM 產生此一問題的原因以及解決之道加以深入探討。

由於 SEM 的共變數矩陣是由變項的數值轉換而成，因此，矩陣中的要素就產生了一些限制的規則。第一個規則是所有對角線上的值必須是正的。在共變數矩陣裡，這些值就是變異數。當然依據變異數的公式，此值絕對不會是負的，如果是負的那麼就表示此值是錯的值。矩陣㈠中第三個對角線值是 −1.0，那麼這個矩陣是不被允許的。

	變項 1	變項 2	變項 3
變項 1	1.0		
變項 2	0.5	2.0	
變項 3	0.6	0.5	−1.0

矩陣㈠

第二個規則是在對角線上的值會限制對角線以外數值的可能範圍。矩陣㈡中顯示，變項 1 與變項 3 的共變值 2.3 不可能產生，因為此一值不可能大於其個別變異數的幾何平均數，亦即 $(\sigma^2_{變項1}\sigma^2_{變項2})^{\frac{1}{2}}$。

	變項 1	變項 2	變項 3
變項 1	2.0		
變項 2	0.5	2.0	
變項 3	2.3	0.5	2.0

矩陣㈡

矩陣㈢是一個相關矩陣，其中，−0.2之值是不允許存在，因為 r_{13} 必須介於 $r_{12}r_{23}-[(1-r^2_{12})(1-r^2_{23})]^{\frac{1}{2}}$ 以及 $r_{12}r_{23}+[(1-r^2_{12})(1-r^2_{23})]^{\frac{1}{2}}$。也就是說，$r_{13}$ 必須介於 0.13 與 0.99 之間。此一條件也稱為「三角不均等條件」（triangular inequality condition）。

	變項 1	變項 2	變項 3
變項 1	1.0		
變項 2	0.7	1.0	
變項 3	−0.2	0.8	1.0

矩陣㈢

另外一種規則是矩陣的必須是非奇異。因為若矩陣是奇異的，則其無法獲得逆矩陣。矩陣㈣以 S 表示，則其逆矩陣 $S^{-1}=(\frac{1}{|S|})$（adjS），其中 $|S|$ 為 S 的行列式（determinant），adjS 是 S 的伴隨矩陣。當矩陣

產生奇異的問題時，$|S|$ 值將會是 0，在過去算數的經驗中，我們都曉得，在矩陣㈣中產生奇異的原因是，變項 1 與變項 3 的共變數 1.4，正好是 $\frac{(2.0+0.8)}{2}$。這種現象又稱為缺秩（rank deficiency），也就是說，變項 3 是多餘的。這種現象也稱為線性依賴或共線性（linear dependency or collinearity），也就是說，一個變項是一些其他變項的線性組合。此例中，變項3 $= \frac{1}{2}$(變項 1) $+ \frac{1}{2}$(變項 2)。

	變項 1	變項 2	變項 3
變項 1	2.0		
變項 2	0.8	3.0	
變項 3	1.4	0.8	1.0

矩陣㈣

對於第一種規則而言，SEM的使用者，只要在輸入共變數矩陣時檢查一下，矩陣的對角線是否為正的，即可以處理掉此一問題，當然，若有負數產生，可能是登錄共變矩陣時打錯。如果輸入的是相關矩陣，注意！其對角線的值需介於−1至 1 之間。

第二種問題，也就是說，矩陣㈡與矩陣㈢所產生的現象。因為，若要用上面所提的公式計算，相當的複雜，尤其牽扯一大堆的變項時。那麼，該如何解決此一問題呢？如果讀者熟悉因素分析，那麼說明此一問題就較容易，正向定義的矩陣當抽取特徵值（eigenvalues or characteristic roots）時，其特徵值不會是零或負的。因此，如果矩陣有 P 個向量，則其可以產生 P 個特徵值。檢查特徵值有無負數或零的簡單方法，是使用 SPSS 或 SAS 統計中的因素分析，其會產生特徵值。當然，你也可以用其他的統計程式，如果其可以算出特徵值的話。

如果矩陣是用原始資料轉換而成的，為何會產生相關或共變數不在所規範的範圍裡呢？有一種可能的原因是遺漏值所帶來的結果。如果使用配對刪除法，或用其他遺漏值取代法來填補遺漏值，包括平均數取代法、迴歸取代法、中位數取代法等，都可能產生此一問題。當然，解決此一問題的方法是當樣本數夠大，且遺漏值的產生不是系統性的，也就是說，不填答此一問題者無特殊組型的現象，那麼使用表列刪除法就可以解決此一問題。如果這些方法皆無效，請參考第四章遺漏值部分，採用較複雜的處理法。

如果資料是共變數矩陣，或使用表列刪除法會使得樣本變的不夠多時，另外有一種方法也可以解決掉此一問題，它稱為「平滑程序法」（smoothing procedure）。LISREL 8.30 版中有處理此一程序的方法，使用 RIDGE 指令，這種方法是以一個常數乘以每一個對角線的值，再將其加到矩陣裡，這種過程會重複執行，直到負的特徵值消失為止。很幸運地，如果矩陣出現非正定的問題，此一選項在 LISREL 8.30 版裡會自動執行。Ridge 常數的規定值為 0.001，如果要改變規定值，可以在OU 的指令後加入RC及RO指令，例如OU RC = 0.01，RO、RC 用以界定 ridge 值，RO 用以界定分析矩陣時，將 ridge 選項用以取代矩陣的對角線值。

如果遭遇的問題是線性依賴，可能是以下的因素造成：一是樣本數比觀察變項還少；二是組合變項（composite variable）所產生的問題，也就是說，組合變項和組合此一變項的變項都在共變數矩陣中；三是偏離值（outliers）惹的禍。前兩個問題比較容易發覺，而第三個問題就必須加以偵測。偏離值是一種實質上相當不同於其他觀察值的值。它對分析可能產生大的也可能是小的影響。如果有影響性的偏離值存在，則會使分析的結果受到扭曲。不過在分析偏離值的影響時，必須先確認這些偏離值是有益的或者是有問題的。有益的偏離值意味著它屬於母群體的特徵，但卻在一般常態化處理過程中沒有被發覺。有問題的偏離值是一種無法代表母群體的值。

解決線性依賴的問題有以下幾個方法：(1)增加樣本數，最少需使樣本數是變項的五倍（深入討論，請參考第四章第四節）；(2)刪除多餘變項；(3)刪除有破壞性的極端值；(4)使用因素分析，將有相依賴的變項，以組合變項呈現，或是以因素分數來代表；(5)使用「平滑程序法」；(6)使用非正定的估計法，例如 ULS（unweighted least square）或 WLS（weighted least square）。

除了上述的問題以外，在 SEM 的使用技術上，也可能產生非正定的問題。首先是要估計理論模式的共變數矩陣，研究者往往會提供「起始值」，讓程式能夠在估計時容易獲得「聚合」（convergence）。但是，不好的起始值也會導致非正定的問題。解決此一問題的方法是：(1)使用ULS的方法來估計整個模式，然後以其所獲得的參數值為起始值，這是因為ULS不受非正定問題的影響；(2)只對那些看起來有問題的估計值輸入起始值。

另一方面，模式識別問題、模式不適當的界定、樣本資料沒有提供合理估計的足夠資訊，以及變項的分配非常態性等皆可能產生非正定問題（*Schumacker & Lomax, 1996*），解決這些問題請參考相關的章節。最後，奉告各位，如果已經盡力的從上面所提供的方法來處理非正定問題，但是仍然無法解決問題，這表示真的必須要放棄所界定的模式。

第七節　結論

模式估計是 SEM 最為重要的部分，採用不恰當的模式估計法，則無論如何，所產生的結果都是錯的。模式估計牽涉相當高深的統計計算，對一般不是學統計的人而言，要能夠清楚的瞭解這些不同估計法的微妙差異是相當不容易。在 LISREL 裡共有七種估計方法（見附錄 5-1），不過真正對SEM而言，ML、GLS 以及 ADF 是主要應用的三種估計法。也因此，大部分的文章皆在介紹此三種估計法。在上面的探討中，我們提出此三種估計法的優缺點，相當令人困惑的是，到底哪一種方法最好？作者讀遍了大部分有關估計法的文章，似乎發現屬於 Jöreskog 這一派的學者，到目前為止，依然是認為 ML 的估計法最具強韌性。雖然，在 LISREL 8 的使用手冊中，提出若資料是非常態分配，建議使用 ADF 的估計法。但是，學者們皆質疑 ADF 真的能夠解決非常態性的問題嗎？答案是需要相當大樣本下才有效。可以預期的是大部分的研究，樣本皆無法達到要求。因此，作者認為 Hoyle 和 Panter（*1995, p.164*）的建議是相當正確地：

> 我們建議作者應該照例的報告 ML 估計的結果。如果資料的特性導致有關 ML 估計的適當性問題，那麼其他可用的估計的結果，如果它們與 ML 的結果有矛盾的話，可以用摘要表的形式呈現，或者是將他們整合起來放在註解裡。

附錄5-1

LISREL 中參數估計的方法

在 LIRREL8.30 版中提供了七個方法來估計模式的參數：工具性變項法（instrumental variables, IV），兩階段最小平方法（two-stage least squares, TSLS），未加權最小平方法（unweighted least squares, ULS），一般化最小平方法，最大概似法，一般加權最小平方法（generally weighted least squares, GWLS），對角線加權最小平方法（diagonally weighted least squares, DWLS）。

對這些方法而言，如果模式界定是正確的，而且樣本數夠大，則其所產生的估計值，皆會接近真實的參數值。對 IV 與 TSLS 而言，它們是一種非疊代法，單一程式估計[4]，因此，在程式的運作上是比較快的（*Jöreskog, Sörbom, du Toit, & du Toit, 2001*）。它們通常可以提供充分的資訊來判斷模式是否相當的合理。其次，由於它們是個別地估計模式中的方程式，因此，即使模式的界定是錯誤的，所估算出來的參數依然符合不偏性、一致性以及有效性的原則。基於此種強韌性的估計，而此二種方法無法同時估計整個理論模式，所以此二種模式經常被用來作為模式起始值的計算，以便提供其他估計法在無法立即估算出模式參數時使用。不過，如果研究者要求的話，它們也可以作為最後的估計值。

ULS、DWLS、GWLS 和前面所提到的 ML、GLS 一樣，皆是一種完全資訊技術（full information technique）[5]，在獲得參數估計上也是使用疊代法。完全資訊技術比起受限資訊技術在估計模式時是整體式的估計。因此，所有關係會同時被考慮進去，所以，在統計上是比較有效率。當然，相對於 IV 與 TSLS，這種整體式

---

4 這種估計方式又可稱為受限資訊（limit-information）技術。主要是估計單一個程式，而此種估計不會受到其他方程式限制的影響。

5 有時此技術又稱為系統方法（system method）。

的模式估計法是比較會受到模式界定誤的影響。所有估計法中，只有ULS是必須依賴量尺的一種估計法[6]，也就是說，當測量的單位改變，變項的度量也會改變。而變項度量的改變會產生該變項的標準差相對應的改變（*Long, 1983a*）。其次，ULS 估計並沒有統計檢定可以使用。DWLS 以及 GWLS 和 ADF 是同一類的估計法，因此，它們不需要有變項的分配假設存在，所以，此兩種方法也是需要大樣本。

在LISREL的程式中，如果研究者不特別指定估計方法的話，則其會使用ML來估計參數。所以，ML 乃 LISREL 的內定估計法。

---

6 相對於量尺依賴就是免於量尺限制（scale free），此種估計法在估計參數時，整個適配函數的最小化不受到變項量尺的影響，GLS以及ML皆為免於量尺限制的估計法。

三種不同適配領域

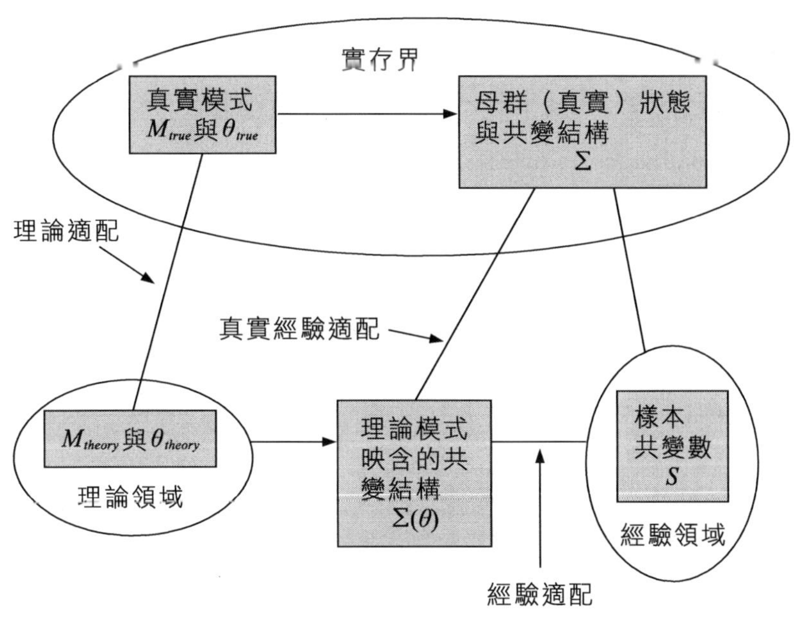

圖 5-1　三種不同領域的適配（*Olsson et al., 2000*）

關於SEM所面臨的適配問題，可以用Olsson等人（*2000*）所描繪的圖（見圖5-1）來說明。首先，我們必須區別三種不同的領域。一為實存界，在實存界裡有真實模式存在，這種模式產生母群的真實狀態以及母群共變結構，以Σ表示之。在理論的領域中，則有理論的模式（M_{theory}）以及理論的參數值（θ_{theory}）。理論模式會產生理論映含模式的共變結構，亦即$\Sigma(\theta)$。在經驗的領域裡就是樣本的共變數（S）。

由圖中可以知曉，理論適配（theoretical fit）是指一個理論模式與產生資料的真實模式間在結構和參數值的符應程度（*Olsson et al., 2000*）。理論適配是永遠無法被證明的（*Olsson et al., 2000*）。而經驗適配是指理論映含模式的共變結構與樣本共變數之間的符應程度。經驗適配是SEM主要在處理的適配，例如χ^2就是這種適配的指標。真實經驗適配是母群共變結構與理論映含的共變結構之間的符應程度。這個就是一般所論及的「近似誤」（error to approximation）（關於近似誤的深入理解，參見第六章的附錄6-1）。經驗適配與真實經驗適配之間的關係維繫於對母群的適當抽樣以及變項的適當測量，也就是說，當樣本具有良好的代表性且變項有效且符合假定的分配，則經驗適配指標將是真實經驗適配的合理估計數。不過Olsson 等人（*2000*）特別指出即使依據經驗適配而表現很好的方法也可能會得到一個很差的理論適配。

關於上述的論題，Bollen（*1989b*）在其所著的書《帶有潛在變項的結構方程式》中也有提及，Bollen 認為在評鑑模式時，有兩個標準是相關的，一為是否模式與資料一致，另一為是否模式與「真實世界」一致。而前者是SEM明顯在檢定的適配問題，後者則是一種隱含的檢定。企圖將模式與資料的一致性作為模式與實存一致性的證明是一種誤導。Bollen 辯稱如果一個模式和實存一致的話，則資料應當和模式是一致的。但是，如果資料和模式一致，並不表示模式會對應於實存。其原因在於，真實模式只是許多可能適配資料的模式中的一個。所以往往我們無法知曉這個適配資料的模式是真的還是假的那一個。其次，Bollen 也認為評鑑模式與真實世界的一致性是不太可能，因為要達到這種可能性必須是我們對真實世界的認識是完美的，因此，對於模式與真實世界的評鑑總是不完美。Bollen的模式與實存的評鑑就是Olsson 等人所說的真實經驗適配，從Bollen的看法，我們可以理解到為何真實經驗適配是一種近似誤。因為它無法完美地被偵測，我們能夠做到的也就是一種「近似」的檢定罷了。

第六章

適配度評鑑

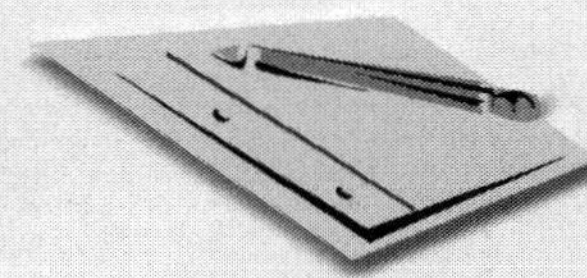

本章主要是談論模式適配度評鑑的問題，模式的適配度乃是指假設模式（理論映含模式）與觀察資料間一致性的程度。就統計的觀點來看，當估計過程中所產生的映含共變數矩陣$\hat{\Sigma}$，此一矩陣和樣本共變數S愈是接近時，則表示模式的適配度愈好。

處理模式適配度的評鑑，經常會碰到解釋性與適配度之間的兩難。想要有良好的適配，可能使得模式的解釋性減低。一般的情形是釋放更多的參數，提高適配的程度，但是卻使得模式的解釋相當困難。雖然，解釋性乃是一種主觀的判斷，沒有客觀的統計數據作為依據，也無法用統計方法來修補，但是並不因為如此，而在做模式評鑑時忽視解釋性的問題。

其次，我們必須對模式適配度評鑑的一些問題提出警訊：

1. 適配度指標的好壞無法保證一個模式的有用性。實際上，適配度指標所產生的資訊只是告訴我們模式適配的缺乏。它們絕非反映模式似真性的程度，這種判斷是研究者的責任（*Byrne, 1998*）。Sobel 和 Bohrnstedt（*1985*）也曾做過如此的批判，如果適配度係數（即使是適當的）被用來作為判斷模式適當性的主要判斷標準，那麼科學的進步將會受到阻礙。多麼嚴厲的批判，研究者當銘記於心，否則可能成為阻礙科學發展的罪人。事實上，我們需要瞭解的是統計數據只是一種輔助的角色，不能夠反客為主，意義的適當性才是模式適當性的主要依據。

2. 一個良好的適配性指標值實際上並沒有證明了什麼。可以相信的是有許多其他選替模式也可以適配得很好，甚至於某些例子適配得更好。事實上，一個不好的適配指標值告訴您的訊息更多。因為，它是一個比較好下結論的證據，它的訊息告訴我們模式並未被觀察資料所支持（*Darden, 1983*）。這個觀點可以說是 Popper（*1962*）的否證論，我們通常無法證明些什麼，但是當有否定的證據時，我們確實可以否定些東西。例如，天下烏

鴉一般黑，縱使你看過上百萬隻烏鴉是黑的，還是無法證明這句話是一條真理，因為只要一隻烏鴉是白的，此條定理就可以被否定。

3. 部分帶有潛在變項的SEM，其應用在實際的世界時，它的呈現有某種程度的模糊性存在。此意味著某些評斷標準會指向接受模式，然而其他的標準卻可能是模糊的，甚至於會建議拒絕模式（*Bagozzi & Yi, 1988*）。
4. 我們無法對統計結果採用一種看似和研究理論之間相分離的方式來評鑑與解釋模式，或者是用與結果發現有關連的其他的概念或哲學議題來評鑑或解釋模式（*Bagozzi & Yi, 1988*）。這一點是相當重要的，也就是說，SEM的評鑑與解釋必須依附在原始的理論構念上。理論先於模式而產生，做「馬後砲」式的解釋不但是不應該的，更嚴重的是，它會破壞了科學的本質。

處理模式適配度評鑑之前，必須事先考慮違犯估計（offending estimates）。當統計估計結果有違犯估計的現象發生時，則不論所獲得的適配度多麼良好都是錯誤的。因此必須對此有所瞭解，並加以事先檢視，才能進入討論適配度的考驗與指標使用的問題。這裡也告訴研究者，當您使用 LISREL 統計軟體執行程式時，您發現它出現了模式的徑路圖，此一徑路圖與您建構的模式徑路圖是一致的，但別太高興，這不代表您的模式估計成功。

對於模式之適配度考驗，一般分為整體模式適配考驗與內在結構適配考驗。整體模式的適配考驗是在於瞭解樣本資料與所要考驗之理論模式間的配合情形，可以說是一種模式的外在品質檢定。而模式的內在結構適配考驗主要是對模式的內在品質做檢定，包括評量觀察變項與潛在變項之間的關係（測量模式）以及潛在變項信度、變異數抽取程度，以及潛在變項與潛在變項間估計參數的顯著水準（結構模式）。

第一節　違犯估計

所謂違犯估計是指不論是結構模式或測量模式中統計所輸出的估計係數超出可接受的範圍，也就是說，模式獲得不適當的解（improper solutions）。產生這種不適當解的原因很多，例如 Anderson 和 Gerbing（*1984*）以及Boomsma（*1983, 1985*）的蒙地卡羅模擬（Monte Carlo simulation）[1] 研究顯示，導致不適當解發生的原因有：樣本數太小、每一個潛在變項的指標太少，以及相關接近 1。其他一些研究者發現不適當解產生的原因包括抽樣的波動、模式界定錯誤，以及經驗的低識別性（*Rindskopf, 1984; Van Driel, 1978*）。Bollen（*1987*）的研究顯示偏離值也會產生不適當的解。

當然，當我們在統計輸出的結果裡發現違犯估計的現象時，所獲得的統計估計係數是有問題的，表示整個模式的估計是不正確的，因此，必須加以解決。所以說，檢驗模式的適配度之前，需先檢視是否產生違犯估計。一般常發生的違犯估計有以下三種現象：

1. 有負的誤差變異數存在，或是在任何建構中存在著無意義的變異誤。
2. 標準化係數超過或太接近 1。
3. 有太大的標準誤。

負變異誤的現象即一般說稱的Heywood案例。修補此一問題的方法，參照 Dillon、Kumar 和 Mulani（*1987*）所提供的方式，就是將負的變異誤加上一個非常小的正數[2]，例如 0.005，也就是使用平滑程序。

---

[1] 一種用以模擬樣本路徑（sample path）的方法。

[2] 此種正數稱為脊常數（ridge constant）。

雖然此種方法相當能夠符合實際估計程序的要求，但是卻混淆了基本的問題。因此，在解釋結果時，必須對此一方式所形成的影響加以考慮。

當標準化係數超過 1 或太過於接近 1，則研究者必須考慮刪除其中一個構念，或者是確保在所有的構念裡，真正區別效度（discriminant validity）已經被建立（參見第十二章）。否則，這種例子，將是一種無關乎理論的模式。說明白點，它根本是在沒有足夠理論的辯護之下所建立的模式，或是依靠經驗來建立的模式（*Hair et al., 1998*）。

太大的標準誤通常意涵著參數無法估計，那是因為標準誤是受到觀察變項、潛在變項，或是兩者的測量單位以及參數估計的量所影響。

當然，尚有其他的方式來解決不適當的解。包括企圖找出可能影響此種結果的有問題變項，然後刪除它。如果由於樣本數太少的因素，唯一之道是增加樣本。如果理論上許可的話，每一因素增加指標的數目。也就是說，讓指標與因素的比率增高，有助於減低無法聚合的問題，因此，比較不會產生不適當的解。檢查偏離值，看看是否具有相當影響性的偏離值存在，然後再將之刪除，也是一種解決之道。

第二節　整體適配考驗的問題與指標的使用

環視過去在使用 SEM 之統計方法來探討模式之整體適配考驗，其最大的問題在於這種統計的方式有許多種類型之整體模式適配指標，最早期的統計理論，主要是利用卡方考驗作為檢定的方式。也就是說，當假設模式與實證資料相適配時，卡方值應當是相當的小。但是，不幸的是卡方考驗受到樣本數以及多變項常態分配的各項假定的影響相當大。當樣本數太大或是變項違背多變項常態的假定時，其所得到的卡方值就相當的大，而使得假設模式被拒絕的機率大增。於是，其他的統計學者企圖從獨立模式到飽和模式間的改進情形來設計另類的適配考驗指標。不過此類的考驗指標不是受到自由度的影響，就是受到模式複雜性的影響，或者是估計方法的影響，使得學者們在探討適配指標時，看法上相當不一致。

Tanaka（*1993*）將 SEM 的整體模式適配考驗的指標以六種面向來加以區別。此六種面向包括以母群體為基礎相對於以樣本為基礎的指標、簡單性相對於複雜性的指標、規範性相對於非規範性的指標、絕對性相對於相對性的指標、估計方法自由相對於估計方法界定的指標，以及樣本數獨立相對於樣本數依賴的指標。表 6-1 為 Tanaka 對這六種面向指標所下的定義。由於其面向的不同，對適配考驗的決策形成相當的影響，這表示 SEM 的適配考驗可以有多種的檢定標準。這

表 6-1　各面向適配指標之定義

面向	定義
母群體為基礎相對於樣本為基礎	母群體為基礎的適配指標在於估計一個已知的母群體參數；樣本為基礎的適配指標則是描述現有觀察樣本間的資料—模式（data-model）適配。
簡單性相對於複雜性	適配指標偏好簡單的模式，懲罰估計參數較多的模式；沒有採用此種更正方式的適配指標不會懲罰複雜的模式。
規範性相對於非規範性	規範性的適配指標被建構在某一種近似（0,1）的範圍內；非規範性指標無須限制在此範圍內。
絕對性相對於相對性	相對性指標是以某種特殊模式為定義，此種模式被用來作為繼起模式比較的依據；絕對性適配指標沒有使用此種比較的依據。
估計方法自由相對於估計方法界定	估計方法自由指標是指所提供的估計模式適配指標的特質不受到所使用估計方法的影響；估計方法界定的適配度指標因估計方法的不同提供不同的適配摘要表。
樣本大小獨立相對於樣本大小依賴	樣本大小獨立的適配指標，不論是直接或間接的，都不受到樣本大小的影響；樣本大小依賴適配指標依據觀察樣本大小的函數改變。

資料來源：Tanaka（*1993, p.16*）

種結果導致在做適配檢定時，各學者之間的意見相當不一致，當然也促使新的判斷指標不斷的被發展出來。

不過，近年來一些學者（*Hair et al., 1998*）將整體適配評鑑指標分為三類：絕對適配量測（absolute fit measures）、增值適配量測（incremental fit measures），以及簡效適配量測（parsimonious fit measures）。由於過去對於指標的分類眾說紛紜，Hair等人的這種分類不僅能夠將指標做良好的歸類，而所使用的分類名稱也讓人容易理解指標的意涵。其次，學者鼓勵研究者在做評鑑時，能夠同時考慮此三類的指標，其好處是在使用此三類指標時，對模式的可接受性比較能夠產生共識的結果（*Hair et al., 1998*）。基於這些原因，本章的整體模式適配指標採取此三類的分類方式來加以介紹。

一 絕對適配量測

絕對適配量測用以決定理論的整體模式能夠預測觀察共變數或相關矩陣的程度。也就是說，評鑑一個事前的模式能夠再製樣本資料的程度。常用以評鑑整體適配的絕對適配量測有：⑴概似比卡方考驗值（likelihood-ratio χ^2）；⑵非中心化參數（non-centrality parameter, NCP）；⑶良性適配指標（goodness of fit index, GFI）；⑷均方根殘差（root mean square residual, RMR）；⑸標準化均方根殘差（standardized root mean square residual, SRMR）；⑹近似誤差均方根（root mean square error of approximation, RMSEA）；⑺期望複核效化指標（expected cross-validation index, ECVI）；以及⑻調整後良性適配指標（adjusted goodness of fit index, AGFI）。

㈠概似比卡方考驗值（χ^2）

整體適配的最基本測量指標就是概似比卡方考驗值。其公式為：

$$\chi^2=(N-1)\times F \quad 【6\text{-}1】$$

其中 F 為適配函數的最小值。依據估計方式的不同，常用的 F 適配函數有下列三種：

$$F_{ML}=tr(S\Sigma^{-1})-(p+q)+\ln|\Sigma|-|S| \quad 【6\text{-}2】$$

$$F_{GLS}=.5tr[(S-\Sigma)S^{-1}]^2 \quad 【6\text{-}3】$$

$$F_{ULS}=.5tr[(S-\Sigma)^2] \quad 【6\text{-}4】$$

對 SEM 而言，χ^2 統計為一種差性適配（badness-of-fit measure）的指標，在某種自由度之下獲得一個顯著的 χ^2 值，代表樣本共變數矩陣與理論估計共變數矩陣之間是不適配的。而模式之適配檢驗乃是期望獲得資料與模式是適配的，因此，就必須獲得不顯著的 χ^2 值。一般的學者建議 χ^2 之顯著水準需大於 0.1 以上，模式才可以被接受。也就是說，一個不顯著的 χ^2 值表示模式與樣本資料相適配。除了其為一種差性適配外，概似比 χ^2 檢定一個虛無假設，這個假設認定模式完美地適配母群體，所以說，它是一種完全適配（exact fit）的檢定。特別注意的是 χ^2 值對樣本數相當敏感，當樣本愈大時，χ^2 值愈容易達到顯著，導致理論模式遭受拒絕。其實，從上面的公式就可以看出 χ^2 值是相當樣本依賴，因為它的公式需要用樣本數來乘以 F 值。

常態性的假定對 χ^2 的檢定也會產生影響。一些關於 χ^2 檢定的研究皆一致性地發現當樣本資料是非常態的情形之下，χ^2 檢定導致對真實模式過多的拒絕。Browne（*1984a*）推測在平闊性（platykurtosis）之下，虛無假設比較不常被拒絕。無論如何，經驗的證據顯示，不論何種類型的峰度，χ^2 傾向於正向偏誤。值得注意的例外是 Potthast（*1993*）與 Chou、Bentler 和 Satorra（*1991*）的研究，他們發現當資料是平闊峰時，在某些條件之下（如小模式、大樣本以及對稱分配），以 ML 估計的 χ^2 是強韌的。當然，為了解決非常態性資料所產生的偏差，學者們提出了 ADF 以及類別變項方法學的估計方法[3]，研究發現這些方法可以稍加緩和偏差的情形。但是 Muthén 和 Kaplan（*1992*）與 Potthast（*1993*）的研究發現當觀察變項是次序性的類別變項，所獲得的 χ^2 依然是膨脹的。

當模式愈大，所需的樣本就愈多，因此，在大模式小樣本之下，χ^2 檢定的問題就特別的嚴重。另外，Hu、Bentler 和 Kano（*1992*）發現當樣本小於 5000 時，以 ADF 所估計的 χ^2 值是正向偏差。

㈡ NCP & SNCP

為了減低樣本大小對 χ^2 的影響，因而發展出NCP指標，其公式為：

$$\text{NCP} = \chi^2 - df_m \qquad 【6\text{-}5】$$

由公式得知，NCP乃是 χ^2 減掉理論模式的自由度（df_m）。統計的理論認為此種非中心性指標將可以減低樣本大小的影響，但是這種指標依然依據原始的樣本大小來計算。所以，統計學者又再發展一種尺度化非中心性參數（scaled non-centrality parameter, SNCP），其公式如下：

$$\text{SNCP} = \frac{(\chi^2 - df_m)}{N} \qquad 【6\text{-}6】$$

NCP 與 SNCP 的目標皆是最小化參數值，由於此兩種指標皆無統計檢定的準則作為依據，因此，大都是在比較各種競爭模式時才使用此類指標。

㈢ GFI

GFI 是一種非統計的測量，由 Jöreskog 和 Sörbom（*1981*）所提出的，其範圍大小介於 0 與 1 之間。0 代表差勁的適配，1 表示完美的適

[3] 有興趣的讀者可以參看 Muthén（*1993*）的文章。

配。GFI 相當類似迴歸中的 R^2，也就是說，從 GFI 值可以看出理論模式的變異數與共變數，能夠解釋樣本資料的變異數與共變數的程度。很顯然的，此種指標可以顯現整體適配的程度，但是其也是受到樣本大小的影響。通常學者建議當 GFI 值大於 0.9 時表示良好的適配，同時學者也建議在整體適配指標的呈現上最好也將 GFI 列進去。GFI 的 ML、ULS 以及 GLS 估計的公式如下：

$$\mathrm{GFI}_{ML} = 1 - \frac{tr[(\hat{\Sigma}^{-1}S - I)^2]}{tr[(\hat{\Sigma}^{-1}S)^2]} \quad【6\text{-}7】$$

$$\mathrm{GFI}_{ULS} = 1 - \frac{tr[(S - \hat{\Sigma})^2]}{tr(S^2)} \quad【6\text{-}8】$$

$$\mathrm{GFI}_{GLS} = 1 - \frac{tr[(I - \hat{\Sigma}S^{-1})^2]}{p+q} \quad【6\text{-}9】$$

p 為外因觀察變項之個數，q 為內因觀察變項之個數。

㈣ RMR

RMR 是 Sörbom 和 Jöreskog（*1982*）所提出的，其為適配殘差變異數／共變數的平均值的平方根，公式如下：

$$\mathrm{RMR} = \sqrt{\frac{2\Sigma\Sigma(s_{ij} - \hat{\sigma}_{ij})^2}{(p+q)(p+q+1)}} \quad【6\text{-}10】$$

其中s_{ij}為觀察資料的變異數／共變數，$\hat{\sigma}_{ij}$為估計所得的變異數／共變數。

其實，RMR 是一種平均殘差共變數。由於此一指標受到尺度的影響，因此，沒有一個門檻來決定在何種數值以下模式可以接受。研究者可以依據其所設定的研究目標來評鑑RMR值的實際意義性（*Hair et al., 1998*）。RMR雖受尺度的影響，若是兩個模式是使用相同資料來檢定，則可以用此指標比較其優劣，當 RMR 值較小即表示那個模式比較好。

㈤ SRMR

SRMSR 乃是由 Sörbom 和 Jöreskog（*1982*）兩人所發展的指標，其為平均殘差共變標準化的總和。他們發展此一指標的原因乃是因為其所發展出的 RMR 指標無法具有判斷的準則。由於這些殘差受到尺度的影響，因此無法決定其大小，所以改使用相關矩陣來衍生公式，此就成為 SRMR 指標。SRMR 值的範圍在 0 與 1 之間。當模式獲得完美的適配時，SRMR 值為 0。值愈大代表模式適配的愈差。Sörbom 和 Jöreskog 認為模式獲得接受的 SRMR 值為小於或等於 0.05。

㈥ RMSEA

近似誤差均方根指標是近年來相當受到重視的一個模式適配指標。正如 Raykov（*2001*）所言，過去幾年，在評鑑整體模式的過程中，RMSEA 已經相當明顯成為一個高訊息指標。近年來許多研究顯示，RMSEA 在評鑑適合度時表現得比許多其他指標還要好（*Browne & Arminger, 1995; Browne & Cudeck, 1993; Marsh & Balla, 1994; Steiger, 1990; Sugawara & MaCallum, 1983*）。

RMSEA 為一種不需要基線模式（baseline model）的絕對性指標。這種測量乃是基於一種母群的近似誤（errors of approximation in the population）的觀念。Steiger 和 Lind（*1980*）最早提出此一概念。而 Browne 和 Cudeck（*1993*）給予了現在這個名詞。RMSEA 訴求以下的問題：若模式是可用的，用未知但最佳選擇的參數值，那麼模式該適配母群體的共變矩陣到何種程度。事實上，Browne 和 Cudeck（*1993*）認為，從來沒有模式可以和母群體完全的適配。那麼最有希望的一個模式是近似於實體（reality）的那一個。所以說，RMSEA 乃是一種評鑑接近適配（close fit）的指標。RMSEA 公式如下：

$$\varepsilon=\sqrt{\frac{F_0}{df_m}} \quad 【6\text{-}11】$$

其中$F_0=F(\Sigma_0,\tilde{\Sigma}_0)$，$F(\Sigma_0,\tilde{\Sigma}_0)$為近似性所造成的差距（discrepancy due to approximation），測量理論模式與母群體共變數矩陣的適配缺乏性。df_m為理論模式的自由度。

其點估計如下：

$$\hat{\varepsilon}=\sqrt{\frac{\hat{F}_0}{df_m}}=\sqrt{\max[(\frac{\hat{F}}{df_m}-\frac{1}{N}),0]} \quad 【6\text{-}12】$$

其中$\hat{F}=F(S,\hat{\Sigma})$。從公式可以看出，RMSEA是一種以母群體為基礎的測量，也就是說，其公式乃是對母群體差距函數做一個簡單的轉換。

當 RMSEA 等於或小於0.05，表示理論模式可以被接受，通常將此訂為「良好適配」（good fit）（*Steiger, 1989; Browne & Mels, 1990*）；0.05到0.08可以視為是「算是不錯的適配」（fair fit）；0.08到0.10之間則是「普通適配」（mediocre fit）；大於0.10表示不良適配。由於RMSEA的分配是已知的，因此Steiger（*1990*）乃提出以一種90%信賴水準的P值，評鑑估計虛無假設的精確性，相對於無法反應估計不精確性的點模式適配估計法，信賴水準可以產生較多的訊息，因此，提供研究者更多評鑑上的助益。在評鑑這種信賴區間時，當整個區間小於0.05時，虛無假設（H_0：非接近模式適配）可以被拒絕，進而接受對立假設（H_1：接近適配）（*Smith & McMillan, 2001*）。

在 LISREL 8.30版中也提供了適配接近性的統計檢定，其可以檢定近似誤在小於0.05時的聯合機率。Jöresko和Sörbom（*1996a*）建議對這個檢定而言，*P*值需大於0.5。其次，RMSEA比較偏好簡單的模式，它對複雜模式會給予懲罰，所以可以作為競爭模式的指標。

㈦ ECVI

ECVI主要的焦點在於整體誤差，也就是說，著重於探討Σ與$\hat{\Sigma}$之間的差異（母群體共變矩陣與適配於樣本的模式，參見附錄6-1）。ECVI 常用於評鑑模式複核效化（cross-validation）的問題（此一問題將在第八章中詳細探討）。亦即，在同一個母群體之下，類似的樣本之間，模式複核效化的可能性。複核效化的可能性愈高，理論模式愈能應用到不同的樣本，表示此一理論模式愈好。基於此一概念，ECVI主要是測量理論模式與分析資料的差異可以應用到另一批樣本資料的程度。ECVI 的公式如下：

$$\text{ECVI}=\frac{x^2}{N-1}+\frac{2t}{N-1} \quad \text{【6-13】}$$

N 為樣本大小，t 為所欲估計參數的個數。

ECVI 指標通常是用以比較不同的選替（競爭）模式，其並沒有一個可以決定模式是否可以接受的範圍值。對 ECVI 而言，各種選替模式中，其值愈小愈好。如果不是使用在競爭模式策略，一般來說，可以使用此一判斷法，來決定拒絕或是接受模式。亦即當理論模式的ECVI值小於飽和模式的ECVI值，且小於獨立模式[4]的ECVI值時，理論模式可以被接受，否則就拒絕理論模式。

㈧ AGFI

對 AGFI 而言，其目的在於利用自由度和變項個數之比率來調整GFI，其也是由 Jöreskog 和 Sörbom（*1981*）所提出的，公式如下：

$$\text{AGFI}=1-[(\frac{k}{df})(1-\text{GFI})] \qquad k=(p+q)(p+q+1) \quad \text{【6-14】}$$

---

[4] 獨立模式指的是模式中所有變項完全的獨立。也就是說，所有觀察變項之間是完全不相關的。

一般認為 AGFI 比較不受到樣本大小的影響，但是 Anderson 和 Gerbing（*1984*）的模擬研究發現，當樣本數增加時，其樣本分配的平均數也增加。AGFI 可以用來比較同一組資料不同模式的適配，也可以比較不同組資料同一模式的適配，例如國一、國二、國三等資料組。對AGFI而言，當潛在變量（latent variates）是獨立時，不論以ML或GLS的方法來估計，其表現是一致的。當潛在變量是相依賴時，只有在 $N \geq 500$ 時，用 ML 以及 GLS 來估計，表現才會一致（*Hu & Bentler, 1995*）。當潛在變量是獨立且以 0.9 的門檻值來決定模式接受或拒絕時，往往對真實模式產生低拒絕的現象。當潛在變量是相依賴且為小樣本的狀況之下，容易產生高拒絕的現象（*Hu & Bentler, 1995*）。

二 增值適配量測

增值適配量測的目的在於用一個比較嚴格的或是套層的基線模式（baseline model）來和理論模式相比較，測量其適配改進比率的程度。所以說，其也可稱為是比較適配指標（comparative fit index），或稱相對配適指標（relative fit index）。一般典型上使用此種指標的基線模式是假設所有觀察變項之間是沒有相關的（相互獨立的）。這種基線模式又可稱為獨立模式。

使用此種基線模式的最大問題是基線模式的假設在科學上並沒有任何理論可以支持它（*Sobel & Bohrnstedt, 1985*）。事實上，我們無法確認任何一個理論的模式，其基線模式為何[5]？而將一組變項界定為完全沒有關係的假設，在實際生活上，真的蠻難碰到。當然，SEM中所要評鑑的模式是一種十足理論性的模式，而使用這種有理論的模式和

[5] Rigdon（*1998*）使用一種平等相關的基線模式來瞭解並比較適配指標。所謂平等相關基線模式乃是限制所有觀察變項間的關係是一種非 0 的平等相關。結果顯示此種方法實有改進比較適配指標來區別更好或更糟的目標模式（target models）。

理論自由的模式相比較，似乎說不太過去。雖然這種用法受到質疑，但是也相當沒辦法的是，學者們到目前尚未獲得一種既有理論依據且為大家所認可的基線模式。因此，姑且用之吧！

常用以評鑑整體模式適配度之增值適配量測有：(1)規範適配指標（normed fit index, NFI）；(2)非規範適配指標（non-normed fit index, NNFI）；(3)比較適配指標（comparative fit index, CFI）；(4)增值適配指標（incremental fit index, IFI），以及(5)相對適配指標（relative fit index, RFI）。

㈠ NFI

NFI 是由 Bentler 和 Bonett（*1980*）提出，又稱為$\triangle_1$指標。其公式如下：

$$\mathrm{NFI}=\frac{F_b-F_m}{F_b}=\frac{(\chi_b^2-\chi_m^2)}{\chi_b^2} \quad \text{【6-15】}$$

F_b是基線模式的差距函數值，F_m則是理論模式的差距函數值。χ_b^2乃是基線模式之卡方值，χ_m^2乃是理論模式之卡方值。NFI值愈接近 1，表示理論模式對基線模式的改進愈大。NFI 值接近 0 時表示理論模式和基線模式相比較沒有好到哪裡去。接受模式一般共同的推薦值為 0.9 以上。Bollen（*1989a*）認為 NFI 有些限制存在，包括沒有控制自由度以及受樣本大小的影響。

Hu 和 Bentler（*1993*）的一些研究顯示，在各種條件皆相同之下，當樣本低於 1000 以下，以 ML 估計法所估算出來的 NFI 值，實質上不同於以 GLS 和 ADF 所獲得的 NFI 值。樣本數在 1000 以下，以 GLS 和 ADF 所獲得的 NFI 值相當大的機會拒絕真實的模式。基於這些理由，Hu 和 Bentler 並不認為 NFI 是一個評鑑模式適配度的良好指標。

㈡ NNFI

NNFI的原始名稱為Tucker-Lewis index（TLI），又成為ρ_2指標。其一開始發展此一公式是為了使用在探測性因素分析，後來擴展到SEM，NNFI的公式如下：

$$\text{NNFI} = \frac{\left(\frac{\chi_b^2}{df_b} - \frac{\chi_m^2}{df_m}\right)}{\frac{\chi_b^2}{df_b} - 1} \quad \text{【6-16】}$$

在此公式中，我們可以看到df_b（基線模式的自由度）和df_m被當成除數，此一觀念乃是將簡效性加入比較性測量裡，如此做法，乃是期望降低樣本數的影響。這樣做會不會有效果呢？一些研究（*Anderson & Gerbing, 1988; Marsh, Balla, & McDonald, 1988*）顯示當使用ML法來估計且潛在變量間的關係是互相獨立時，樣本數就沒有實質影響存在。Hu和Bentler（*1993*）則是發現，當樣本數少於1000時，用GLS所估計出來的NNFI值有相當大的程度上低於它的漸近值。NNFI之所以是一種非規範性指標乃是因為其對NFI做自由度的調整，結果使得其所產生的值可能會超出0與1之間。

㈢ CFI

CFI是Bentler於1990年提出的一個指標，目的是企圖克服NFI在套層模式上所產生的缺失。CFI的公式如下：

$$\text{CFI} = 1 - \frac{[Max(\chi_m^2 - df_m), 0]}{Max[(\chi_n^2 - df_n), (\chi_m^2 - df_m), 0]} \quad \text{【6-17】}$$

Tanaka（*1993*）認為CFI是樣本依賴的，但是Bentler（*1990*）、Hutchinson（*1993*）以及Tippets（*1991*）等人的研究發現CFI相對上是樣本獨立的。Wang、Fan和Willson（*1996*）的研究發現CFI有一點點的樣本

變異性。Rigdon（*1996*）研究顯示，CFI 與 RMSEA 皆是一種非中心性卡方分配。

Bentler（*1995*）的研究認為即使是小樣本之下，CFI對模式適配度的估計表現仍相當好。實際上，對CFI而言，其使用上因為基線模式的影響，而使得其在做驗證性的使用時，依然有問題存在。因此，CFI 似乎在探測性的情境下比較適當，而 RMSEA 則是在驗證性的情境下比較適當。CFI的值介於 0 與 1 之間，值愈大表示模式適配愈好，要判斷模式是否可以接受時，CFI 值通常需大於 0.9。

㈣ IFI

IFI 是 Bentler 和 Bonett（*1980*）的 NFI 之修正，其企圖減低 NFI 對樣本大小的依賴。這個指標是由 Bollen（*1988*）所提出的，又稱為 Δ_2 指標，其公式如下：

$$\text{IFI}=\frac{(F_b-F_m)}{F_b-\dfrac{df_m}{N-1}}=\frac{\chi_b^2-\chi_m^2}{\chi_b^2-df_m} \qquad【6\text{-}18】$$

IFI 是母群體為基礎的、懲罰複雜模式的、樣本獨立的、以相對於基線模式來評鑑適配的指標。IFI的值介於 0 與 1 之間。值愈大表示模式適配愈好，要判斷模式是否可以接受時，IFI 值通常需大於 0.9。

㈤ RFI

RFI 亦是由 NFI 所衍生出來的，其公式如下：

$$\text{RFI}=\frac{F_n-F_m}{F_n}=\frac{\left(\dfrac{\chi_n^2}{df_n}\right)-\left(\dfrac{\chi_m^2}{df_m}\right)}{\left(\dfrac{\chi_n^2}{df_n}\right)} \qquad【6\text{-}19】$$

RFI的最小值是 0，最大值是 1。值愈大表示模式適配愈好。一般認為當RFI大於 0.9，表示模式可以接受。當其值大於或等於 0.95，表示模式相當適配（*Hu & Bentler, 1999*）。

三 簡效適配量測

簡效適配量測用以呈現需要達成某一特殊水準的模式適配的估計係數（estimated coefficients）的數目是多少。典型上，對簡效的操作性定義為檢定模式的自由度與虛無模式的自由度之比率（*Marsh & Hau, 1999*）。所以，其主要目的在於更正模式的任何有過度適配的情形，也就是說，對模式的複雜性加以懲罰。懲罰的原因乃是因為較複雜模式的適配指標值總是傾向於比一個較簡單的模式還要大，這是由於複雜的模式自由度較小的緣故。而在程序上，簡效適配相當類似於多元迴歸中的調整 R^2。

能夠使用簡效的模式，相當符合理論的要求。一個好的理論必須具備相當強的解釋功力，以及簡單性，此即為簡效的主要精神。在SEM的應用上，學者們提出一種稱為簡效原則（principle of parsimony），即如果我們判斷數個模式適配資料且在某種程度上近似實存，那麼我們應該選擇最簡單的模式。Popper（*1962*）認為實證科學的目標是用來明確地表達理論的可否證性，而簡效原則的應用讓此一任務更加容易。因此，當一個簡效的模式被接受，表示研究者可以對此一模式更加地信任，因為此一模式比起一個較不簡效的模式拒絕了較高的拒絕率。

在評鑑整體適配指標時，參照簡效適配指標可使理論模式更有效用且符合簡效原則，但是，必須謹記的是不能為了簡效原則而犧牲了模式的正確性。也就是說，研究者不能為了簡效原則而接受一個不正確的模式，但卻拒絕了一個比較不簡效的正確模式。

簡效性會影響參數估計的精確性（*Bentler & Mooijaart, 1989*）。由於其能對複雜性做懲罰，因此簡效性量測通常可以作為選擇選替模式的評判標準。其次，模式的複雜性是自由度的一個函數，所以，處理簡效性通常是從自由度下手，包括使用簡效比值（parsimony ratio）或者直接以自由度來調整。

通常，對一個模式而言，當我們企圖固定一些參數，特別是那些沒有意義的參數，則增加模式的自由度，因此，理論上可以使得模式更加簡效。不過，還有另一種取向，也具有簡效的作用，那就是企圖增加變項。對測量模式而言，如果指標不做交叉負荷且沒有相關連的測量誤存在時，則增加變項就是增加自由度。因而，模式變得更大且更簡效（*Breivik & Olsson, 2001*）。

簡效適配量測有：⑴簡效規範適配指標（parsimonious normed fit index, PNFI）；⑵簡效良性適配指標（parsimonious goodness-of-fit index, PGFI）；⑶ Akaike 訊息標準指標（Akaike information criterion, AIC）；⑷胡特的臨界數CN（Hoelter's critical N, CN）值；以及⑸規範卡方（Normed chi-square）。

㈠ PNFI

PNFI乃是NFI的修正。修正的方式乃是將NFI乘以簡效比值，其簡效比值為理論模式自由度除以虛無模式自由度。其公式如下：

$$PNFI = \frac{df_m}{df_b} \times NFI \qquad 【6\text{-}20】$$

PNFI 的簡效定義為每一個自由度所能達成的較高適配程度，因此，其值愈高愈好。PNFI主要是使用在比較不同自由度的模式。一般而言，當比較不同的模式時，0.06至0.09的差別，被視為是模式間具有實質的差異存在。目前有一些學者建議若不做模式比較時，可採用PNFI值 > 0.5為模式通過與否的標準。

㈡ PGFI

PGFI乃是將GFI乘以簡效比值的一個指標，其簡效比值為：

$$\frac{df_m}{\frac{1}{2}(p+q)(p+q+1)}$$

因此，其公式為：

$$\text{PGFI} = \frac{df_m}{\frac{1}{2}(p+q)(p+q+1)} \times \text{GFI} \qquad 【6\text{-}21】$$

PGFI的值介於0與1之間，值愈大表示模式愈簡效。若作為模式是否接受的標準時，一般皆採取PGFI值>0.5。

㈢ AIC

Akaike訊息標準指標（*Akaike, 1987*）[6]是一種基於統計訊息理論的量測，其公式為：

$$\text{AIC} = \chi^2 + 2 \times (\text{估計參數的個數}) \qquad 【6\text{-}22】$$

AIC將χ^2加上二倍的參數估計數，用以達到懲戒具有較多估計參數的模式。AIC值愈接近0，表示模式適配愈好且愈簡效。從AIC的公式，我們可以發現，如果χ^2不變的話，當自由度增加1時，AIC增加2。但是我們知道當自由度增加1時，表示增加一個估計參數，而增加的估計參數將會降低卡方值，而只有在此參數估計值導致卡方值減少2以上，AIC才會接受增加此一估計參數的模式。當然，在統計上，一個估計參數要達到顯著水準，其卡方值至少要降低3.84，因此，凡是增加的是顯著性的估計參數時，此一模式必然會被AIC所接受。在判斷模式是否可以接受時，通常採用理論模式的AIC值必須比飽和模式以及獨立模式的AIC值還小。若作為選擇選替模式時，AIC

[6] Schwarz（*1978*）提出了一個修正AIC的指標，以B來命名。其公式為$B=\chi^2_m+t\log(N)$其中，t為估計參數，N為樣本數。

值愈小愈好。

㈣ CN

Hoelter（*1983*）提出此一指標的目的是希望替研究者之樣本提出一個合理的指標，使研究者知道其所使用的樣本數是否足夠用來估計模式的參數以及模式的適配。所以，通過 CN 值的模式表示樣本數足夠用以檢定模式。其公式如下：

$$\mathrm{CN}=\left(\frac{critical\,\chi^2}{F}\right)+1 \qquad 【6\text{-}23】$$

其中 F 為適配函數的最小值。Critical χ^2 為在某一選定 α 水準之下的 χ^2 分配決定值，其 df 為理論模式的自由度。Hoelter（*1983*）建議 $CN \geqq 200$ 是決定模式是否能夠接受的一個門檻。

㈤ Normed chi-square

Normed chi-square 是 Jöreskog（*1970*）提出的一個用以評鑑各種模式之適配指標。其乃是將卡方值以自由度來加以調整。所以 normed chi-square 的公式為卡方值除以自由度，這個指標提供兩種方式來評鑑不適當的模式（*Hair et al., 1998*）：⑴當其值小於 1.00 時，表示模式過度的適配，那麼可能產生「機會坐大」（capitalization on chance）（參見第七章）的現象；⑵當模式值大於 2.0 或 3.0，較寬鬆的規定是 5.0，則表示模式尚未真實地反映樣本資料，因此，模式仍須改進。明顯地，由於使用卡方值作為分子，因此此一指標仍然受到樣本大小的影響。

第三節　內在結構適配度的問題與指標的使用

Bollen（*1989b*）將此部分稱為要素適配量測（component fit measures）。他認為雖然整體模式的適配可以獲得接受，但是個別參數也可能是無意義的。因此，深入瞭解每一個參數，對理論的驗證更能夠獲得保證。內在結構適配的評鑑可以包括兩個方面：一為測量模式的評鑑，二為結構模式的評鑑。前者重視觀察變項是否足夠來反映相對應的潛在變項。因此，其目標在於瞭解潛在變項的效度與信度。後者是評鑑理論建構階段所鋪設的因果關係是否能夠成立。

Bollen（*1989b*）認為測量模式中個別指標的效度評鑑可以用檢定每一個潛在變項與其指標間係數大小以及顯著性來處理。由於，個別指標在其潛在變項上的自由度是1，因此，*t* 值的絕對值至少須是1.96。測量模式指標的個別信度則是 R^2。Bollen 雖未明確地提出任何判斷標準，但是從其書中（*1989b*）大概可已知曉只要 *t* 值大到顯著，R^2 就可以接受。

Bagozzi和Yi（*1988*）對於個別指標的效果要求的標準比較高，他們認為個別觀察變項信度（reliability of individual observed variable）宜大於.50。也就是說，其標準化係數至少必須大於 0.71，其信度（R^2）才會大於.50。一般而言，自由度是1，標準化係數≧0.71，其t值必然遠大於1.96。這種嚴格性，經常會使得所建構的指標無法達到要求。對使用驗證性因素分析來檢定量表的效度與信度而言，由於心理計量理論的要求，達到此種標準或許可以免除無法達到因素單面向性的困擾。所以採用 Bagozzi 和 Yi 的要求，對量表的建立是相當好的作為。

但是，對廣義的 SEM 而言，其重點在於偵測理論假設是否成立，因而結構模式是檢定的主要對象，如果使用嚴格的門檻值，那麼經常會使得測量模式無法通過標準，連帶地使得結構模式係數的解釋產生問題。

除個別變項的檢定之外，尚須檢定因素的信度。有些研究在處理因素的信度時，採用Crobach α。實際上，SEM本身發展出一種可以用於檢定潛在變項的信度指標，這種檢定稱為組合信度（composite reliability）或稱為構念信度（construct reliability），此一詞為Hair等人（*1998*）所著書中612頁所使用之名詞。使用的組合信度指標之計算公式如下：

$$\rho_c = \frac{(\Sigma\lambda_i)^2}{[(\Sigma\lambda_i)^2 + \Sigma\theta_i]} \qquad 【6\text{-}24】$$

其中 ρ_c=組合信度

λ=觀察變項在潛在變項上的標準化參數

θ=觀察變項的測量誤

一些學者建議個別潛在變項之組合信度宜大於 0.60（*Bagozzi & Yi, 1988*）。有些學者建議大於 0.5 即可（*Raines-Eudy, 2000*）。

另一方面，可以使用平均變異數抽取量（average variance extracted）來看觀察變項的總變異量有多少是來自於潛在變項的變異量，其他的變異量則是由測量誤所貢獻的。平均變異數抽取量的計算公式如下：

$$\rho_V = \frac{(\Sigma\lambda_i^2)}{[\Sigma\lambda_i^2 + \Sigma\theta_i]} \qquad 【6\text{-}25】$$

所抽取之潛在變項的平均變異量必須大於 0.50（*Bagozzi & Yi, 1988*）。

結構模式的評鑑乃是企圖檢定在概念化階段所建立的理論關係（假設）是否受到觀察資料的支持。檢驗的內容包括估計參數的方向性、大小以及 R^2。理論假設認為參數具有正向的影響性時，則參數估計值必須是正的。當然，驗證假設的估計參數必須顯著的不同於 0。檢定 R^2 乃是希望瞭解每一個內因潛在變項能夠解釋對其有影響的獨立潛在變項的變異程度。當 R^2 愈高，解釋力就愈強。

除了以上這些檢定之外，Bagozzi 和 Yi（*1988*）認為內在結構適配的檢定尚必須對標準化殘差（standardized residuals, SR）以及修正指標（modification index, MI）（參看第七章）做檢定。標準化殘差乃是適配殘差除以它們自己的漸近標準誤。每一個標準化殘差可以解釋為標準常態變異，它們的絕對值必須小於 2.58。修正指標的值必須小於 3.84，否則即可能表示該參數有修正的必要。

第四節　統計考驗力的評鑑

在 SEM 的模式適配度評鑑中，主要強調第一類型誤差（Type I error）的檢定。這種誤差在於檢定當拒絕虛無假設（H_0），而虛無假設是真的時，所犯的錯誤機率。對虛無假設的接受與拒絕，而虛無假設是真是假，就形成四種情形（見表 6-2）。

表中可以看見，當接受 H_0，而 H_0 是假的時，稱為第二類型誤差（Type II error）。那麼，統計考驗力就是指拒絕 H_0，而 H_0 是假的時所獲得的機率。將表 6-2 轉換成模式的拒絕與接受，以及模式正確與不正確時，就形成表 6-3 的情形。

從表 6-3 可以知道，當模式被拒絕，且模式真的不正確時，所獲

表 6-2　統計檢定判斷正確與否的情形

	H_0 是真	H_0 是假
拒絕 H_0	α Type I error	$(1-\beta)$ 判斷正確 （統計考驗力）
接受 H_0	$(1-\alpha)$ 判斷正確	β Type II error

表 6-3　模式假設檢定判斷正確與否的情形

	模式正確	模式不正確
拒絕模式	α Type I error	$(1-\beta)$ 判斷正確 （統計考驗力）
接受模式	$(1-\alpha)$ 判斷正確	β Type II error

得的機率就是統計考驗力。

一些學者認為評鑑統計考驗力也是一件相當重要的檢定，因為，在檢定模式時樣本數扮演著相當重要的角色（*Bollen, 1989b; Diamantopoulos & Siguaw, 2000; Kaplan, 1995; MacCallum, Browne, & Sugawara, 1996; Saris & Satorra, 1993*）。我們在上面的章節中，一直強調樣本大小對適配度指標所計算的檢定值產生很大的影響，特別是那些建基於 χ^2 的適配度量測。所以說一個顯著的 χ^2，根本就是樣本的一個主要效果。因此，Bollen（*1989b*）認為在大樣本的情境之下，我們將面對一個問題：是否整體適配上的一個統計顯著的 χ^2 估計意味著有嚴重的界定誤或者是檢定有過高的統計考驗力。另一方面，在小樣本之下，面對實質的界定誤時，不顯著的 χ^2 會發生，而統計考驗力可能會相當的低。

樣本大小與界定誤之間是具有乘數的效果。當模式遇到小的界定誤，而樣本很大時，效果就被膨脹。反之，當模式遇到大的界定誤，而樣本很小時，這個效果就無法彰顯出來。因此，Saris和Satorra（*1993*）針對檢定統計值與統計考驗力的高與低形成四種模式檢定的統計考驗力評鑑情形（見表 6-4）。

首先，當統計檢定值（T）小於臨界值，且統計考驗力夠高的話，則模式可以接受。這個情形之下顯示任何嚴重的界定誤皆可以被偵測出來。當統計檢定值小於臨界值，且統計考驗力很低的話，無法對模式的拒絕與接受下決策。主要的原因是我們無法知道是否此種統計檢定的低值是由模式更正所造成的，還是因為統計檢定對界定誤的偵測

表 6-4　四種不同的檢定情形

檢定統計	檢定的統計考驗力	
	低	高
$T < c_\alpha$	?	接受模式
$T > c_\alpha$	拒絕模式	?

註：c_α為臨界值。

資料來源：Saris & Satorra（*1993, p.192*）

不夠敏感所造成的。

統計檢定值大於臨界值，且統計考驗力很高，一樣無法做任何決策。因為我們無法知道統計檢定的高值是模式錯誤界定所造成的，或者是來自於檢定統計對小界定誤過份敏感所造成的。最後一種情形是統計檢定值大於臨界值，且統計考驗力很低，當然就是將模式給予拒絕。這種情形是模式的小界定誤沒有被統計的檢定偵測到。

實際上，如何來處理統計考驗力呢？依據 MacCallum、Browne 和 Sugawara（*1996*）等人的研究顯示，SEM 的統計考驗力牽涉到α、ε_0、ε_a、N以及 df 等幾個要素。N 為樣本數，df 為自由度。主要比較麻煩的是α、ε_0以及ε_a的概念。我們前面在探討絕對適配量測時，介紹了兩種適配檢定的概念：完全適配以及近似適配。前者在檢定模式完美地適配資料的虛無假設，其使用卡方值作為檢定的方式。後者是檢定模式是一種近似於母群的不完美適配的虛無假設。這種假設所考慮的是一種近似誤的概念。主要用於此一假設檢定的指標是 RMSEA，它的公式定義為：$\varepsilon=\sqrt{\dfrac{F_0}{df_m}}$，它的點估計為$\hat{\varepsilon}=\sqrt{\dfrac{\hat{F}_0}{df_m}}$。我們知道$\varepsilon$值的解釋為$\varepsilon=0$，完美的適配；等於或小於 0.05，良好適配；0.05 到 0.08 為算是不錯的適配；0.08 到 0.10 之間則是普通適配；大於 0.10 表示不良適配。

MacCallum等人（*1996*）認為一個完美適配的虛無假設可以用ε來

表示，其為：

$H_0：\varepsilon_0=0$

它的對立假設可以設定為：

$H_a：\varepsilon_a=0.05$

另一方面，一個近似適配的虛無假設可以為：

$H_0：\varepsilon_0 \leqq 0.05$

在這種虛無假設之下，如果樣本數夠大，且符合適當的近似假定，則其檢定統計將是一個非中心性的$\chi^2_{df,\lambda}$分配，其中$\lambda=(N-1)\,df\,(0.05)^2$。它的對立假設可以設定為：

$H_a：\varepsilon_a=0.08$

雖然決定這些值是有點恣意的，MacCallum等人（*1996*）認為這些值的決定在Steiger（*1989*）以及 Browne和Mels（ *1990*）等人的文章中可以獲得某種程度的支持。

另外，MacCallum 等人（*1996*）提出一種不近似適配的檢定（test of not-close fit）。這個檢定的虛無假設是：

$H_0：\varepsilon_0 \geqq 0.05$

它的對立假設是：

$H_a：\varepsilon_a=0.01$

通常研究假設是以對立假設來呈現，則拒絕虛無假設代表著支持研究假設。如果研究假設是虛無假設，特別在SEM中的假設是如此，那麼要支持研究假設就變得比較困難。所以，MacCallum等人（*1996*）認為採用不近似適配的檢定乃是因為在模式評鑑的脈絡中，這種檢定可以給虛無與對立假設提供較適當的角色。

那麼，檢定統計考驗力的問題就可以有三種：

1. 對完全適配檢定而言，其問題為：如果H_a：$\varepsilon_a=0.05$是正確的，則H_0：$\varepsilon_0=0$的統計考驗力是多少？
2. 對近似適配檢定而言，其問題為：如果H_a：$\varepsilon_a=0.08$是正確的，則H_0：$\varepsilon_0 \leqq 0.05$的統計考驗力是多少？
3. 對不近似適配檢定而言，其問題為：如果H_a：$\varepsilon_a=0.01$是正確的，則H_0：$\varepsilon_0 \geqq 0.05$的統計考驗力是多少？

MacCallum等人（*1996*）提供了一個表格可以供我們快速地查出答案（見表6-5）。從表6-5中，我們可以看到在既定的α（$=0.05$）之下，如果自由度是40，樣本為500，則檢定近似適配的假設，其統計考驗力是0.985。若檢定不近似適配，其統計考驗力是0.982，若檢定完全適配，其統計考驗力是0.988。

如果α、ε_0、ε_a以及df已經確定，那麼在期望的統計考驗力之下，如何得到樣本數呢？MacCallum等人（*1996*）也提供了一個表讓研究者可以快速的查詢（見表6-6）。從表6-6中，可以獲得當$\alpha=0.05$，$df=10$，統計考驗力$=0.8$，則檢定近似適配所需的最小樣本數是782，而檢定不近似適配的最小樣本數是750。

從表格中可以發現如果自由度很高，適量的樣本數就可以讓模式獲得頗適當的統計考驗力。當然，如果其他條件一樣之下，自由度愈高則理論上所需的樣本數就會愈小，但是，在實際的應用上是相當有問題的，因為自由度高的原因可能是模式具有相當多的觀察變項，因此同樣會面臨，樣本數與觀察變項的比率太低，導致統計估計無法進行。其次，MacCallum等人（*1996*）認為他們所發展出的統計考驗力是依據漸近分配理論，所以足夠大的樣本數之要求是必須堅持的。這表示使用他們的方法來求出樣本數的最小需求，必須配合 SEM 的樣本假定。請讀者參看第四章大樣本假定那一節。

使用表格來快速查詢N或統計考驗力的缺點是其無法展現出所有

表 6-5　統計考驗力

Df	檢定	樣本數				
		100	200	300	400	500
5	近似適配	0.127	0.199	0.269	0.335	0.397
	不近似適配	0.081	0.124	0.181	0.248	0.324
	完全適配	0.112	0.188	0.273	0.362	0.449
10	近似適配	0.169	0.294	0.413	0.520	0.612
	不近似適配	0.105	0.191	0.304	0.429	0.555
	完全適配	0.141	0.266	0.406	0.541	0.661
15	近似適配	0.206	0.378	0.533	0.661	0.760
	不近似適配	0.127	0.254	0.414	0.578	0.720
	完全適配	0.167	0.336	0.516	0.675	0.797
20	近似適配	0.241	0.454	0.633	0.766	0.855
	不近似適配	0.148	0.314	0.513	0.695	0.830
	完全適配	0.192	0.400	0.609	0.773	0.882
30	近似適配	0.307	0.585	0.780	0.893	0.951
	不近似適配	0.187	0.424	0.673	0.850	0.943
	完全適配	0.237	0.512	0.750	0.894	0.962
40	近似適配	0.368	0.688	0.872	0.954	0.985
	不近似適配	0.224	0.523	0.788	0.930	0.982
	完全適配	0.279	0.606	0.843	0.952	0.988
50	近似適配	0.424	0.769	0.928	0.981	0.995
	不近似適配	0.261	0.608	0.866	0.969	0.995
	完全適配	0.319	0.684	0.903	0.979	0.997
60	近似適配	0.477	0.831	0.960	0.992	0.999
	不近似適配	0.296	0.681	0.917	0.978	0.999
	完全適配	0.356	0.748	0.941	0.991	0.999
70	近似適配	0.525	0.877	0.978	0.997	1.000
	不近似適配	0.330	0.743	0.949	0.994	1.000
	完全適配	0.393	0.801	0.965	0.996	1.000
80	近似適配	0.570	0.911	0.988	0.999	1.000
	不近似適配	0.363	0.794	0.970	0.998	1.000
	完全適配	0.427	0.843	0.979	0.998	1.000
90	近似適配	0.612	0.937	0.994	1.000	1.000
	不近似適配	0.395	0.836	0.982	0.999	1.000
	完全適配	0.460	0.877	0.998	0.999	1.000
100	近似適配	0.650	0.955	0.997	1.000	1.000
	不近似適配	0.426	0.870	0.990	1.000	1.000
	完全適配	0.491	0.904	0.993	1.000	1.000

資料來源：MacCallum 等人（*1996, p.142*）

表 6-6　達成 0.8 統計考驗力的最小樣本數

Df	檢定近似適配的最小樣本數	檢定不近似適配的最小樣本數	檢定完全適配的最小樣本數
2	3488	2382	1926
4	1807	1426	1194
6	1238	1069	910
8	954	875	754
10	782	750	651
12	666	663	579
14	585	598	525
16	522	547	483
18	472	508	449
20	435	474	421
25	363	411	368
30	314	366	329
35	279	333	300
40	252	307	277
45	231	286	258
50	214	268	243
55	200	253	230
60	187	240	218
65	177	229	209
70	168	219	200
75	161	210	193
80	154	202	186
85	147	195	179
90	142	189	174
95	136	183	168
100	132	178	164

資料來源：MacCallum 等人（*1996, p.144-145*）

的統計需求，因此，MacCallum等人（*1996*）發展了一種可以計算所有條件的程式，該程式可以用SAS來執行。有興趣者可以參看MacCallum等人（*1996*）的文章，他們把程式寫在該篇文章的附錄裡。

上面所討論的主要是檢定整個模式的統計考驗力，事實上，統計考驗力也可以涉及個別參數的檢定。由於此一部分將會牽扯到一些尚未介紹的觀念，所以留待下一章時再補充。

第五節　結論

在 SEM 的學術圈裡，適配考驗的問題一直被學者們提出質疑與批評，產生了一些適配考驗的議題，這些議題包括（*Bollen & Long, 1993*）：

1. 一個適配度指標的樣本分配平均數是否應該與樣本數的多寡無關？
2. 用來區別一個好的、普通的或者是差的適配情形的適配量測，它的截斷值（cutoff values）該是多少？
3. 到底該使用測量值介於 0 與 1 之間的規範性量測好呢？還是使用非規範性量測好呢？
4. 當我們多加了估計參數時，我們一定要使用一個對此種作為具有懲罰性的適配量測嗎？如果該如此的話，那麼該是何種懲罰？
5. 使用卡方檢定的統計力是否比改採用適配量測來的更好呢？
6. 當我們重新界定一個模式時，適配量測的角色又是什麼？

這些議題到目前為止都沒有相當一致性的見解，這顯示了模式適配的評鑑絕對是一個相當複雜的問題。在做模式評鑑時，我們認為研究者首要重視的還是理論優於統計數值。在決定適配程度時是不可以犧牲理論，而屈就統計數值。其次，在評鑑模式適配度之前最好先行診斷樣本資料與模式，瞭解分配性假定有無被破壞，有無偏離值、極端值，因為這些問題會影響到適配的評鑑。

當然，SEM的統計提供了那麼多令人眼花撩亂的整體適配指標，研究者最好能夠依據分類的方式，在三類的整體適配指標中選取所需的指標來呈現。基本上，不可以太過於依賴χ^2檢定（*Bollen & Long, 1993*），最好的方式是對估計所獲得的三類量測做綜合性的判斷。事實上，Bollen（*1989b*）、Marsh 等人（*1988*）、Tanaka（*1993*），以及 Hu 和 Bentler（*1995*）等人皆相當鼓勵多元指標的呈現。不過，很可能研究者會遭遇 Loehlin（*1987*）所說的情境：「多元指標的使用可能讓研究者置於一個人擁有七隻錶的情境。如果它們表現的很一致，那麼你知道現在是何時。如果不是如此的話，盡信錶不如無錶」。其實，要遭遇此種狀況是相當少的，所以研究者也不用太擔心。

測量模式以及結構模式也必須檢驗，如果可行的話，研究者可以估計數個真實的模式，利用此來作為決定最好適配的依據（*Bollen & Long, 1993*）。因為，評鑑模式適配的技術在做對照模式的評鑑時通常表現得比單一模式的評鑑還要好。

近似誤

就理論上而言，SEM的差距函數有四種類型：樣本差距（sample discrepancy）、整體差距（overall discrepancy）、近似性所造成的差距，以及估計所造成的差距（discrepancy due to estimation）。這四種類型差距的形成與其所牽涉的四個矩陣有關，這些矩陣包括S、Σ_0、$\tilde{\Sigma}_0$以及$\hat{\Sigma}$。S乃樣本共變數矩陣，Σ_0乃母群體共變數矩陣，$\tilde{\Sigma}_0$為母群共變數矩陣的最適配模式所形成的矩陣，$\hat{\Sigma}$為樣本共變數矩陣S的最適配模式所形成的矩陣。這四類型矩陣所形成的差距可以用圖6-1來呈現。

樣本差距的函數為$F(S, \hat{\Sigma})$，也就是樣本共變數矩陣與其最適配模式所形成的矩陣之間的差距。近似性所造成的差距函數為$F(\Sigma_0, \tilde{\Sigma}_0)$，也就是母群體共變數矩陣與其最適配模式所形成的共變數矩陣之間的差距。估計所造成的差距函數為$F(\tilde{\Sigma}_0, \hat{\Sigma})$，也就是母群共變數矩陣的最適配模式與樣本共變數矩陣的最適配模式所形成的矩陣之間的差距。整體誤差所導致的差距函數為$F(\Sigma_0, \hat{\Sigma})$，也就是測量母群體共變數矩陣與樣本共變數矩陣的最適配模式所形成的矩陣之間的差距。

近似性所造成的差距是無法被觀察的，通常其可能近似於：

$$E[F(\Sigma_0, \tilde{\Sigma}_0)] = n^{-1}q$$

整體誤差所造成的差距也是無法被觀察的，通常其可能近似於：

$$E[F(\Sigma_0, \hat{\Sigma})] = n^{-1}q + F(\tilde{\Sigma}_0, \hat{\Sigma})$$

從公式可以看出，其等於近似性所造成的差距加上估計所造成的差距。

近似誤的測量是用以測量一個模式在母群體中的近似適配的程度。也就是說，它關注的是近似性所造成的差距。我們知道概度比率卡方檢定企圖評鑑模式在母群體中完全適配情形。事實上，正如我們在第三章模式識別中所言的，SEM大都是在評估一個過度識別的模式。這種模式無法求出完全適配每一個方程式的解，它只是找出一組最佳的解而已。因此，其比較不可能完全地適配觀察資料，更何況與母群體完全的適配。充其量，模式只能近似地適配母群體。這就是一般所稱的適配近似性（closeness of fit）的問題，近似誤的概念就是在處理此一問題。

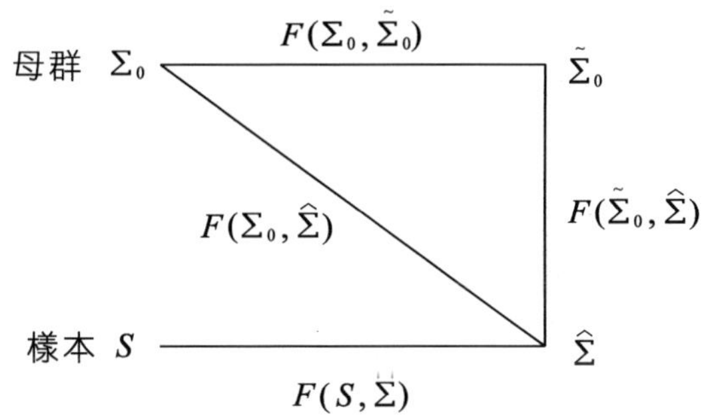

圖 6-1　四種類型差距（*Cudeck & Henly, 1991*）

第七章

模式修正

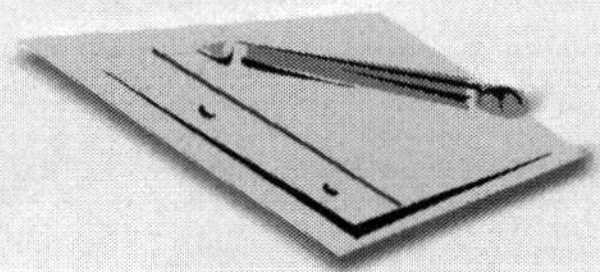

在第六章裡，研究者費了九牛二虎之力，終於將模式評鑑完成。如果所有適配指標都通過所要求的標準，那麼，研究者似乎可以不需要閱讀此一章節。不過，或許研究者對所通過的結果是接受但不滿意，主要的原因是他相當在意「簡效原則」，一種以最少變項解釋最大變異的要求，那麼，就需要對模式做一些修正。當然，如果運氣不好的話[1]，所獲得的評鑑結果是那麼接近可以接受的邊緣，這時候，研究者一定會想是否有補救的機會，那麼，讀本章節就會受用無窮。

第一節　模式修正的基本概念

一　模式修正的意義

模式修正（model modification）在一些書與文章裡用了另外一個詞，模式再界定（model respecification），它們兩個指的是同樣的事情。模式修正在 SEM 裡是一個相當爭議的議題。從上面的兩個情境裡，我們可以推想所謂模式修正就是指模式在檢定之後，研究者發現模式可接受的適配程度不甚理想，或可接受但是不滿意，因此，透過對模式的重新界定，例如釋放新的估計參數或者刪除某些參數，以使模式更加符合觀察資料的過程。在第二章模式界定中，我們談到模式界定的三個策略，其中模式發展策略就是一種模式修正的過程。因此，可以瞭解的是，通常做這件事情的研究者，其對模式的理論基礎往往不是那麼的肯定、那麼地健全。所以，有些學者認為模式修正讓 SEM 由驗證性的檢證轉向探測性的檢證。

[1] 科學研究實不該講運氣，總是給自己下臺的理由，心理會舒服些。

對模式修正而言，一個很直覺的訴求是研究者想要釋放某些參數，重新估計適配度指標，看看這些參數的釋放對模式適配度的改進有什麼樣的幫助。當然，如此做絕對是一種事後的比較，由於這種作為需藉助於資料所呈現的結果，使得我們不得不質疑，在理論上，如此的作為是否站得住腳。說真的，這種強調經驗導向重於理論導向的事情，在 SEM 的學術圈裡，是經常發生的。所以，那些 SEM 的大師們就一再呼籲如果要釋放新的參數，理論還是要重於統計資料的數據。也就是說，任何新釋放的參數一定要有很好的解釋理由才可以釋放。切記，沒有理論基礎的關係是不可以存在的，因為，以資料來驅使的模式修正特別有讓「機會坐大」的嫌疑。這種機會主要是讓共變數矩陣為基礎的特殊樣本所含有的獨特性質的機會被擴大，特別在小樣本中，發現一個可複製模式的概率會變得相當低的（*MacCallum, Roznowski, & Necowitz, 1992; Tanaka, 1987*）。或許你有很實質的理由來證明這種事後的關係，使得此一模式的修正具有很高的解釋性。那麼，正如MacCallum et al.（*1992*）所質疑的，為什麼如此的關係沒有在開始建構模式的那個時候就呈現出來？作者相信對研究者而言唯一能夠做的事情是「認罪」：只怪我先前沒有把理論搞清楚，事到如今，只有妥協啦！

對於那些心存「簡效原則」的研究者而言，可不要太迷信模式修正是達到簡效的唯一法門。當研究者發現其模式獲得可以接受的結果，最好帶著這本書去喝杯咖啡吧！好好的輕鬆一下。那麼，本書就會給你以下的箴言：「當一個起始模式適配良好，那麼去修正它來獲得更好的適配可能是相當不智的事情，因為修正可能只是適配了樣本中微小的獨特的特質。」（*MacCallum et al., 1992*）。

研究者在從事模式修正之前，心中必須反問，除了用模式修正來改進模式適配之外，導致模式不良的原因還有哪些呢？當然，許多統計技術都有一些基本假定，SEM也不例外，當這些假定遭受破壞時，所得到的結果可能就不是那麼好了。對 SEM 而言，一般皆將假定分成兩類：結構的與分配的假定（*Satorra, 1990*）。前者包括遺漏觀察或理論變項（外部界定誤），以及遺漏或錯誤界定測量方程式以及結構方程式的路徑（內部界定誤）[2]。分配的假定包括常態分配的假定的破壞、類別的量尺、非線性的問題以及遺漏值等。顯然地，當模式適配出了問題，不一定是內部界定產生了問題，它可能是分配假定所導致的結果。因此，在從事模式修正時，有必要對分配假定再做仔細的檢查，如果分配假定皆沒有問題的話，再處理內部界定誤的問題比較不會受到質疑。本章中的模式修正只是在處理內部界定誤的問題，外部界定誤是此一章無法處理的問題（解決的方法請參看第四章）。

二 界定探詢

處理內部界定誤的過程就是一般所稱的界定探詢（specification searches）。界定探詢的主要目的是期望透過改變模式界定的過程使得模式最終能夠正確的呈現母群體中觀察變項與潛在變項間的關係網絡（*MacCallum, 1986*）。Leamer（*1978*）在其探究線性迴歸模式中認為界定探詢可以區分為兩種目的：一為模式簡化，二為模式的改進。對SEM而言，這兩個目的同時可以達成，也就是說，參數可以被增加來改進適配情形，亦可以被刪除來簡化模式。

Diamantopoulos 和 Siguaw（*2000*）認為依據界定探詢的定義與目的，有三個很重要的論點需加以澄清。

1. 界定探詢的本質，已經使得此類的SEM不再是一種驗證性的檢驗，而是一種探測性的檢定。因此，重要的問題是經由界定

---

[2] Hayduk（*1987*）對界定誤提出的問題比較詳細，包括遺漏重要的參數、包含無關的參數、設定路徑包含不正確的因果方向、使用不正確的函數形式、遺漏虛假的因素、包含無關的外延變項、不正確的誤差界定（假設誤差彼此間是獨立的或與外延變項間獨立）、無法達成等距測量，以及模式化的資料組沒有達到均衡。

探詢所獲得的模式，理論上，不應該再以相同的樣本來證明它的有效性。因為從事這種界定探詢的過程已經將驗證性的本質給破壞，所以，要驗證此一模式是否有效需藉助於其他的樣本。Long（*1983a*）也特別警告在使用界定探詢時，被選擇的模式無法正式地使用z檢定或是卡方檢定，因為用資料來選擇的模式是無法再用相同的資料來檢定。這段話告訴我們不可以「球員兼裁判」，否則判決是無效的。這種利用另外的樣本重新檢定的目的在於消除「機會坐大」的潛在性。因為經由界定探詢所獲得的模式已經是一種資料驅使（data-driven）的模式，失去其原有理論假設的地位。它是一個新的待檢定的模式，因此需要新樣本重新驗證。

2. 由界定探詢所產生的新模式可能與原先的模式有所不同，因此，不可以認為原先模式已獲得識別，新模式就不會有識別問題。研究者必須對每一次的界定探詢做模式識別的工作。
3. 界定探詢有一個很大的問題是在做修正時「該結束於何時」。不斷的修正結果將會獲得的是一個過度適配的模式。這種模式產生了多種的問題，包括增加的參數可能會相當的脆弱、其所呈現的微弱效果很難去複製、會導致標準誤顯著地膨脹，最後其可能影響原始參數的檢定。極端地來講，界定探詢可能導致獲得一個飽和模式，沒有任何自由度存在，那麼它就會破壞了可否證性的原則（principle of disconfirmability）。

很顯然的，我們在第二章裡談過模式的策略時提到模式發展策略，這種模式發展策略最後可能會牽涉界定探詢，因此，從上面兩個學者所提的第一個問題，告訴我們研究者最好事先準備足夠的樣本，將樣本隨機分為兩個次樣本。用第一個次樣本做模式的檢證，如果模式真的需要修正，則用第二個次樣本來證明其有效性。這個過程稱為複核效化，將在下一章中仔細介紹。

上面的第三個問題也是相當令人困擾。在此我們說明一下何謂可否證性的原則，這是 Popper（*1962*）的觀念，一個理論是否科學，主要的關鍵在於其可以接受否證的挑戰。如果一個理論無法否證，要嗎它是一種意識型態，否則就是不存在於這個世界。對 SEM 而言，一個模式是否可以被否證，統計上，從自由度的有無就可以判別。沒有自由度的模式，雖然它不是唯一的，因為我們可以改變理論方向，讓模式成為對等模式，但就統計而言，它的假設是無法檢定的。因此，無法檢定假設的模式就不具有可否證性。不過，這種極端的例子應該很少發生才對，如果研究者在做界定探詢時，真的得到一個正好識別模式，我們會認為其「掰」的太勉強了。

是否有單一種策略來執行界定探詢呢？很不幸的，沒有。MacCallum（*1986*）提出了一些建議：首先，在描述結構模式的問題前，需先解決測量模式的界定誤，因為測量模式免除了界定誤的問題時，結構模式中參數的估計或是相關的訊息將會變得更有意義。其次，一次只做一個修正，因為 SEM 的估計是使用完全訊息的技術，任何一個修正皆會影響其他參數的估計。最後，修正的程序應當是先增加有意義參數，如果需要時，再減少無意義參數。而非先減少無意義參數，再增加有意義參數。

其他尚有一些原則可以作為修正時的考慮，包括：⑴除非有相當的理由，否則儘量保持測量模式中測量誤的相關獨立[3]；⑵在眾多可以修正的關係上尋找其是否具有某種型態（pattern），只修正一個型態中最主要的影響途徑；⑶一切以理論依據為主，要釋放的參數之假設辯護太過微弱的話，縱使統計修正的指標顯示具有很高的影響性，也不可修正。

---

[3] 許多學者認為測量誤間存在相關是相當值得懷疑的事情，因為相關的測量誤存在映含有一個以上的遺漏變項存在。這表示模式產生所謂外部界定誤的問題，那麼，表示研究者的理論與方法上出了問題（*Bagozzi, 1983; Gerbing & Anderson, 1984; Diamantopoulos & Siguaw, 2000*）。

第二節　模式修正的統計顯著檢定法

比較受到歡迎的模式修正統計顯著檢定法有三種：概度比率檢定（likelihood ratio test, LR），拉格倫增值檢定（Lagranian multiplier test, LM），以及華得檢定（Wald test）。

一　LR 檢定

LR 檢定的邏輯相當簡單，首先研究者有一個假設模式，你對此模式所獲得適配指標的結果不滿意，決定釋放一些參數，因而獲得一個新的模式。在前一個模式（在此情形可稱此模式為未受限模式，un-restrictive model）獲得了一個概度比率卡方值，新的模式（可稱為受限模式，restrictive model）也獲得一個概度比率卡方值，然後將受限模式的卡方值減去非受限模式的卡方值就是 LR 的檢定值。此值的自由度就是所釋放的參數，也是受限模式的自由度減去未受限模式的自由度。

LR 統計數可以表示如下：

$$\text{LR} = -2\log\frac{L(\hat{\theta}_r)}{\hat{\theta}_u} = -2[\log L(\hat{\theta}_r) - \log(\hat{\theta}_u)] \quad 【7\text{-}1】$$

其中 $\hat{\theta}_r$ 為受限模式的ML估計數。$\hat{\theta}_u$ 為未受限模式的ML估計數。上面的 LR 公式改寫成 F 函數的差距形式如下（*Bollen, 1989b*）：

$$\text{LR} = (N-1)F_r - (N-1)F_u = (N-1)(F_r - F_u) \quad 【7\text{-}2】$$

其中 F_r 是以 $\hat{\theta}_r$ 估計的 F_{ML}，F_u 是以 $\hat{\theta}_u$ 估計的 F_{ML}。LR 的自由度等於

兩個模式自由度的差（$df_r - df_u$）。判定此種模式修正，也就是說，所增加的參數，是否有顯著意義的方式是 LR 的檢定值超過該自由度下所選擇的χ^2臨界值。即

$$\mathrm{LR} > \chi^2_{(df)} \quad 【7\text{-}3】$$

由於LR是由概度比率卡方值所衍生出來的，因此，LR在大樣本下偵測一個錯誤的受限模式的統計考驗力高於小樣本。這個公式有一個缺點就是在每一對模式的比較時，兩個模式皆需要估計（*Bollen, 1989b*）。因此，從事模式發展策略時，如果有許多參數需要釋放，而一次只能釋放一個時，計算的過程就比較繁雜。

二 LM 檢定

LM 檢定很久以前就存在於最大概似估計的脈絡裡。它是 Rao（*1948*）與 Aitchison 和 Silvey（*1958*）等人發展的。有時人們又稱它為 Rao 分數檢定（Roa's score test）。它今天能夠用在 SEM 裡，主要是歸功於 Lee 和 Bentler（*1980*）。LM 檢定主要是用以評鑑一個較受限模式與一個較不受限模式間的差距。它關注是否放置於模式中的限制可以在母群體中成立。這種統計數主要是以分數向量（score vector）為基礎，分數向量的表示如下：

$$s(\theta) = \frac{\partial \log L(\theta)}{\partial \theta} \quad 【7\text{-}4】$$

分數向量代表θ的一個改變所產生對數概度改變的情形。當我們估計模式中的參數，$s(\theta)$ 的要素將會是 0。對θ中的受限要素而言，如 $\hat{\theta}_r$，如果限制完全成立的話，其偏導數也將會是 0。LM檢定就是採用此種概念來評鑑模式中那些限制的有效性。其公式如下：

$$\mathrm{LM}=[s(\hat{\theta}_r)]' I^{-1}(\hat{\theta}_r) s(\hat{\theta}_r) \quad 【7\text{-}5】$$

其中，$I^{-1}(\hat{\theta}_r)$ 是一個以 $\hat{\theta}_r$ 為估計的訊息矩陣，其等於：

$$\{-E[\frac{\partial^2 \log L(\theta)}{\partial\theta\partial\theta'}]\}^{-1} \quad 【7\text{-}6】$$

$s(\hat{\theta}_r)$ 是以 $\hat{\theta}_r$ 來估計的 $s(\theta)$，$L(\theta)$ 為未受限的對數概度函數。

利用 F_{ML} 與 $\log L(\theta)$ 間轉換的關係，LM 公式可以改寫成為：

$$\mathrm{LM}=\frac{(N-1)}{2}(\frac{\partial F_{ML}}{\partial\theta})'[E(\frac{\partial^2 F_{ML}}{\partial\theta\partial\theta'})]^{-1}(\frac{\partial F_{ML}}{\partial\theta}) \quad 【7\text{-}7】$$

不同於 LR 需估計兩個模式，LM 只需要估計受限模式即可。LM 檢定又被稱為是修正指標（modification index, MI）（*Sörbom, 1989*），在 LISREL 統計中，可以得到此一指標。MI 或 LM 表示一個先前固定的參數被釋放後，模式重新估計下所降低的最少卡方值。也就是說，真的釋放了該參數，其實際降低的卡方值應該會大於 MI 值。因此，使用 MI 來作為模式修正的依據時，當統計結果所呈現出一個模式所有可以改進的MI值中，MI值愈大時，若將其參數釋放後，所獲得卡方值的改進也愈大。

統計上，一個 MI 可以解釋為一個自由度的 χ^2 分配。由於一個自由度的 χ^2 統計臨界值（$\alpha=0.05$）為 3.84。因此，當MI值大於 3.84 時就被認為足夠大，而此參數的因果性有足夠的理論支持的話，此一參數便可以將之釋放，重新估計。在使用修正指數時，一般建議一次只能夠釋放一個參數，因為釋放一個參數將可能降低或消除第二個要釋放參數之適配度改進情形。這也是因為此種估計法是一種完全訊息技術的應用，每次的估計皆會同時牽連到所有方程式中所有參數的適配度。

MacCallum（*1986*）使用模擬資料的研究顯示，在一個總數 160 個樣本的資料，使用不同模式、樣本大小以及策略來分析，用 MI 來做模式修正的過程，只有 22 個例子成功顯示更正了錯誤界定的模式。

MacCallum（*1986*）也提出了一些可能導致成功的因素，包括：(1)起始模式對真實模式的接近性；(2)大的樣本；(3)使用一個限制的探詢而不是非限制的探詢；以及(4)不斷的尋找一個超越非顯著（$\alpha=0.05$）卡方值的修正模式。這個研究給我們的警訊是即使使用 MI 值來做模式修正的工作依然會產生無效的結果。

三 W 檢定

LM 企圖檢定釋放參數時對模式估計所產生的影響。那麼，從反向的思考，是否可以評估當參數被限制時所產生的影響呢？這就是W檢定的任務。因此，W檢定可以定義為企圖評鑑將限制設置於非受限模式中所產生衝擊的情形。也就是說，W檢定企圖檢定當參數被限制時，整體模式檢定統計增加的情形。

首先，假設 $r(\theta)$ 代表一些設置於非受限模式中的限制，其向量為 $r\times 1$，且小於 θ 的列數。$r(\theta)$ 可以是任何參數的函數。通常，其乃是固定為 0 的徑路。因此，依據所界定的結果，$r(\theta)$ 的估計數是 0。現在，要回答的是對未受限估計數的設定而言，如 $r(\hat{\theta}_u)$，是否受限模式可以成立。其實，如果受限模式是有效的，那麼 $r(\hat{\theta}_u)$在樣本誤的範圍內，應該也是 0。但是，如果受限模式是假的，未受限模式是真的，$r(\hat{\theta}_u)$的要素可能遠離於 0（*Bollen, 1989b*）。因此，W 檢定是在決定加諸於套層模式之限制與 $\hat{\theta}_u$ 分離的程度（*Bollen, 1989b*）。其統計程式如下：

$$W=[r(\hat{\theta}_u)]'\left\{[\frac{\partial(\hat{\theta}_u)}{\partial\hat{\theta}_u}]'\,[a\mathrm{COV}(\hat{\theta}_u)][\frac{\partial r(\hat{\theta}_u)}{\partial\hat{\theta}_u}]\right\}^{-1}[r(\hat{\theta}_u)] \quad 【7\text{-}8】$$

其中 $r(\hat{\theta}_u)$是以 $\hat{\theta}_u$ 來評鑑的 $r(\theta)$。$a\mathrm{COV}(\hat{\theta}_u)$ 是 $\hat{\theta}_u$ 漸近共變數矩陣的一個估計數。在{}中的式子是 $r(\hat{\theta}_u)$漸近共變數矩陣的一個估計數。

因此，可以看出 W 乃是限制模式所加諸限制的估計漸近共變矩陣的逆元素，其前後皆以 $\hat{\theta}_u$ 來評鑑的 $r(\theta)$ 相乘。當限制模式有效時，W 獲得一個卡方分配，其自由度等於 $r(\theta)$ 中所受限的數目（*Bollen, 1989b*）。當估計的興趣只有一個限制，也就是說，$\theta_1=0$，W 就變成下面 W_1 的形式：

$$W_1=\frac{\hat{\theta}_1^2}{a\mathrm{VAR}(\hat{\theta}_1)} \quad 【7\text{-}9】$$

其中 $a\mathrm{VAR}(\hat{\theta}_1)$ 是 $\hat{\theta}_1$ 的估計漸近變異數。則 W_1 為一個自由度的卡方分配（*Bollen, 1989b*）。W_1 之值正好是一般 t 值的平方。

四 LR、LM與W檢定的優點與限制

LR、LM與W檢定此三個統計檢定技術可以幫助我們很快的找到可以固定或釋放的參數，因此，其具有一種探測性的優點。一般而言，LR 檢定、LM 檢定，以及 W 檢定在大樣本時是相等的（*Kaplan, 2000*）。不過使用這些方法來做模式修正有六點限制存在（*Bollen, 1989b, pp.300-302*）。

1. 參數釋放與限制的次序會影響到模式中其他參數的顯著性檢定。以下情形是可能發生的，加入或者移出限制的一些組合所產生的模式可能導致比用逐步探詢程序所發展的模式還要好。
2. 在逐步程序裡，有關W檢定與LM統計的機率水準可能會相當不精確。這個困難的產生是因為估計與模式修正都使用相同的資料。因此，使用一個獨立樣本來複製模式或複核模式效度就顯得相當重要。
3. 這些檢定主要是評鑑卡方估計的改變，不是參數估計改變的大小。因此，小的 LM 值或 W 值可能會導致參數估計的大改

變[4]。大的LM值或W值的改變可能產生小的參數估計的改變。因此，比較審慎的策略是同時檢定估計參數改變[5]與卡方改變。

4. 在一個不正確模式裡，只有單一限制的LM估計數可能是數個參數的函數，而不是連結在此一限制的單一參數。
5. 只有在模式錯誤界定相當小的情形之下，W與LM檢定是最有用的。有時我們需要對模式的基本結構做改變，但此種改變是無法用這些檢定來偵測。例如，增加潛在變項或因果方向性等就無法用此種探測性的程序來檢定。
6. 想要釋放的參數可能沒有理論可以解釋。因此，模式評鑑還有部分工作需要做，那就是對估計參數的解釋性做評估。

五 個別參數的統計考驗力

在上一章裡，我們討論到整體模式的統計考驗力，關於個別參數的統計考驗力可以在這個章節裡探討。早期 Satorra 和 Saris（*1985*）使用LR的方式來處理個別參數的統計考驗力，他們認為LR檢定的統計考驗力等於Prob$\{LR > c_a | \theta_a\}$，c_a為某一選定顯著水準（α）的臨界值。此一機率是依賴選替參數向量 θ_a而獲得的，此一向量被假定離虛無假設不會太遠。它的做法是，首先虛無假設 H_0的模式，獲得LR的卡方值。接著估計一個新的模式，稱為 H_1（注意！此模式不是對立假設的

---

[4] 這種情形可能是樣本變異性所造成，也可能是卡方檢定對該參數不夠敏感所造成的。由於模式在做檢定時對不同地方相同大小的錯誤界定是有不同的統計力，才會產生對某些固定參數的界定誤比較敏感，某些較不敏感（*Saris, Satorra, & Söborm, 1987*）。

[5] LISREL 統計輸出中通常將MI與期望參數改變（expected parameter change, EPC）值同時呈現，其目的就是希望研究者關注此一問題。EPC乃是由Saris等人（*1987*）發展的，其乃是預測所關注之固定參數改變的情形（正負皆有）。本質上，它是該參數對立假設的一個點估計。

模式 H_a），H_1乃是包含在H_0之下的一種帶有固定在它們的最大概似估計參數的模式，並且此一模式將所興趣的限制拿掉，以一種被檢定的替代性真實參數來取而代之。此時，估計在H_0所界定下的H_1模式，會產生一個不再是零的卡方值，而這個卡方值將符合帶有非中心性參數的一種非中心性卡方分配。有了非中心性卡方統計數以及自由度就可以計算統計考驗力（*Satorra & Saris, 1985*）。Saris和Stronkhorst（*1984*）有提供此一統計考驗力的對照表。

由於使用上面的方法需要界定一個替代的檢定值，這種替代值的界定可能導致真實替代在實際的演算過程中無法被計算出來（*Kaplan, 1995*）。而且正如我們上面所說的，LR取向必須對每一個參數估計兩次，因此對每一個所選定的替代值也要估計兩次。後來，他們發現使用LM的方式來處理就比較簡單，不僅無須事先預定的替代值即可計算出統計考驗力，且無須估計兩次。對模式中的每一個限制，LM 可以被用來接近非中心性的參數。因為每一個固定的參數皆會有一個LM 與其相連結，因此在模式中每一單一變異限制皆可以獲得一個自由度的統計考驗力。在此一情境之下，單一參數統計考驗力所檢定的問題為：對一個既定的固定參數，多少的統計考驗力可以拒絕一個假的虛無假設（*Kaplan, 1995*）？

Satorra（*1989*）也發現，如果將參數給予釋放時，也可以檢定統計考驗力，使用的方式就是 W 檢定。因為 W 檢定也近似非中心卡方分配的非中心性參數。也可以被用來獲得檢定該參數的一單位自由度統計考驗力。在此種情形之下，所關注的問題是：是否一個檢定無法拒絕虛無假設乃是因為小的估計值或是小樣本所造成的（*Kaplan, 1995*）？

事實上，使用這些檢定來處理統計考驗力的邏輯相當的清楚，其乃是因為研究者期望修正某一參數，那麼，統計考驗力隱含著何種意義呢？無論釋放或固定一個參數，如果獲得該參數的統計考驗力相當低的時候，它告訴我們該研究將導致第二類型誤差被增大。

第三節　其他實證性的修正程序

模式的修正除了使用統計顯著的檢定方式外，尚有其他的實證結果可以協助做模式的修正。這些實證的結果包括殘差矩陣、內在結構適配測量，以及逐段的適配策略。

殘差矩陣（residual matrix, RM）中的殘差乃是用於顯示樣本矩陣中的要素被理論模式再製（reproduction）的差異情形。RM＝$(S-\hat{\Sigma})$。殘差愈大表示再製的結果愈差勁。如果模式是完美的適配，則RM的要素皆是0。理論上，殘差值應當是很小的，大的殘差值表示模式具有界定誤。單一變項具有大的殘差值表示這個變項映含錯誤界定。

呈現殘差值的方式有非標準化與標準化兩種。其中標準化殘差可以解釋為標準常態變異，就是z分數。因此，當標準化殘差值的絕對值大於2.58時，可以視為足夠大的殘差。如果得到的是正的殘差表示低估觀察變項間的共變，當其值大於2.58時，可以釋放該等參數；若是獲得負的殘差表示高估觀察變項間的共變，當其絕對值大於2.58，則需要刪除該等參數。偵測帶有大的標準化殘差的變項，通常可以看到相當清楚的模態，作為模式修正的引導。

標準化殘差可以用兩種圖來集體的檢驗：葉莖圖以及Q圖。一個好的模式它的殘差在葉莖圖中會以環繞0值對稱的分布，且大部分的殘差在中間，少數在尾部。在Q圖中，一個好的模式其所有的點會分布成大約是45°線。偏離這種型態表示模式有界定誤存在[6]，或是變項非多變項常態分配，或是變項間是一種非線性的關係。

[6] 尤其是當標準化殘差在Q圖中是一種偏離值時。

殘差的使用也有缺點存在。因為估計模式所使用的估計法 ML、GLS以及ULS等皆是一種完全訊息技術，在某一部分的界定誤可能擴散到其他部分，這使得其影響難以追蹤。當然，殘差可以讓我們瞭解到錯誤界定的區域何在，但是它們無法與其他實質的和實證的資訊相隔離之下來運用（*Bollen, 1989b*）。

檢查內在結構適配測量可以讓我們對問題座落點更加清楚。當我們發現測量模式或者是結構模式中有不適當的解或者參數估計，例如太大的標準化參數、接近 0 的 R^2、正負號相反等，就表示這些可疑的參數可能是問題之所在。

逐段適配策略是許多學者在實戰經驗上一個相當好用來發現錯誤界定問題所在的方式。但是它卻是相當耗時，需要有相當的耐心之下，研究者才能發現真正問題之所在。逐段的意思就指一段段慢慢來檢定，以一個CFA模式來說明比較方便，例如研究者有一個四因素模式，每一個因素是三個觀察變項所建構。那麼，研究者可以一次先檢定一個因素，假設是檢查第一個因素，第一個因素 OK 的話，再檢查第二個因素，若也 OK 的話，再檢查第三個因素，若也 OK。再檢查第四個因素，若它也沒問題的話，接著檢查兩兩因素的組合，一二、一三、一四、二三、二四、三四等組合檢驗，若再無問題，則一次三個組合的檢驗，直到發現可疑的組合。

當然，在使用此法時，需藉助於前面兩種經驗性的方法來診斷問題。使用此法的好處是它可以使我們發現到部分不良適配的複合模式，它的缺點是它可能無法讓研究者在問題發生的部分裡清楚的認定錯誤之所在。其也可能發生只有整個模式在運作時才有問題存在，其他次模式的診斷時，卻都是安然無恙（*Bollen, 1989b*），那麼，就等於做了白工。

第四節　結論

無論如何，研究者想要從事模式修正，最需謹記在心的是：這是一項理論與實質為基礎的修正，而不是完全藉助於統計資料的修正。統計資料只是幫助我們發掘問題之所在，但是是否需要修正是理論的權限，絕不可以將它讓濟給統計。雖然，修正包括釋放參數與限制參數兩種，大部分的焦點皆放在釋放參數。因為許多要限制的參數通常是無顯著意義的參數，其目的是為了追求簡效原則。然而，釋放參數卻是希望改進一個不適配模式而讓模式變得適配。

LISREL 提供了 MI 值讓研究者從事改進模式適配之用，使用此一方法來修正參數時，切記一次只修正一個參數，而對每次要修正參數時，先選擇最大的且具有實質理論意義的 MI 值來修正，如果最大的 MI 值無法具有理論的意義，則選擇次大的 MI 值，直到有意義的 MI 值方可給予估計（*Jöreskog, 1993*）。

當研究者透過模式修正的過程而獲得一個可以接受的模式，這個模式已經改變成一種探測性的意圖。要真正達到驗證性的意圖，必須將修正模式重新使用另一個獨立樣本來檢定。若重新檢定的結果顯示模式適配度相當良好，那麼這個模式才可以宣稱是有效的。也因為如此，讀者可以進入下一章：複核效化。

第八章

複核效化

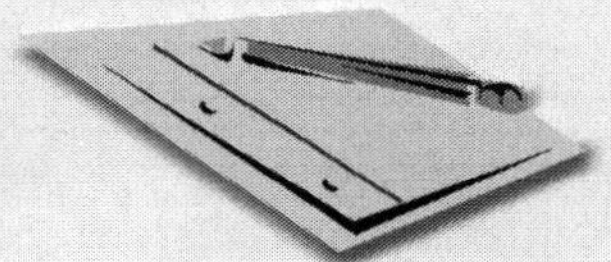

在前一章裡，我們一直建議研究者，如果您在做模式發展的研究，您將會利用修正指標來做模式修正的工作，那麼就必須利用另外一個獨立樣本來重新檢定新發展的模式的有效性。這個步驟事實上已經牽涉到複核效化（cross-validation）的論題。複核效化在SEM裡也是一個相當重要的論題，因此，在此章中我們將仔細的探討複核效化。

第一節　複核效化的定義與使用時機

所謂複核效化就是指一個模式在許多不同群樣本下，而非只是在其所衍生的樣本下，能夠複製的程度。複核效化的主要目的在檢驗模式的預測效度（predictive validity）。當研究者採用模式發展以及模式競爭的策略時，更需要檢定複核效化。因為一個模式在某一樣本下適配得很好，並不表示在其他的樣本下會如此（*MacCallum, Roznowski, Mar, & Reith, 1994*）。Cudeck 和 Henly（*1991*）以整體適配誤差來討論模式的比較，發現這種誤差可能會以一種分離要素的總和來呈現。這種分離要素和母群體內模式適配的缺乏以及抽樣不穩定的效果是有關連的，其中一種方法可以用來評鑑這種誤差的來源就是複核效化。Cudeck和Henly 的討論提供了複核效化的另一個功能，它提供了一個用以估計樣本不穩定性與模式適配缺乏性聯合影響的機制。

一個很重要的模式競爭策略必須被澄清的是，當研究者發展了一些競爭模式時，研究者的目的應當是企圖選擇一個模式其對未來的樣本具有最大的預測效度，而不是找到一個最適配於此一樣本的模式，但是它卻無法適用於同一母群體下的其他樣本。依據 Bagozzi 和 Yi（*1988*）的看法，至少有四種狀況之下，需要牽涉到複核效化：

1. 為了確定模式的適配不是由於特異（idiosyncratic）樣本的特徵所產生的結果，研究者必須將一個模式的評鑑分開來估計以便

建立效度時，需使用複核效化。

2. 當界定探詢或是模式的探測是以一個依據資料的適配情形而修正的假設模式來達成時，需使用複核效化。

3. 當一個最適配的模式是從數個依據現有資料所形成的模式中選出，且需要去檢驗這個結果是否是因為機會坐大的結果時，需使用複核效化。

4. 當研究的目標是識別可以良好預測未來資料的模式時，需使用複核效化。

第二節　複核效化的類型

複核效化可以從不同的角度來看待。一方面其牽涉單一模式或模式比較，另一方面則是牽涉相同母群體或不同母群體。這兩個面向就形成四種類型的複核效化。表 8-1 顯示了這四種分類的形式。

模式穩定（model stability）主要是評鑑同一母群體下，一個單一模式在現有樣本下適配得很好，是否在其他樣本之下也可以適配的同樣好。資料的蒐集方式牽涉到兩群樣本。有兩種方式來處理，其一是獨立的蒐集兩群樣本；其二是蒐集一群足夠大的樣本，然後將其隨機分成兩群樣本。通常用以評鑑複核效化的兩群樣本的大小要儘量的一

表 8-1　複核效化的類型

		效度樣本	
		相同母群體	不同母群體
模式的數目	單一模式	模式穩定	效度延展
	模式比較	模式選擇	模式概化

資料來源：Diamantopoulos & Siguaw（*2000, p.130*）。

樣多。第一群樣本稱為校正樣本（calibration sample），先算出此一樣本與假設模式的差異程度。然後將此一檢定所獲得的統計結果再用第二群樣本來檢驗，第二群樣本稱為效度樣本（validation sample），如果所獲得的結果相當接近，表示此一假設模式具有複核效化的能力。

效度延展（validity extension）的目的是檢定效度是否能夠擴展到其他的母群體。它的程序和模式穩定是相似的，只不過是樣本來自於不同的母群體。也就是說，模式的發展在第一個母群體裡，然後用第一個母群體下的一群樣本來檢定模式的適配情形，若獲得良好適配，再用於第二個母群體所抽出的樣本檢定是否此一樣本在第二個母群體裡也會適配良好。例如，本書第二章的青少年生活痛苦指數量表，我們用國高職學生（他們是青少年）的樣本來檢定時獲得良好適配。然後，我們想是否這個模式在大學生裡也同樣適配，我們便抽取大學生的樣本來檢定。如果檢定的結果也是相當適配，那麼，此一量表便可以適用於大學生了。也就是說，它的有效性被擴展到大學生這個群體。Diamantopoulos 和 Siguaw（*2000*）指出要做效度延展的工作之前必須要先建立模式的穩定，因為若模式在其所界定的母群體中都無法複製，何來複製到其他的母群呢？

模式選擇（model selection），正如其名，主要的目的是想要從數個競爭模式中選擇一個比較穩定的模式。這個工作是在同一個母群體下完成。對研究者而言，發展出不同的競爭模式，其目的在於選擇一個模式，其不一定是所有模式中最佳的，但卻是可以接受且最能夠應用到其他觀察資料裡。當然，既是最適配模式也是最穩定的模式是最好的。不過，如果最佳適配模式無法推論到其他的樣本，就表示此一最佳模式是一種特殊樣本所界定的，因此，其擁有的效度只是一種內在有效性，而缺乏外在有效性。其實，最好的模式應當同時具備內在有效性以及外在有效性，模式選擇就是同時將此兩種條件列入考慮的一種複核效化。

模式概化（model generalization）的目的在於從一堆競爭模式中找

出一個模式，其最能夠在不同母群體中複製自己的模式。模式概化同時牽涉數個模式以及兩個（含）以上的母群體。顯然地，它是在不同母群體中從事模式選擇的工作。這和模式選擇的最大不同是模式選擇是在同一母群體中產生模式。以下的例子可以說明模式概化的邏輯。假設研究者發展了三個競爭的模式，A、B、C。經由模式選擇的過程，在第一個母群體中，模式從最好到最壞的排序如下：B、A、C。在第二個母群體中對模式做複核效化的排序如下：C、A、B。顯然地，對模式B而言在第一個母群體中表現最好，但在第二個母群體中表現最差。模式C正好與模式B相反。而模式A在兩個母群中皆表現的適中，因此當同時考慮此兩種母群體時，它不見得比模式B與模式C表現得差呢（*Diamantopoulos & Siguaw, 2000*）！

最後，複核效化也可以將樣本的角色互換，也就是說，校正樣本改為效度樣本，效度樣本改為校正樣本，如此再做一次複核效化，那麼就稱為雙複核效化（double cross-validation）。

第三節　複核效化的策略

在前一節裡，我們集中在討論模式的個數與同一或不同一母群體間的變化而形成不同形式的複核效化。事實上，還可以從另外角度來討論複核效化，這個角度重視的是模式中參數的估計。MacCallum 等人（*1994*）將此種做法稱為複核效化的策略。複核效化的策略可以分為三種：寬鬆的複製策略（loose replication strategy）、溫和的複製策略（moderate replication strategy），以及很緊的複製策略（tight replication strategy）。寬鬆的複製策略是指在校正樣本下獲得的模式，將其用於效度樣本中做複核效化時，模式界定是相同，但模式中的參數全部皆讓其在效度樣本中自由的估計。因此，意味著研究者同意讓所有的參數在校正樣本中與在效度樣本中皆可以獲得不同的估計。很顯然地，如果不讓其所有的參數自由估計，而是要求在校正樣本中所獲得的參數值，全部規定在效度樣本中，當然，效度樣本中的模式界定與校正樣本的模式界定是一模一樣的，這種策略就是很緊的複製策略。Bentler（*1980*）稱此為很緊的複核效化（tight cross-validation）。MacCallum 等人（*1994*）認為這是一種傳統的取向。最後，介於此兩策略之間的就是溫和的複製策略，在校正與效度樣本模式界定皆一樣之下，只有某些參數是可以自由估計，其他的參數則是固定不變。MacCallum 等人（*1994*）稱這種取向為部分複核效化（partial cross-validation）。

在LISREL裡，研究者可以利用多樣本分析（multi-sample analysis）的工具來處理很緊的以及溫和的複製策略。多樣本分析允許研究者將模式用來做多樣本的適配檢定，且可以界定恆等限制（invariance constraints），此又稱為等化限制（equivalence restrictions）或群體限制（group restrictions）。這種恆等限制可以規定所有的或是部分的參數在不同樣本中是不變的。LISREL 的內定處理法是很緊的複製策略，也就是說，若不加以表明哪些參數需要自由估計的話，則所有參數在所有樣本中相對應的一致。

處理寬鬆的複製策略無須使用 LISREL 中的多樣本分析，從它的邏輯就可以知道，首先用校正樣本先估計模式一次，獲得結果，再換成效度樣本，相同模式再估計一次，就是寬鬆的複製策略。因為在第二次估計時，使用不同樣本，執行相同程式，LISREL 自動重新估計所有參數。

第四節　多群體比較

多群體比較乃是前面所提效度延展以及模式概化策略的一種組合型式。其目的是研究者想要知道對一個群體可用的研究模式，它的參數值在另一個群體中是否也會相同。當然，這個論題涉及了兩個以上的群體，而且也涉及整個模式的形式以及模式中的各個參數。因此，整個多群體的比較可以分為兩種面向：一為模式的形式，以及另一個為參數值的相似性（*Bollen, 1989b*）。

模式形式的恆等性（invariance），亦即兩個或以上模式有相同的形式，乃是指對每一個群體而言，它們的模式具有相同面向以及相同參數矩陣，且固定、釋放以及限制參數的位置也是一樣。參數值的相似性乃是檢定參數矩陣或要素在群體間是相等的。

在做群體比較時，研究者可以依據其理論或意圖而決定是要比較模式形式或者是某個部分參數的不同（不同與恆等是一種連續性）。Bollen（*1989b*）則是提出檢定模式形式與參數值相似性的一種可能的順序。這種順序以假設的形式表示如下：

一 結構模式的比較

H_{form}：$F^{(1)}=F^{(2)}$　（F 為模式形式，表示在 B、Γ、Ψ 以及 Φ 中具有相同的面向以及相同型式的固定、釋放，以及限制參數）

$H_{B\Gamma}$：$B^{(1)}=B^{(2)}$，$\Gamma^{(1)}=\Gamma^{(2)}$

$H_{B\Gamma\Psi}$：$B^{(1)}=B^{(2)}$，$\Gamma^{(1)}=\Gamma^{(2)}$，$\Psi^{(1)}=\Psi^{(2)}$

$H_{B\Gamma\Psi\Phi}$：$B^{(1)}=B^{(2)}$，$\Gamma^{(1)}=\Gamma^{(2)}$，$\Psi^{(1)}=\Psi^{(2)}$，$\Phi^{(1)}=\Phi^{(2)}$

二 測量模式的比較

H_{form}：$F^{(1)}=F^{(2)}$　（F 為模式形式，表示在 Λ_x、Θ_δ 以及 Φ 中具有相同的面向以及相同型式的固定、釋放以及限制參數）

H_{Λ_x}：$\Lambda_x^{(1)}=\Lambda_x^{(2)}$

$H_{\Lambda_x\Theta_\delta}$：$\Lambda_x^{(1)}=\Lambda_x^{(2)}$，$\Theta_\delta^{(1)}=\Theta_\delta^{(2)}$

$H_{\Lambda_x\Theta_\delta\Phi}$：$\Lambda_x^{(1)}=\Lambda_x^{(2)}$，$\Theta_\delta^{(1)}=\Theta_\delta^{(2)}$，$\Phi^{(1)}=\Phi^{(2)}$

檢定這些順序的改變是否達到顯著，可以採用檢定順序間卡方值的差異，其自由度乃是檢定順序間自由度的差異。當卡方值達到顯著時，表示所檢定的參數是有不同的存在。此時，研究者可以再做單一參數改變的比較，找出是哪些參數在群體間不相等。研究者也可以比較適配指標間的改變，瞭解群體參數的不恆等，是否導致適配指標也有所不同。

第五節　AIC及ECVI在複核效化中的應用

前面所談的複核效化的處理方法，無疑的是皆需要相當的樣本數。如果研究者的樣本不是大到可以分為兩個樣本，亦即校正樣本與效度樣本，且希望不失樣本的特性，而複核效化的適當性在評鑑模式時又是相當的需要時，那麼該怎麼辦呢？此時唯一能夠做的就是借助AIC與ECVI此兩種指標了。

一　AIC

AIC 是 Akaike（*1987*）發展出來的一個基於訊息理論的指標。滿有趣的是，Akaike將訊息理論與物理學中的熵（entropy）[1]的概念相結合。他認為 Fisher 的訊息矩陣是熵的一種函數。接下來，Akaike 將這

1 物理學家Boltzmann認為熵可以依據分子的機率分配來定義。它等於一個統計分配的對數概度。

些概念再連結到最大概似法。他認為最大概似法有一個限制存在，也就是當選擇一組競爭模式時，最大概似法總是偏好飽和模式。我們知道統計的目標是在於實現最適當的預測，既然要預測，則整個關注就會從參數估計轉移到對未來觀察資料分配型態的估計。所以，一個具有判斷力的過程就顯得相當重要，這個過程裡，數個過度識別模式能夠和一個從預測的觀點中被選為是最好的模式來做相互比較。

顯然地，Akaike將預測的觀點與熵的概念結合來通則化估計未來觀察樣本而非只是參數的估計問題。這種估計未來樣本的分配一般被稱為是預測分配（predictive distribution）。那麼問題便是如何測量這種預測分配的精髓。Akaike認為從一些真實分配中測量預測分配的變異是方法之一。何謂真實分配，其為一種概念的建構，也就是說，一個人設計一個估計程序的基礎形式。碰巧的是這種變異可以連結到期望熵（expected entropy）。

從這裡，Akaike導出了結果，在無視於真實分配的形式下，基於現有資料的對數概度是一些未來資料組的一個期望對數概度的不偏估計。這個觀察產生了一個模式差性適配的測量，稱為AIC。其公式如下：

$$\text{AIC} = (-2)\text{對數概度} + 2(\text{參數}) \quad 【8\text{-}1】$$

這種概念應用在結構方程模式裡，就形成以下的發展形式。首先，依據 Akaike 的概念，讓 q_0是虛無假設$\Sigma = \Sigma(\theta)$下的一個未知參數的數目。讓 $q_a = \frac{1}{2}p(p+1)$ 為對立假設（Σ是一個任意對稱正向定義矩陣）下的一個未知參數的數目。則AIC可以變成下面此種特殊的形式：

$$\text{AIC}(H_0) = (-2)\max[\ln L(H_0)] + 2q_0 \quad 【8\text{-}2】$$

公式的右邊有兩個術語，第一個是模式適配的測量，第二個是懲戒函數。懲戒的目的在於處罰模式的複雜性，因此 q_0的大小決定了模式的簡效與否，當比 q_0 較小時表示模式比較簡效。

對立假設也可以表示成上面的形式：

$$\text{AIC}(H_a)=(-2)\max[\ln L(H_a)]+2q_a \quad 【8\text{-}3】$$

現在將此與概度比率的公式相結合，首先，我們記得 LR 的公式可以用下面的形式呈現：

$$\text{LR}=(-2)\max[\ln(H_0)]-(-2)\max[\ln(H_a)] \quad 【8\text{-}4】$$

此為 $df=q_a-q_0$ 的卡方分配。現在將 AIC (H_0) 減 AIC (H_a) 得到：

$$\begin{aligned}&\text{AIC}(H_0)-\text{AIC}(H_a)\\&=\{(-2)\max[\ln L(H_0)]+2q_0\}-\{(-2)\max[\ln L(H_a)]+2q_a\}\\&=\{(-2)\max[\ln(H_0)]-(-2)\max[\ln(H_a)]\}-2(-q_0+q_a)\\&=\chi^2-2(df)\end{aligned} \quad 【8\text{-}5】$$

當目標適用於做模式比較時，AIC (H_a) 的所有模式都是基於共同資料的計算，因此可以將其刪除，AIC (H_0) 就可以被簡化為：

$$\text{AIC}(H_0)=\chi^2-2(df) \quad 【8\text{-}6】$$

在做模式比較時，AIC 愈小表示模式愈簡效，所以 AIC 可以作為模式的選擇之用。所有競爭模式中AIC最小的，此模式最具有複核效化。

AIC 也與模式修正有關，Kaplan（*1991a*）企圖將 AIC 表現為 MI 的一個函數。現在假設有兩個模式 M_1 以及 M_2，M_2 是經由 MI 指數判斷所形成的 M_1 之套層模式。M_1 獲得的AIC以 AIC_1 表示，M_2 所獲得的AIC以 AIC_2 表示。AIC_1 與 AIC_2 的公式如下：

$$\text{AIC}_1=\chi_1^2-2(df_1) \quad 【8\text{-}7】$$

$$\text{AIC}_2=\chi_2^2-2(df_2) \quad 【8\text{-}8】$$

模式 M_1 與 M_2 的 AIC 差異可以表示如下：

$$\begin{aligned}\mathrm{AIC}_1-\mathrm{AIC}_2&=(\chi_1^2-\chi_2^2)-2(df_1-df_2)\\&=\Delta\chi^2-2(\Delta df)\end{aligned}\qquad【8\text{-}9】$$

其中，$\Delta\chi^2$ 在大樣本下正好等於 MI。如果我們只釋放一個參數，則上面公式 8-9 可以轉變成：

$$\mathrm{AIC}_1-\mathrm{AIC}_2=MI-2\qquad【8\text{-}10】$$

從公式 8-10 可以知道，當釋放一個參數時，模式要獲得改進，MI 值的增加至少要大於 2。

Bozdogan（*1987*）修正 AIC 指標，獲得一個 CAIC 指標，其公式如下：

$$\mathrm{CAIC}=\chi^2+(1+\ln N)\,q\qquad【8\text{-}11】$$

q 為兩個套層模式的自由度差異。

CAIC 和 AIC 在競爭模式排序時，可能會產生不同的排序結果。其會產生不同的原因在於，當模式 M_1 與 M_2 為套層模式，兩個的自由度差為 1。則在 $\alpha=0.05$ 之下，如果所減低的卡方值超過 2，AIC 將會選擇 M_1。如果所減低的卡方值超過 $1+\ln N$，CAIC 也將會選擇 M_1。然而，2 與 $1+\ln N$ 通常是不一樣大，所以產生不同的結果。

二 ECVI

ECVI 是由 Cudeck 和 Browne（*1983*）所發展可以用來評鑑複核效化適當性問題的指標，他們發展此一指標主要是結合了 AIC 與整體差距估計的概念（見第六章附錄 6-1）。

對複核效化而言，來自於同一個母群體的兩個獨立樣本。其一為校正樣本，C，大小為 n_C+1，產生一個共變數矩陣 S_C；其二為效度樣本，V，大小為n_V+1，產生一個共變數矩陣 S_V。模式適配共變數矩陣 S_C 所產生的適配共變數矩陣為 $\hat{\Sigma}_C$。則複核效化指標為效度樣本共變數矩陣 S_V 與適配共變數矩陣 $\hat{\Sigma}_C$ 之間的差距。其公式如下：

$$\text{CVI}=F(S_V, \hat{\Sigma}_C) \quad 【8\text{-}12】$$

顯然地，複核效化指數乃是測量 S_C 所產生的適配共變數矩陣 $\hat{\Sigma}_C$ 能夠適配效度樣本共變數矩陣 S_V 的程度。

如果考慮在既定的校正樣本下，CVI 對效度樣本的條件期望值，我們將獲得下面的公式：

$$E(\text{CVI})=E[F(S_V, \hat{\Sigma}_C | \hat{\Sigma}_C)]=F(\Sigma_0, \hat{\Sigma}_C)+n_V^{-1}p^* \quad 【8\text{-}13】$$

其中，n_V 為效度樣本的大小，$p^*=\frac{1}{2}p(p+1)$ 是 Σ 中非多餘要素的數目。因此，可以看出CVI是 $F(\Sigma_0, \hat{\Sigma}_C)$ 一個偏差估計數。$F(\Sigma_0, \hat{\Sigma}_C)$ 為校正樣本的整體差距值，它的偏差程度是 $n_V^{-1}p^*$。

Browne和Cudeck（*1993*）認為如果企圖將上面的公式減去 $n_V^{-1}p^*$ 來調整此一偏差情形，則可能導致一個不可相容性的負向估計，這樣做也是不太值得，因為對所有適配校正樣本的競爭模式，它們的偏差是一樣的。

公式 8-13 必須將現有樣本一分為二，當樣本很小時，就顯得相當的不方便。如何避免此一問題，讓研究者在小樣本下依然從事複核效化的檢定呢？Browne 和 Cudeck（*1993*）建議採用校正樣本為主的複核效化指標的期望值（expected value of cross-validation index）。首先，假設 $n_V=n_C=n$，則 ECVI 將近似於：

$$\text{ECVI}=E[F(S_V, \hat{\Sigma}_C)]=F(\Sigma_0, \tilde{\Sigma}_0)+n^{-1}(p^*+q) \quad 【8\text{-}14】$$

其中 q 代表模式參數被釋放來估計的的數目。如果讓 $S=S_V$ 且 $\hat{\Sigma}=\hat{\Sigma}_V$，

則Browne和Cudeck（*1989*）顯示樣本差距函數的期望值改變成下列的方式：

$$c = F(S, \hat{\Sigma}) + 2n^{-1}q \qquad 【8\text{-}15】$$

c會近似於ECVI。且當我們採用最大概似差距函數$F_{ML}(S, \Sigma)$來估計時，c值和AIC成線性相關。將c值做轉換即可發現其為AIC/$(N-1)$。

$$\begin{aligned} c &= F(S, \hat{\Sigma}) + 2n^{-1}q \\ &= \frac{(N-1)}{(N-1)}F(S, \hat{\Sigma}) + \frac{2q}{N-1} \\ &= \frac{(N-1)F(S, \hat{\Sigma}) + 2q}{N-1} \\ &= \frac{\chi^2}{N-1} + \frac{2q}{N-1} \\ &= \frac{\text{AIC}}{N-1} \end{aligned} \qquad 【8\text{-}16】$$

也因此，在競爭模式中，c值與AIC值產生相同的模式排序。那麼，我們可以瞭解ECVI和AIC一樣，皆可以用於競爭模式時選擇模式之用。當ECVI的值愈小，表示該模式的複核效化愈好。

上面所獲得的ECVI值是一種點的估計，Browne和Cudeck（*1993*）提出了區間的估計方法，一個90%信賴區間的ECVI值如下：

$$(c_L\,;\,c_U) = \left(\frac{(\hat{\lambda}_L + p^* + q)}{n}\,;\,\frac{(\hat{\lambda}_U + p^* + q)}{n}\right) \qquad 【8\text{-}17】$$

其中$\lambda = nF(\Sigma_0, \tilde{\Sigma}_0)$，$\hat{\lambda}_L$為90%信賴水準$\lambda$的下限，$\hat{\lambda}_U$為90%信賴水準$\lambda$的上限。

Browne和Cudeck（*1993*）進一步建議當$F(S, \hat{\Sigma})$被作為差距函數使用時，ECVI的估計數c可以用公式8-18來取代。

$$c^* = F_{ML}\left(S, \hat{\Sigma}\right) + 2(n-p-1)^{-1} q \qquad【8\text{-}18】$$

c^*的 ECVI 之 90%信賴區間如下：

$$(c_L^* \;;\; c_U^*) = \left(\frac{\left(\hat{\lambda}_L + p^* + q\right)}{n-p-1} \;;\; \frac{\left(\hat{\lambda}_U + p^* + q\right)}{n-p-1}\right) \qquad【8\text{-}19】$$

最後，我們必須強調的是 ECVI 值受到樣本分配假定的影響相當大，如果樣本分配相當偏離常態，這個值是相當值得懷疑的。

第六節　結論

在上面，我們談到各種的複核效化，因研究的目的不同，而採用不同的複核效化。不過，對於 SEM 的初學者而言，其最常使用的模式評鑑策略是模式的發展。那麼，其所牽涉的複核效化大部分是模式穩定的那一類。實際上，學者們相當鼓勵做模式發展時，應當檢定複核效化，因此，研究者在做研究時最好能夠準備充分的樣本。比較簡單且方便的方式是一次蒐集足夠的樣本，再用隨機分配的方式將樣本分為兩群。此時，研究者可以參照 CVI 值來看模式是否具有複核效化。而其判斷的方式是在修正過程裡所獲得數個適配良好的模式中，選擇 CVI 值最小者的那個模式。

研究者可以進一步採用雙複核效化的檢定，每一個研究者所興趣的模式皆可以獲得兩個CVI值。能夠在兩回合的CVI值的比較之下，獲得最小CVI值的模式就是具有最大預測效度的那一個。而此模式的適配又可以接受之下，當然就是最佳的選擇。

當然，使用複核效化能夠讓我們對於模式的預測效度更加有信心。不過，它還是有一些缺點存在。首先，它必須要有大樣本才能夠執行。其次，它可能產生不穩定的結果，特別是在小樣本之下（*Diamantopoulos & Siguaw, 2000*），導致不同模式連結到最小的CVI值。

最後，如果研究者真的無法蒐集到足夠的樣本來分為校正樣本與效標樣本。那麼，只好使用ECVI指標來判別。最小的ECVI值加上可接受的適配指標，就是最佳選擇的模式。不過，在採用此一指標時，相當需要注意的是變項的分配是否沒有問題，若問題很大的話，ECVI指標所判斷的結果依然是不可靠的。

第九章

模式的解釋

當研究者的模式通過前面各章節所要求的考驗後，最後就是關於模式的解釋（interpretation）。正如Hoyle和Panter（*1995*）所言，從SEM中所獲得發現的解釋，可能是 SEM 此一取向最受強烈批評的目標。Freedman（*1987*）以及 Cliff（*1983*）對模式的解釋問題更是批判有加，關於這些人的批評，我們將會在本書的最後一章加以討論。而本章的重點則是放在如何以 SEM 的取向來對研究模式的發現做解釋。解釋所牽涉的面向包括因果性、方向性以及效果係數等。

對許多學者而言，模式結果的解釋主要是關於模式中結構係數（structural coefficients）所顯示意義的探討。由於早期 SEM 皆被視為是因果模式，因此，結構係數牽扯了有關因果性的問題。基本上，這是一個相當爭議的問題，在本書的第二章裡，我們仔細的討論過此一問題。一些學者認為 SEM 的因果性之建立和一般我們使用相關、多元迴歸以及變異數分析是沒有兩樣的。有些學者為了避免因果性的爭議，而將結構係數單純的視為是一種影響性（influence）。

結構係數的解釋所涉及的第二個面向是關於方向性（directionality）的問題。對 SEM 而言，由於它是一種統計的技術，因此，它是無法處理方向性的問題。在第二章第三節模式界定的議題中，我們說明了對等模式的問題，當研究者把某個影響的路徑之方向反轉過來，模式的解釋不一樣，但是資料的適配是一模一樣。所以說方向性是建立在邏輯、推定因的操作，或者是堅強的理論之論辯（*Hoyle & Panter, 1995*）。

解釋結構係數的意義最後是落在將結構係數視為是一種「效果係數」（effect coefficients）來解釋。也就是說，B、Γ、Λ_y，以及 Λ_x 等係數（這些是直接效果）結合形成各種間接效果（indirect effect），以及總效果（total effect），然後對這些效果加以解釋。直接效果乃是指一個變項對另一個變項的影響並沒有透過任何其他變項；間接效果乃是指一個變項對另一個變項的影響乃是透過至少一個其他的變項；總效果就是直接效果與間接效果的總和。很顯然地，模式中的效果是可以分解（decomposition）的。雖然，研究時解釋直接效果是必然的工作，但是，間接效果以及總效果是不容忽視的。因為間接效果和總效果可以幫助我們回答直接效果無法回答的重要問題。例如，二級因素分析，我們如果想知道哪一個指標受到二級潛在變項影響最大，此時找出二級潛在變項對指標的總效果最大的那一個。而此一問題無法以直接效果來得到。

在進入對模式所形成效果的解釋時，我們先探討結構係數的呈現方式，結構係數的呈現有兩種方式，一種是非標準化的參數估計數（unstandardized parameter estimates），一種是標準化的參數估計數（standardized parameter estimates）。

第一節　非標準化以及標準化參數估計

非標準化參數估計乃是變項的量尺化訊息牽涉到或僅能夠參考到變項的量尺來加以解釋。也就是說，這些非標準化參數的估計皆是使用所牽涉變項的原始分數（raw scores）來估計。非標準化參數估計所得到的係數就是非標準化係數（unstandardized coefficients）。

標準化參數的估計乃是將非標準化估計做一種轉換，這種轉換主要是將變項量尺化，也就是將變項的原始分數轉換成 Z 分數，再來做參數的估計。以 X 變項為例，它的 Z 分數轉換之公式如下：

$$Z_i = \frac{X_i - \mu_X}{\sigma_X} \quad 或 \quad Z_i = \frac{X_i - \overline{X}}{s} \qquad 【9\text{-}1】$$

第一個公式的平均數以及標準差是來自於母群體，第二個公式的平均數與標準差則是來自於樣本。

在 SEM 中，X 與 Y 變項皆為觀察變項，還有潛在變項存在（η 與 ξ）。在LISREL裡，將潛在變項標準化的方式是將潛在變項的變異數設定為1.00。對LISREL而言，所謂標準化的解（standardized solutions）只是牽涉到所有潛在變項的變異數設定為1.00，而觀察變項依然使用原始分數。當言及完全標準化的解（completely standardized solutions）時，則是將所有潛在變項的變異數設定為1.00，且所有觀察變項轉換成Z分數。因此，在LISREL裡，標準化係數乃是來自於完全標準化的解。

當變項做標準化的轉換之後，標準化變項和原始變項之間，有一些特性是沒有改變的。首先是標準化變項與原始分數的變項所對應的不同值的機率是一樣的。唯一不同的是標準化變項的平均數變成0.00，標準差變成1.00。其次，標準化變項和原始分數的變項在分配的型態上是一樣的。如果原始分數的分布是常態，標準化分數的分布也是常態；如果原始分數分布是偏態，標準化分數的分布也是偏態。

在此，我們必須瞭解，使用非標準化係數以及標準化係數在解釋效果時，最大的不一樣是在效果改變時，量尺是不同的。對非標準化係數的解釋方式通常是當所有其他獨立變項維持在它們的平均數時，獨立變項改變一單位導致依變項改變的單位數。標準化係數的解釋就是當所有其他獨立變項維持在0.00時，獨立變項改變一個標準差導致依變項標準差改變的數量。

在使用非標準化係數來呈現結構係數時，通常需要將標準誤（standard error）一起呈現。呈現標準誤有兩個很重要的意涵：一為太小或太大的標準誤表示模式的估計有問題存在或產生不穩定的現象，這部分請參考第六章參數估計中的違犯估計。二為標準誤可以讓研究者瞭解到該參數是否顯著地不同於0.00。

使用標準化係數以及非標準化係數皆各有優缺點。對標準化係數而言，它的解釋不受到X與Y變項量尺改變的影響，例如變項X一開始是以公尺來測量，將其改變成公分的方式，標準化係數依然不變。其次，它可以做內在模式的比較，例如圖9-1，我們獲得一個具有四個指標所組成的測量模式。從圖中可以知曉服務品質滿意是由方案品

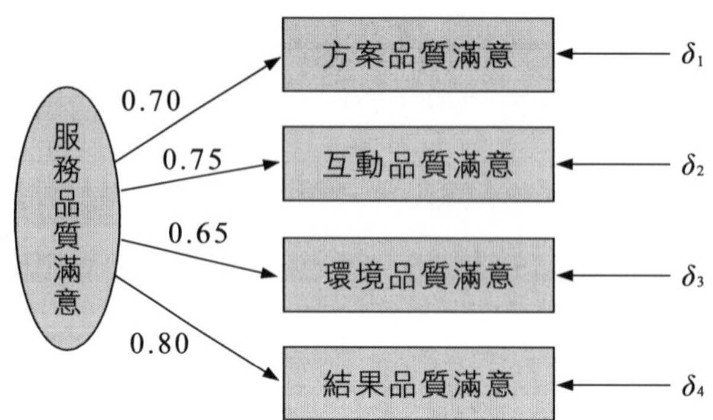

圖 9-1　服務品質滿意 CFA 模式以及標準化係數

質滿意、互動品質滿意、環境品質滿意，以及結果品質滿意四個指標組成。其標準化因素負荷量分別是 0.70、0.75、0.65 以及 0.80。因此，我們可以知曉結果品質滿意對服務品質滿意的貢獻最大，其最能夠反映服務品質。其次是互動品質滿意，再其次是方案品質滿意，最後才是環境品質滿意。

對非標準化係數而言，它就無法做此種內在比較，不過它卻能夠做同一模式不同群體的係數比較，所以非標準化係數可以用在通則化的目的。例如圖 9-2 以及 9-3，我們使用男客戶以及女客戶分別檢定模式，此時獲得非標準化係數，我們便可以比較相對的係數。

對結果品質滿意而言，男客戶的結果品質滿意比女客戶具有較高的建構服務品質滿意效果，當然，是否具有顯著性的差異，在LISREL裡，可以用多群體恆等性（multi-groups invariance）[1] 檢定法來檢定，其他指標也可以依此來探討。這種比較就無法使用標準化係數，主要的原因是因為相同變項在不同群體裡的變異性可能會不同，也就是因為非標準化係數在不同母群體裡具有相對的穩定性，許多學者比較喜

[1] 此種檢定法在 Bollen（*1989b*）一書中，有詳細的討論。實際例子的應用可以參見 Byrne（*1998*）一書中第八章、第九章、第十章以及第十一章。

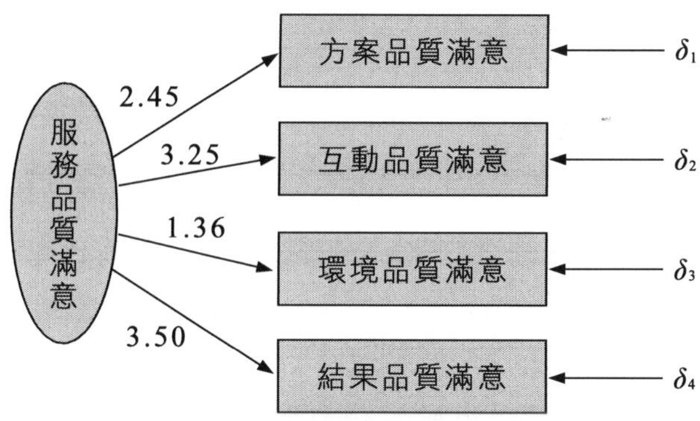

圖 9-2　男客戶服務品質滿意 CFA 模式以及非標準化係數

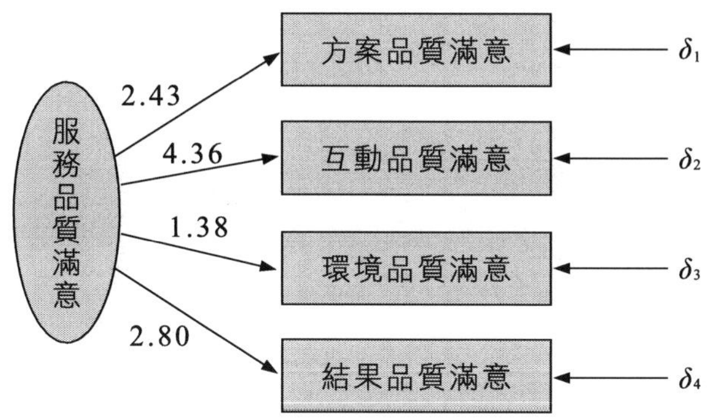

圖 9-3　女客戶服務品質滿意 CFA 模式以及非標準化係數

好使用它來作為變項效果的呈現。其次，非標準化係數可以直接轉換成政策決定的引導（guides for policy decision）（*Pedhazur, 1982*）。當然，在 SEM 中，我們通常希望研究者同時呈現非標準化係數以及標準化係數，對非標準化係數而言，當標準誤也呈現時，從它與標準誤的倍數就可以看出顯著的程度。而標準化係數可以讓我們瞭解在一個母群體中的同一個程式中，哪一個變項較具影響力。

第二節　效果

在 SEM 裡，結構係數作為效果係數來解釋乃是源自於普通迴歸方程式（ordinary regression equation），然後，Wright（*1934*）在其所發展的徑路分析中，擴展成直接、間接以及總效果。

我們回顧一下迴歸分析中，如何探討效果。

$$Y=a+b_1X_1+b_2X_2+b_3X_3+b_4X_4+e \quad 【9\text{-}2】$$

方程式 9-2 中的b_1可以解釋為在X_2、X_3以及X_4保持常數（held constant）時，一個單位的X_1改變所預測Y改變的量。對b_2、b_3以及b_4皆可以仿造此種方式來解釋。

由於迴歸方程式牽涉的只是單一的程式，因此在解釋效果時，較為容易。但是在 SEM 裡，牽扯的是多個方程式，且使用的統計技術是一種完全訊息的技術，這種技術會「牽一髮而動全身」。其次，迴歸方程式就因果關係而言，乃是單向性。而SEM可以有互惠的關係，就是一種非遞回模式。此時的解釋就更為複雜了。為了能夠讓這種複雜的關係的解釋較清楚地呈現，我們使用圖 9-4(a)、圖 9-4(b)以及圖 9-4(c)的三個徑路圖來說明。

圖 9-4(a)是一個遞回模式，其中X_1、X_2、X_4影響X_3，X_1也影響X_3。依據上面直接與間接效果的定義，X_1對X_3具有直接效果，其效果值為b_{31}。X_1也透過X_2對X_3產生間接效果，間接效果值為$b_{32}b_{21}$（間接效果的計算會在稍後的章節中處理）。就間接效果的發展關係是一個單位的X_1改變，產生b_{21}單位的X_2改變，然後b_{21}的X_2改變產生b_{32}的X_3的改變。注意在這個關係的發展上，我們似乎忽略X_4的存在。不錯，通常我們必須將X_4給固定住，也就是說，讓它不要改變的話，我們來討論

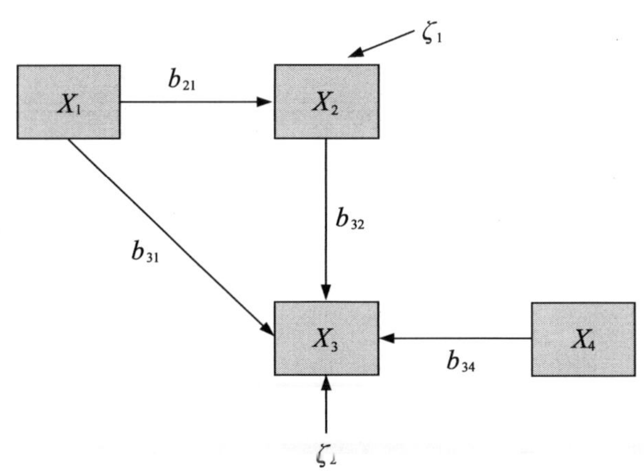

圖 9-4(a)　遞回模式之效果說明圖

間接效果。因此，X_1 對 X_3 間接效果的解釋為「如果 X_4 依然未改變的話，且將 b_{31} 的機制消除，並且 X_2 只同意針對 X_1 的改變而做改變的情形之下，一單位的 X_1 改變間接地產生 $b_{32}b_{21}$ 的 X_3 改變。」

X_1 對 X_3 的總效果就是將直接效果與間接效果加起來，即 $b_{31}+b_{32}b_{21}$。此時的解釋為「除了產生 X_1 的假設單位改變的改變外，如果所有其他變項留著而不去觸及（left untouched）的話，則一單位 X_1 的改變將產生 $b_{31}+b_{32}b_{21}$ 單位的 X_3 改變」。這個解釋隱含 X_4 依然是常數，X_2 允許去改變，但只針對 X_1 的單位改變。在這裡，讀者會發現我們沒有使用「保持常數」的言詞，而是使用「留著而不去觸及」。此乃是依據 Hayduk（*1987*）的意見，Hayduk 認為此兩句話看起來好像一樣，其實是有某種差異存在。因為，對 SEM 而言，使用「保持常數」將會使限制超越了那些模式自身所固有的限制。在單一的迴歸方程式裡，只有直接效果，因而將其他的變項保持常數的狀態，並不會干擾單位改變所產生的效果。但是，在 SEM 裡，不論是遞回模式或是非遞回模式，皆有非直接效果，則將其他所有變項保持為常數時，那麼所消除的就不只是模式中其他部分的無關變異了。所以，Hayduk 認為使用

「留著而不去觸及」是更為恰當的解釋。下面討論非遞回模式的解釋時，這個現象將更為明顯。

接著討論圖 9-4(b)，這是一個非遞回模式。其中 X_2 與 X_3 有互惠的關係。問題產生在這個關係裡，它的互惠使得解釋上不再像圖 9-4(a) 那樣的單純。如果我們讓 X_1 產生一單位的改變，會不會產生 b_{21} 單位的 X_2 改變呢？表面上看起來好像是，其實是有問題的。因為 X_1 的改變產生 b_{21} 的 X_2 改變，但整個影響並沒有停止，X_2 的改變會傳給 X_3，然後 X_3 又再度傳回 X_2。X_2 又傳回 X_3，X_3 又傳回 X_2，這個過程會是無止盡的。所以 b_{21} 是由 X_1 導致一系列 X_2 改變的第一個影響效果（first effect）（*Hayduk, 1987*）。因此，要讓一單位 X_1 的改變導致 b_{21} 單位的 X_2 改變，必須讓 X_2 與 X_3 的迴路（loop）沒有作用（inoperative）。要讓這個迴路沒有作用的方法可以是讓連結 X_2 與 X_3 的機制無效化或者是強迫 X_3 成為常數值（*Hayduk, 1987*）。

對使用 SEM 的研究者而言，通常不會只興趣於一個變項對另一個變項影響的第一個改變。他希望能夠看到改變的整體預測，或者是使模式部分無作用之下由於額外限制所出現的總量改變。因此，必須辨別的是對圖 9-4(b) 中的 b_{21}，它是 X_1 對 X_2 影響的第一個改變，所以稱

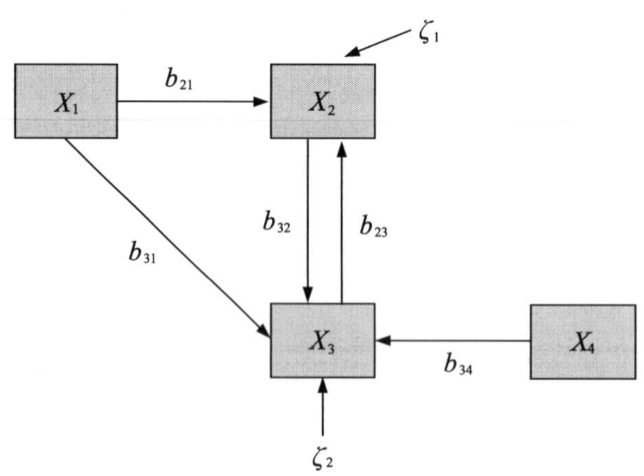

圖 9-4(b)　非遞回模式之效果說明圖一

其為基本直接效果（basic direct effect）。而當談到一單位 X_1 改變時對 X_2 所產生的總量直接效果時，就不只是基本直接效果，還包括迴路所產生的效果，這些效果統稱「迴路強化直接效果」（loop-enhanced direct effects），或簡稱「強化直接效果」（enhanced direct effects）（*Hayduk, 1987*）。

圖 9-4(c)和圖 9-4(b)不一樣的是，將 X_4 影響 X_3 改為 X_3 影響 X_4。這個時候討論 X_3 影響 X_4 的直接效果時，和圖 9-4(b)的情形就不太一樣。如果一開始我們就強迫 X_2 與 X_1 保持常數，也就是不能做任何改變之下，當然，一單位的 X_3 的改變將產生 b_{43} 單位的 X_4 改變。如果不強迫將 X_1 與 X_2 固定住，也就是說，讓 X_1 與 X_2 留著不去觸及且允許其自由變化，則會發生什麼事呢？首先，一單位的 X_3 改變，路徑將會走向 X_2，也會走向 X_4，問題是在 X_2，這個方向將再走回來影響 X_3，然後再影響 X_4，同時受影響的 X_3 再度返回影響 X_2，然後，又回來影響 X_3，再影響 X_4，所以這又是一個無止盡的過程。因此，這個過程再度讓我們理解到基本直接效果和迴路強化直接效果是必須加以區別的。

圖 9-4(c)提供我們討論間接效果的問題，如果我們不去考慮 X_2 與 X_3 之間迴路的影響，則 X_1 對 X_4 所產生的間接效果可以是 $b_{43}\,b_{32}\,b_{21}$。但

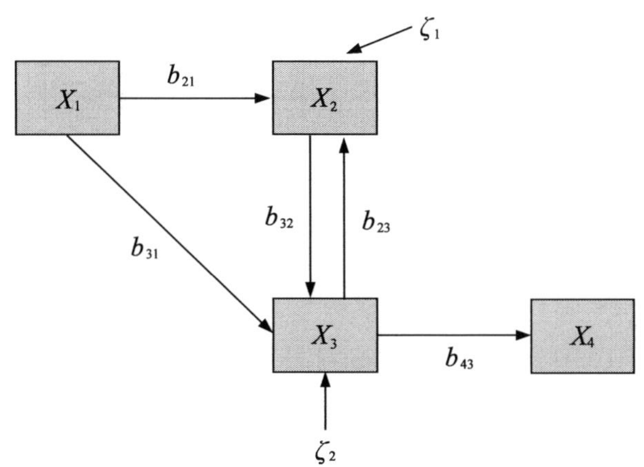

圖 9-4(c)　非遞回模式之效果說明圖二

是當考慮到迴路的影響時，X_1到X_4的間接效果就不止這麼多了，它必須加上迴路所產生的效果。因此，間接效果也可以區別為基本間接效果，它是排除迴路影響的間接效果，以及迴路強化的間接效果（loop-enhanced indirect effect）。它是將迴路的影響加以考慮進去的間接效果。很明顯地，在非遞回模式裡，有所謂「迴路效果」（effects of loops）的問題，那麼，迴路效果該如何計算呢？

在探討這個觀念時，我們依然是追隨 Hayduk（*1987*）的邏輯，因此，依據Hayduk的方法，我們必須將圖 9-4(b)以及 9-4(c)簡化成圖 9-5 的形式。在圖 9-5 裡，原本互惠關係所形成循環性的影響，改以迴路的方式來表示。因此，圖 9-5(a)中L為迴路所形成的影響效果。當然，L是許多構成此一迴路的結構係數的乘積。對X_2而言，它受到X_1的影響，也受到X_2本身所形成迴路的影響，表示這種影響的方程式有兩種，我們以方程式【9-3】以及【9-4】表示之。

$$X_2 = b_{21}X_1 + LX_2 \qquad 【9\text{-}3】$$

移項得 $X_2 - LX_2 = b_{21}X_1$

提出X_2得 $(1-L)X_2 = b_{21}X_1$

左右各除$(1-L)$ $X_2 = [\frac{b_{21}}{(1-L)}]X_1$

$$X_2 = b_{21}X_1 + Lb_{21}X_1 + LL\,b_{21}X_1 + LLL\,b_{21}X_1 + LLLL\,b_{21}X_1 + \cdots\cdots \qquad 【9\text{-}4】$$

$$X_2 = b_{21}(1 + L + L^2 + L^3 + L^4 + \cdots\cdots)X_1 \qquad 【9\text{-}4\text{-}1】$$

設$A = 1 + L + L^2 + L^3 + L^4 + \cdots (1)$

左右邊各乘以 L 得 $LA = L + L^2 + L^3 + L^4 + \cdots\cdots (2)$

(1)－(2)得 $A - LA = 1$ 則 $A = \frac{1}{(1-L)}$

代入【9-4-1】得 $X_2 = [\frac{b_{21}}{(1-L)}]X_1$

方程式【9-3】的表達相當直接，即X_2受到X_1的影響，加上其自

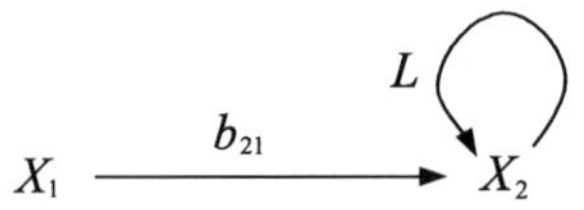

圖 9-5(a)　具迴路的影響關係(a)

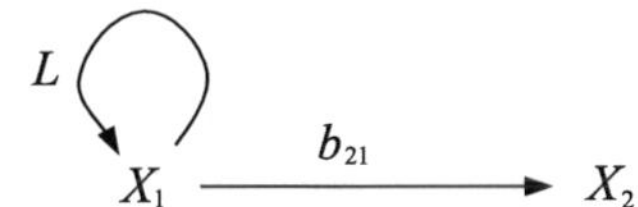

圖 9-5(b)　具迴路的影響關係(b)

身的影響。方程式【9-4】的呈現則具有迴路無止盡影響的觀念，即 X_2 受 X_1 的起始反應為 $b_{21}X_1$，接著這個影響就在 X_2 的迴路裡不斷的循環，每循環一次需乘以效果 L，如此就變成 $L\,b_{21}X_1 + L\,L\,b_{21}X_1 + LLL\,b_{21}X_1 + LLLL\,b_{21}X_1 + \cdots\cdots$。

雖然兩個方程式表示的方法不一樣，但是其結果是一樣的，也就是說，X_1 對 X_2 的衝擊不是 b_{21}，而是 $\frac{b_{21}}{(1-L)}$。

圖 9-5(b)中，當一個單位的 X_1 改變，一方面朝向 X_2 產生 b_{21} 的效果，另一方面朝向迴路產生 L 的效果，L 的效果又往 X_2，產生 $L\,b_{21}$ 的效果，同時再繞回迴路，如此無止盡，它的方程式如下：

$$X_2 = b_{21}X_1 + L\,b_{21}X_1 + LL\,b_{21}X_1 + LLL\,b_{21}X_1 + LLLLb_{21}X_1 + \cdots \qquad 【9\text{-}5】$$

這個方程式和【9-4】的一模一樣，因此，可以化約成：

$$X_2 = \left[\frac{b_{21}}{(1-L)}\right]X_1$$

最後，從公式的要素 $\frac{1}{(1-L)}$ 中，我們可以知道，當 L 為正的時候，一系列的效果值將比初始效果值還要大，因此，正向迴路使得依變項的改變增大。相反地，當 L 為負時，一系列的效果值將比初始效果值還要小，因此，負向迴路使得依變項的改變縮小。

第三節 各種效果的矩陣公式

接下來我們來探討直接、間接以及總效果的矩陣公式。

一 直接效果

在SEM裡，有兩種模式，一為測量模式，它的結構方程式有二：一為對 x 變項所形成的測量模式，其方程式為 $x=\Lambda_x\xi+\delta$，以及對 y 變項所形成的測量模式，其方程式為 $y=\Lambda_y\eta+\varepsilon$。二為結構模式，它的通式為 $\eta=B\eta+\Gamma\xi+\varsigma$。其中，$\Lambda_x$、$\Lambda_y$、$B$ 以及 Γ 乃是變項與變項間的直接效果。Λ_x矩陣內的負荷係數為潛在外因變項（ξ）對觀察外因變項的直接效果。在這個矩陣中，第 j 個潛在外因變項對第 i 個觀察外因變項（x）的直接效果，以 $\lambda_{ij}^{(x)}$表示。Λ_y矩陣內的負荷係數為潛在內因變項（η）對觀察內因變項（y）的直接效果。在這個矩陣中，第 j 個潛在內因變項對第 i 個觀察內因變項的直接效果，以 $\lambda_{ij}^{(y)}$表示。B 矩陣裡的結構係數就是潛在內因變項之間（η 對 η）的基本直接效果。在這個矩陣中，第 j 個潛在內因變項對第 i 個潛在內因變項的基本直接效果是以 β_{ij} 來代表。Γ 矩陣裡的結構係數就是潛在外因變項（ξ）對潛在內因變項（η）的基本直接效果。在這個矩陣中，第 j 個潛在外因變項對第 i 個潛在內因變項的基本直接效果是以 γ_{ij} 來代表。

二 間接效果

間接效果的計算乃是沿著獨立變項到依變項之間的路徑所形成的

結構係數之乘積，其數學公式如下：

㈠內因變項之間的間接效果

$$I_{\eta\eta}=\sum_{k=2}^{\infty}B^k=B^2+B^3+B^4+\cdots\cdots+B^{\infty} \quad【9\text{-}6】$$

由於$B^0+B^1+B^2+B^3+B^4+\cdots\cdots+B^{\infty}=(I-B)^{-1}$

因此$I_{\eta\eta}$可以轉換成$(I-B)^{-1}-I-B$

㈡潛在外因變項對潛在內因變項之間接效果

$$\underset{(m\times n)}{I_{\eta\xi}}=\underset{(m\times m)(m\times n)}{B\Gamma}+B^2\Gamma+B^3\Gamma+B^4\Gamma+\cdots\cdots+B^{\infty}\Gamma$$

$$I_{\eta\xi}=(B+B^2+B^3+B^4+\cdots\cdots+B^{\infty})\Gamma$$
$$=[(I-B)^{-1}-I]\Gamma \quad【9\text{-}7】$$

㈢潛在變項對觀察變項的間接效果

$$I_{y\eta}=\Lambda_y T_{\eta\eta}=\Lambda_y[(I-B)^{-1}-I] \quad【9\text{-}8】$$
$$I_{y\xi}=\Lambda_y(I-B)^{-1}\Gamma \quad【9\text{-}9】$$

注意，ξ到x之間沒有間接效果，η到x之間也沒有間接效果。

三 總效果

總效果等於直接效果加上間接效果，其數學公式如下：

㈠潛在內因變項之間的總效果

$$T_{\eta\eta}=B+B^2+B^3+B^4+\cdots\cdots+B^{\infty}$$
$$=B+(I-B)^{-1}-I-B=(I-B)^{-1}-I \quad【9\text{-}10】$$

㈡潛在外因變項對潛在內因變項的總效果

$$
\begin{aligned}
T_{\eta\xi} &= \Gamma + B\Gamma + B^2\Gamma + B^3\Gamma + B^4\Gamma + \cdots\cdots + B^{\infty}\Gamma \\
&= (I + B + B^2 + B^3 + B^4 + \cdots\cdots + B^{\infty})\Gamma \\
&= (I - B)^{-1}\Gamma
\end{aligned}
\quad【9\text{-}11】
$$

㈢潛在變項對觀察變項的總效果

$$T_{y\eta} = \Lambda_y (I - B)^{-1} \quad【9\text{-}12】$$

$$T_{y\xi} = \Lambda_y (I - B)^{-1}\Gamma \quad【9\text{-}13】$$

$$T_{x\xi} = \Lambda_x \quad【9\text{-}14】$$

（由於ξ到x之間沒有間接效果，所以總效果等於直接效果）。η對x沒有直接效果，也沒有間接效果，因此沒有總效果。

第四節　結論

模式結果的解釋牽涉了因果性、方向性以及效果大小。因果性以及方向性是無法從 SEM 的統計數字上來詮釋的。它是理論的範疇，研究者在解釋上必須使用堅強的理論才能夠讓模式的解釋在這兩個面向上具有意義。特別注意的是如果研究者採用互惠關係時，因果性的解釋將是一個嚴重的問題。

所以說，SEM 的統計數字可以給我們最主要的訊息是效果的大小。由於研究模式是由複雜的關係所形成的。它的效果可以分成為直接、間接以及總效果。也因為 SEM 允許互惠關係的產生，使得在效果解釋上更為複雜。當研究者採用非遞回模式時，它的直接效果又可區分為基本直接效果以及迴路強化直接效果，它的間接效果也可以分為基本間接效果以及迴路強化間接效果。

效果的解釋可以採用標準化係數以及非標準化係數。使用者需視其研究所需來決定採用標準化係數或是非標準化係數。不論是直接、間接以及總效果，或者是這些效果以標準化或非標準化的形式呈現，皆可以在 LISREL 的程式中，以輸出（output）[2] 指令來獲得。

其次，沒有一個標準的規定來決定何種效果為大的效果，研究者需依據研究領域與性質來做決定。Cohen（*1988*）提出了一個標準或許可以作為一般的參考，但不是絕對的答案。對標準化路徑係數而言，其絕對值小於 0.10 算是小效果，其絕對值在 0.30 左右算是中效果，其絕對值在 0.50 以上，就是大的效果。最後，研究者在此用這些數字來解釋模式的意義時，應當小心謹慎，以免造成過度的推論。

---

[2] 在 SIMPLIS 的 OUTPUT 指令裡，如果沒有加入任何特別指令，則其輸出的報表只呈現直接效果的非標準化係數解。若加入SS的指令會印出標準化的解。加入SC的指令會印出完全標準化的解。加入 EF 的指令會印出總效果、間接效果、它們的標準誤以及 t 值。

第二篇

應用篇

第十章

LISREL 程式撰寫

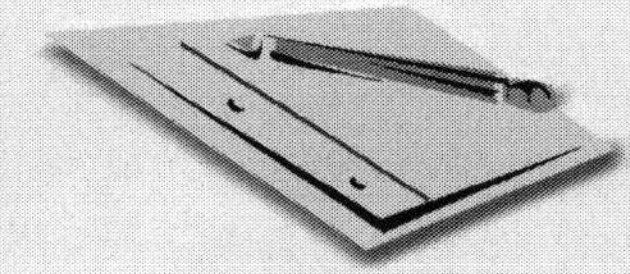

LISREL 程式可以使用畫圖的方式來執行程式，也可以使用語句撰寫的方式來執行程式。本章將介紹這兩種方式，讓讀者可以依據各人喜好做選擇。當然，必須事先說明的是，以畫圖方式所能執行的程式無法像語句一樣應用的範圍比較廣。在語句的指令有 LISREL 語句以及 SIMPLIS 語句，由於 SIMPLIS 語句乃是簡化 LISREL 語句的複雜性，比較容易撰寫，因此，本章在程式的撰寫上主要是介紹SIMPLIS 語句。

第一節　畫圖法

畫圖法乃是將研究者所建構好的假設模式依樣畫葫蘆的將它畫在 LISREL 程式中的 Path Diagram 介面中。因此，研究者必須事先畫好假設模式圖。本章中將以一個CFA模式以及一個統合模式（hybrid model）練習使用 Path Diagram 介面。

一　資料準備

研究者可以將所蒐集的資料存放在 SPSS 統計軟體中，再經由轉換的工作放入 LISREL 軟體中的 PRELIS 表單。也可以直接就存放在 PRELIS 表單中。由圖 10-1 的一階二因素 CFA 模式可以知道，總共有 10 個變項，筆者將所蒐集的 10 個變項資料存放在 SPSS12.0 版的表單中，見視窗 10-1。

視窗 10-1 中顯示有 10 觀察變項，此資料的樣本數為 1,785 個。接下來將視窗 10-1 的資料存成為ASCII的檔案形式，如此就可以轉換到 PRELIS 的表單中，存檔的方式如視窗 10-2、視窗 10-3。

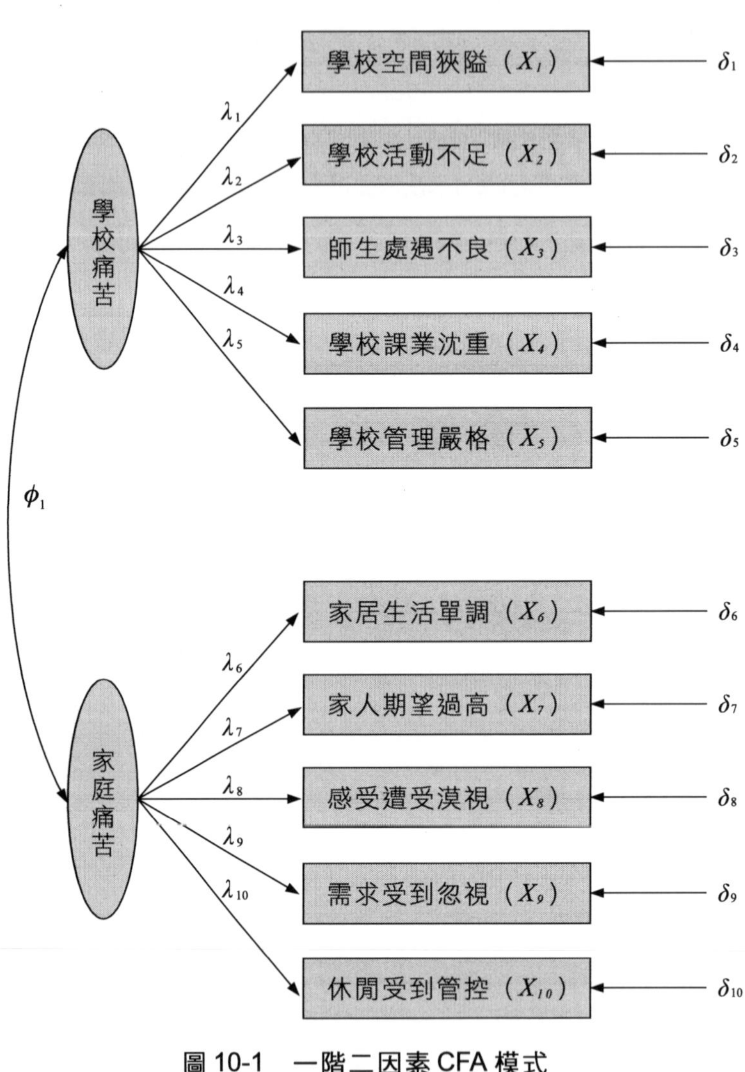

圖 10-1　一階二因素 CFA 模式

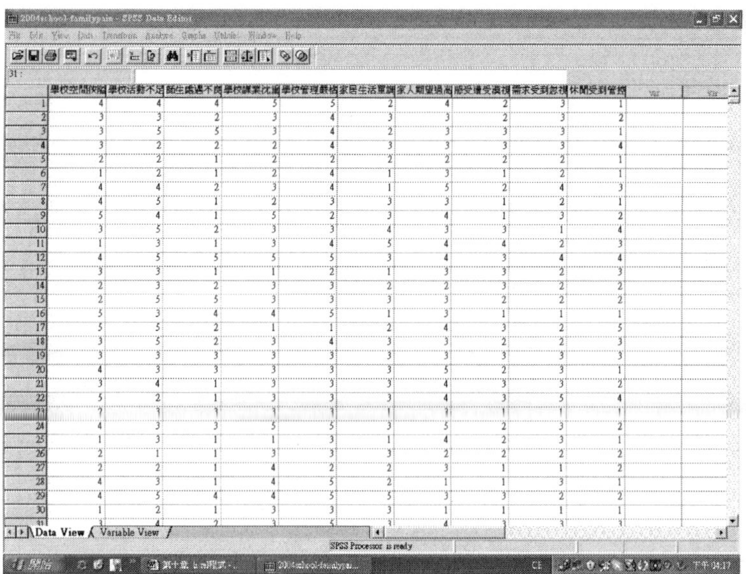

視窗 10-1：圖 10-1 的 SPSS 資料

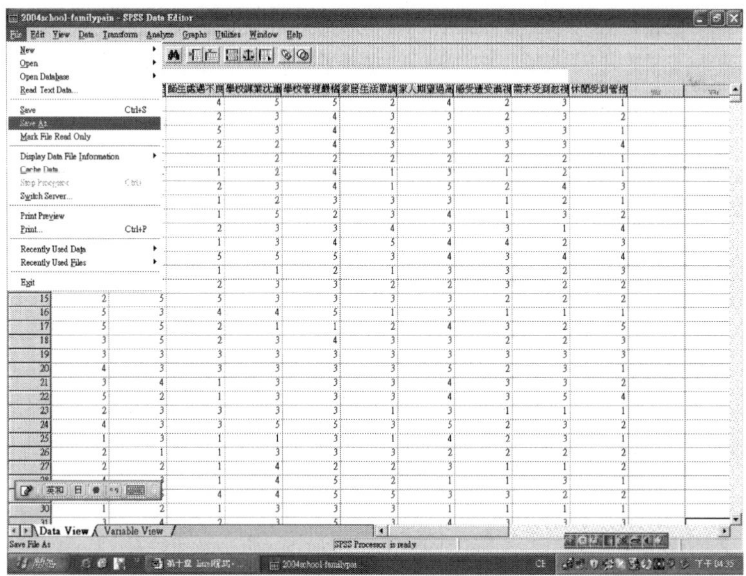

視窗 10-2：存 ASCII 檔的方法步驟一

首先研究者必須打開檔案做另存新檔的動作。當 SPSS 跑出下面視窗 10-3 的存檔視窗時，請點選存檔類型為「固定ASCII（*.dat）」。然後給此一資料一個檔名，例如本資料存在 d:/2006/test/ 93pain。

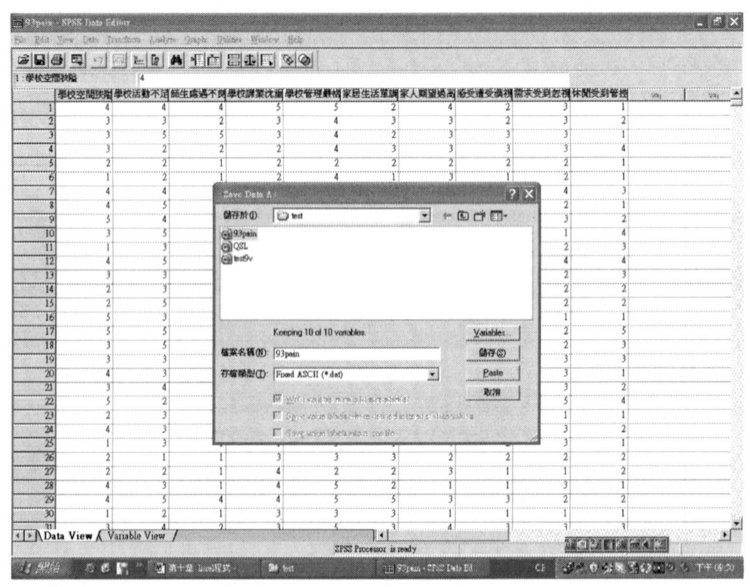

視窗 10-3：存 ASCII 檔的方法步驟二

當資料檔儲存成 ASCII 檔後，就可以轉換成 PRELIS 檔，轉換的方式如下：

㈠打開 LISREL 介面，如視窗 10-4。

㈡開啟 File，此時會看到「Import Data in Free Format」（見視窗 10-5），按下此一選項，則會出現輸入資料的小視窗（見視窗 10-6）。找到所要輸入的資料，然後按開啟，此時會出現輸入變項的小視窗，見視窗 10-7。

在視窗 10-7 中的「Enter Number of Variables」小視窗中的「Number」此一框框中輸入數字 10，因為「93pain」的變項數是 10，輸入完後按下 OK，此時資料就會轉到 PRELIS 表單中，見視窗 10-8。

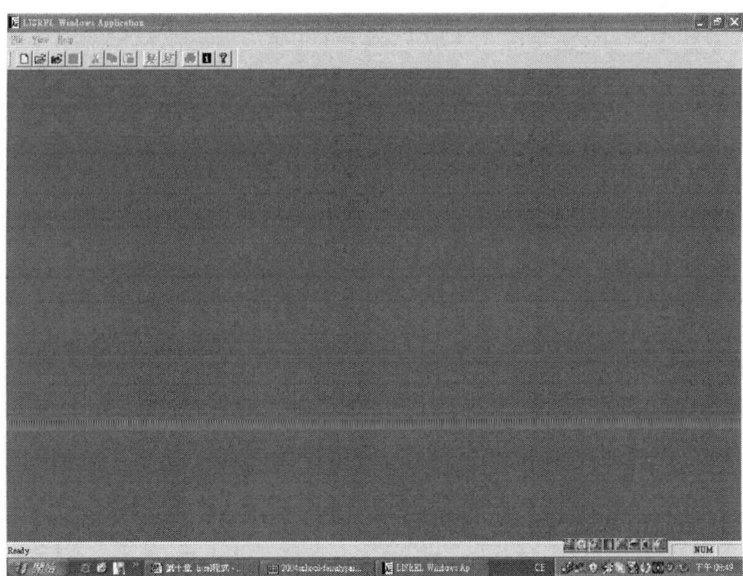

視窗 10-4：LISREL 介面

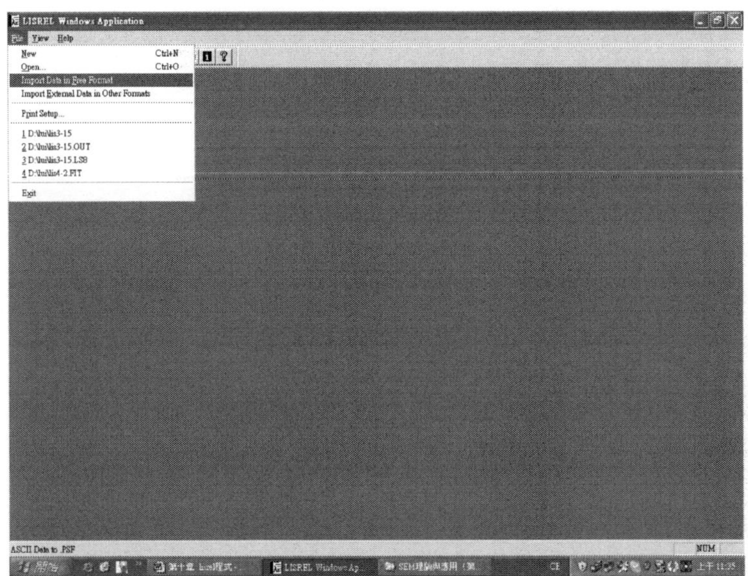

視窗 10-5：開啟 Import Data in Free Format

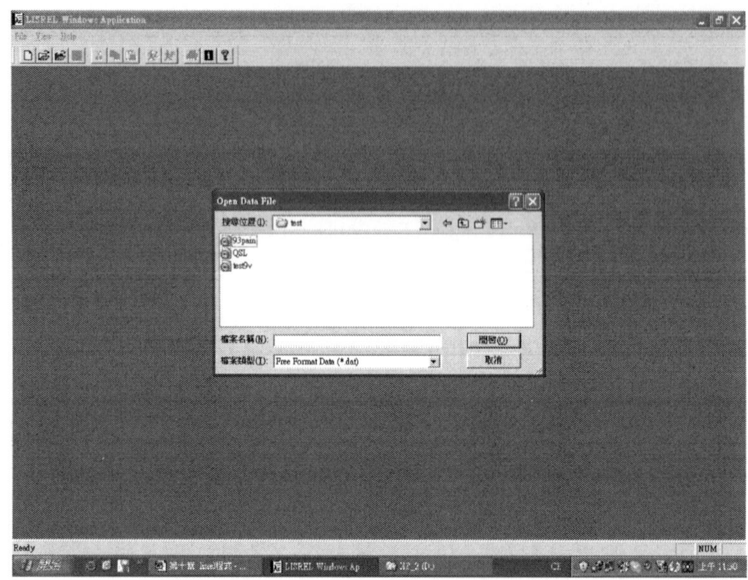

視窗 10-6：開啟 free format data 檔視窗

視窗 10-7：輸入變項視窗

視窗 10-8 中資料的變項並未命名，只是用 VAR1、VAR2……等名稱，讀者可以將其重新命名。命名的方式請點選變項，然後按右鍵，會出現「Define Variables」，見視窗 10-9。再按下此一功能，會出現另一個小視窗，見視窗 10-10。接著將滑鼠的箭頭按住 VAR1，連續點兩下，即可進入 VAR1 的框框中（見視窗 10-11）。刪除 VAR1，再重新命名（見視窗 10-12）。依此類推將十個名稱命完，命名時若使用中文，最多只能輸入 4 個中文字。

當 10 個名稱皆命完名之後，按下 OK，即可見視窗 10-13 的結果。最後，請將此一檔案存檔，就完成轉檔的工作。

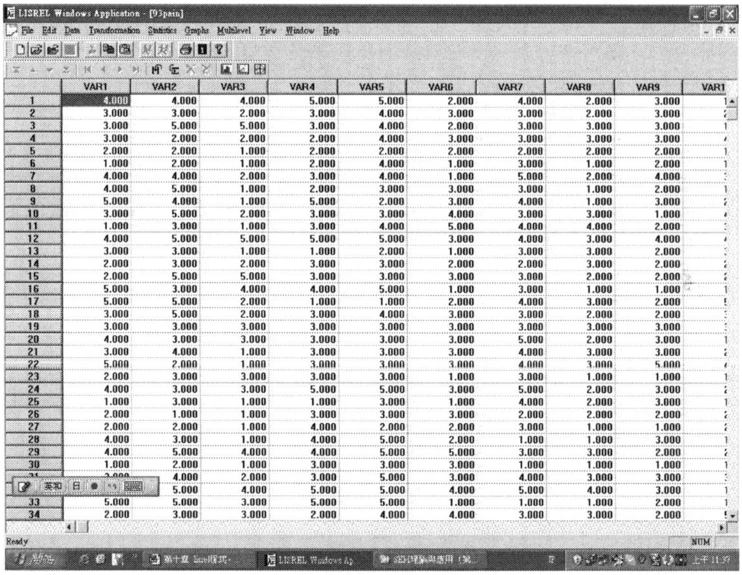

LISREL Windows Application - [93pain]

File Edit Data Transformation Statistics Graphs Multilevel View Window Help

	VAR1	VAR2	VAR3	VAR4	VAR5	VAR6	VAR7	VAR8	VAR9
1	4.000	4.000	4.000	5.000	5.000	2.000	4.000	2.000	3.000
2	3.000	3.000	2.000	3.000	4.000	3.000	3.000	2.000	3.000
3	3.000	5.000	5.000	3.000	4.000	2.000	3.000	3.000	3.000
4	3.000	2.000	2.000	2.000	4.000	3.000	3.000	3.000	3.000
5	2.000	2.000	1.000	2.000	2.000	2.000	2.000	2.000	2.000
6	1.000	2.000	1.000	2.000	4.000	1.000	3.000	1.000	2.000
7	4.000	4.000	2.000	3.000	4.000	1.000	5.000	2.000	4.000
8	4.000	5.000	1.000	2.000	3.000	3.000	3.000	1.000	2.000
9	5.000	4.000	1.000	5.000	2.000	3.000	4.000	1.000	3.000
10	3.000	5.000	2.000	3.000	3.000	4.000	3.000	3.000	1.000
11	1.000	3.000	1.000	3.000	4.000	5.000	4.000	4.000	2.000
12	4.000	5.000	5.000	5.000	5.000	3.000	4.000	3.000	4.000
13	3.000	3.000	1.000	1.000	2.000	1.000	3.000	3.000	2.000
14	2.000	3.000	2.000	3.000	3.000	2.000	2.000	3.000	2.000
15	2.000	5.000	5.000	3.000	3.000	3.000	3.000	2.000	2.000
16	5.000	3.000	4.000	4.000	5.000	1.000	3.000	1.000	1.000
17	5.000	5.000	2.000	1.000	1.000	2.000	4.000	3.000	2.000
18	3.000	5.000	2.000	3.000	4.000	3.000	3.000	2.000	2.000
19	3.000	3.000	3.000	3.000	3.000	3.000	3.000	3.000	3.000
20	4.000	3.000	3.000	3.000	3.000	3.000	5.000	2.000	3.000
21	3.000	4.000	1.000	3.000	3.000	3.000	4.000	3.000	3.000
22	5.000	2.000	1.000	3.000	3.000	3.000	4.000	3.000	5.000
23	2.000	3.000	3.000	3.000	3.000	1.000	3.000	1.000	1.000
24	4.000	3.000	3.000	5.000	5.000	3.000	5.000	2.000	3.000
25	1.000	3.000	1.000	1.000	3.000	1.000	4.000	2.000	3.000
26	2.000	1.000	1.000	3.000	3.000	3.000	2.000	2.000	2.000
27	2.000	2.000	1.000	4.000	2.000	2.000	3.000	1.000	1.000
28	4.000	3.000	1.000	4.000	5.000	2.000	1.000	1.000	3.000
29	4.000	5.000	4.000	4.000	5.000	5.000	3.000	3.000	2.000
30	1.000	2.000	1.000	3.000	3.000	3.000	1.000	1.000	1.000
31	[illegible]	4.000	2.000	3.000	5.000	3.000	4.000	3.000	3.000
[illegible]	[illegible]	5.000	4.000	5.000	5.000	4.000	5.000	4.000	3.000
33	5.000	5.000	3.000	5.000	5.000	1.000	1.000	1.000	2.000
34	2.000	3.000	3.000	2.000	4.000	4.000	3.000	3.000	2.000

Ready NUM

視窗 10-8：PRELIS 資料檔

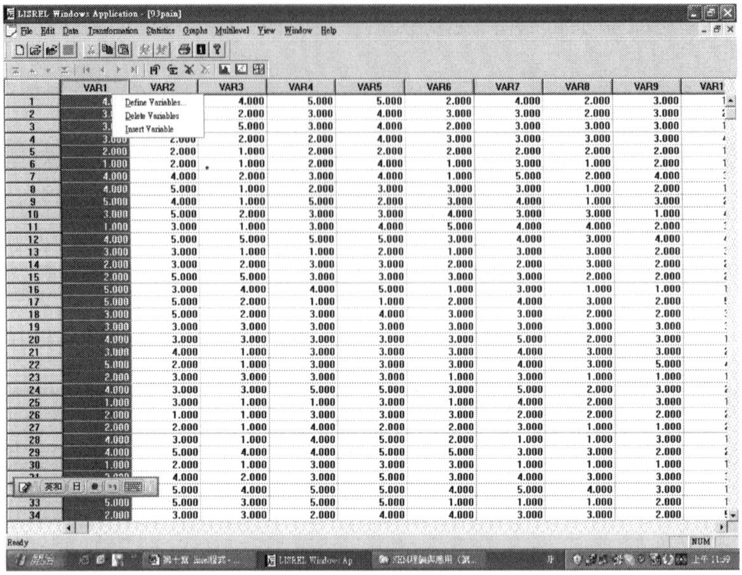

視窗 10-9：開啟定義變項

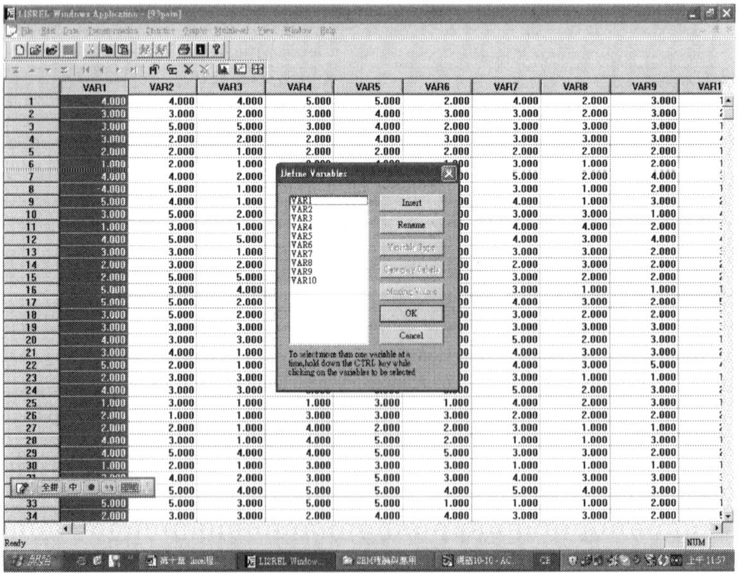

視窗 10-10：定義變項的小視窗

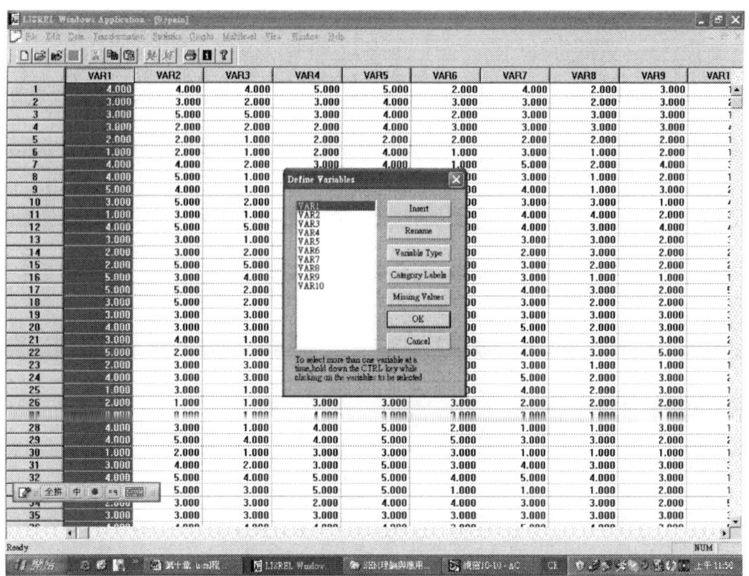

視窗 10-11：進入 VAR1 之框框中

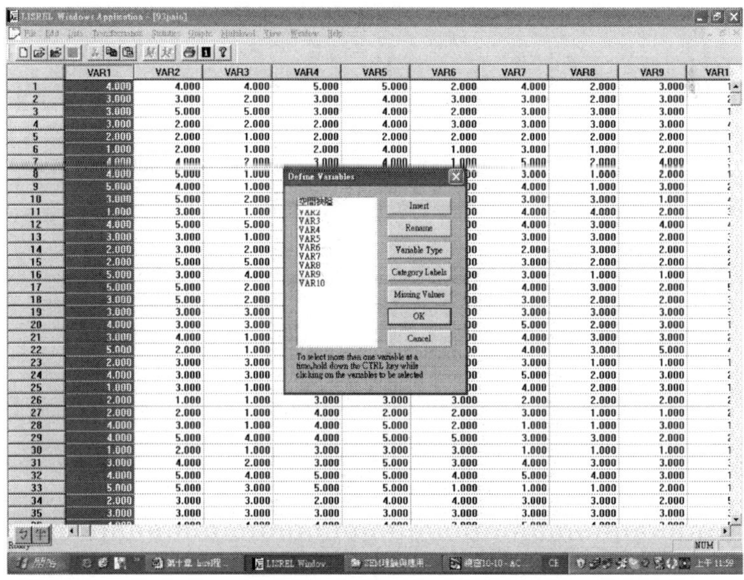

視窗 10-12：輸入中文變項名

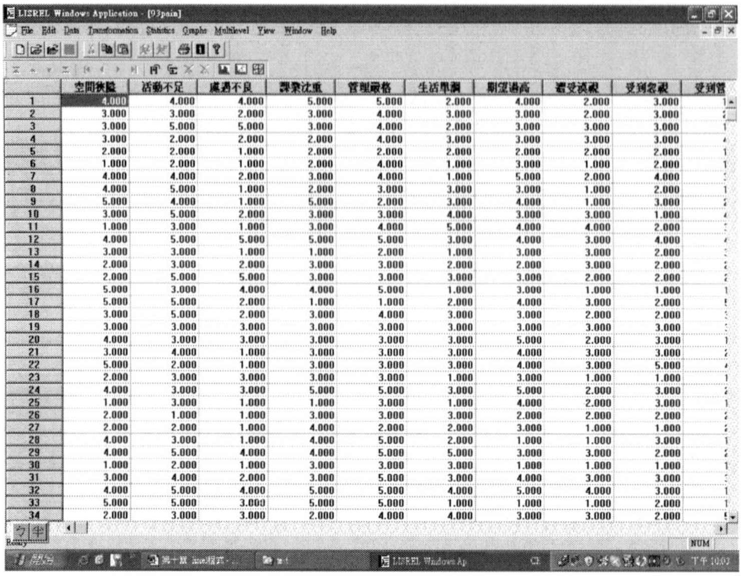

LISREL Windows Application - [93pain]

File Edit Data Transformation Statistics Graphs Multilevel View Window Help

	空間狹隘	活動不足	處遇不良	課業沈重	管理嚴格	生活單調	期望過高	遭受歧視	受到忽視	受到管
1	4.000	4.000	4.000	5.000	5.000	2.000	4.000	2.000	3.000	
2	3.000	3.000	2.000	3.000	4.000	3.000	3.000	2.000	3.000	
3	3.000	5.000	5.000	3.000	4.000	2.000	3.000	3.000	3.000	
4	3.000	2.000	2.000	2.000	4.000	3.000	3.000	3.000	3.000	
5	2.000	2.000	1.000	2.000	2.000	2.000	2.000	2.000	2.000	
6	1.000	2.000	1.000	2.000	4.000	1.000	3.000	1.000	2.000	
7	4.000	4.000	2.000	3.000	4.000	1.000	5.000	2.000	4.000	
8	4.000	5.000	1.000	2.000	3.000	3.000	3.000	1.000	2.000	
9	5.000	4.000	1.000	5.000	2.000	3.000	4.000	1.000	3.000	
10	3.000	5.000	2.000	3.000	3.000	4.000	3.000	3.000	1.000	
11	1.000	3.000	1.000	3.000	4.000	5.000	4.000	4.000	2.000	
12	4.000	5.000	5.000	5.000	5.000	3.000	4.000	3.000	4.000	
13	3.000	3.000	1.000	1.000	2.000	1.000	3.000	3.000	2.000	
14	2.000	3.000	2.000	3.000	3.000	2.000	2.000	3.000	2.000	
15	2.000	5.000	5.000	3.000	3.000	3.000	3.000	2.000	2.000	
16	5.000	3.000	4.000	4.000	5.000	1.000	3.000	1.000	1.000	
17	5.000	5.000	2.000	1.000	1.000	2.000	4.000	3.000	2.000	
18	3.000	5.000	2.000	3.000	4.000	3.000	3.000	2.000	2.000	
19	3.000	3.000	3.000	3.000	3.000	3.000	3.000	3.000	3.000	
20	4.000	3.000	3.000	3.000	3.000	3.000	5.000	2.000	3.000	
21	3.000	4.000	1.000	3.000	3.000	3.000	4.000	3.000	3.000	
22	5.000	2.000	1.000	3.000	3.000	3.000	4.000	3.000	5.000	
23	2.000	3.000	3.000	3.000	3.000	1.000	3.000	1.000	1.000	
24	4.000	3.000	3.000	5.000	5.000	3.000	5.000	2.000	3.000	
25	1.000	3.000	1.000	1.000	3.000	1.000	4.000	2.000	3.000	
26	2.000	1.000	1.000	3.000	3.000	3.000	2.000	2.000	2.000	
27	2.000	2.000	1.000	4.000	2.000	2.000	3.000	1.000	1.000	
28	4.000	3.000	1.000	4.000	5.000	2.000	1.000	1.000	3.000	
29	4.000	5.000	4.000	4.000	5.000	5.000	3.000	3.000	2.000	
30	1.000	2.000	1.000	3.000	3.000	3.000	1.000	1.000	1.000	
31	3.000	4.000	2.000	3.000	5.000	3.000	4.000	3.000	3.000	
32	4.000	5.000	4.000	5.000	5.000	4.000	5.000	4.000	3.000	
33	5.000	5.000	3.000	5.000	5.000	1.000	1.000	1.000	2.000	
34	2.000	3.000	3.000	2.000	4.000	4.000	3.000	3.000	2.000	

Ready NUM

視窗 10-13：PRELIS 命名完成檔

二 執行畫圖程式

當研究者將所蒐集資料轉換成 PRELIS 資料檔後即可開始進行畫圖來執行模式的驗證。其步驟如下：

(一)開啟新檔，點選 Path Diagram（見視窗 10-14），然後按下確定。此時會跑出一個另存新檔的小視窗（見視窗 10-15）。在小視窗中，請輸入欲儲存的檔案，將來做好的模式圖就會存在此一檔名中。

(二)當存好檔時，會出現視窗 10-16 的視窗。

(三)完成上面的動作之後，接著請點選「Setup」，此時可以看到「Title and Comments」，請按進去，就看到 10-17 的視窗。

(四)在 10-17 的視窗之 Title 的框框中打入此一研究的抬頭。接著按「Next」，出現 10-18 的小視窗，此一視窗可以忽視，繼續按「Next」，則出現 10-19 的視窗。

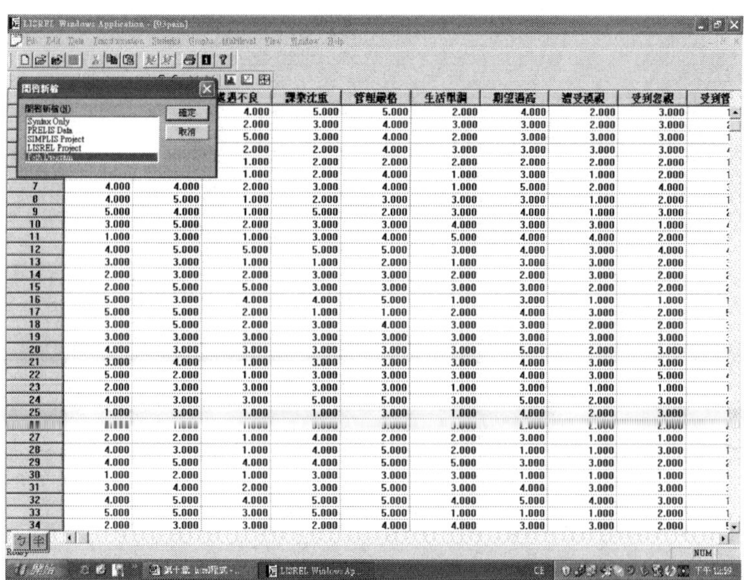

視窗 10-14：開啟 Path Diagram

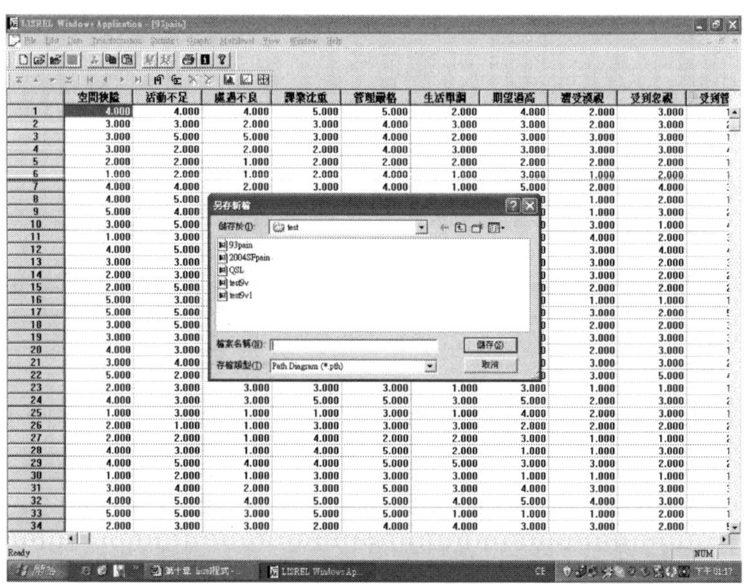

視窗 10-15：儲存圖檔的小視窗

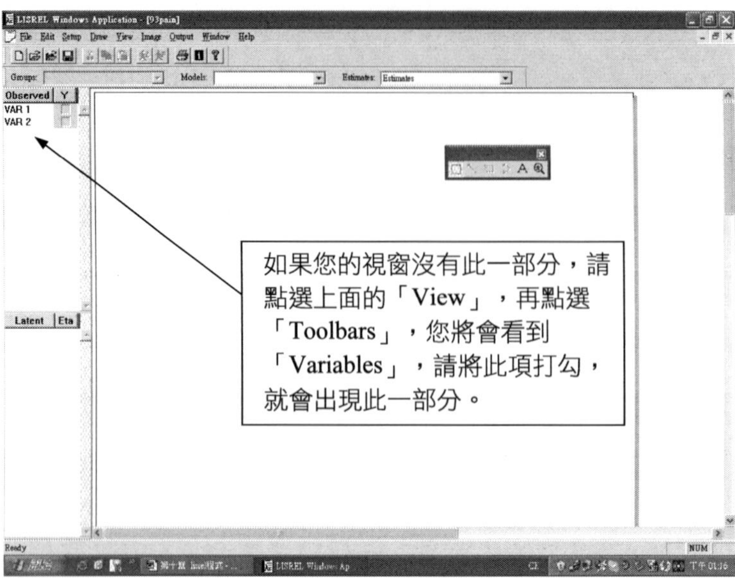

視窗 10-16：Path Diagram 介面

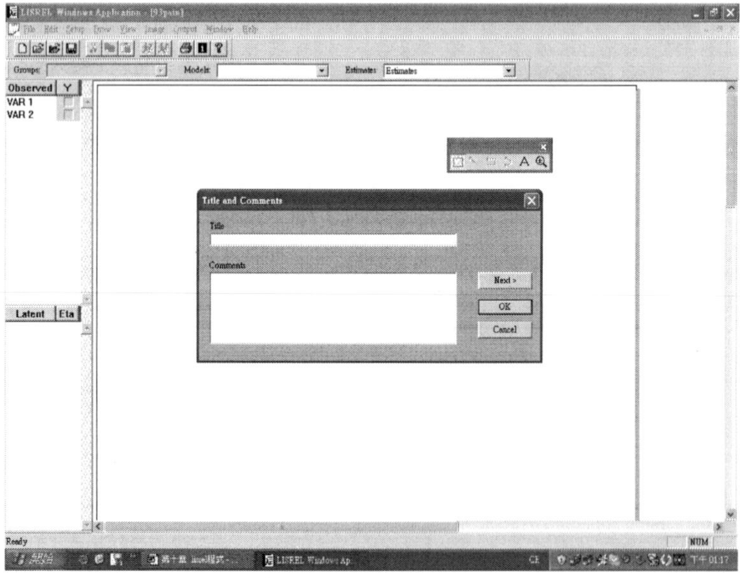

視窗 10-17：輸入 Title

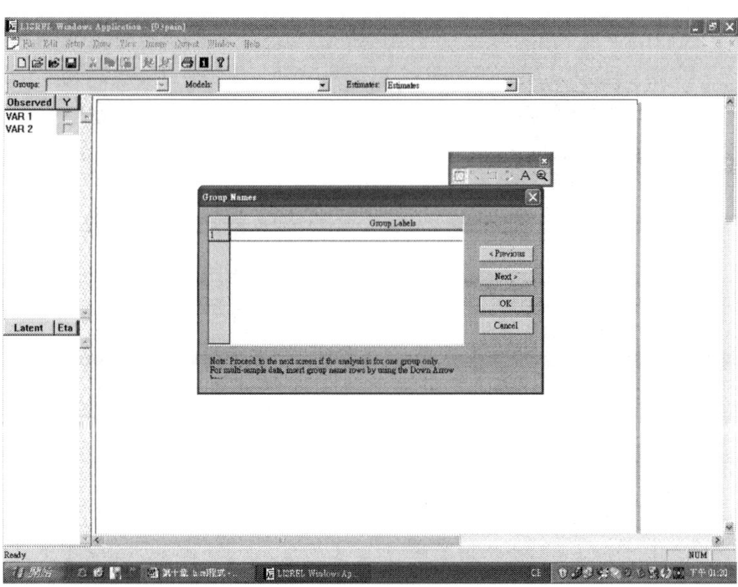

視窗 10-18：界定「Group Labels」

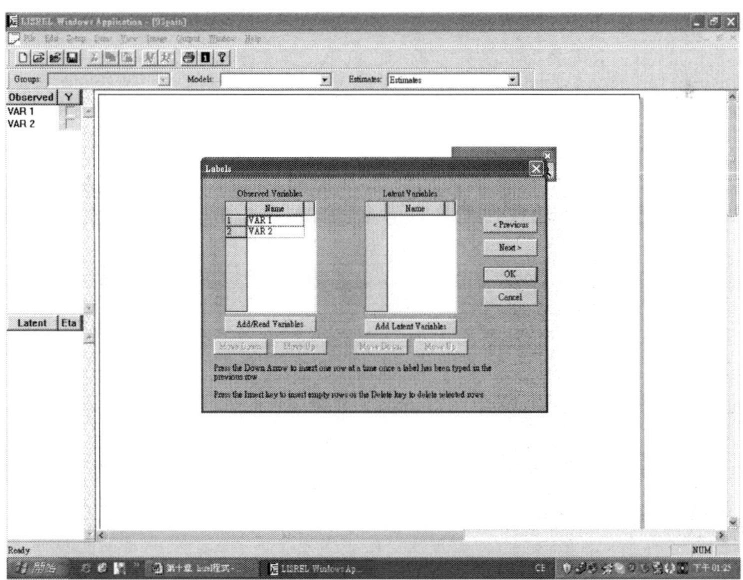

視窗 10-19：讀取與設定變項

㈤請按下視窗 10-19 中的「Add/Read Variables」，此時會出現視窗 10-20。由於資料是存成PRELIS資料的型態，因此，研究者需在「Read from File」旁邊的框框，點選三角形，將「Lisrel System File」改成「Prelis System File」，然後點選下方的「Browser」，其會出現一個小視窗，讓您找到您所存放的資料檔，將該資料檔叫出即可（見視窗 10-21），此時呈現的是觀察變項的資料。

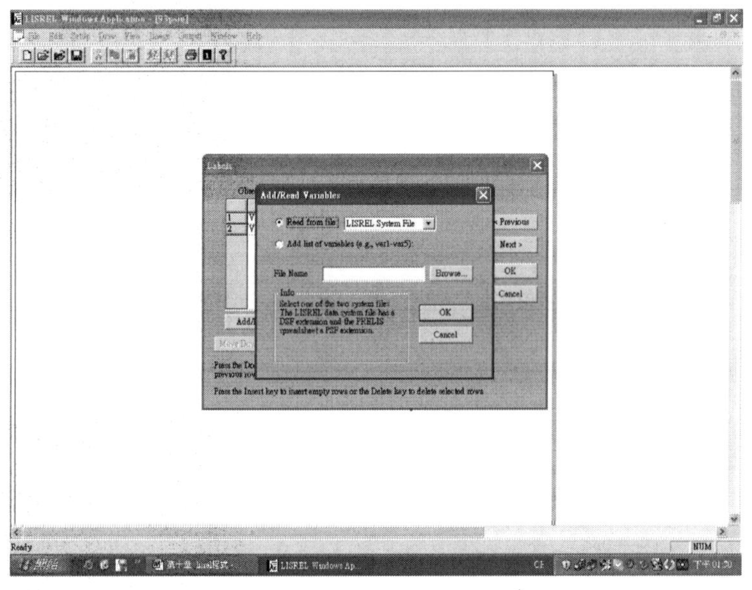

視窗 10-20：讀取觀察變項

㈥當觀察資料的檔案叫出之後，會出現 10-22 的視窗。接著就是定義潛在變項，請按下小視窗中的右邊「Latent Variables」下方的「Add Latent Variables」，此時會出現另一個「Add Variables」的小小視窗（見視窗 10-23）。請輸入潛在變項名稱，例如本模式之「學校痛苦」，輸入完後，請再按一次，再輸入第二個潛在變項名稱「家庭痛苦」，輸入完後即可按OK。此時出現 10-24 的視窗，即可以開始畫圖。

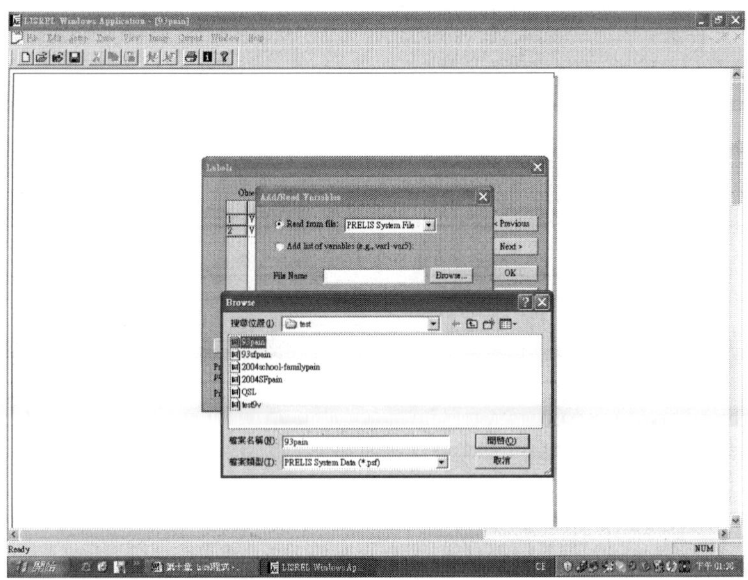

視窗 10-21：讀取觀察變項

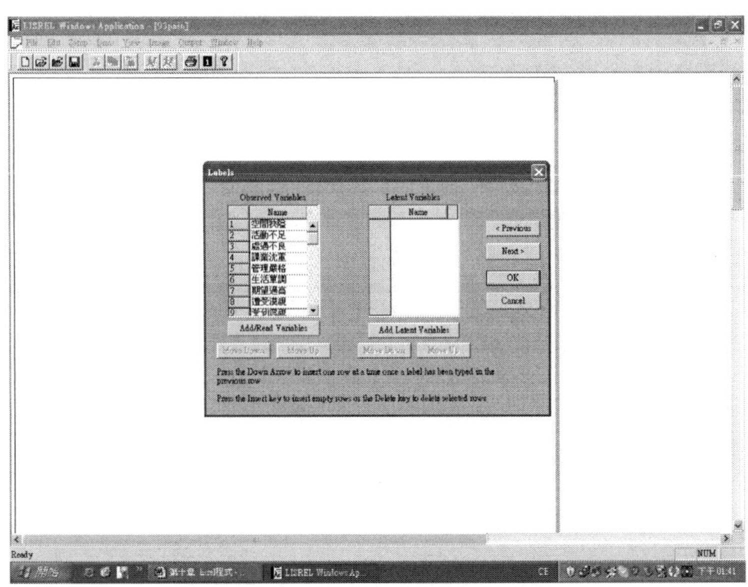

視窗 10-22：輸入觀察變項名稱

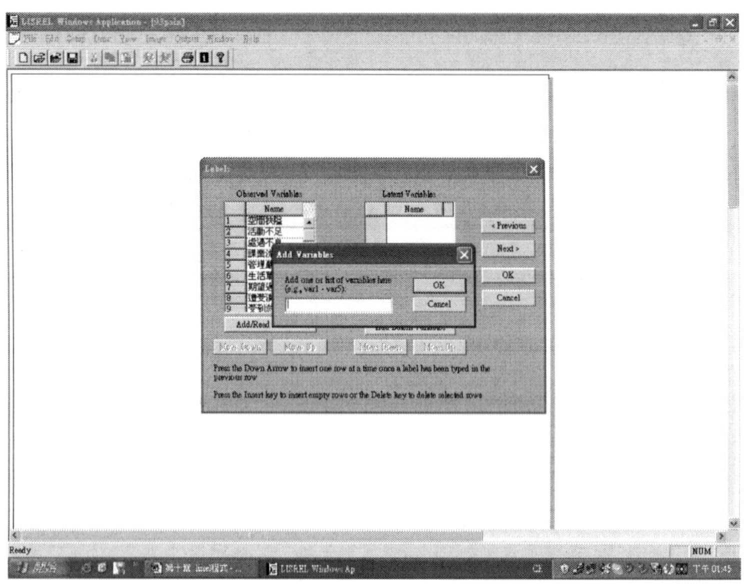

視窗 10-23：輸入潛在變項名稱

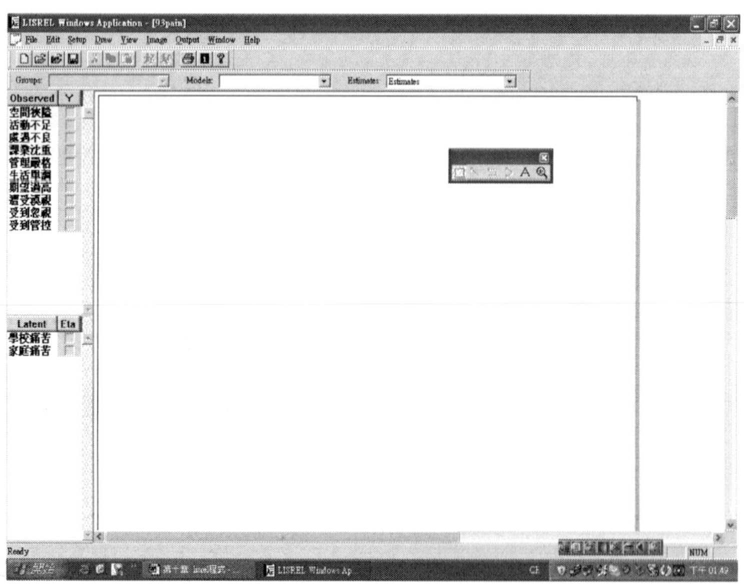

視窗 10-24：畫圖之介面

(七)在視窗 10-24 中，請將滑鼠的箭頭按住旁邊的觀察變項，然後直接拖曳到中間的畫圖區塊中（見視窗 10-25）。此一動作不斷的重複，直到所有變項包括觀察變項以及潛在變項皆拖曳到畫圖區塊中（見視窗 10-26）。

(八)當所有潛在變項與觀察變項皆成功的拖曳到畫圖區塊之後，接著界定潛在變項與觀察變項之間的關係，以及潛在變項與潛在變項之間的關係。在視窗 10-26 中間可以看到一個藍色小框框 ，請按下單箭頭的符號，此時就可以建立潛在變項與觀察變項之間的關係。

(九)請使用滑鼠的箭頭按住潛在變項的橢圓部分，讓橢圓的顏色改變，然後將箭頭拖曳到觀察變項的框框中，使觀察變項框框顏色也改變，此時單箭頭便設立成功（見視窗 10-27）。重複此一動作，將二個潛在變項與十個觀察變項之關係建立完成。接著建立潛在變項與潛在變項之關係，由於其關係是一種相關，因此，必須將原來藍

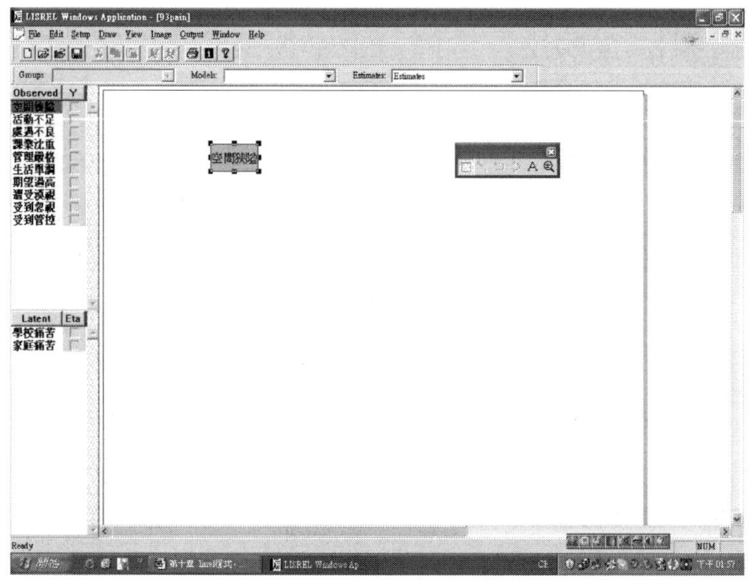

視窗 10-25：拖曳變項

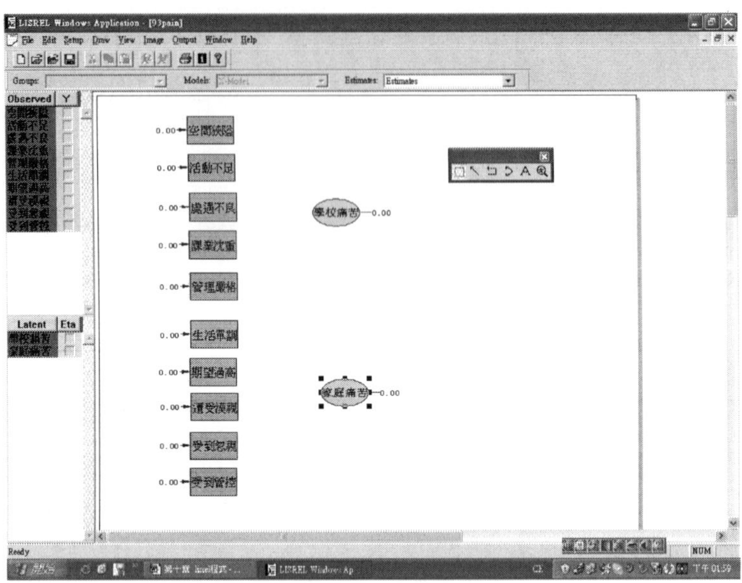

視窗 10-26：完成拖曳變項

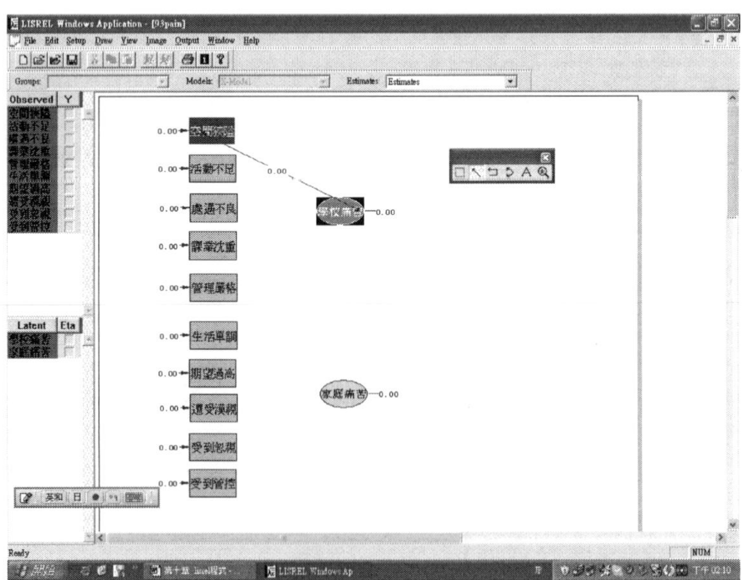

視窗 10-27：設定潛在變項與觀察變項之關係

色小框框中的單箭頭改為雙箭頭。接著使用滑鼠的箭頭按住橢圓形旁邊有 0.00 處，然後拖曳到另一個潛在變項橢圓形旁邊的 0.00 處，就完成雙箭頭的設定（見視窗 10-28）。

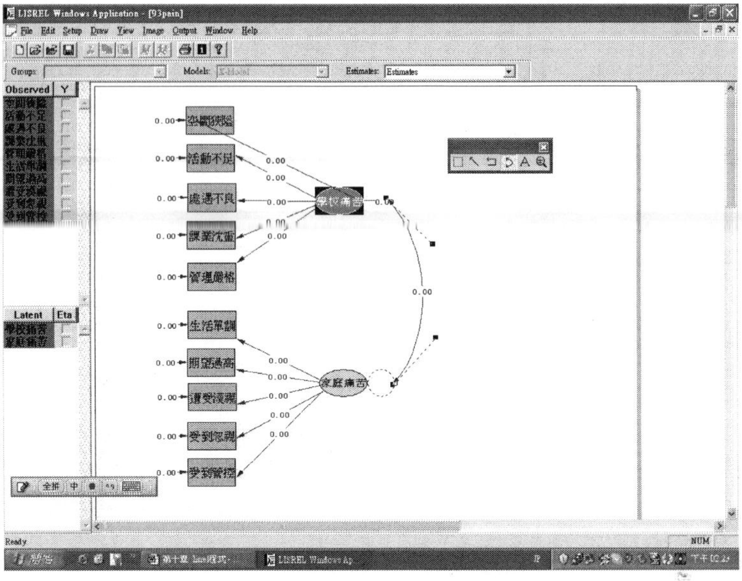

視窗 10-28：設定潛在變項與觀察變項之關係

㈩完成上述的動作之後，請點選上面的「Setup」，然後再點選「Build SIMPLIS Syntax F8」（見視窗 10-29）。LISREL將會幫您將您所建立的徑路圖轉換成 SIMPLIS 的語法（見視窗 10-30）。

(十一)完成上述動作之後，可以看到視窗的上面有畫了一個人在跑步的樣子，旁邊寫了一個L字，請按下此一按鈕，它就會執行程式，此時會得到視窗 10-31。

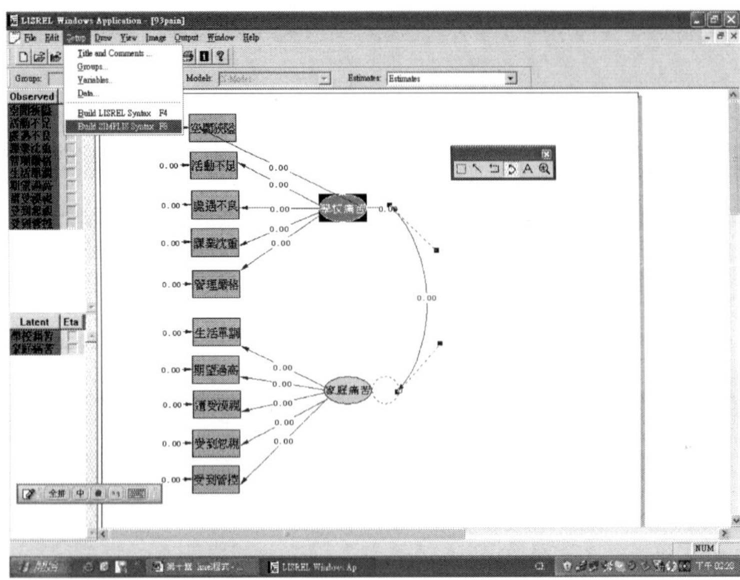

視窗 10-29：開啟建立 SIMPLIS 語法

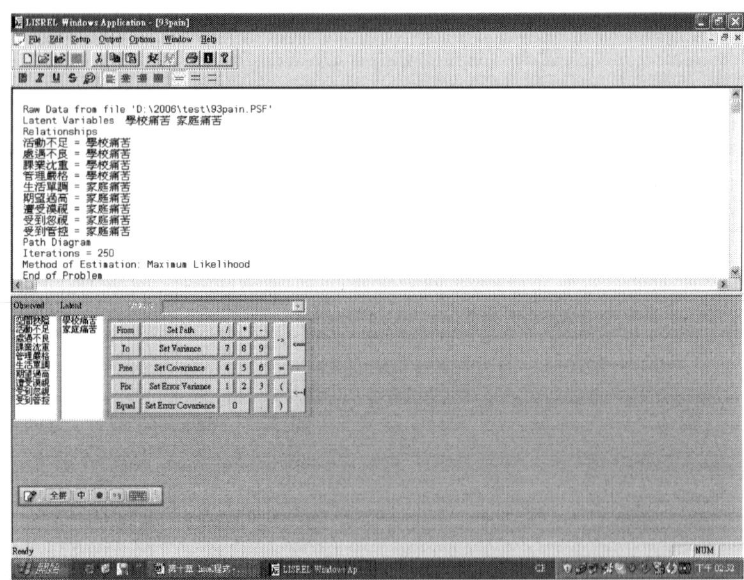

視窗 10-30：SIMPLIS 語法

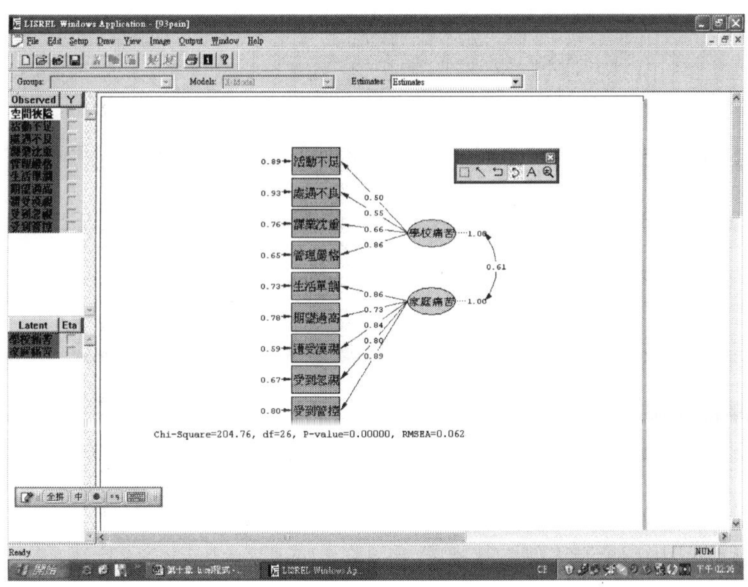

視窗 10-31：完成模式圖

三 畫統合模式圖

前面的例子是教導讀者如何畫測量模式圖，現在教導讀者畫統合模式圖，我們將圖 10-1 改變一下，就成為統合模式，在此假設家庭痛苦影響學校痛苦（見圖 10-2）。

㈠畫統合模式資料準備與前面測量模式相同，其不同點在視窗 10-24，所以做統合模式的研究，必須依據上面的步驟直到完成視窗 10-24 的結果。當研究者執行到視窗 10-24 的狀況之後，接下來必須決定哪些變項是內因變項（就是依變項），由於測量模式並沒有內因變項與外因變項之分，但是統合模式就有內因變項與外因變項之分，所以在畫圖時必須事先告知何者是內因變項。依據圖 10-2，學校痛苦是內因變項，則屬於學校痛苦的所有觀察變項也是內因變項，所以請在圖中有Y的那一欄裡將這些變項勾選出來（見視窗 10-32）。

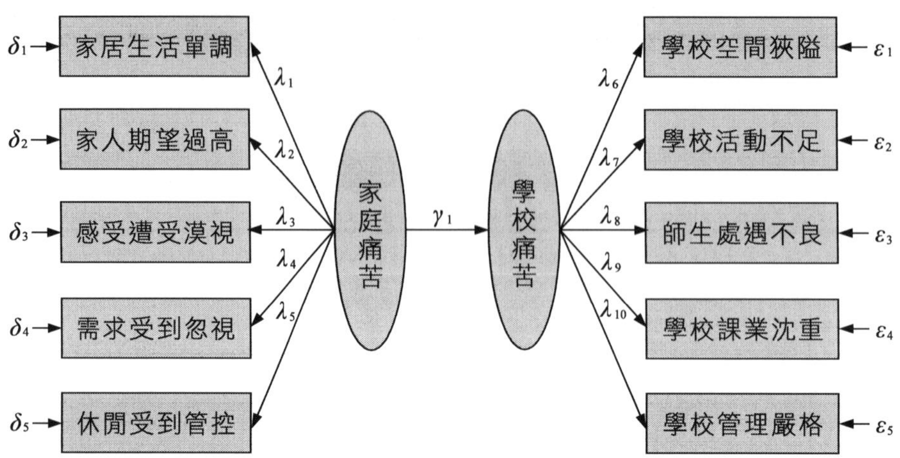

圖 10-2　統合模式範例

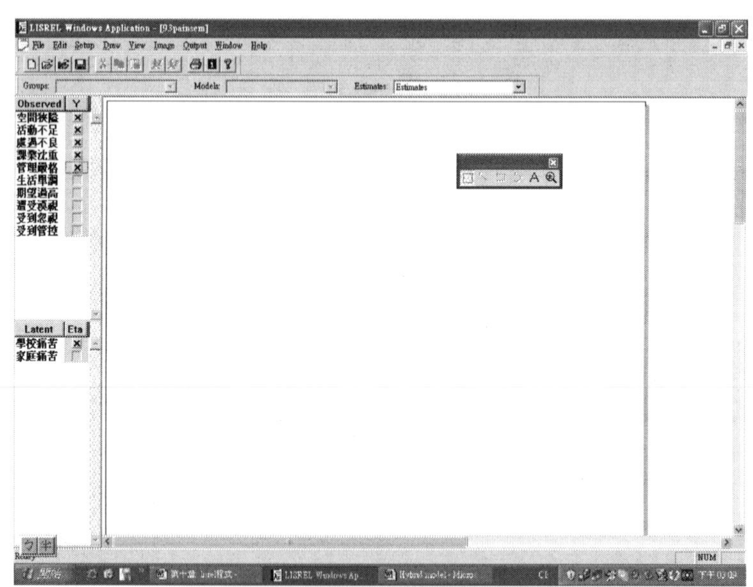

視窗 10-32：界定內因變項

視窗 10-32 中有「×」符號者就表示其為內因變項。

㈡接著將變項拖曳到畫圖區塊，外因變項放在左邊，內因變項放在右邊（見視窗 10-33）。

㈢設定變項間之關係，請仿照上面測量模式之步驟㈨，其中不同的是潛在變項「家庭痛苦」與「學校痛苦」不再是雙箭頭的相關，而是改為單箭頭的影響關係（見視窗 10-34）。

㈣接著，也是點選上面的「Setup」，然後再點選「Build SIMPLIS Syntax F8」，然後按執行的按鈕，就完成了（見視窗 10-35）。

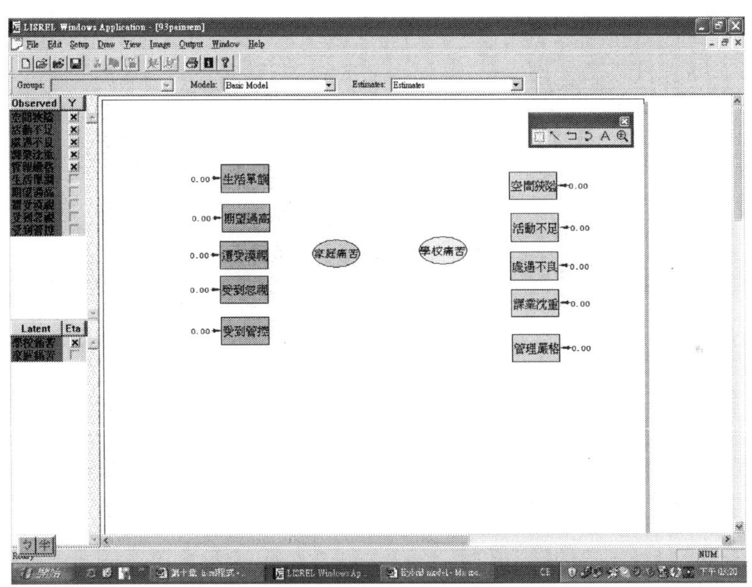

視窗 10-33：畫統合模式圖

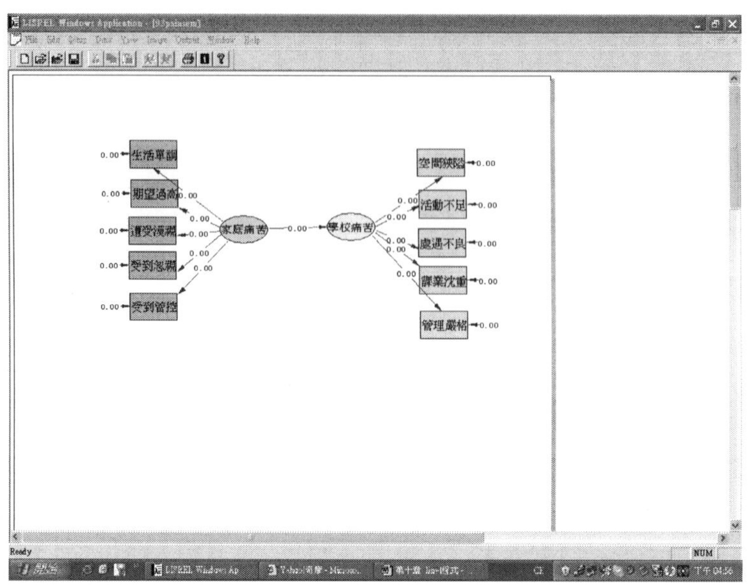

視窗 10-34：設定統合模式變項間關係

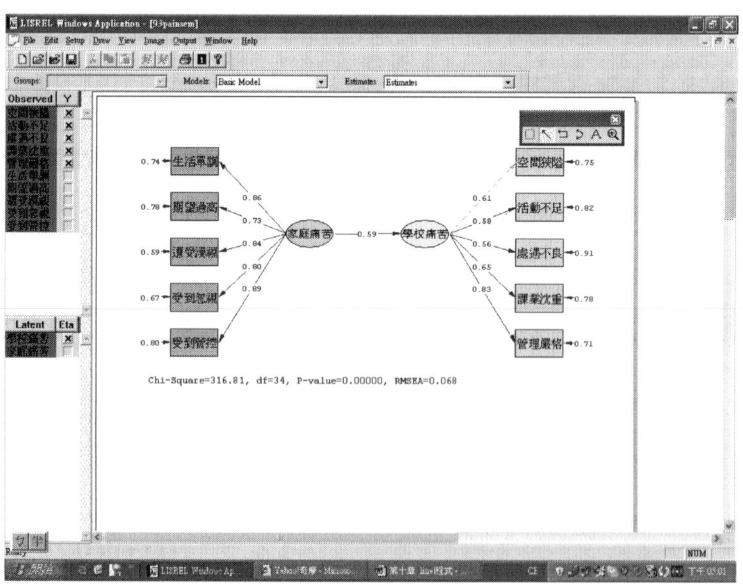

視窗 10-35：執行統合模式的結果

第二節 SIMPLIS 指令語言

對 SEM 而言，模式徑路圖是撰寫程式的一個依據，因此，想要使用SIMPLIS撰寫模式的程式，最好先畫好模式徑路圖。我們就以圖10-1 作為此節的起始範例模式。

首先，開啟 LISREL 軟體，然後開啟新檔（見視窗 10-36），則會出現一個小視窗，點選「Syntax Only」介面，就可以直接撰寫SIMPLIS語句（見視窗 10-37）。

以SIMPLIS語句撰寫程式時，可分為三部分來看待：第一部分包括抬頭、讀取資料、界定變項，以及界定樣本數；第二部分乃是界定模式的關係，包括測量模式與結構模式；第三部分界定輸出的要素。我們先將圖 10-1 的模式寫出一個完整的SIMPLIS語句，再分此三部分

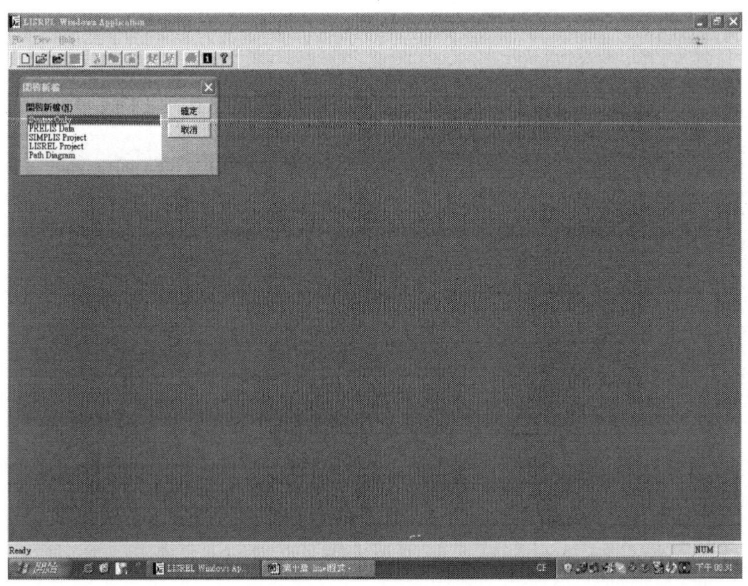

視窗 10-36：開啟新檔

來討論（見視窗10-38）。

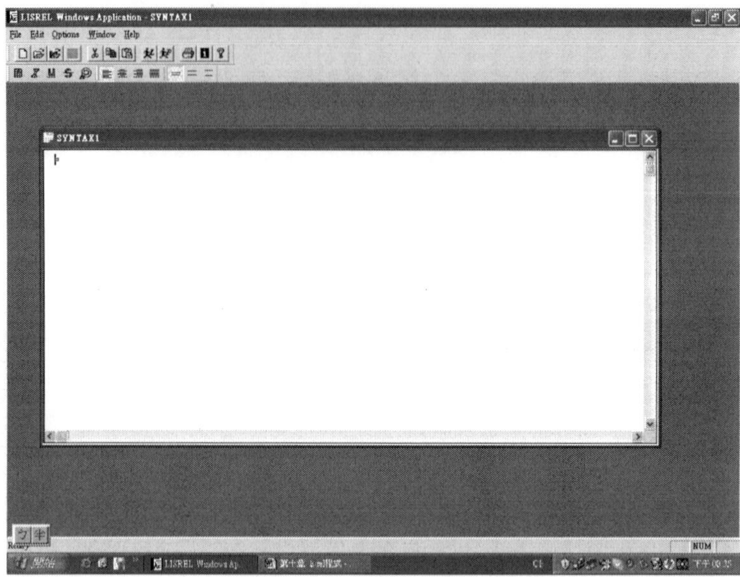

視窗 10-37：Syntax Only 介面

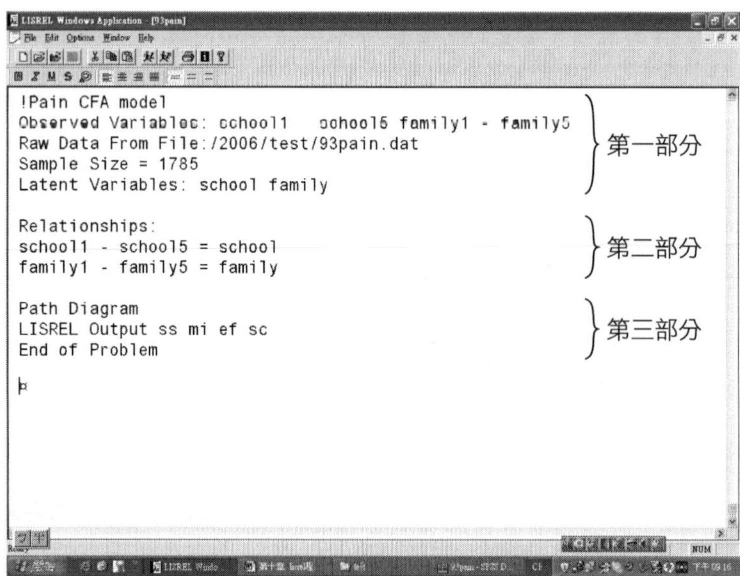

視窗 10-38：SIMPLIS 語法之範例

一 抬頭、資料讀取、變項界定與樣本數之界定

視窗 10-38 中標示第一部分，主要是界定抬頭、讀取資料、界定變項以及界定樣本數。

㈠抬頭（Title）

此無關鍵字，為了避免電腦在讀取時的困擾，最好使用！符號作為開頭。對電腦而言，在其未讀到可以認定的關鍵字時，它會把它當成研究者對此一研究目的的簡單描述。當然，電腦是不會懂得這些描述的意義，但它讀進去之後，在報表需要時會照常列出。

㈡觀察變項（observed variable）

關鍵字為 Observed Variables:，其撰寫方式如下：

```
Observed Variables: school1 school2 school3 school4 school5 family1
                    family2 family3 family4 family5
```

此一冒號須與 Variables 相連接，無須空格，但是其後的 school1 必須和冒號至少有一個空格，其他只要是不同變項皆必須以空格做區別。

也可以寫成

```
Observed Variables: school1 - school5 family1 - family5
```

「-」此一符號之前後皆須至少有一個空格。要以此種語法來簡化變項之呈現，必須是變項名最後一個字以數字來表示，且數字必須是連續的。

㈢資料來源與存放形式

使用的資料可以有三種形式，亦即原始資料、共變數矩陣與相關矩陣。

1. 以原始資料的方式存放，其關鍵字為Raw Data。其程式語言如下：

```
Raw Data from File d:\2006\test\93pain.dat
```

此為一 ASCII 資料檔的形式，在前面的視窗 10-1、視窗 10-2、視窗 10-3 中已教導如何存成此種檔案格式，請依步驟操作。

2. 以共變數矩陣的方式存放，其關鍵字為Covariance Matrix。若研究者想要將矩陣直接放在程式裡，則寫成下列的形式：

```
Covariance Matrix
1.25
0.73  1.01
0.28  0.33  0.61
0.36  0.38  0.43  0.84
0.35  0.34  0.36  0.39  0.66
0.31  0.36  0.33  0.39  0.39  0.67
0.40  0.41  0.38  0.46  0.41  0.40  0.60
0.62  0.73  0.29  0.34  0.27  0.39  0.38  1.56
0.61  0.69  0.32  0.38  0.34  0.38  0.42  0.87  1.20
0.62  0.63  0.28  0.34  0.29  0.30  0.35  0.58  0.56  1.21
```

也可以寫成：

Covariance Matrix: 1.25 0.73 1.01 0.28 0.33 0.61 0.36 0.38 0.43 0.84
0.35 0.34 0.36 0.39 0.66 0.31 0.36 0.33 0.39 0.39 0.67 0.62 0.73
0.29 0.34 0.27 0.39 0.38 1.56 0.61 0.69 0.32 0.38 0.34 0.38 0.42
0.87 1.20 0.62 0.63 0.28 0.34 0.29 0.30 0.35 0.58 0.56 1.21

若要在程式中放入平均數與標準差，則直接在矩陣之後加入以下的語句：

Means: 2.99 2.99 3.58 3.56 3.75 3.73 3.53 2.98 3.06 2.46
Standard Deviation: 1.11 1.01 0.78 0.91 0.81 0.77 1.25 1.10 1.10

3. 以相關矩陣的方式存放，其關鍵字 Correlation Matrix。其使用方式與共變數相同。建議研究者盡量使用原始資料或共變數矩陣。非不得已，不要使用相關矩陣，因為使用相關矩陣所產生的標準誤可能會偏差。
4. 樣本數（sample size）：關鍵字 Sample Size，其程式語言如下：

Sample Size = 1785

5. 潛在變項之界定：其關鍵字為 Latent Variables:，其撰寫方式如下：

Latent Variables: school family

二 模式關係之建構

第二部分乃是界定變項間關係、測量誤之間的關係、無相關因素、以及等化限制等語法。

㈠變項間關係

兩種關鍵字可以用來界定測量模式的關係以及結構模式的關係：Relationships:或是 Paths:。作者比較喜歡用 Relationships:來寫測量模式的關係，以 Paths:來寫結構模式的關係。

使用 Relationships:的指令時，以等號來界定觀察變項與潛在變項的關係。等號的左邊是依變項，右邊是獨立變項。其撰寫方式如下：

```
Relationships:
school1 school2 school3 school4 school5 = school
family1 family2 family3 family4 family5 = family
```

也可寫成

```
Relationships:
school1 - school5 = school
family1 - family5 = family
```

當以 Paths:來界定關係時，獨立變項在左邊，依變項在右邊，剛好跟使用 Relationships:的語法相反，讀者需特別注意此種不同，否則程式會寫錯，LISREL 就跑不出結果。以圖 10-2 為例，其撰寫方式如下：

```
Paths:
family -> school
```

視窗 10-39 為圖 10-2 的 SIMPLIS 撰寫語法，我們特別以此做說明：

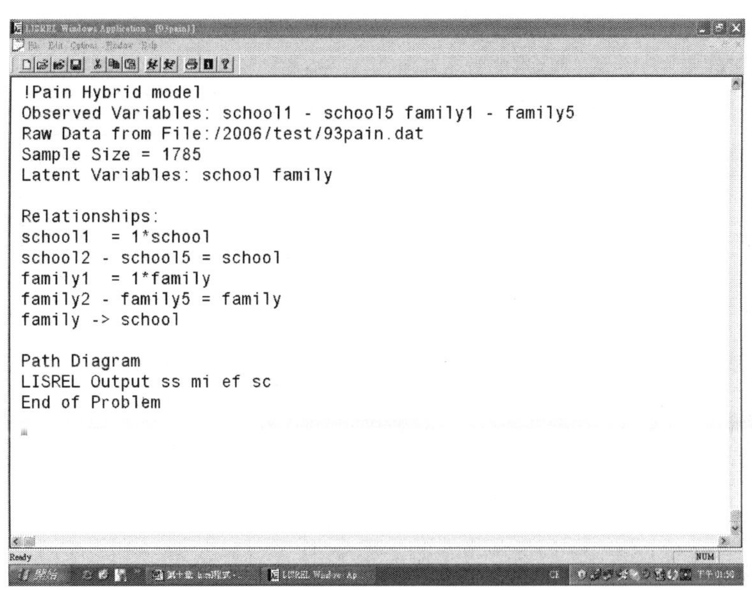

視窗 10-39：圖 10-2 之 SIMPLIS 語法範例

在視窗 10-39 中，讀者可以看到其中有「school1 = 1*school」以及「family1 = 1*famly」的語法，此乃是在做統合模式時必須使用的一個撰寫方法，其目的在於讓潛在變項具有量尺。由於潛在變項是無法觀察的，沒有定義量尺，因此，必須賦予量尺。在 LISREL 裡賦予量尺的方法有二：一是將潛在變項的變異數設定為 1.00，也就是將其測量單位標準化。在視窗 10-38 中的寫法就是將潛在變項的變異數界定為 1.00 的方法。第二種方式是將潛在變項的量尺等化任何一個反映的觀察變項，其寫法就是視窗 10-39 中的寫法。

另外，如果研究者希望設定起始值（starting value）來解決無法聚合的情形。它的語句寫法是：

school2 = (0.8)*school

不同於等化量尺的處理法，其加上()作為區別。

㈡測量誤差間的關係

圖 10-1 的 CFA 模式並沒有界定測量誤之間存在著相關，所以不必界定任何誤差共變的語句。因為，SIMPLIS 中的內定（default）為誤差間沒有相關存在。如果研究者認為模式中的某些測量誤之間有共變存在，則必須要增加語法來界定此種關係，界定此種關係的語句如下：

Let the errors between school1 and school2 correlate

或者是

Set the error covariance between school1 and school2 free

現在我們假定 school1 與 school3 的測量誤之間有相關，family1 與 family2 之間的測量誤有相關（見圖 10-3），其整個程式的寫法如視窗 10-40。

如果有很多個誤差共變需要估計，比較方便的語句撰寫如下：

Let the errors between school1 - school3 and famil1 - family3 correlate

如果研究者想要將測量誤之間的關係設定為某種數值，例如設定為 0.5，則可以寫成：

Set the error covariance between school1 and school2 to 0.5

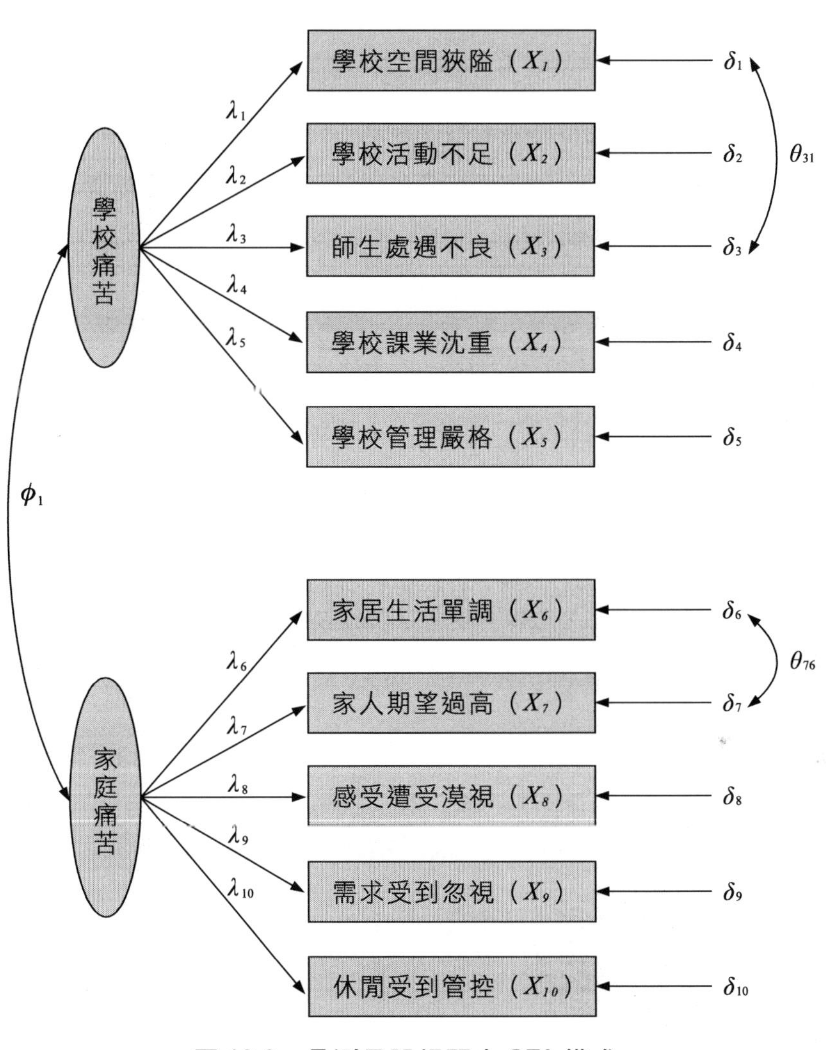

圖 10-3　具測量誤相關之 CFA 模式

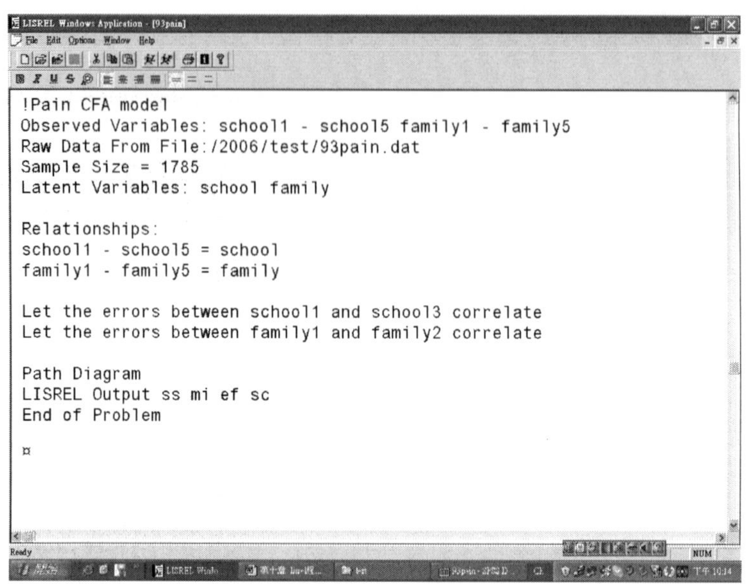
```
!Pain CFA model
Observed Variables: school1 - school5 family1 - family5
Raw Data From File:/2006/test/93pain.dat
Sample Size = 1785
Latent Variables: school family

Relationships:
school1 - school5 = school
family1 - family5 = family

Let the errors between school1 and school3 correlate
Let the errors between family1 and family2 correlate

Path Diagram
LISREL Output ss mi ef sc
End of Problem
```

視窗 10-40：測量誤有相關之程式寫法

㈢單一指標的設定方式

如果研究者的模式中有單一指標存在（見圖 10-4）。圖 10-4 的程式呈現於視窗 10-41，由圖 10-4 中可以知道，生活品質（QOL）只有一個觀察變項「生活滿意」，這表示生活滿意的信度為 1.00，那麼測量誤差就必須是 0.00，那麼，需將誤差變異設定為 0。其語句如下：

Let the Error Variance of satisfy to 0

語句也可以寫成：

Set the Error Variance of satisfy equal to 0

如果研究者認為測量誤差不是 0.00，那麼，可以設定微小的誤差 0.05。則將上面改為 Let the Error Variance of satisfy to 0.05。

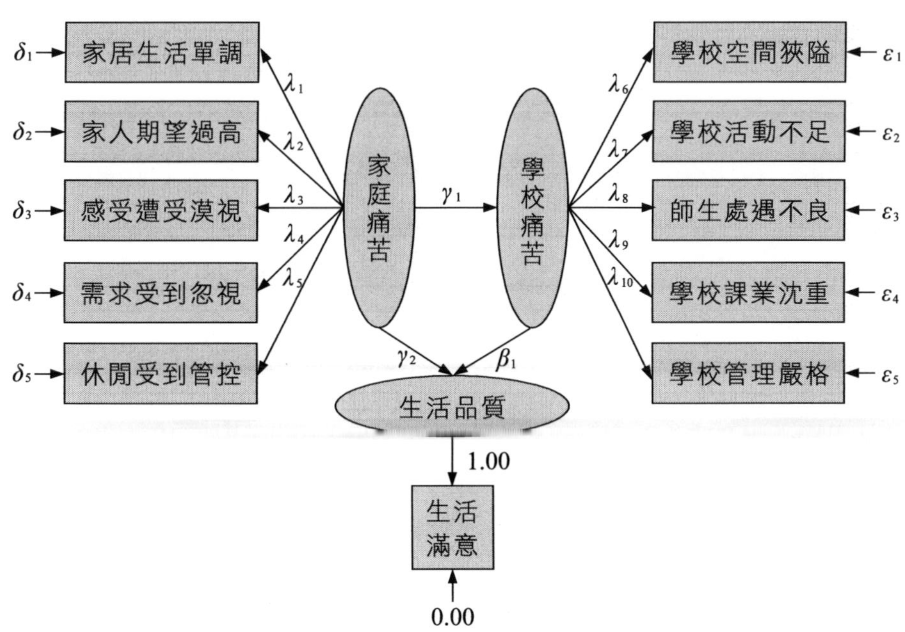

圖 10-4　具單一指標的統合模式

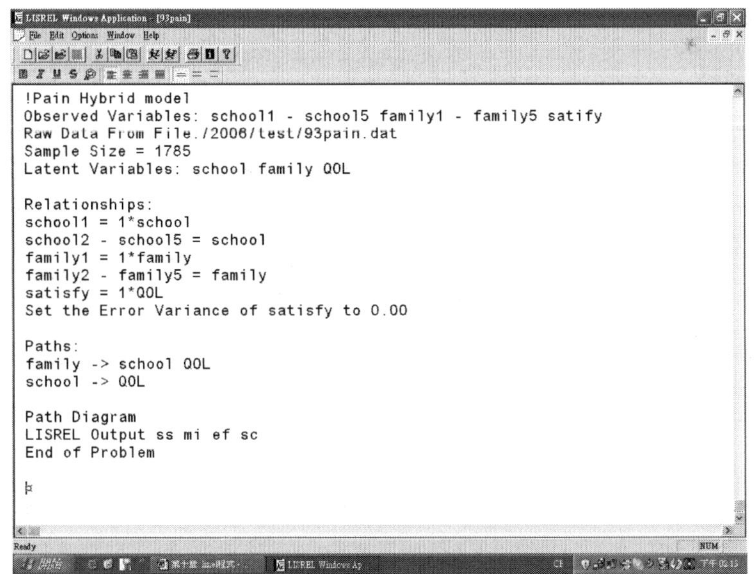

```
!Pain Hybrid model
Observed Variables: school1 - school5 family1 - family5 satify
Raw Data From File./2006/test/93pain.dat
Sample Size = 1785
Latent Variables: school family QOL

Relationships:
school1 = 1*school
school2 - school5 = school
family1 = 1*family
family2 - family5 = family
satisfy = 1*QOL
Set the Error Variance of satisfy to 0.00

Paths:
family -> school QOL
school -> QOL

Path Diagram
LISREL Output ss mi ef sc
End of Problem
```

視窗 10-41：具單一指標模式之 SIMPLIS 語法

㈣無相關因素

如果有兩個或以上的外因潛在變項（ξ）時，那麼其關係就必須加以考慮。對SIMPLIS而言，外因潛在變項之間的關係若無界定，則其內定為有相關，程式會自動計算相關值。因此，只有當研究者認為這些潛在變項之間是無關的，才需要加以界定。界定無關的語句如下：

```
Set the Covariance between Var1 and Var2 to 0
```

㈤等化限制

1. 等化路徑

等化限制（equality constraints）的目的是將一個路徑的係數等同於另一個路徑的係數。也就是說，將此兩個路徑的係數當作一個單一的參數來估計。其語句如下：

```
Set the Path from family to QOL equal to the Path from school to QOL
```

也可以寫成如下的形式：

```
Set family -> QOL = school -> QOL
Let family -> QOL = school -> QOL
```

2. 等化誤差變異

其次，兩個誤差變異也可以界定為相同的，其語句為：

```
Set the Error Variances of school1 and school2 Equal
```

若有數個接連式變項的誤差變異是相同的，則可以寫成：

Equal Error Variances: school1 - school5

三 結果輸出

結果輸出部分包括讓軟體畫出徑路圖以及輸出研究者所需要的資訊。

(一)畫徑路圖

LISREL軟體可以依據研究者所界定的關係畫出徑路圖來。通常，若研究者的模式界定是成功的，則會獲得和研究者界定相同的徑路圖。當程式跑不出徑路圖時，表示模式界定出了問題。畫徑路圖的語句為Path Diagram。視窗 10-42 中的路徑圖和我們畫的圖 10-2 是一樣的。

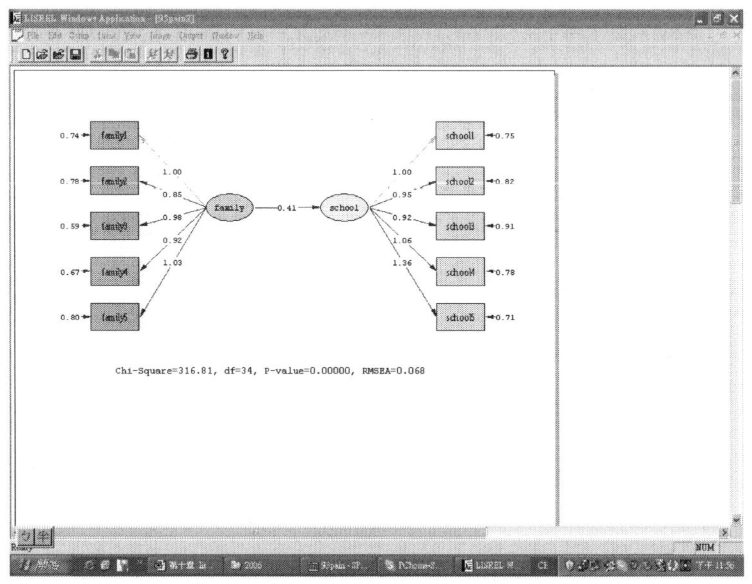

視窗 10-42：LISREL 輸出之徑路圖

㈡輸出結果

LISREL Output 為結果輸出的指令，所需要輸出的項目寫在此指令之後。可以輸出的訊息包括：

SS 可以印出標準化的解。
SC 可以印出完全標準化的解。
EF 可以印出總效果與間接效果，它們的標準誤以及 t 值。
VA 可以印出變異數與共變數。
MR 可以印出殘差與 VA。
FS 可以印出因素分數迴歸。
PC 可以印出參數估計的相關。
PT 可以印出技術的資訊。

SIMPLIS 也有選項（Options），讓研究者依據需要來改變一些輸出的形式、模式估計方法、相容性的檢查，以及疊代的次數。其語句如下：

Print Residuals（殘差、標準化殘差、適配共變、相關矩陣，以及標準化殘差的 Q-plot 等皆會被印出來。）
Wide Print（內定為 80 字元，最大可以到 132 字元）
Number of Decimals = n（n 可以從 1 到 9）。也就是，界定輸出時，小數點的位數。
Method of Estimation = Unweighted Least Squares

LISREL 程式中有七種估計方法：

1. Instrumental Variables（IV）
2. Two-Stage Least Squares（TSLS）

3. Unweighted Least Squares（ULS）
4. Generalized Least Squares（GLS）
5. Maximum Likelihood（ML）
6. Generally Weighted Least Squares（GWLS）
7. Diagonally Weighted Least Squares（DWLS）

在 LISREL 程式中，若研究者所使用的資料是原始資料、共變數矩陣以及相關矩陣等，而非漸近共變數矩陣（asymptotic covariance matrix）或漸近變異數（asymptotic variance），則內定估計法為ML。因此，當研究者想要使用其他估計法來估計模式時，就必須界定Method of Estimation。

Admissibility Check = n

可以設定 off，表示使用非相容性的解。

Iteration = n

通常，最大的疊代數是變項數目的三倍，研究者可以到最大為100。依據LISREL程式設計者的經驗顯示，變項三倍的疊代通常可以達到聚合。

Save Sigma in File *filename*

也可以寫成

SI = *filename*。

這個選項是企圖將適配共變矩陣做存檔的動作，如此可以在需要時，叫出此一矩陣來使用。讀者最常使用的情境是在做複核效化時，可以參看第十三章的附錄一。

上面這些選項也可以用下面的方式來表示：

Options: RS WP ND = 3 ME = ULS AD = n IT = n SI = *filename*

你也可以將這些選項寫在 LISREL Output 的指令後面，記得先寫輸出指令，再寫選項指令。例如：

LISREL Output SS SC EF AD = 100 ND = 3

整個問題結束時，寫下 End of Problem。記得一定要寫此一語法，否則 LISREL 會不曉得該該讀到哪裡才結束。

第十一章

驗證性因素分析
——測驗面向性之檢定

驗證性因素分析（CFA）乃是用以評鑑第一章所提測量模式的一種 SEM 統計技術。這種統計技術是基於以下兩個前提：

1. 潛在變項無法直接測量，因此需要利用觀察變項（或指標）來間接測量。
2. 觀察變項是潛在變項的不完美指標。因此觀察變項存在著測量誤差，且往往一個潛在變項需要兩個或兩個以上的觀察變項來反映。

在這兩種前提之下，CFA 允許研究者將觀察變項依據理論或先前假設建構成測量模式，然後評鑑此一因素結構和該理論界定的樣本資料間符合的程度。由於此種功用，CFA 經常是社會及行為科學的學者用來檢定其所發展的測驗或量表是否符合所蒐集資料的一個好方法。因此，大部分 SEM 的書籍在應用 CFA 時，皆是在評鑑某個學者所發展的測驗或量表。

基本上，CFA 對測驗或量表的評鑑可以有以下的作為：

1. 評鑑量表的面向性（dimensionality），或者稱為因素結構（factor structure）。
2. 評鑑因素的階層關係（hierarchical relationship），此種測量模式稱為階層式 CFA 模式，例如第一章中圖 1-5。
3. 評鑑量表的信度與效度。

在本章中，我們將以實際的例子來探討第一個主題，另外兩個主題留待下兩章來探討。

第一節 檢定測驗的面向性

測驗或量表的形成是由理論所建構的，可能某些學者的理論認為某個量表是一種單一面向（unidimension）的量表，那麼此一單一面向就是測量模式中的一個潛在因素。也可能有些理論認為該量表是有多個面向（multidimension），可能是二個面向，三個面向，四個面向，或是……，那麼就可能形成二因素、三因素、四因素等等的測量模式。對這種測驗或量表的面向性之檢定，就是一種理論建構的因素效度的檢定。對 CFA 而言，它可以檢定出哪一種面向比較符合觀察資料，而決定出理論建構的最有效因素結構。

在檢定測驗或量表的面向性，我們使用作者所發展的一個父母對孩子學校表現關注量表。這個量表可以作為一種文化資本[1]。此一量表共有七題（見表 11-1），資料的蒐集來自於臺北縣國中三年級的學生，共有 590 個樣本。我們假定了三種面向性的模式：其一是此七題只建構了一個潛在因素，稱為「關注」因素；其二是此七題可以建構二個潛在因素，一個稱為「探詢」因素，一個稱為「協助與督促」因素；其三是此七題可以建構成三個潛在因素，第一個稱為「瞭解」因素，第二個稱為「與學校接觸」因素，第三個稱為「協助與督促」因素。

第二節　模式界定

正如我們在第一章 SEM 的分析過程中，模式界定是操作模式的第一個步驟。就整個分析目的而言，它是在決定何種因素結構比較適配所蒐集的資料。就模式的策略而言，這是一個競爭模式策略，有三個模式要作為比較之用。因此，在第一步驟中，我們必須將三個假設模式先界定出來。當然，理論的論證是相當重要的，在此只是做技術的應用，因此，理論的論證就將之省略。我們直接進入徑路圖的處

1 文化資本是 Bourdieu（*1977*）所提出的一個名詞。Bourdieu 認為文化資本愈好的家庭，對其小孩的學校教育愈有利。

表 11-1　父母對孩子學校表現關注量表之題目

變項	題目	從來沒有	很少	有時	經常	非常多
X_1	1. 你父母親是否經常和你談論有關你在學校的學習情形？	□	□	□	□	□
X_2	2. 你父母親在你的聯絡簿、考卷或成績單上簽名或蓋章的情況多不多？	□	□	□	□	□
X_3	3. 你父母親對你在學校「行為」表現的瞭解程度如何？	□	□	□	□	□
X_4	4. 父母親利用電話、信件或你的傳話等方式與老師交換有關你在學校學習方面的意見的情況多不多。	□	□	□	□	□
X_5	5. 你父母親拜訪老師、主任、校長，討論有關你學習方面的情形多不多。	□	□	□	□	□
X_6	6. 你父母親是否經常協助你把學校作業做好。	□	□	□	□	□
X_7	7. 你父母親督促你加緊準備考試的情形多不多？	□	□	□	□	□

理，也就是利用徑路圖來呈現三種模式中變項的關係。圖 11-1 是父母對孩子學校表現關注量表的單因素CFA模式，圖 11-2 是父母對孩子學校表現關注量表一級二因素CFA模式，圖 11-3 是父母對孩子學校表現關注量表的一級三因素 CFA 模式。

圖 11-1 中潛在變項「關注」影響 X_1 到 X_7，每一 X 皆有一個不是零的負荷量（nonzero loading, λ），且每一個 X 皆有一個測量誤，測量誤與測量誤之間彼此不相關。

圖 11-2 中潛在變項「探詢」影響 X_1 到 X_5，潛在變項「協助與督促」影響 X_6 與 X_7。每一個 X 皆有一個不是零的負荷量在其所測量的因素上，但是對另一個因素之負荷量是 0。每一個 X 皆有一個測量誤，

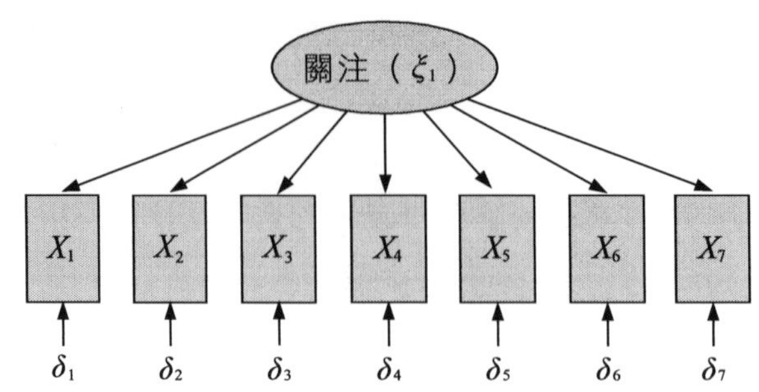

圖 11-1　父母對孩子學校表現關注量表單因素 CFA 模式

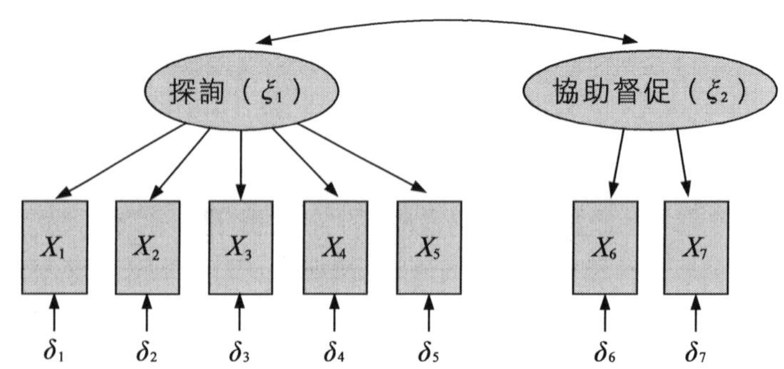

圖 11-2　父母對孩子學校表現關注量表一級二因素 CFA 模式

測量誤與測量誤之間彼此不相關。潛在變項「探詢」與潛在變項「協助與督促」存在相關。

圖 11-3 中潛在變項「瞭解」影響X_1到X_3，潛在變項「與學校接觸」影響X_4與X_5，潛在變項「協助與督促」影響X_6與X_7。每一X皆有一個不是零的負荷量在其所測量的因素上，但是對其他二個因素之負荷量是 0。每一個X皆有一個測量誤，測量誤與測量誤之間彼此不相關。潛在變項「探詢」、潛在變項「與學校接觸」與潛在變項「協助與督促」三者彼此相關。

接著是將徑路圖轉成方程式，就可以用 LISREL 程式撰寫出來。

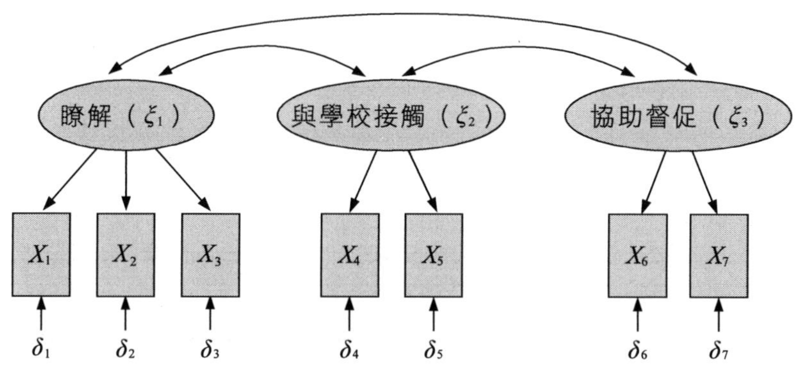

圖 11-3　父母對孩子學校表現關注量表一級三因素 CFA 模式

圖 11-1 的方程式如下：

$X_1 = f$（關注，測量誤）$X_1 = \lambda_1 \xi_1 + \delta_1$

$X_2 = f$（關注，測量誤）$X_2 = \lambda_2 \xi_1 + \delta_2$

$X_3 = f$（關注，測量誤）$X_3 = \lambda_3 \xi_1 + \delta_3$

$X_4 = f$（關注，測量誤）$X_4 = \lambda_4 \xi_1 + \delta_4$

$X_5 = f$（關注，測量誤）$X_5 = \lambda_5 \xi_1 + \delta_5$

$X_6 = f$（關注，測量誤）$X_6 = \lambda_6 \xi_1 + \delta_6$

$X_7 = f$（關注，測量誤）$X_7 = \lambda_7 \xi_1 + \delta_7$

圖 11-2 的方程式如下：

$X_1 = f$（探詢，測量誤）$X_1 = \lambda_1 \xi_1 + \delta_1$

$X_2 = f$（探詢，測量誤）$X_2 = \lambda_2 \xi_1 + \delta_2$

$X_3 = f$（探詢，測量誤）$X_3 = \lambda_3 \xi_1 + \delta_3$

$X_4 = f$（探詢，測量誤）$X_4 = \lambda_4 \xi_1 + \delta_4$

$X_5 = f$（探詢，測量誤）$X_5 = \lambda_5 \xi_1 + \delta_5$

$X_6 = f$（協助與督促，測量誤）$X_6 = \lambda_6 \xi_2 + \delta_6$

$X_7 = f$（協助與督促，測量誤）$X_7 = \lambda_7 \xi_2 + \delta_7$

COV（探詢，協助與督促）

圖 11-3 的方程式如下：

$X_1 = f$（瞭解，測量誤）$X_1 = \lambda_1 \xi_1 + \delta_1$
$X_2 = f$（瞭解，測量誤）$X_2 = \lambda_2 \xi_1 + \delta_2$
$X_3 = f$（瞭解，測量誤）$X_3 = \lambda_3 \xi_1 + \delta_3$
$X_4 = f$（與學校接觸，測量誤）$X_4 = \lambda_4 \xi_2 + \delta_4$
$X_5 = f$（與學校接觸，測量誤）$X_5 = \lambda_5 \xi_2 + \delta_5$
$X_6 = f$（協助與督促，測量誤）$X_6 = \lambda_6 \xi_3 + \delta_6$
$X_7 = f$（協助與督促，測量誤）$X_7 = \lambda_7 \xi_3 + \delta_7$
COV（瞭解，與學校接觸）
COV（瞭解，協助與督促）
COV（與學校接觸，協助與督促）

三個假設模式在此界定完成，接著就可以用LISREL中的SIMPLIS程式語言來撰寫。表 11-2，表 11-3，表 11-4 分別是此三個假設模式的SIMPLIS 輸入檔。

第三節　模式識別

在第三章模式識別中，我們討論到一般模式的三個可以達成過度識別的規則，一為 t 規則，二為虛無 B 規則，三為遞回規則。一般而言，驗證性因素分析皆假設潛在因素影響觀察變項，它的箭頭被期望是從潛在變項畫向觀察變項。這種應用是一種遞回模式，因此符合遞回規則。由於這些模式沒有 β 係數存在，因此無須顧慮虛無B規則。所以唯一要考慮的是 t 規則。對單因素假設模式而言，X_1 到 X_7 共形成

表 11-2　單因素假設模式 SIMPLIS 輸入檔

```
! Single Factor Model
Observed Variables: X1 X2 X3 X4 X5 X6 X7
Raw Data from File c:/jenior/guild.dat
Sample Size: 590
Latent Variables: CONCERN
Relationships:
  X1 = CONCERN
  X2 = CONCERN
  X3 = CONCERN
  X4 = CONCERN
  X5 = CONCERN
  X6 = CONCERN
  X7 = CONCERN
Path Diagram
LISREL Output SE TV RS EF MI SS SC WP
End of Problem
```

表 11-3　二因素假設模式 SIMPLIS 輸入檔

```
! Two Factor Model
Observed Variables: X1 X2 X3 X4 X5 X6 X7
Raw Data from File c:/jenior/guild.dat
Sample Size: 590
Latent Variables: SEARCH HELP
Relationships:
  X1 = SEARCH
  X2 = SEARCH
  X3 = SEARCH
  X4 = SEARCH
  X5 = SEARCH
  X6 = HELP
  X7 = HELP
Path Diagram
LISREL Output SE TV RS EF MI SS SC WP
End of Problem
```

表 11-4　三因素假設模式 SIMPLIS 輸入檔

```
! Three Factor Model
Observed Variables: X1 X2 X3 X4 X5 X6 X7
Raw Data from File c:/jenior/guild.dat
Sample Size: 590
Latent Variables: UND TOUCH HELP
Relationships:
  X1 = UND
  X2 = UND
  X3 = UND
  X4 = TOUCH
  X5 = TOUCH
  X6 = HELP
  X7 = HELP
Path Diagram
LISREL Output SE TV RS EF MI SS SC WP
End of Problem
```

$\frac{1}{2}(7)(7+1)=28$個要素，而要估計的參數有 14 個，所以 $t<28$，模式可以識別。對二因素假設模式而言，要估計的參數有 15 個，t 也小於 28，模式可以識別。對三因素假設模式而言，要估計的參數有 17 個，t 小於 28，模式可以識別。

第四節　資料檢視

一般在國內研究者相當忽視對資料特徵的檢視，因此使用LISREL程式時，通常無法對此一程式所產生的訊息正確的解讀。我們在第四章裡用了許多篇幅來討論 SEM 的假定，這些假定若是破壞則會產生參數估計的問題。因此，我們建議研究者在執行 LISREL 時，先對其資料特徵做充分的瞭解。也正因為 LISREL 的使用者通常不太充分瞭解其擁有資料的特性（*Jöreskog & Sörbom, 1996b*），因此 LISREL 發展了一種用以檢視資料以及產生各種適當的共變數矩陣以便供輸入LISREL 程式用的軟體——PRELIS。以下我們將以此一軟體來檢視我們所使用的資料。表 11-5 乃父母對孩子學校表現關注量表的 PRELIS 程式。

首先，從量表的填答項，讀者可以看出此為 Likert 五點量表。依據 Jöreskog 和 Sörbom（*1993*）的看法，此種型態的量尺最好將之視為是次序的，但是在本章中我們將此七個變項視為是連續變項，這樣做的原因有二，首先本章是 SEM 應用的第一次，為了不牽涉到估計方法上的複雜性，我們採用 ML 估計法，當然，在第五章裡我們特別提出 ML 是最常用的估計法，此一估計法有以下的條件必須符合，它的估計會比較強韌。

1. 樣本需是簡單隨機抽樣。
2. 觀察值必須是獨立的。
3. 樣本必須足夠大。
4. 觀察變項必須是連續的。
5. 觀察變項的分配是多變項常態的。
6. 假設模式必須有效。

為了符合第四個條件，我們將變項視為是連續的。其次在使用

表 11-5　父母對孩子學校表現關注量表的 PRELIS 程式

```
! Concern data Screening
DA  NI=7 NO=590
LA
X1 X2 X3 X4 X5 X6 X7
RA  FI=c:\jenior\guild7.dat
CO  X1 X2 X3 X4 X5 X6 X7
Ou  ND=3  MA=PM
```

PRELIS時，唯有採用連續變項才有辦法獲得模式假定所需的檢定資訊。

將次序變項作為連續變項來使用最可能的疑慮是會產生偏差的估計。例如，West、Finch 和 Curran（*1995*）的研究發現，相同兩個變項如果將它們的結構化成次序性類別變項所得到的皮爾森積差相關，比它們作為連續變項所得到的連續相關低，也就是它們的相關被削薄掉了。這種削薄的效果發生最大的情形通常在類別少於五以及高偏態性，當偏態交雜著正負向時，削薄的情形更是嚴重。

不過無須太在乎此一問題，因為過去學者提出了兩個觀點可以支持我們做此種變通的應用。首先是 Jöreskog 和 Sörbom（*1996b*）所提出的，他們認為當使用共變數矩陣來作為最大概似法估計的輸入矩陣，比用相關矩陣來得較無問題。後者的分析絕對產生不正確的估計。其次，Atkinson（*1988*）以及 Babakus、Ferguson 和 Jöreskog（*1987*），以及 Kaplan（*1988*）等人的研究發現當類別的數目夠大時，沒有處理資料次序性的問題是可以忽視的。Bentler 和 Chou（*1987*）更是強調，對既定的常態分配類別變項，當一個變項有四個以上的類別，可以不用太擔心的採用連續的方法。Rigdon（*1998*）研究發現五個（含）以上的反應類別且分配不是嚴重的非常態性，則所產生的估計問題並不嚴重。由於本模式的變項有五個類別，而且採用共變數矩陣作為估計矩陣，以 ML 法來估計。因此，我們就大膽的將此七個變項皆作為連續變項來使用。

以下是 PRELIS II 的輸出結果，我們在各表的下方以說明的方式來介紹 PRELIS II 輸出表格內所呈現的意義。

Univariate Summary Statistics for Continuous Variables

Variable	Mean	St. Dev.	T-Value	Skewness	Kurtosis	Minimum	Freq.	Maximum	Freq.
X1	3.083	0.976	76.738	0.163	-0.601	1.000	17	5.000	47
X2	3.775	1.265	72.459	-0.645	-0.866	1.000	28	5.000	235
X3	3.002	1.051	69.352	-0.047	-0.240	1.000	58	5.000	53
X4	2.036	0.833	59.389	0.624	0.413	1.000	160	5.000	5
X5	1.658	0.722	55.785	1.136	2.143	1.000	274	5.000	4
X6	1.947	0.937	50.472	0.899	0.391	1.000	218	5.000	7
X7	3.507	1.185	71.864	0.360	0.836	1.000	32	5.000	146

【11-1】

上表在提供單變項統計的摘要，包括平均數、標準差、態勢、峰度、最大值、最小值。其中 *t* 值是用以檢定平均數在母群中是否為0。七個變項的 *t* 值顯示此一假設被拒絕。

Test of Univariate Normality for Continuous Variables

	Skewness		Kurtosis		Skewness and Kurtosis	
Variable	Z-Score	P-Value	Z-Score	P-Value	Chi-Square	P-Value
X1	1.719	0.086	-4.206	0.000	20.648	0.000
X2	-3.337	0.001	-7.890	0.000	73.396	0.000
X3	-0.648	0.517	-1.218	0.223	1.905	0.386
X4	3.298	0.001	1.888	0.059	14.442	0.001
X5	4.031	0.000	5.751	0.000	49.328	0.000
X6	3.745	0.000	1.808	0.071	17.291	0.000
X7	-2.633	0.008	-7.365	0.000	61.179	0.000

【11-2】

上表在檢定變項的分配是否顯著地偏離常態分配。從態勢的統計檢定來看，除了X1、X3之外，其餘的變項皆顯著的偏態。對峰度的檢定而言，除了 X3、X4、X6之外，其餘的不是過度高峰，不然就是過度低峰。最後一欄的 *P* 值用以同時檢定偏態與峰度。此一數字若達顯著就是分配非常態，表中顯示只有 X3 是常態分配之外，其餘皆是非常態。表現的最糟的是 X2，其次是 X7。

Relative Multivariate Kurtosis = 1.078

Test of Multivariate Normality for Continuous Variables

Skewness			Kurtosis			Skewness and Kurtosis	
Value	Z-Score	P-Value	Value	Z-Score	P-Value	Chi-Square	P-Value
4.384	14.145	0.000	5.143	4.693	0.000	222.089	0.000

【11-3】

上表為多變項常態分配檢定表，表中顯示七個變項所形成的多變項分配，在偏態上是正偏態，峰度上是高峽峰，且是非多元常態的分配形式。此部分的檢定公式請參看第四章第一節的第二小節。雖然，此七個變項所形成的多元分配為非常態，當檢定個別變項的峰度時，峰度值並沒有高的太離譜，我們在第四章第一節的第二小節中有提到當使用 ML 來估計時，峰度對此一估計法影響最大。不過由於 ML 估計法的強韌性，唯有在峰度的絕對值大於 25 時，才會對估計產生足夠的影響性。

Histograms for Continuous Variables

X1

Frequency	Percentage	Lower Class Limit	
17	2.9	1.000	▒▒
0	0.0	1.400	
160	27.1	1.800	▒▒▒▒▒▒▒▒▒▒▒▒▒▒▒▒▒▒▒▒▒▒▒▒▒▒▒
0	0.0	2.200	
0	0.0	2.600	
217	36.8	3.000	▒▒▒▒▒▒▒▒▒▒▒▒▒▒▒▒▒▒▒▒▒▒▒▒▒▒▒▒▒▒▒▒▒▒▒▒▒
0	0.0	3.400	
149	25.3	3.800	▒▒▒▒▒▒▒▒▒▒▒▒▒▒▒▒▒▒▒▒▒▒▒▒▒
0	0.0	4.200	
47	8.0	4.600	▒▒▒▒▒▒▒▒

X2

Frequency	Percentage	Lower Class Limit	
28	4.7	1.000	▒▒▒▒
0	0.0	1.400	
101	17.1	1.800	▒▒▒▒▒▒▒▒▒▒▒▒▒▒▒▒▒
0	0.0	2.200	
82	13.9	2.600	▒▒▒▒▒▒▒▒▒▒▒▒▒▒
0	0.0	3.000	
0	0.0	3.400	
144	24.4	3.800	▒▒▒▒▒▒▒▒▒▒▒▒▒▒▒▒▒▒▒▒▒▒▒▒
0	0.0	4.200	
235	39.8	4.600	▒▒

X3

Frequency	Percentage	Lower Class Limit
58	9.8	1.000
0	0.0	1.400
98	16.6	1.800
0	0.0	2.200
272	46.1	2.600
0	0.0	3.000
0	0.0	3.400
109	18.5	3.800
0	0.0	4.200
53	9.0	4.600

X4

Frequency	Percentage	Lower Class Limit
160	27.1	1.000
0	0.0	1.400
278	47.1	1.800
0	0.0	2.200
0	0.0	2.600
128	21.7	3.000
0	0.0	3.400
19	3.2	3.800
0	0.0	4.200
5	0.8	4.600

X5

Frequency	Percentage	Lower Class Limit	
274	46.4	1.000	▓▓▓▓▓▓▓▓▓▓▓▓▓▓▓▓▓▓▓▓▓▓▓▓▓▓▓▓▓▓▓▓▓▓▓▓▓▓
0	0.0	1.400	
255	43.2	1.800	▓▓▓▓▓▓▓▓▓▓▓▓▓▓▓▓▓▓▓▓▓▓▓▓▓▓▓▓▓▓▓▓▓▓▓
0	0.0	2.200	
54	9.2	2.600	▓▓▓▓▓▓▓
0	0.0	3.000	
0	0.0	3.400	
3	0.5	3.800	
0	0.0	4.200	
4	0.7	4.600	

X6

Frequency	Percentage	Lower Class Limit	
218	36.9	1.000	▓▓▓▓▓▓▓▓▓▓▓▓▓▓▓▓▓▓▓▓▓▓▓▓▓▓▓▓▓▓▓▓▓▓▓
0	0.0	1.400	
235	39.8	1.800	▓▓▓▓▓▓▓▓▓▓▓▓▓▓▓▓▓▓▓▓▓▓▓▓▓▓▓▓▓▓▓▓▓▓▓▓▓
0	0.0	2.200	
94	15.9	2.600	▓▓▓▓▓▓▓▓▓▓▓▓▓▓▓
0	0.0	3.000	
0	0.0	3.400	
36	6.1	3.800	▓▓▓▓▓
0	0.0	4.200	
7	1.2	4.600	▓

X7

Frequency	Percentage	Lower Class Limit	
32	5.4	1.000	▒▒▒▒▒▒▒
0	0.0	1.400	
98	16.6	1.800	▒▒▒▒▒▒▒▒▒▒▒▒▒▒▒▒▒▒▒▒▒▒▒
0	0.0	2.200	
145	24.6	2.600	▒▒▒▒▒▒▒▒▒▒▒▒▒▒▒▒▒▒▒▒▒▒▒▒▒▒▒▒▒▒▒▒▒▒
0	0.0	3.000	
0	0.0	3.400	
169	28.6	3.800	▒▒
0	0.0	4.200	
146	24.7	4.600	▒▒▒▒▒▒▒▒▒▒▒▒▒▒▒▒▒▒▒▒▒▒▒▒▒▒▒▒▒▒▒▒▒▒

【11-4】

上圖為七個變項個別的次數分配圖。可以讓我們從圖形上看出變項偏離常態的情形。

Correlations and Test Statistics
（PE = Pearson Product Moment, PC = Polychoric, PS = Polyserial）

				Test of Model			Test of Close Fit	
Variable	vs.	Variable	Correlation	Chi-Squ.	D.F.	P-Value	RMSEA	P-Value
----------	----	---------	--------------	------------	------	--------	----------	---------
X2	vs.	X1	0.342 (PE)					
X3	vs.	X1	0.460 (PE)					
X3	vs.	X2	0.293 (PE)					
X4	vs.	X1	0.408 (PE)					
X4	vs.	X2	0.282 (PE)					
X4	vs.	X3	0.328 (PE)					

X5	vs.	X1	0.361 (PE)
X5	vs.	X2	0.220 (PE)
X5	vs.	X3	0.318 (PE)
X5	vs.	X4	0.560 (PE)
X6	vs.	X1	0.383 (PE)
X6	vs.	X2	0.238 (PE)
X6	vs.	X3	0.309 (PE)
X6	vs.	X4	0.337 (PE)
X6	vs.	X5	0.337 (PE)
X7	vs.	X1	0.394 (PE)
X7	vs.	X2	0.311 (PE)
X7	vs.	X3	0.291 (PE)
X7	vs.	X4	0.315 (PE)
X7	vs.	X5	0.296 (PE)
X7	vs.	X6	0.351 (PE)

【11-5】

上面的統計用以顯示不同類型的相關。由於我們一開始即界定此七個變項為連續變項，因此只有Pearson相關（PE）被顯示出來。如果兩個變項都被界定為次序變項（參看附錄11-1），則多項相關（polychoric correlation, PC）會被計算出來。如果一個變項是次序變項，另一個變項是連續變項，則多系列相關（polyserial correlation, PS）會被計算出來。如果有多項相關被計算時，PRELIS也會考驗多項相關的雙變項常態分配的適配度。其中卡方值用以檢定完全適配（exact fit）的程度，RMSEA用以檢定近似適配（close fit）的情形。關於完全適配以及近似適配的觀念請參看第六章適配度評鑑談到 RMSEA 的部分。當卡方值未達顯著時，表示具有雙變項常態分配。非顯著的RMSEA也顯示具備雙變項常態分配（參看附錄11-1）。

Correlation Matrix

	X1	X2	X3	X4	X5	X6	X7
	-------	-------	-------	-------	-------	-------	-------
X1	1.000						
X2	0.342	1.000					
X3	0.460	0.293	1.000				
X4	0.408	0.282	0.328	1.000			
X5	0.361	0.220	0.318	0.560	1.000		
X6	0.383	0.238	0.309	0.337	0.337	1.000	
X7	0.394	0.311	0.291	0.315	0.296	0.351	1.000

說明【11-6】

上表為變變項間相關矩陣。特別值得注意的是如果在變項上界定不同的變項性質（次序以及連續），則此矩陣就會包含不同的相關，包括PE、PC、PS。因此會和我們一般所使用等距或連續變項所計算出來的相關不太一樣。

第五節　模式估計

接下來是模式的估計，三個輸入檔案分別讓LISREL程式做估計，其分別產生三個模式估計的輸出結果，由於三個輸出結果的形式皆相同，我們只以三因素假設模式來說明 LISREL 模式估計的情形。在使用模式估計的技術上，若研究者沒有任何的界定，LISREL 的內定估計技術是最大概似法（ML）。以下所呈現的就是三因素假設模式的輸出結果。輸出結果中作者加入了說明，以便對許多可能產生的現象做進一步的敘述。

```
The following lines were read from file C:\JENIOR\CONCER3.SPL:
! Three Factor Model
Observed Variables:
X1  X2  X3  X4  X5  X6  X7
Raw Data from File c:\jenior\guild7.dat
Sample Size = 590
Latent Variables: UND TOUCH HELP
Relationships:
X1  =UND
X2  =UND
X3  =UND
X4  =TOUCH
X5  =TOUCH
X6  =HELP
X7  =HELP
Path Diagram
LISREL Output SE TV RS EF MI SS SC WP
End of Problem
```

【11-7】

在 LISREL 的輸出中會重複研究者的輸入檔案，如果檔案的語法有問題時，則會在此部分將問題顯示出來。

! Three Factor Model

Covariance Matrix to be Analyzed

	X1	X2	X3	X4	X5	X6	X7
	-------	-------	-------	-------	-------	-------	-------
X1	0.95						
X2	0.42	1.60					
X3	0.47	0.39	1.11				
X4	0.33	0.30	0.29	0.69			
X5	0.25	0.20	0.24	0.34	0.52		
X6	0.35	0.28	0.30	0.26	0.23	0.88	
X7	0.46	0.47	0.36	0.31	0.25	0.39	1.40

說明【11-8】

上表乃七個觀察變項所形成的共變數矩陣。也就是我們在前面章節中所提到的S矩陣。很顯然地，這個共變數矩陣是正定，如果是非正定則會出現以下的訊息：

F_A_T_A_L E_R_R_O_R: Matrix to be analyzed is not positive definite.

雖然造成此種現象的原因有許多，但經驗上而言，主要的原因有兩種因素，其一是觀察資料採用配對刪除法來求共變數矩陣，解決此一問題，可以參看本書第四章。其二是觀察變項產生線性依賴，詳細的解決方法請參看第五章第六節非正定問題。

另外，LISREL 8會自動採用平滑程序（見第五章第六節）來企圖解決此一問題，此時程式將會輸出以下的訊息：

W_A_R_N_I_N_G: Matrix to be analyzed is not positive definite, ridge option taken with ridge constant - 1.000.

```
! Three Factor Model
 Parameter Specifications
LAMBDA-X

              UND       TOUCH        HELP
          ----------  ------------  ---------
    X1        1          0            0
    X2        2          0            0
    X3        3          0            0
    X4        0          4            0
    X5        0          5            0
    X6        0          0            6
    X7        0          0            7

PHI

              UND       TOUCH        HELP
          ---------  -----------  ---------
UND           0
TOUCH         8          0
HELP          9         10            0

THETA-DELTA
     X1      X2      X3      X4      X5      X6      X7
   ------  ------  ------  ------  ------  ------  ------
     11      12      13      14      15      16      17
```

【11-9】

此部分顯示所要估計的參數，總共有十七個參數需要估計。從所需估計的參數完全符合作者輸入檔所界定的，知曉 LISREL 完全能夠正確的解讀輸入檔內所設定的關係。

! Three Factor Model

Number of Iterations = 4

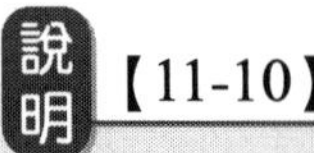
【11-10】

此為疊代的次數，總共4次即獲得聚合。如果無法聚合時，LISREL 8程式會出現諸如下面的訊息。

W_A_R_N_I_N_G: The solution was found non-admissible after 20 iterations.
The following solution is preliminary and is provided only
for the purpose of tracing the source of the problem.
Setting AD> 20 or AD=OFF may solve the problem.

顯示LISREL 8內定的疊代是20次。超過20次無法獲得聚合時，程式即終止。那麼表示模式的解是不相容的，因此無法獲得唯一解。此時，LISREL 8程式也提供處理此一問題的建議，在OUTPUT指令行加入AD>20或AD=OFF的指令，再重新執行一次程式，看看是否能夠聚合。如果能夠的話事情便解決，如果不能夠的話，那就必須採用其他的方法。包括研究者提供自己所界定的起始值，或者是先使用ULS估計，將所獲得的估計值當作起始值來重新估計模式。

如果研究者所界定的模式不正確或不恰當，則LISREL 8程式會停止且出現下面兩個訊息：

W_A_R_N_I_N_G: The number of iterations exceeded ＊＊.

F_A_T_A_L E_R_R_O_R: Serious problems encountered during minimization.
Unable to continue iteration.
Check your model and data.

其中＊＊為內定值。當這種訊息出現時，表示模式是經驗上的低識別。因而導致訊息矩陣幾乎為奇異，也就是幾乎是接近非正定。檢驗此種可能性的方法乃是要求LISREL 8印出參數估計的相關矩陣，也就是在OUTPUT中加入PC指令。如果發現非常高的相關值表示適配函數受到膨脹，所以無法獲得足夠好的參數估計（*Jöreskog & Sörbom, 1989*）。解決之道就是將高相關中任一參數設定為0。如果如此做會使得模式中變項的建構出問題的話，那麼就請參考第五章第六節，改採用其他解決之道。

LISREL Estimates (Maximum Likelihood)
LAMBDA-X

	UND	TOUCH	HELP
	----------	----------	----------
X1	0.72	- -	- -
	(0.04)		
	17.28		
X2	0.61	- -	- -
	(0.06)		
	10.85		
X3	0.64	- -	- -
	(0.05)		
	14.02		
X4	- -	0.65	- -
		(0.04)	
		17.62	
X5	- -	0.52	- -
		(0.03)	
		16.42	
X6	- -	- -	0.56
			(0.04)
			12.50
X7	- -	- -	0.70
			(0.06)
			12.46

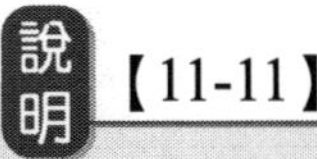

此為LISREL以ML估計的結果，第一行的數字是非標準化λ係數，第二行括弧中的數字為估計參數的標準誤，第三行為t值。t值的絕對值大於1.96表示該估計參數已達0.05的顯著水準，t值的絕對值大於2.58，表示該估計參數已達0.01的顯著水準。顯然，此七個參數皆達顯著水準。

PHI

	UND	TOUCH	HELP
	-------	----------	--------
UND	1.00		
TOUCH	0.70	1.00	
	(0.04)		
	16.37		
HELP	0.88	0.72	1.00
	(0.05)	(0.05)	
	16.68	13.28	

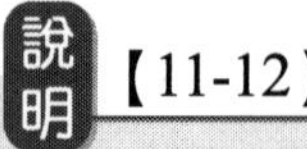
【11-12】

此為潛在外因變項（ξ）之間的相關（Φ矩陣），此三個潛在外因變項間有高相關存在。研究者可能質疑如此高的相關是否意味這些潛在因素是同一個潛在因素，此乃涉及區別效度（discriminant validaty）的問題。Jöreskog和Sörbom（*1993*）在《*LISREL 8: Structural Equation Modeling with SIMPLIS Command Language*》一書中，有提到檢定此一問題的方法。也就是使用標準誤來形成真實相關的近似信賴區間，信賴水準為95%，計算方式為$r\pm1.96$標準誤，則UND與TOUCII的信賴區間為$0.70\perp1.96\times0.04=(0.62；0.78)$，UND與HELP的信賴區間為$0.88\pm1.96\times0.05=(0.78；0.98)$，TOUCH與HELP的信賴區間為$0.72\pm1.96\times0.05=(0.62；0.82)$。這些信賴區間並沒有包含1，因此可以認為這些相關值少於1。如果信賴區間的值包含1，表示只要使用單一面向就足夠來涵蓋這些觀察變項間的相互關係，而無須採用二個面向來涵蓋。

THETA-DELTA

X1	X2	X3	X4	X5	X6	X7
-----	-----	-----	-----	-----	-----	-----
0.43	1.23	0.70	0.27	0.25	0.57	0.91
(0.04)	(0.08)	(0.05)	(0.03)	(0.02)	(0.05)	(0.07)
10.04	15.49	13.88	8.03	10.42	12.62	12.69

Squared Multiple Correlations for X - Variables

X1	X2	X3	X4	X5	X6	X7
-----	-----	-----	-----	-----	-----	-----
0.55	0.23	0.37	0.61	0.52	0.35	0.35

【11-13】

此乃複相關的平方，就是一般在多元迴歸中所稱的 R^2，其範圍從 0.00 到 1.00。它們通常被視為是信度指標，用以測量個別觀察變項被其所反映之潛在變項所能解釋的程度。從上表中我們看到 55%的 X1 變異量為「瞭解」此一潛在變項所涵蓋。整體而言，此七個觀察變項為其所反映的潛在變項所能解釋的程度從 0.23 到 0.61。

Goodness of Fit Statistics

Degrees of Freedom = 11

Minimum Fit Function Chi-Square = 9.49 (P = 0.58)

Normal Theory Weighted Least Squares Chi-Square = 9.36 (P = 0.59)

Estimated Non-centrality Parameter (NCP) = 0.0

90 Percent Confidence Interval for NCP = (0.0 ; 9.38)

Minimum Fit Function Value = 0.016

Population Discrepancy Function Value (F0) = 0.0

90 Percent Confidence Interval for F0 = (0.0 ; 0.016)

Root Mean Square Error of Approximation (RMSEA) = 0.0
90 Percent Confidence Interval for RMSEA = (0.0 ; 0.038)
P-Value for Test of Close Fit (RMSEA < 0.05) = 0.99

Expected Cross-Validation Index (ECVI) = 0.076
90 Percent Confidence Interval for ECVI = (0.076 ; 0.092)
ECVI for Saturated Model = 0.095
ECVI for Independence Model = 1.60

Chi-Square for Independence Model with 21 Degrees of
Freedom = 925.58
Independence AIC = 939.58
Model AIC = 43.36
Saturated AIC = 56.00
Independence CAIC = 977.24
Model CAIC = 134.82
Saturated CAIC = 206.64

Root Mean Square Residual (RMR) = 0.020
Standardized RMR = 0.016
Goodness of Fit Index (GFI) = 1.00
Adjusted Goodness of Fit Index (AGFI) = 0.99
Parsimony Goodness of Fit Index (PGFI) = 0.39

Normed Fit Index (NFI) = 0.99
Non-Normed Fit Index (NNFI) = 1.00
Parsimony Normed Fit Index (PNFI) = 0.52
Comparative Fit Index (CFI) = 1.00
Incremental Fit Index (IFI) = 1.00
Relative Fit Index (RFI) = 0.98

Critical N (CN) = 1535.87

【11-14】

此乃整體適配度指標。是本節應用的重點所在，將在下面的節次中詳加說明。

! Three Factor Model
Fitted Covariance Matrix

	X1	X2	X3	X4	X5	X6	X7
	--------	--------	--------	--------	--------	--------	--------
X1	0.95						
X2	0.44	1.60					
X3	0.46	0.39	1.11				
X4	0.33	0.28	0.29	0.69			
X5	0.26	0.22	0.23	0.34	0.52		
X6	0.35	0.30	0.31	0.26	0.21	0.88	
X7	0.45	0.38	0.39	0.33	0.26	0.39	1.40

【11-15】

此乃適配共變數矩陣，也就是前面章節中一再提起的$\Sigma(\theta)$。

Fitted Residuals

	X1	X2	X3	X4	X5	X6	X7
	--------	--------	--------	--------	--------	--------	--------
X1	0.00						
X2	-0.02	0.00					
X3	0.01	0.00	0.00				
X4	0.00	0.02	0.00	0.00			
X5	-0.01	-0.02	0.01	0.00	0.00		
X6	0.00	-0.02	-0.01	0.00	0.02	0.00	
X7	0.01	0.09	-0.03	-0.02	-0.01	0.00	0.00

【11-16】

此乃適配殘差矩陣，也就是$S-\Sigma(\theta)$的殘差。正的且是大的殘差值表示模式低估了變項間的共變，因此可能需要釋放該參數。負的且是大的殘差值表示模式高估了既定的共變，因此可能需要刪除該參數。是否足夠大的判別可以藉由下面標準化適配殘差來判定。

Summary Statistics for Fitted Residuals

Smallest Fitted Residual = -0.03
Median Fitted Residual = 0.00
Largest Fitted Residual = 0.09

【11-17】

此乃告訴我們上面殘差矩陣中最大、最小以及中間的殘差數為何。

Stemleaf Plot

```
- 2|21
- 0|987998431000000000
  0|339019
  2|0
  4|
  6|
  8|8
```

【11-18】

此乃將適配殘差矩陣以莖葉圖的方式來表示。從此一圖中你可以看到個別數字之總結資訊。由於適配殘差與觀察變項的量尺有關，因此大部分在檢視殘差矩陣時皆採用下面的標準化殘差矩陣。

Standardized Residuals

	X1	X2	X3	X4	X5	X6	X7
	--------	--------	--------	--------	--------	--------	--------
X1	- -						
X2	-1.02	- -					
X3	1.05	-0.03	- -				
X4	0.31	0.71	-0.15	- -			
X5	-0.73	-0.85	0.59	- -	- -		
X6	-0.27	-0.58	-0.42	0.18	1.43	- -	
X7	0.50	2.22	-1.1	-0.95	-0.52	- -	- -

【11-19】

此為標準化殘差矩陣，其不受到觀察變項測量量尺的影響，因此在解釋上比較方便。

Summary Statistics for Standardized Residuals

Smallest Standardized Residual = -1.16
Median Standardized Residual = 0.00
Largest Standardized Residual = 2.22

【11-20】

最大的標準化適配殘差為2.22，中數為0.00，最小為-1.16。通常標準化適配殘差可以用z分數來看待，如果標準化適配殘差大於2.58（α=0.01的z值，有些學者採1.96，一般學者皆認為如此做有點嚴格。），表示其為顯著大的殘差。顯然地，本研究的殘差矩陣皆無顯著大的殘差存在。從此一結果可以推論三因素模式不僅整體上適配樣本資料，在個別參數的表現也相當良好。也就是說，沒有任何部分有不良適配產生。

Stemleaf Plot

```
- 1|200
- 0|8765
- 0|4310000000000
  0|23
  0|567
  1|14
  1|
  2|2
```

【11-21】

此為標準化適配殘差之莖葉圖。其讀法相當直接，例如2|2表示標準化殘差2.2，在虛線的左邊為個位數，右邊為小數為第一位數，1|14表示有兩個標準化殘差，1.1與1.4。見上面的的標準化殘差矩陣，發現有1.05與1.43，此即代表此兩個標準化殘差經四捨五入的結果。

! Three Factor Model

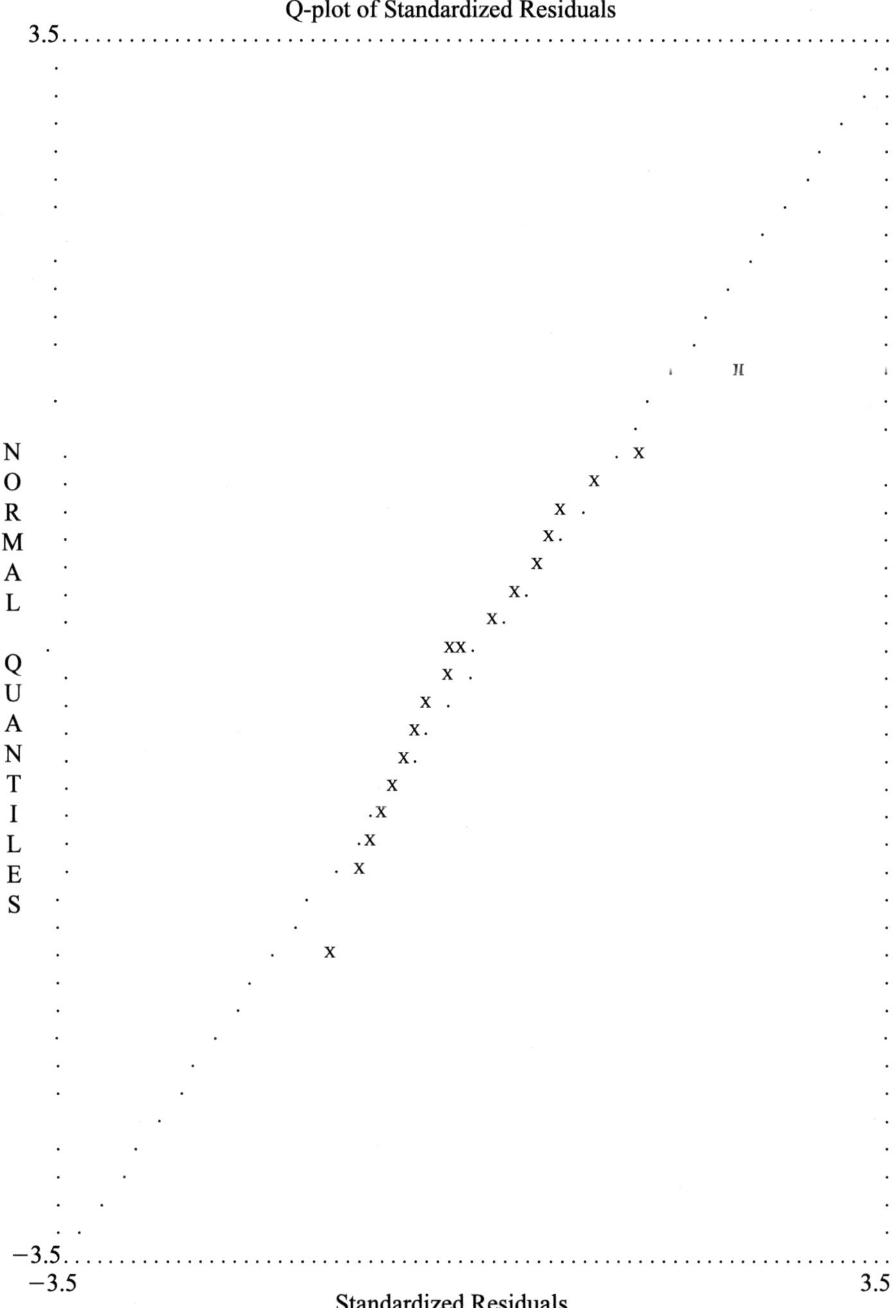

【11-22】

此為標準化殘差的Q圖，也就是標準化殘差的常態機率圖（normal probability plot）。其將標準化殘差當作是水平線，以常態分配為垂直線，來標示標準化殘差。圖中的x為一個標準化殘差，如果圖中有*表示為多個標準化殘差點。這些點所形成的斜率可以看出模式適配資料的程度，一個良好的適配是標準化殘差大約沿著45度線發展。若標準化殘差所構成的線條不是線性，通常映含有違反常態假設的現象或者是存在界定誤。此圖顯示大部分的標準化殘差接沿著45度線發展，表示其適配良好。

Modification Indices and Expected Change

Modification Indices for LAMBDA-X

	UND	TOUCH	HELP
	-------	----------	---------
X1	- -	0.06	0.01
X2	- -	0.01	1.52
X3	- -	0.02	1.65
X4	0.82	- -	0.82
X5	0.82	- -	0.82
X6	1.23	1.23	- -
X7	1.24	1.23	- -

Expected Change for LAMBDA-X

	UND	TOUCH	HELP
	-------	----------	---------
X1	- -	-0.03	0.04
X2	- -	0.01	0.37
X3	- -	0.01	-0.38
X4	0.26	- -	-0.44
X5	-0.21	- -	0.35
X6	-0.45	0.13	- -
X7	0.57	-0.16	- -

Standardized Expected Change for LAMBDA-X

	UND	TOUCH	HELP
	-------	----------	---------
X1	- -	-0.03	0.04
X2	- -	0.01	0.37
X3	- -	0.01	-0.38
X4	0.26	- -	-0.44
X5	-0.21	- -	0.35
X6	-0.45	0.13	- -
X7	0.57	-0.16	- -

Completely Standardized Expected Change for LAMBDA-X

	UND	TOUCH	HELP
	-------	----------	
X1	- -	-0.03	0.04
X2	- -	0.01	0.29
X3	- -	0.01	-0.36
X4	0.31	- -	-0.52
X5	-0.29	- -	0.48
X6	-0.48	0.14	- -
X7	0.48	-0.14	- -

No Non-Zero Modification Indices for PHI

Modification Indices for THETA-DELTA

	X1	X2	X3	X4	X5	X6	X7
	-----	-----	-----	-----	-----	-----	-----
X1	- -						
X2	1.04	- -					
X3	1.11	0.00	- -				
X4	0.20	0.90	0.15	- -			
X5	0.49	1.30	0.60	- -	- -		
X6	0.03	0.54	0.05	0.08	1.58	- -	
X7	0.15	4.76	1.42	0.43	0.06	- -	- -

Expected Change for THETA-DELTA

	X1	X2	X3	X4	X5	X6	X7
	-----	-----	-----	-----	-----	-----	-----
X1	- -						
X2	-0.05	- -					
X3	0.05	0.00	- -				
X4	0.01	0.03	-0.01	- -			
X5	-0.01	-0.03	0.02	- -	- -		
X6	-0.01	-0.03	-0.01	-0.01	0.03	- -	
X7	0.02	0.11	-0.05	-0.02	-0.01	- -	- -

Completely Standardized Expected Change for THETA-DELTA

	X1	X2	X3	X4	X5	X6	X7
	-----	-----	-----	-----	-----	-----	-----
X1	- -						
X2	-0.04	- -					
X3	0.05	0.00	- -				
X4	0.01	0.03	-0.01	- -			
X5	-0.02	-0.04	0.02	- -	- -		
X6	-0.01	-0.03	-0.01	-0.01	0.04	- -	
X7	0.01	0.08	-0.04	-0.02	-0.01	- -	- -

Maximum Modification Index is 4.76 for Element (7, 2) of THETA-DELTA

【11-23】

這部分呈現修正指數、期望參數改變值，以及標準化期望參數改變值。修正指數可以用來檢視該參數是否需要修正（如果理論允許的話）。指數的大小表示該參數釋放後卡方值改變的最小值，也就是說，實際估計時，可能改變的比此值還大。當然，它也映含一個觀念，即若修正指數太大則表示該參數適配資料不夠好。通常其值大於3.84表示顯著的大（自由度為1，α=0.05）。期望參數改變值乃是指當該參數釋放時，預測該參數改變的大小。可以是正的改變，也可以是負的改變。

大的修正指數搭配大的期望參數改變值表示該參數有需要加以釋放。因為如此做可以使卡方值降低許多，且獲得大的參數改變。如果是大的修正指數，而期望參數改變值很小，則雖能降低許多卡方值，但對參數估計的意義不大。這可能是界定誤的問題，也就是說，研究者界定了一個小參數，因此釋放此一參數無實質上的意義。一個小的修正指數伴隨一個大的期望參數改變值，有兩個可能的原因：其一是受到樣本變異的影響，其二是該參數對卡方檢定的敏感性較低。由於估計模式是一種完全訊息的技術，因此在估計時即使是相同大小的界定誤，在不同地方感受程度因該地方的參數關係而有所不同，導致在某部分的修正指數比其他部分對界定誤的影響較敏感。小的修正指數搭配小的期望參數改變值顯示釋放此一參數一點好處也沒有，所以不要去管它。

當觀察變項使用不同量尺時，要比較參數改變值的大小，就必須採用標準化期望參數改變值。

! Three Factor Model
Standardized Solution
LAMBDA-X

	UND	TOUCH	HELP
	----------	------------	---------
X1	0.72	- -	- -
X2	0.61	- -	- -
X3	0.64	- -	- -
X4	- -	0.65	- -
X5	- -	0.52	- -
X6	- -	- -	0.56
X7	- -	- -	0.70

PHI

	UND	TOUCH	HELP
	---------	-----------	---------
UND	1.00		
TOUCH	0.70	1.00	
HELP	0.88	0.72	1.00

! Three Factor Model

Completely Standardized Solution

LAMBDA-X

	UND	TOUCH	HELP
	----------	------------	---------
X1	0.74	- -	- -
X2	0.48	- -	- -
X3	0.61	- -	- -
X4	- -	0.78	- -
X5	- -	0.72	- -
X6	- -	- -	0.59
X7	- -	- -	0.59

PHI

	UND	TOUCH	HELP
	---------	-----------	---------
UND	1.00		
TOUCH	0.70	1.00	
HELP	0.88	0.72	1.00

THETA-DELTA

X1	X2	X3	X4	X5	X6	X7
------	------	------	------	------	------	------
0.45	0.77	0.63	0.39	0.48	0.65	0.65

說明【11-24】

此部分呈現標準化以及完全標準化係數。標準化係數的計算只有潛在變項被設定標準化，觀察變項依然是非標準化。完全標準化係數則是潛在變項以及觀察變項皆設定為標準化。因此，一般在報告裡要使用標準化係數來呈現時，通常是使用完全標準化係數。對測量模式而言，完全標準化係數的平方正好等於R^2，例如上面 LAMBDA-X1 係數為 0.74，其平方為 0.5476，四捨五入至小數第二位為 0.55。查說明【11-13】上的表，您可以發現R^2也是 0.55。完全標準化係數可以用來求組合信度以及建構效度，將在第十二章中在詳述。

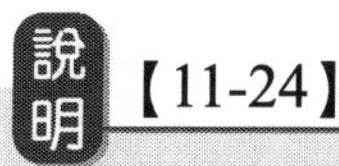

第六節 模式適配度評鑑

在評鑑模式適配度之前，必須先檢查「違犯估計」，也就是說，估計係數是否超出可接受的範圍。雖然，有學者對檢驗的項目有不同的界定，我們的標準是參照 Hair（*1998*）的定義。他提出的違犯估計項目有：⑴負的誤差變異數存在；⑵標準化係數超過或太接近 1（通常以 0.95 為門檻）；⑶有太大的標準誤。從說明【11-11】、【11-12】以及【11-13】等上面的表中，可以看到標準誤都很小。說明【11-24】上面的完全標準化係數表也顯示標準化係數都未大於 0.95，且沒有負的誤差變異誤。當通過違犯估計的檢查之後，就可以進入整體適配度的評鑑。三個假設模式各獲得如說明【11-14】的整體適配度評鑑指標，為了讓讀者清楚的瞭解，我們先依照本書中第六章適配度評鑑的方式將三個假設模式的整體適配度分別整理呈現於表 11-6、表 11-7 以及表 11-8。最後以表 11-9 將三個模式的整體適配指標放在同一個表格中，以便做比較之用。當然，在實際的應用上只需整理成表 11-9 就可以了。

表 11-6　單因素模式整體適配指標

絕對適配量測
(1) Chi-Square with 14 Degrees of Freedom = 84.58 (P = 0.00)
(2) Noncentrality Parameter (NCP) = 70.58
(3) Scaled Noncentrality Parameter (SNCP) 70.58/590 = 0.12
(4) Goodness of Fit Index (GFI) = 0.96
(5) Standarded Root Mean Square Residual (SRMR) = 0.044
(6) Root Mean Square Error of Approximation (RMSEA) = 0.093
P-Value for Test of Close Fit (RMSEA < 0.05) = 0.00012
(7) Expected Cross-Validation Index (ECVI) = 0.19
90 Percent Confidence Interval for ECVI = (0.15 ; 0.25)
ECVI for Saturated Model = 0.095
ECVI for Independence Model = 1.60
(8) Adjusted Goodness of Fit Index (AGFI) = 0.92
增值適配量測
Chi-square for independence model with 21 degrees of freedom = 925.58
(9) Non-Normed Fit Index (NNFI) = 0.89
(10) Normed Fit Index (NFI) = 0.91
(11) Comparative Fit Index (CFI) = 0.93
(12) Incremental Fit Index (IFI) = 0.93
(13) Relative Fit Index (RFI) = 0.87
簡效適配量測
(14) Parsimony Normed Fit Index (PNFI) = 0.61
(15) Parsimony Goodness of Fit Index (PGFI) = 0.48
(16) Independence AIC = 939.58
Model AIC = 112.58
Saturated AIC = 56.00
(17) Critical N (CN) = 216.55
(18) Normed Chi-Square　84.58/14 = 6.04

表 11-7　二因素模式整體適配指標

絕對適配量測
(1) Chi-Square with 13 Degrees of Freedom = 81.47 (P = 0.00)
(2) Noncentrality Parameter (NCP) = 68.47
(3) Scaled Noncentrality Parameter (SNCP)　68.47/590 = 0.116
(4) Goodness of Fit Index (GFI) = 0.96
(5) Standarded Root Mean Square Residual (SRMR) = 0.043
(6) Root Mean Square Error of Approximation (RMSEA) = 0.095
P-Value for Test of Close Fit (RMSEA < 0.05) = 0.0001
(7) Expected Cross-Validation Index (ECVI) = 0.19
90 Percent Confidence Interval for ECVI = (0.15 ; 0.24)
ECVI for Saturated Model = 0.095
ECVI for Independence Model = 1.60
(8) Adjusted Goodness of Fit Index (AGFI) = 0.92
增值適配量測
Chi-square for independence model with 21 degrees of freedom = 925.58
(9) Non-Normed Fit Index (NNFI) = 0.89
(10) Normed Fit Index (NFI) = 0.92
(11) Comparative Fit Index (CFI) = 0.93
(12) Incremental Fit Index (IFI) = 0.93
(13) Relative Fit Index (RFI) = 0.87
簡效適配量測
(14) Parsimony Normed Fit Index (PNFI) = 0.57
(15) Parsimony Goodness of Fit Index (PGFI) = 0.45
(16) Independence AIC = 939.58
Model AIC = 111.17
Saturated AIC = 56.00
(17) Critical N (CN) = 216.90
(18) Normed Chi-Square　81.47/13 = 6.26

表 11-8　三因素模式整體適配指標

絕對適配量測
(1) Chi-Square with 11 Degrees of Freedom = 9.36 (P = 0.58)
(2) Noncentrality Parameter (NCP) = 0.0
(3) Scaled Noncentrality Parameter (SNCP)　0.0/590 = 0.0
(4) Goodness of Fit Index (GFI) = 1.00
(5) Standarded Root Mean Square Residual (SRMR) = 0.016
(6) Root Mean Square Error of Approximation (RMSEA) = 0.0
P-Value for Test of Close Fit (RMSEA < 0.05) = 0.99
(7) Expected Cross-Validation Index (ECVI) = 0.076
90 Percent Confidence Interval for ECVI = (0.076 ; 0.092)
ECVI for Saturated Model = 0.095
ECVI for Independence Model = 1.60
(8) Adjusted Goodness of Fit Index (AGFI) = 0.99
增值適配量測
Chi-square for independence model with 21 degrees of freedom = 925.58
(9) Non-Normed Fit Index (NNFI) = 1.00
(10) Normed Fit Index (NFI) = 0.99
(11) Comparative Fit Index (CFI) = 1.00
(12) Incremental Fit Index (IFI) = 1.00
(13) Relative Fit Index (RFI) = 0.98
簡效適配量測
(14) Parsimony Normed Fit Index (PNFI) = 0.52
(15) Parsimony Goodness of Fit Index (PGFI) = 0.39
(16) Independence AIC = 939.58
Model AIC = 43.36
Saturated AIC = 56.00
(17) Critical N (CN) = 1535.87
(18) Normed Chi-Square　9.36/11 = 0.85

表 11-9　三個模式的適配指標比較表

模式	單因素	二因素	三因素
絕對適配量測			
χ^2	84.58	81.47	9.36
（df）（p 值）	（14）（0.00）	（13）（0.00）	（11）（0.58）
SNCP	0.12	0.12	0.0
GFI	0.96	0.96	1.00
SRMR	0.044	0.043	0.016
RMSEA	0.093	0.095	0.0
ECVI	0.095（SM）	0.095（SM）	0.076（M）
	<0.19（M）	<0.19（M）	<0.095（SM）
	<1.60（IM）	<1.60（IM）	<1.60（IM）
AGFI	0.92	0.92	0.99
增值適配量測			
NFI	0.91	0.92	0.99
NNFI	0.89	0.89	1.00
CFI	0.93	0.93	1.00
IFI	0.93	0.93	1.00
RFI	0.87	0.87	0.98
簡效適配量測			
PNFI	0.61	0.57	0.52
PGFI	0.48	0.45	0.39
AIC	56.00（SM）	56.00（SM）	43.36（M）
	<112.58（M）	<111.17（M）	<56.00（SM）
	<939.58（IM）	<939.58（IM）	<939.58（IM）
CN	216.55	216.90	1535.87
Normed chi-square	6.04	6.26	0.85

註：M＝Model　SM＝Saturated Model　IM＝Independent Model

從表 11-9 中，我們可以清楚的看到在絕對適配量測裡，所有指標皆顯示三因素模式的優越性。三因素模式在和單因素以及二因素的 χ^2 差異[2]的比較分別為 $\chi^2_{difference\ (2)}=75.22$，$\chi^2_{difference\ (1)}=72.11$，皆達到高顯著水準（$p<0.01$）。

在具有複合效度的 ECVI 指標上，只有三因素模式通過標準，其他兩個模式未達標準，也就是單因素與二因素模式的 ECVI 值皆未比飽和模式的 ECVI 值小。這顯示三因素模式比單因素與二因素模式較具有預測效度。

就增值適配量測而言，三因素模式所有的適配指標也皆具有優越性。這些值不僅通過門檻值，且皆比另外兩個模式的指標值大很多。對簡效適配量測而言，三因素模式在 AIC 以及 CN 等指標上表現較優越。但在 PNFI 以及 PGFI 的表現上則不太理想，其中 PNFI 是 NFI 的一個修正指標，PGFI 是 GFI 的修正指標，此兩種修正皆和自由度有關。這是小模式的一個問題，模式小時，任何一個自由度的減低皆可能造成相當大比例的改變。若 NFI 以及 GFI 沒有很大的改善空間時，通常會發生此種現象。我們在第六章討論到簡效適配量測時，特別指出參照簡效適配量測可使得理論模式更有效用，且符合簡效原則。但是，必須謹記的是不能為了簡效原則而犧牲了模式的正確性，也就是說，研究者為了簡效原則而接受一個不正確的模式卻拒絕了一個比較不簡效的正確模式。整體而言，三因素模式是最具適配資料的能力。因此，此父母親對孩子學校表現關注量表是一個三面向的量表。

通過整體模式的評鑑之後，接著就可以對模式內在品質做一瞭解。表 11-10 呈現模式的標準化參數估計，所有參數皆達顯著水準。它們的 R^2 從 0.23 到 0.61。表 11-11 是因素間的相關，這些因素相關係

---

2 此即將單因素模式所獲得的 χ^2 值減去三因素模式所獲得的 χ^2，其自由度乃是兩模式自由度之差。

表 11-10　三因素的標準化參數估計

變項	瞭解	與學校接觸	協助與督促	R^2
X1	0.74	--	--	0.55
X2	0.48	--	--	0.23
X3	0.61	--	--	0.37
X4	--	0.78	--	0.61
X5	--	0.72	--	0.52
X6	--	--	0.59	0.35
X7	--	--	0.59	0.35

表 11-11　潛在因素間的相關

	瞭解	與學校接觸	協助與督促
1. 瞭解	1.00		
2. 與學校接觸	0.70	1.00	
3. 協助與督促	0.88	0.72	1.00

數皆達顯著水準，範圍從 0.70 到 0.88。由於主要的目的在探討哪一種面向性最能夠代表父母親對孩子學校表現關注量表。因此，一些深入的內在結構檢定就放在第十二章再討論。

次序性變項的分析

LISREL中的PRELIS II可以處理三種變項：連續的、次序的以及設限的（censored）[3]。以次序變項與類別變項所計算的相關就稱為多項相關。而當次序類別皆為二分時，此為多項相關的特殊案例，這種相關又可稱為四分相關（tetrachoric correlations）。計算多項相關的目的在於企圖獲得常態化界定下的相關值。所以變項（x）被假設具有一個基底的連續變項（x^*），而其分配為$N(\mu_x, \sigma_x^2)$。在PRELIS II裡，則是將此種分配假設為$N(0,1)$的形式。多項相關就是企圖計算這些基底的連續變項之間的相關，而PRELIS II企圖以雙變項常態性的假定作為檢定的方式。

其次，次序變項與連續變項之間的相關稱為多系列相關。若此相關的次序變項是二分類別時，其稱為二系列相關（biserial correlations）。

對觀察變項x而言，不同的反應類別是依據x^*的反應位置來獲得的。如果x有p個類別，就有$p-1$個門檻。例如x的值為1、2、3以及4；其相對應的門檻就有三個，可以用下圖說明之：

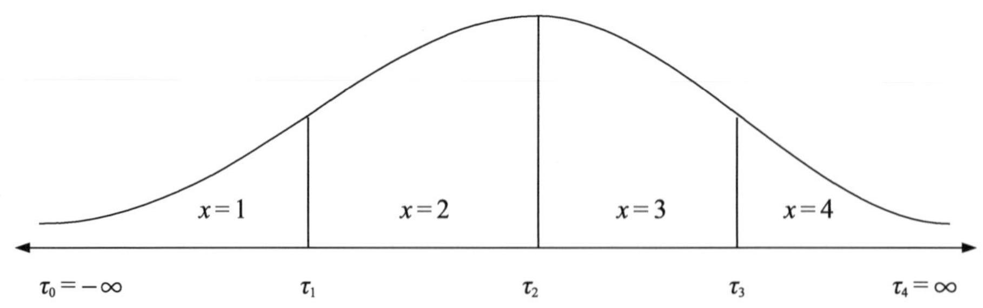

[3] 設限的變項乃是指變項在低界處或高界處具有相當高集中性的數值。例如學生記過的次數，而$X=0$表示沒有被記任何過的學生，這種學生數將會相當的多。

圖中顯示：

當 $-\infty < x^* \leqq \tau_1$ 時，$x=1$；

當 $\tau_1 < x^* \leqq \tau_2$ 時，$x=2$；

當 $\tau_2 < x^* \leqq \tau_3$ 時，$x=3$；

當 $\tau_3 < x^* \leqq \infty$ 時，$x=4$。

其中 τ_1、τ_2 以及 τ_3 為門檻值。

在 PRELIS II 裡，當 PC 被計算出來時，卡方值以及 RMSEA 會被計算出來。例如表 11-12 中，變項 Crane 與變項 Ethnic 之卡方值為 3.289，p 值顯示不顯著。此意味雙變項常態假定成立。除了檢定卡方值之外，RMSEA 提供適配接近性的檢定，其目的在於檢定雙變項常態分配假定的合理近似性。統計數字顯示三對PC所獲得的 RMSEA 值皆不顯著性（$p<0.05$為顯著），表示具有雙變項常態分配。

最後，如果研究者的資料是少數反應類別（例如類別少於 4），當採用多項相關或是多項式相關來分析模式時，則通常必須使用ADF的估計法，而此種估計法需要的樣本數比 ML、GLS 等估計法多很多（請參看第五章）。

表 11-12　PRELIS II 相關輸出檔

Correlations and Test Statistics
(PE = Pearson Product Moment, PC = Polychoric, PS=Polyserial)

				Test of Model			Test of Close Fit	
Variable	vs.	Variable	Correlation	Chi-Squ.	D.F.	P-Value	RMSEA	P-Value
----------	---	-----------	-------------	-----------	------	---------	-----------	----------
Crane	vs.	Ethnic	0.023 (PC)	3.289	9	0.952	0.000	1.000
Book	vs.	Ethnic	0.126 (PC)	11.275	11	0.421	0.007	0.973
Book	vs.	Crane	0.130 (PC)	53.638	29	0.004	0.039	0.849

第十二章

驗證性因素分析
——測驗效度與信度評鑑

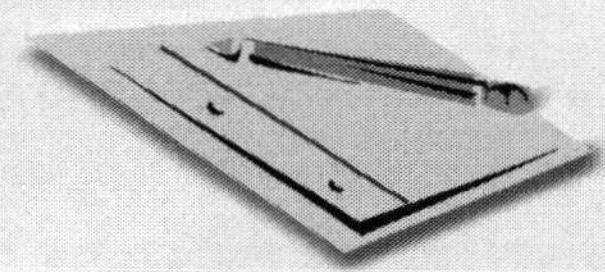

在前一章的應用中，我們使用驗證性因素分析來探討量表建構的面向性。在此章中我們將使用驗證性因素分析來評鑑測量工具的效度與信度。驗證性因素分析技術的成熟，促使測量工具在效度與信度的操作性（operational）證明上更加進步。許多測驗的編製皆採取驗證性因素分析來論證其效度與信度。Bollen（*1989b*）在其重要的論著《帶有潛在變項的結構方程式》一書中，花了許多篇幅在論證結構方程式取向（structural equations approach），比起那些傳統上以相關的程度來作為論證效度策略的統計技術更具豐富性與實質性。

在實際應用驗證性因素分析來評鑑測量工具的效度與信度之前，我們先對效度與信度的概念做深入的探討。如此方有助於讀者對驗證性因素分析應用時的瞭解。

第一節　效度

通常，學者認為一個好的測驗應當具有效度、信度、實用性與常模等特質。其中，效度是測驗的特質中最重要的。當一個測驗工具沒有效度，無論它做得多實用、多美觀、多有信度都可以將它丟到垃圾桶裡。所以，一個測驗首要解決的問題，就是測驗的效度。

在測驗的歷史發展過程中，效度的意義隨著測驗發展的成熟而不斷的改變。過去，效度經常定義為：測驗所欲測量的特質或行為的正確性，或者是指衡量測驗是否能夠測量到其所要測量之潛在特質程度之統計指標。因此，效度係數愈高，表示愈能夠測量到一個測驗所想要測量的特質。這種定義盛行於50、60年代，使得測驗效度檢定的絕大部分責任落在測驗發展者的身上，因發展者必須先宣稱這是一個什麼樣的測驗。

美國國家教育測量諮詢會（NCME）、美國教育研究協會（AERA）

以及美國心理學會（APA）共同出版的測驗標準手冊。在1985年時，將此一手冊命名為《教育與心理測驗歷程標準》（*Standards of Educational and Psychological Testing*）。在此一手冊中「效度」一詞被定義為：「對於測驗分數之特定推論的適當性（appropriateness）、意義性（meaningfulness）以及有用性（usefulness）。效度就是一種不斷累積證據以支持上述推論的過程。」（*1985, p.9*）

這種效度的定義將過去強調測驗結果的效度定義加以擴大，也就是對效度的思考已包含整個測驗發展的完全歷程。一種包括發展、施測，到結果解釋的動態歷程（王文中、呂金燮、吳毓瑩、張郁雯、張淑慧，*1999*）。這種定義不僅將效度的概念結構加以改變，也使得效度的研究取向有別於傳統的方式。說真的，這些改變對於效度的量化分析是相當不利的，它使得效度的量化證明更加困難。所以說，在社會行為科學界裡，對效度做量化處理的學者依然採取傳統式的效度定義。因此，效度可以區分為三種類型：效標效度、內容效度以及建構效度。

效標效度乃是指測驗分數與測驗所欲測量之特質的外在指標之間的相關程度。這種程度以相關係數來表示，稱為效度係數。如果效標和測驗同時間存在，則此效度稱為同時效度（concurrent validity）。若效標在未來才會存在，此種效度稱為預測效度（predictive validity）。Bollen（*1989b*）認為效標效度的相關係數將受到兩種相關的影響：一個是測驗本身和其所欲測量的構念間的相關程度；另一個是效標變項和測量構念間的相關程度。此時問題就發生了，即使前者的相關程度不變，效度係數也會因為後者的改變而改變。而當後者不變，前者改變，效度係數也會改變。所以說，效標效度受到測量本身的隨機測量誤差變異的影響，也受到效標的誤差變異的影響。不同效標可能產生不同效度，使得效度係數的不確定性增加。況且對許多測驗而言，根本沒有效標可用，當然就無法計算效度係數了。

內容效度乃是指一個測驗本身所能包含的概念意義範圍或程度。

亦即測驗的內容是否針對欲測的目的，且具有代表性與適當性。內容效度相當依賴邏輯的處理而非統計的分析[1]。因此，理論的定義就顯得相當的重要。而當理論的定義沒有共識的時候，內容的領域就變得相當模糊。所以內容效度相當依賴研究社群對理論定義的認同，也依賴研究者在選擇指標時是否能夠涵蓋該測驗所預測的內容領域或面向。

建構效度對社會行為科學的測量而言是相當重要的效度指標，許多社會行為科學的理論都是依據假設建構（hypothetical constructs）來形成的。建構效度是指研究的任何發現是否與測量工具所得到的結果會一如理論對該建構所做的預測一樣。簡單的說，乃是建構與其測量間符映的程度。從其定義來看，我們可以知曉建構效度的重要乃是因為它是理論的發展與檢定的必然條件。在此章裡我們主要是探討測量工具的建構效度，但是我們仍然必須讓讀者瞭解不僅只有測量工具關心建構效度，整個測量過程而且來自於測量過程的資料之解釋也牽涉建構效度（*Cook & Campbell, 1979; Cronbach, 1971*）。

我們在上面已經對效度做了定義，因此瞭解建構效度的重點就在「建構」這個關鍵詞了。Kaplan（*1964*）認為建構至少具有兩種意義：系統的（systematic）與觀察的（observational）。在建構的系統意義上是強調建構的解釋需依據該建構的理論來建立。觀察的意義是強調建構的操作化，也就是說，建構能夠具有解釋力，則它必須可以直接或是間接的被測量。顯然的，建構的構成不僅需要理論，也需要實證。基於建構的此兩種意涵，建構效度就可以指涉為在一種無法觀察、概念層面的建構與操作層面的有目的測量之間的垂直符映。

Campbell（*1960*）提出特質效度（trait validity）以及法則性效度（nomological validity）的概念，這兩個概念對建構效度的解釋相當有

---

[1] 雖然有些學者企圖對內容效度做實證性的或統計的分析，例如 Aiken（*1980, 1985*）以及 Mehrens 和 Lehmann（*1991*），但是這些方法並沒有受到相當的推展。對大部分的學者而言，內容效度依然被視為是一種質性類型的效度。

用。特質效度乃是在一個理論的空間中探查一個構念和其測量的關係。此時，理論的角色是用以說明該構念就是某種不同於其他構念的東西（*Peter, 1981*）。因此，特質效度牽扯的是一個測量的信度、聚合效度（convergent validity）以及區別效度（discriminant validity）。這些包括檢驗測量分數系統變異性的總量、檢驗該份測驗分數要能夠和其他測量相同理論建構或潛在特質的測驗分數間具有高相關，以及檢驗該份測驗分數也要能夠和其他測量不同理論建構或潛在特質的測驗分數間具有低相關。從這個觀點來看，早期的探測性因素分析（EFA）企圖調查測量的面向性（因素），可以說是特質效度的一個面向。或許是這個理由使得EFA在過去一直被用來考驗心理測驗的建構效度。

不過從事此種特質效度的調查只能對建構效度提供必要但非充分的資訊。一個構念的測量，在它能夠被視為具有建構效度之前，也必須被用來做理論命題所衍生的可觀察性預測（*Peter, 1981*）。此種作為就是法則性效度。所以說，法則性效度是以理論所衍生的正式假設為基礎，然後對構念與測量做外部性的調查。所以，不同於特質效度是一種內部性效度（internal validity），法則性效度則是外部性效度（external validity）。

Cronbach和Meehl（*1955*）認為檢定建構效度和發展或驗證理論的一般科學程序一點都沒有基本上的差異存在。因此，建構效度是調查與發展的一種不斷擴張的過程（*Cronbach, 1971*）。接受一個建構效度必須有相當的研究成果的累積，這些成果必須包括邏輯演繹推理（logical deductive reasoning）以及一系列信效度的研究。但是，無論如何許多學者還是強調理論的角色對建構效度的評鑑是愈來愈重要。

從上面的角度來看，過去我們採用EFA作為建構效度的檢定方法是相當具有爭議的，EFA是在因素分析完後才依據變項的聚集情形來命名。可以說是「事後諸葛亮」。那麼，理論的角色是事後的，不是事前的，使得理論的角色頓然失色。所以說，EFA所獲得的建構是傾向於統計的而非邏輯的。其次，獲得多少因素也是EFA的一個問題，通常研究者並不曉得到底多少因素可以獲得最後的解釋（*Mueller, 1996*）。

相對於 EFA，驗證性因素分析（CFA）則是建基於實質的理論。它讓研究者依據事先的理論所建立的構念或概念來界定一組與建構相關連的指標。也就是說，整個模式或者說構念與指標之間的系統性假設關係是事先被建立的。因此，驗證性因素分析是具有邏輯的，也具有操作性的特質。當使用資料來證明模式的可接受性時，則又具有統計的特質。相對於探測性因素分析關注於多少因素可以用於解釋一組指標，驗證性因素分析則是興趣於參數的估計以及假設的檢定。

對驗證性因素分析在效度的應用上，有幾個層次必須加以考慮。首先，必須先以健全的理論來建立模式，依據模式所界定的變項來蒐集資料。接著使用資料來驗證模式是可以接受的，也就是說，資料是無法否定理論所界定的假設測量結構。當這些步驟完成後，就表示整體的建構是有效的，接著便可以進一步對效度做更深入的檢定。這個工作包括使用指標與構念之間的因素負荷量來檢定一個潛在構念的效度、使用標準化的結構係數（standardized structural coefficients）來比較不同指標間的效度，以及使用相關係數來瞭解潛在構念與潛在構念之間的關係是否符合假設。

第二節　信度

信度評估的發展一般皆歸功於 Spearman。他發明積差相關的理論，並將此一觀念融合於事物的測量上，而於 1904 年，發表一篇名為〈事物關連的證明與測量〉的文章。這篇文章，受到美國測量領域先驅 Thorndike 的注意，Thorndike（*1904*）當時正在撰寫《心理與社會測量導論》（*An Introduction to the Theory of Mental and Social Measurements*）。自此以後，信度的觀念不斷發展，以致信度估計的技術日臻完善。促使信度估計完善的文章包括Kuder和其同事Richardson在1937年所提出新的相關係數，Cronbach 和其同事於1972年及1989年，提出評估誤差來源的一些新觀念與方法。

顯然，由於信度評估技術的發展，使得信度的定義，因其所要探討的目的而有一些差異。不過，有關信度的意義，大致上是從兩個角度來探討，其一是認為信度乃是指測驗的一致性程度。也就是說，相同的個人在不同的時間，以相同的測驗測量，或以複本測驗測量，或在不同情境下測量，所得結果的一致性。如果兩次測量的結果一致，表示測量分數具有穩定性、可靠性或可預測性。所以一致性愈高，則表示信度愈高。

另一種角度是從誤差的多寡來定義。美國心理協會指出「信度就是指測驗分數免於測驗誤差的程度」（*American Educational Research Association et al., 1985*），換言之，信度是在估計測量的誤差有多少。當誤差愈小的時候，信度也就愈高。廣泛而言，有兩類的誤差可能發生於測驗的過程中，一為系統性誤差（system errors），另一為非系統性誤差（non-system errors）。非系統誤差也稱為隨機誤差（random errors）。系統誤差一般包括：⑴會影響到所有觀察的誤差，此種誤差稱為恆定誤差（constant errors）；以及⑵誤差對觀察者的影響因觀察對象的不同而不同，此類誤差稱為偏誤（bias）。非系統誤差乃是指測驗時發生不可預測的誤差。這是一種隨機的結果，因此，又稱為隨機誤差。

信度理論的發展，一般有兩個主要的派別：「真實與誤差分數理論」（theory of true and error scores），又稱為「古典信度理論」（the classic theory）；以及「領域抽樣理論」（theory of domain sampling），又稱為「概化理論」（generalizability theory）。

古典理論是以真實分數以及誤差分數的觀點來說明信度，也就是說，個人的觀察分數（observed scores）是由真實分數與誤差分數兩部分所組成的。其關係可以用以下的公式表示：

$X=T+E$

其中 X：觀察分數，T：真實分數，E：誤差分數。

真實分數代表測量中真實不變的部分，理論上而言，只有在理想和完美的測驗條件下，才能獲得真實分數。但是，這種情境從未存在過，因此，任何一個測驗的觀察分數都會包含部分的誤差。

古典測驗的基本假定有三：

1. 個人擁有持續穩定的特質（此指真實分數），對單一個體來說，真實分數為常數，即所評量特質是穩定的。
2. 誤差完全是隨機的，與其他特性無關。也就是說，誤差分數乃是一隨機常態分配變數，誤差分數與真正分數及觀察分數無關。這個假設是保障這份測驗的公平性，對所有具有不同特質的人測量的精確度都是一樣的。
3. 觀察分數為真實分數和誤差分數的和。也就是說，測驗所得的分數是等於受試者真正的能力分數再加上誤差分數。

由於古典理論假設測量的特質是恆定的，而測驗的誤差則是隨機的。在隨機的觀念之下，一個現象將可能發生，亦即當無限次的對同一個人做同一份測驗，這種重複測量的測量誤差的平均數，其期望值將會是0。反過來說，當同一受試者在標準化的測驗情境中，無限次的接受同一測驗，所得到的平均數即為真實分數。

領域抽樣理論提倡者反對古典理論對真實分數與誤差分數的簡化。他們認為影響測量誤的來源相當的多，但是古典理論完全將其混雜在一起，未予區分。主要的領域抽樣理論的提倡者Cronbach、Gleser、Nanda和Rajaratnam（*1972*）認為所謂心理特質乃是一組有若干共同特性的行為，這組行為構成一個行為領域，且與其他組群或領域有別，後者另有其他共同特性。也就是說，任何心理特質是複雜的與動態的，因此他們企圖尋求反應心理變項複雜性與動態現象的理論模式。

與古典理論不同的，領域抽樣理論將觀察分數，或是觀察分數的一些函數，當作是普遍分數（universe score）。觀察分數乃是來自一組行為抽樣的分數，也就是說，他們企圖從樣本概化到普遍。因此，信度本身就變成一種概化精確性（accuracy of generalizability）的問題。

領域抽樣理論常以變異數分析的設計使我們能夠同時辨認以及區分各種誤差的來源。因此，當誤差來源的數目愈多時，變異數的設計就愈複雜。這也是領域抽樣理論為何較古典理論那麼被廣泛運用的原因之一。正如 Shavelson、Webb 和 Rowley（*1989*）所言「概化理論是古典理論的延伸，概化理論估計各種測量誤差來源，並提供各種概化信度係數去迎合使用者的測量目的」。

估計信度的方法有許多種，以何種方法來估計信度取決於測驗的種類、測驗的目的以及計算信度工具的可利用性。就常模參照測驗的估計信度的方法而言，包括重測信度、複本信度、內部一致性信度（包括折半信度、庫李信度、α信度、霍意特（Hoyt）變異數分析法）以及評分者信度。效標參照測驗的估計方法則包括同意百分比法與κ係數。

在這些信度中，α信度可以說是最受到青睞。通常它會和 EFA 合在一起使用，當一組變項透過 EFA 而獲得因素之後，α信度係數就被用來估計每個因素所屬變項的系統變異。當α係數愈高表示該組變項間愈有系統性。當然，α係數之所以受到青睞是有原因的。首先，α係數不同於庫李公式，它可以處理多重計分的測驗。其次，α係數是各種可能折半法所得係數的平均值（*Cronbach, 1951*）。

當然，α係數也有些問題存在。首先，α係數是所有信度估計的下限（*Crocker & Algina, 1986*），亦即當α係數高時，測驗真正的信度值比α係數還高。反之，當獲得的α係數較低時，就無法提供該份測驗任何有意義的訊息，也就是說，我們無法判斷此份測驗是否依然可靠。其次，一個值得注意的內部一致性信度問題是：當一個測驗的內部一致性信度很高時，這並不意味該測驗具有同質性；但是當一個測驗的內部一致性信度很低時，那麼就表示此一測驗不具有同質性。不過，一些學者建議，α 係數不應該作為一個測驗同質性的指標。Campbell（*1993*）、Crocker 和 Algina（*1986*）以及 Pedhazur 和 Schmelkin（*1991*）等人皆指出，α係數高並不意味測驗具有穩定性，也不表示測驗題目只含單一面向性（unidimensionality）。

α 係數的大小受到受試者特質變異大小、題目間相關之平均、題目數目大小以及試題難度之同質性之影響（*Carmines & Zeller, 1979; Reinhard, 1996*）。就受試者而言，特質變異的大小會影響分數變異的大小，因此，影響到每一項目分數的變異量以及測驗總分的變異量，所以，α 係數將改變。Taylor 和 Campbell（*1992*）認為受試者欲測驗的特質愈同質，則測驗總分的變異量愈小，則所估計的α係數就愈小。

最後，我們知道α係數無法估計單一觀察變項的信度，且無法允許觀察變項之間的測量誤具有相關，以及觀察變項同時作為一個以上潛在構念的指標。

使用驗證性因素分析來求信度就可以避免以上的一些問題。由驗證性因素分析所計算出個別變項的變異比率（R^2），可以作為個別變項的信度指數（*Bollen, 1989b*）。可依據理論，預先設定項目放置於哪一個因素中，或哪幾個因素中。也就是說，一個項目可以同時分屬於不同因素，並可設定一個固定因素負荷量，或設定任何幾個項目的因素負荷量相等。它也可以用以檢定個別項目的測量誤差，並且將測量誤差從項目中的變異量中抽離出來，使得因素負荷值具有較高的精確度。在理論的允許之下，可以讓測量誤之間具有相關存在，並且估算出這些相關。最後，驗證性因素分析所計算出的個別變項的標準化負荷量可以用來獲得因素的信度，這種信度指標稱為組合信度（composite reliability），Hair等人（*1998*）在其書的162頁中使用構念信度（construct reliability）一詞。它的公式如下（也請參看第六章）：

$$CR=\frac{(\Sigma\text{標準化負荷量})^2}{[\Sigma(\text{標準化負荷量})^2+\text{測量誤差變異數的總和}]},$$

組合信度主要是在評鑑一組潛在構念指標（latent construct indicators）之一致性的程度。也就是說，此組指標分享（share）該因素的程度。此一信度指標也是屬於內部一致性指標。信度高，表示指標之間有高互為關連（intercorrelated）存在。此時，研究者就具有相當的信心認為在此一測量中個別指標間是一致的。當信度低時，表示其較不一致，且對此潛在因素而言，是比較差的指標。有些學者認為此一指標大於或等於 0.5，即表示此一測量具有一致性（*Hair et al., 1998*）。有些學者則強調此一指標需至少大於或等於 0.6（*Bagozzi & Yi, 1988*）。

雖然並沒有一個首要規則來決定到底多高的係數才能夠宣稱信度是好的，但相當多的書籍皆採用下面的一個粗略的判斷原則：信度係數 0.9 以上是「優秀的」（excellent）；0.8 左右是「非常好」（very good）；0.7 則是「適中」；0.5 以上可以接受（acceptable）；低於 0.5 表示至少有一半的觀察變異來自於隨機誤，因此它的信度是不足的，不應當接受（*Kline, 1998*）。

從上面的觀點來看，在使用驗證性因素分析時，會對個別變項的信度以及潛在變項的信度做檢定，對個別變項可以採用 0.5 做低標，而潛在變項的信度相對上就需要求高一些，因此，採用 0.6 作為低標是較為恰當。

第三節 測驗效度與信度：一個應用的實例

在此節裡，我們採用羽球基本運動能力測驗來作為驗證性因素分析探求測驗的效度與信度的例子。這個測驗蒐集了全國國小男生羽球代表隊 222 人。在此節裡，我們不再用 LISREL 統計所輸出的資料型式來呈現這個應用，而改採用一般論文的呈現方式，其目的是讓讀者也能熟悉如何將 LISREL 輸出資料轉換成研究論文的呈現方式。所以說，重點在於如何能夠獲得一份有效度與信度的測驗。

一 模式建構及假設

依據有關運動能力之理論、文獻及相關研究探討，以及學者與教練的邏輯分析，獲得羽球基本運動能力測驗的兩種構面：基本步法以及基本運動體能。基本步法有三種步法：直線進退跑、左右兩側跑以及低重心四角跑。基本運動體能則是包括五種體能：速度、腿部爆發力、耐力、手腕動力以及協調性。三種步法分別採用以下的測驗方式：「五次直線進退跑」、「五次左右兩側跑」以及「十次低重心四角跑」。五種體能分別採用以下的測驗方式：「三十公尺跑」、「立定跳遠」、「一千五百公尺跑」、「羽球擲遠」以及「跳繩」。依據理論以及教練的經驗顯示基本步法與基本運動體能具有高相關。依據上面的理論，我們建構出一個羽球基本運動能力測驗的一級二因素 CFA 模式（見圖 12-1）。

在這個模式中，我們假設「五次直線進退跑」、「五次左右兩側跑」及「十次低重心四角跑」等三個項目以「基本步法因素」作為其一級因素，其餘五項體能測驗項目以「基本運動體能」因素作為其一級因素。「基本步法」因素與「基本運動體能」因素之間相關連。

利用 SEM 來檢定一個測驗的假設模式，其假設模式需有一些規定。本研究模式之規定如下：⑴每一測驗項目皆有一個不是零的負荷量在其所測量的一級因素上，但是對其他的一級因素之負荷量是 0；⑵測驗項目與項目之間所連結的測量誤差項彼此之間不相關。

二 效度評鑑

效度之評鑑需包括三種檢定，一為違犯估計，若模式之輸出結果有違犯估計，必須加以處理，否則隨後之兩種檢定是無效的。二為整

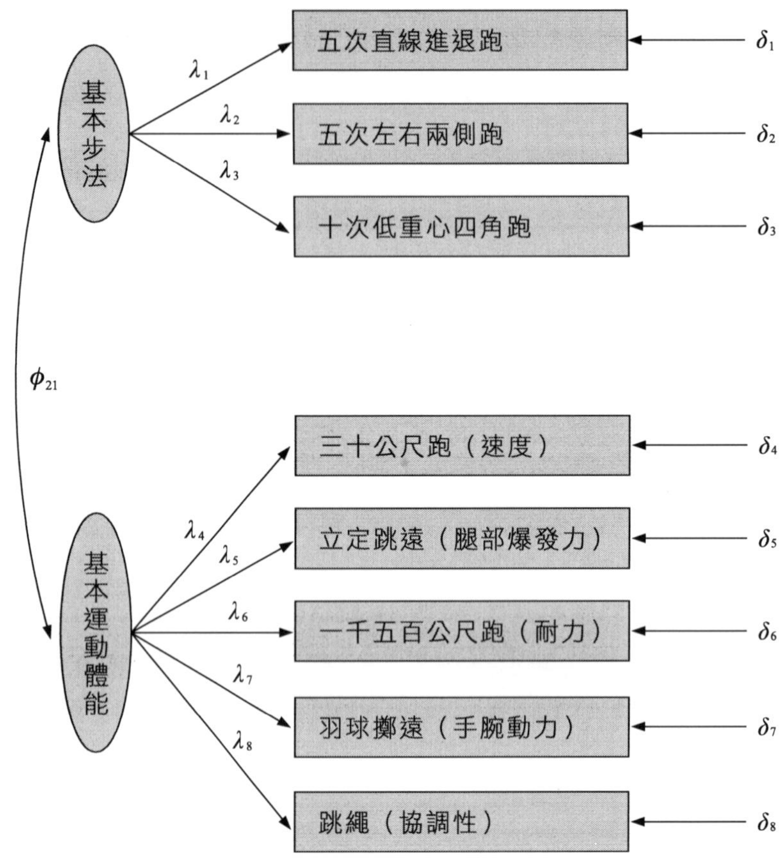

圖 12-1　羽球基本運動能力測驗一級二因素 CFA 模式

體模式適配度的檢定，通過此一檢定表示模式整體上具有效度。三為各別變項之效度檢定，檢定的項目為標準化參數是否顯著。

㈠違犯估計之檢視

本研究的假設評鑑指標是以 LISREL 8.30 版之統計軟體計算出來的，Hair 等人（*1998*）建議，檢驗模式估計時，首先需檢視是否產生以下所謂違犯估計之現象：⑴有無負的誤差變異數存在；⑵標準化係數是否超過或太接近 1；⑶是否有太大的標準誤。若無違犯現象產生，始可做整體適配檢定及內在結構適配檢定。

從表 12-1「羽球基本運動能力測驗二因素假設測量模式參數估計表」看到標準化參數（λ_1~λ_8）之絕對值介於 0.89 至 0.36 之間，這些值皆未大於 0.95，表示其並非過大的參數。一級因素間之相關為 0.91，也未大於 0.95。由於本研究假設認為此二潛在因素具有相關，但非單一面向的模式，檢定此一相關是否已構成單一面向的方式是檢定其信

表 12-1　羽球基本運動能力測驗二因素假設測量模式參數估計表

參數	非標準化參數值	標準誤	t 值	標準化參數值
λ_1	150.26	13.68	10.99*	0.69
λ_2	195.85	12.54	15.62*	0.89
λ_3	240.81	20.56	11.71*	0.72
λ_4	32.08	3.31	9.68*	0.63
λ_5	-17.06	1.34	-12.72*	-0.78
λ_6	82.37	16.30	5.05*	0.36
λ_7	-40.80	5.42	-7.53*	-0.51
λ_8	-22.93	2.52	-9.10*	-0.60
δ_1	25504.09	2782.55	9.17*	0.53
δ_2	10507.99	2125.70	4.94*	0.22
δ_3	54116.39	6109.79	8.86*	0.48
δ_4	1564.53	169.79	9.25*	0.60
δ_5	187.99	169.17	7.34*	0.39
δ_6	46729.88	4562.95	10.24*	0.87
δ_7	4717.87	479.15	9.85*	0.74
δ_8	940.42	99.58	9.44*	0.64
Φ_{21}	0.91	0.03	26.55*	0.91

賴區間，將標準誤乘以1.96，也就是0.03×1.96，獲得信賴區間為（0.85, 0.97），此信賴區間並沒有包括1，表示模式可以是二面向之模式[2]。因此，此一相關值並不是違犯估計。再者，觀察變項測量誤之值介於0.87至0.22之間，也顯示無太大的標準誤，且無負的誤差變異數。這些結果表示皆無發生違犯估計之跡象，因此可以評鑑整體模式適配。

㈡模式整體效度之檢定

經由 LISREL 8.30版之統計估計，將各參數及指標以圖12-2及表12-2呈現。一般在檢驗模式時皆是從絕對適配量測開始檢驗。從表12-2「羽球基本運動能力測驗假設模式之適配度考驗指標」中，可以看到此一模式之$\chi^2_{(19)}=26.57$，$P=0.11$，未達到顯著水準。表示本研究假設模式之共變數矩陣與實證資料之共變數矩陣之間沒有差異存在，因此，假設模式適配資料相當良好，可以接受。

表中之GFI值為0.97，大於接受值0.90，顯示假設模式可以接受。RMSEA＝0.042，小於0.05，且其P值檢定為0.60，大於建議值之0.5，顯示本假設模式相當良好。ECVI＝0.27，小於獨立模式之ECVI值，且小於飽和模式之ECVI值，符合此一指標之要求，表示假設模式可以接受。

從增值適配量測來看，其AGFI＝0.94，大於接受值0.90，顯示模式可以接受。NNFI＝0.98，遠大於接受值0.90，也顯示假設模式相當可以接受。NFI＝0.96，遠高於接受值0.90，顯示假設模式可以接受。CFI＝0.99，遠大於接受值0.90，顯示假設模式相當可以接受。IFI＝0.99，遠大於接受值0.90，顯示假設模式相當可以接受。RFI＝0.94，高於

[2] 此種檢定方式請參見Jöreskog和Sörbom（*1993*）。Kline（*1998*）建議因素或面向的相關估計值不應當超過0.85，否則就是缺乏區別效度。事實上，這個規定並沒有標準存在。作者認為稍嚴格些。因此，建議以Jöreskog和Sörbom的檢定法為主，以0.95為輔。

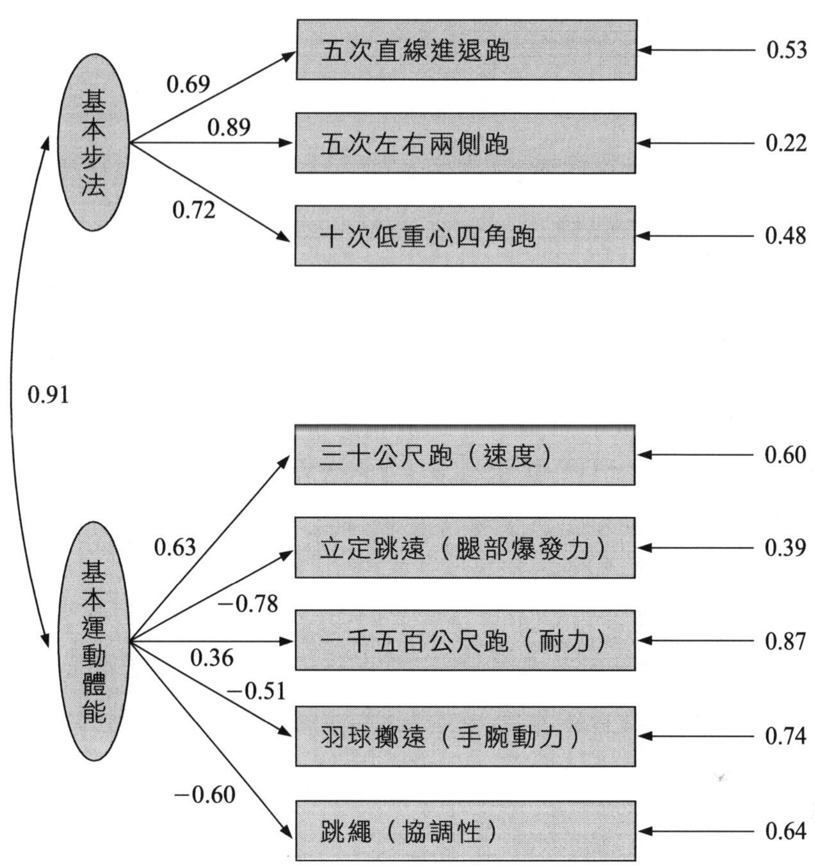

圖 12-2 羽球基本運動能力二因素假設模式之標準化參數估計值

0.9，顯示模式可以接受。

從簡效適配量測來看，PNFI＝0.65，大於接受值 0.5，顯示模式可以接受。PGFI＝0.51，大於接受值 0.5，顯示模式可以接受。AIC＝60.57，小於獨立模式之 AIC 值（631.47），也小於飽和模式之 AIC 值（72.00），符合接受的要求，顯示模式可以接受。CN＝298.92，大於 200 之建議值，顯示模式可以接受。Normed chi-square＝1.39，介於 1.0 與 3.0 之間，表示模式可以接受。

整體而言，我們可以看到，不論是絕對適配量測，增值適配量

表 12-2　羽球基本運動能力測驗假設模式之適配度考驗指標

絕對適配量測
(1) Chi-Square with 19 Degrees of Freedom = 26.57 (P = 0.11)
(2) Noncentrality Parameter (NCP) = 7.57
(3) Scaled Noncentrality Parameter (SNCP)　7.57/222 = 0.03
(4) Goodness of Fit Index (GFI) = 0.97
(5) Standarded Root Mean Square Residual (SRMR) = 0.036
(6) Root Mean Square Error of Approximation (RMSEA) = 0.042
P-Value for Test of Close Fit (RMSEA < 0.05) = 0.60
(7) Expected Cross-Validation Index (ECVI) = 0.27
90 Percent Confidence Interval for ECVI = (0.24 ; 0.35)
ECVI for Saturated Model = 0.33
ECVI for Independence Model = 2.86
增值適配量測
Chi-square for independence model with 28 degrees of freedom = 631.47
(8) Adjusted Goodness of Fit Index (AGFI) = 0.94
(9) Non-Normed Fit Index (NNFI) = 0.98
(10) Normed Fit Index (NFI) = 0.96
(11) Comparative Fit Index (CFI) = 0.99
(12) Incremental Fit Index (IFI) = 0.99
(13) Relative Fit Index (RFI) = 0.94
簡效適配量測
(14) Parsimony Normed Fit Index (PNFI) = 0.65
(15) Parsimony Goodness of Fit Index (PGFI) = 0.51
(16) Independence AIC = 631.47
Model AIC = 60.57
Saturated AIC = 72.00
(17) Critical N (CN) = 298.92
(18) Normed Chi-Square　26.57/19 = 1.39

測，或是簡效適配量測，皆通過所要求的接受值。這個結果表示本假設模式相當可以接受。這也顯示本假設模式是一個相當符合實證資料的一個模式。所以，本測驗具有整體的建構效度。

㈢模式個別變項之檢定

接著我們檢驗個別變項的效度，也就是觀察變項在其所反映的因素上的標準化負荷量。Bollen（*1989b*）將此種係數稱為標準化效度係數。若此種係數達到顯著即表示這些變項可以用來反映該因素。從表12-1「羽球基本運動能力測驗二因素假設測量模式參數估計表」中，可以看出所有的標準化係數皆具有很高的顯著水準。因此，此八個項目皆可以有效地作為其所屬因素的指標。其次，我們可以發覺，就基本步法因素而言，「五次左右兩側跑」（λ_2）具有最高的標準化效度係數，因此比其他兩種步法更能夠反映該因素的效度，其次是「十次低重心四角跑」（λ_3）。對基本運動體能而言，最高的負荷量是「立定跳遠」（λ_5），所以說，腿部爆發力是五個觀察變項中最能夠反映「基本運動體能」因素效度的指標，其次是「三十公尺跑」（λ_4），此為測量速度。

三 信度評鑑

在信度的檢定方面，可以檢定單一觀察變項的信度以及潛在變項（因素）的信度。從表12-3「個別項目信度和潛在變項的組合信度」中，可以看出信度最高的是「五次左右兩側跑」，$R^2=0.78$；其次是「立定跳遠」，$R^2=0.61$；最低的是「一千五百公尺跑」，$R^2=0.13$。在八個測驗項目中，只有三個通過0.5的標準，其他五個皆低於標準，顯示本研究的個別項目信度需要改進[3]。當然，影響信度因素有許多，將來需要做深入的檢查，以確認影響因素的來源。對潛在變項而言，

[3] 在此我們可以看到，當個別變項信度鎖定0.5以上時，是相當嚴格的。我們可看到整個模式的評鑑相當良好。由於個別變項的評鑑標準的嚴格性，往往使得內在結構的評鑑無法令人滿意。

表 12-3　個別項目信度和潛在變項的組合信度

變項	R^2	組合信度
基本步法		0.81
五次直線進退跑	0.47	
五次左右兩側跑	0.78	
十次低重心四角跑	0.52	
基本運動體能		0.72
三十公尺跑	0.40	
立定跳遠	0.61	
一千五百公尺跑	0.13	
羽球擲遠	0.26	
跳繩	0.36	

「基本步法」的組合信度為 0.8，「基本運動體能」的組合信度是 0.72，此二信度皆超過 0.6 值。

四　結論

上面檢定的結果顯示，羽球基本運動能力測驗具備良好的因素結構效度，因此，可以確認的是羽球基本運動能力測驗是一個具高相關的二因素模式，此兩個因素為基本步法因素以及基本運動體能因素。雖然，在檢定兩個因素相關未顯現此二因素可以合而為一，但是 0.91 的相關十足隱含未來如果對基本步法因素的測驗做某些修正時，基本步法因素將可以取代基本運動體能因素。

在信度方面，個別測驗項目的表現相當不好只有三個變項通過信度的要求標準，而有五個測驗項目需要改進。不過，對基本步法因素而言，三個測驗項目「五次直線進退跑」、「五次左右兩側跑」、

「十次低重心四角跑」具有相當高的系統性。對基本運動體能因素而言，「三十公尺跑」、「立定跳遠」、「一千五百公尺跑」、「羽球擲遠」以及「跳繩」也具有適中的系統性。因此，可以認定這些測驗項目作為潛在變項的建構時系統性是足夠的。

第十三章

二級驗證性因素分析

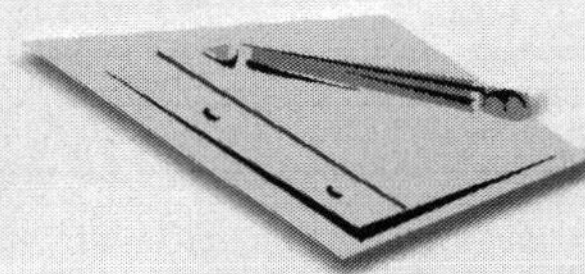

前面兩個應用皆是處理一級驗證性因素分析，這一章則是企圖處理二級驗證性因素分析。在 SEM 中，二級以上的驗證性因素分析又可稱為高階驗證性因素分析。在第二章中我們曾經提過，某些情形之下，一級驗證性因素模式和二級驗證性因素模式是一種對等模式。在數學上，它們會產生相同的映含共變數矩陣，而唯一不同的是理論的解釋。通常，二級驗證性因素模式乃是在理論上認為一級潛在變項可以再反映更高一層的潛在變項。也就是說，每一個一級潛在變項皆有一個來自於二級潛在變項的直接效果負荷在其因素上。因此，一般皆將二級驗證性因素分析模式視為是一級驗證性因素分析模式的一個特殊案例（*Rindskopf & Rose, 1988*）。到底該採用一級驗證性因素分析模式還是二級驗證性因素分析模式還是要依靠實質的理論基礎。

在本章中，使用作者在 2000 年所發展的青少年生活痛苦指數量表來檢定一個二級驗證性因素分析。這個量表所蒐集的對象是國中生、高中生以及高職生。全國抽取三十三所學校，再依各學校性質，以及我國國中、高中、高職的人數比例（依據教育部公布資料，八十八學年度國中生有 957209 人，高中有 331618 人，高職有 467207 人），抽取國中、高中、高職若干名，每一學校隨機抽取十六至三十六份，共得有效問卷 838 份。在應用此章時，我們將整個樣本一分為二，每一群樣本各為 419 個，以便做複核效化的應用。（這個量表的整個理論模式以及假設的敘述在第二章中已經有詳細的介紹，在此就不再重複。接下來，我們就直接以論文表達的型式來呈現此項應用。）

第一節　整體模式適配度評鑑

本研究的假設模式評鑑指標（假設模式之 LISREL 程式在第十章）是以 LISREL 8.30 版之統計軟體計算出來的。依照 Hair 等人（*1998*）的建議，檢驗模式估計時，首先需檢定是否產生以下所謂違犯估計之現象：(1)有無負的誤差變異數存在；(2)標準化係數是否超過或太接近1；(3)是否有太大的標準誤。經查表 13-1「青少年生活痛苦指數量表二級CFA模式變項參數估計表」以及表 13-2「青少年生活痛苦指數量表二級CFA模式測量誤估計表」，皆無觸犯上述三項之規定。接著評鑑整體模式適配度，本研究整體模式適配度之考驗以下列結果（見表 13-3）綜合評鑑之。

表 13-3「青少年生活痛苦指數量表二級CFA模式之適配度考驗指標」中，首先，先檢驗絕對適配量測，從表中看到此一模式之 $\chi^2_{(163)}=465.93$，$P=0.00$，達到顯著水準，顯示模式被拒絕。GFI 值為 0.90，顯示模式可以接受。AGFI＝0.87，顯示模式被拒絕。RMSEA＝0.067，小於 0.08，顯示模式可以接受。ECVI＝1.34，小於獨立模式之ECVI值，但大於飽和模式之ECVI值，顯示模式被拒絕。SRMR＝0.069，其值大於 0.5，顯示模式被拒絕。

從增值適配量測來看，NNFI＝0.79，NFI＝0.74，皆比接受值 0.9 還低，顯示模式受到拒絕。CFI＝0.82，IFI＝0.82，RFI＝0.70，皆未大於接受值，顯示模式被拒絕。

從簡效適配量測來看，首先是Normed chi-squarc＝2.85，介於 1.0 與 3.0 之間，表示模式可以接受。PNFI＝0.63，其值大於 0.5，顯示模式可接受。PGFI＝0.70，其值大於 0.5，顯示模式可以接受。AIC＝559.93，小於獨立模式之AIC值，大於飽和模式之AIC值，顯示模式被拒絕。CN＝201.98，大於 200，顯示模式可以接受。整體而言，此一模式處於可接受的邊緣。三類型的適配量測，皆有部分指標顯示接受假設模式，部分指標則是拒絕假設模式。因此，決定做模式修正的工作。

表 13-1　青少年生活痛苦指數量表二級 CFA 模式變項參數估計表

參數	非標準化參數值	標準誤	t 值	標準化參數值
λ_{11}	0.43	0.07	6.26*	0.43
λ_{21}	0.50	0.07	6.94*	0.50
λ_{31}	0.69	0.10	7.12*	0.69
λ_{42}	0.83	0.09	9.48*	0.83
λ_{52}	0.60	0.07	8.46*	0.60
λ_{62}	0.67	0.08	8.71*	0.67
λ_{73}	0.39	0.09	4.46*	0.39
λ_{83}	0.77	0.16	4.82*	0.77
λ_{93}	0.50	0.10	4.82*	0.50
$\lambda_{10,4}$	0.74	0.07	10.75*	0.74
$\lambda_{11,4}$	0.74	0.08	9.70*	0.74
$\lambda_{12,4}$	0.50	0.06	8.02*	0.50
$\lambda_{13,4}$	0.70	0.07	10.64*	0.70
$\lambda_{14,5}$	0.55	0.07	8.21*	0.55
$\lambda_{15,5}$	0.68	0.08	8.51*	0.68
$\lambda_{16,5}$	0.68	0.08	8.51*	0.68
$\lambda_{17,6}$	0.64	0.11	5.82*	0.64
$\lambda_{18,6}$	0.69	0.12	5.70*	0.69
$\lambda_{19,7}$	0.63	0.13	4.71*	0.63
$\lambda_{20,7}$	0.61	0.13	4.76*	0.61
γ_{11}	0.69	0.12	5.86*	0.69
γ_{21}	0.71	0.10	6.99*	0.71
γ_{31}	0.84	0.19	4.32*	0.84
γ_{41}	0.65	0.09	7.40*	0.65
γ_{51}	0.60	0.09	6.37*	0.60
γ_{61}	0.67	0.14	4.89*	0.67
γ_{71}	0.79	0.19	4.20*	0.79

表 13-2　青少年生活痛苦指數量表二級 CFA 模式測量誤估計表

測量誤	非標準化參數值	標準誤	*t* 值	標準化參數值
ε_1	0.73	0.06	12.27*	0.80
ε_2	0.64	0.06	10.90*	0.71
ε_3	0.89	0.09	9.66*	0.65
ε_4	0.54	0.07	7.27*	0.44
ε_5	0.86	0.07	12.05*	0.70
ε_6	0.95	0.08	11.73*	0.68
ε_7	0.84	0.06	13.20*	0.85
ε_8	0.81	0.09	8.87*	0.58
ε_9	0.79	0.06	12.24*	0.76
ε_{10}	0.66	0.07	10.07*	0.55
ε_{11}	1.06	0.09	11.72*	0.66
ε_{12}	0.89	0.07	12.97*	0.78
ε_{13}	0.63	0.06	10.30*	0.56
ε_{14}	0.71	0.07	10.84*	0.70
ε_{15}	0.89	0.09	10.12*	0.66
ε_{16}	0.91	0.09	10.13*	0.66
ε_{17}	1.16	0.11	10.24*	0.74
ε_{18}	1.00	0.12	8.06*	0.68
ε_{19}	0.86	0.09	9.76*	0.68
ε_{20}	0.90	0.09	10.45*	0.71

表 13-3　青少年生活痛苦指數量表二級 CFA 模式之適配考驗指標

絕對適配量測
(1) Chi-Square with 163 Degrees of Freedom = 465.93 (P = 0.00)
(2) Noncentrality Parameter (NCP) = 302.93
(3) Scaled Noncentrality Parameter (SNCP) 302.93/419 = 0.72
(4) Goodness of Fit Index (GFI) = 0.90
(5) Standardized Root Mean Square Residual (SRMR) = 0.069
(6) Root Mean Square Error of Approximation (RMSEA) = 0.067
P-Value for Test of Close Fit (RMSEA < 0.05) = 0.00
(7) Expected Cross-Validation Index (ECVI) = 1.34
90 Percent Confidence Interval for ECVI = (1.19 ; 1.50)
ECVI for Saturated Model = 1.00
ECVI for Independence Model = 4.06
(8) Adjusted Goodness of Fit Index (AGFI) = 0.87
增值適配量測
Chi-square for independence model with 190 degrees of freedom = 1655.44
(9) Non-Normed Fit Index (NNFI) = 0.79
(10) Normed Fit Index (NFI) = 0.74
(11) Comparative Fit Index (CFI) = 0.82
(12) Incremental Fit Index (IFI) = 0.82
(13) Relative Fit Index (RFI) = 0.70
簡效適配量測
(14) Parsimony Normed Fit Index (PNFI) = 0.63
(15) Parsimony Goodness of Fit Index (PGFI) = 0.70
(16) Independence AIC = 1796.20
Model AIC = 559.93
Saturated AIC = 420.00
(17) Critical N (CN) = 201.98
(18) Normed Chi-Square　465.93/163 = 2.85

第二節 模式修正

當一個理論假設模式並不理想時，有些學者建議做後設（post hoc）模式之檢定。也就是說，利用統計之結果來做理論模式之修正，此種修正乃是理論與實證資料之間的一種妥協的結果。但是，無論如何，理論還是必須優先考慮。檢定後設模式的方式乃是利用修正指標（MI）來瞭解造成模式適配度不佳的來源，以及以期望參數改變值（EPS）來看其實質效果改變的大小。而當發現存在有重大的修正指數時，必須依據理論來決定。凡是理論上站不住腳的修正指數，不可以拿來重新估計。在做後設模式檢定時，可以依據Jöreskog（*1993*）的建議來實施，Jöreskog 認為「如果最大的修正指標無法具有理論的意義，則選擇次大的指標，直到有意義的指標方可給予估計。」

經檢查假設模式所產生的 MI 指數（見本章附錄 13-1），發現有相當多的 MI 值大於 3.84。其中，觀察變項「校園安全」的測量誤差項與觀察變項「社會安全」的測量誤差項之間的MI為 37.53，是最大的 MI 值。再看其期望參數改變值為 0.38，是一個實質大的改變值，顯示這兩個觀察變項的測量誤差項可以重新釋放來考驗。當然，我們很容易就可以理解，「校園安全」與「社會安全」的誤差項具有關係是可以解釋的。因此，決定將此一參數重新估計。

整體適配度統計結果呈現於表 13-4 中的修正模式A，經與假設模式之適配度指數比較，雖然，有某些指數獲得改善，唯整體上的評鑑結果也是處於模式可接受的邊緣。因此，繼續修正模式，從模式A的MI指數[1]，發現觀察變項「法律保障」與觀察變項「未來社會期許」

[1] 由於 MI 指數相當多，在前面的檢定中，為了讓讀者瞭解，我們在附錄 12-1 中將 LISREL 輸出結果之 MI 值列出。以後的修正就不再列出。讀者依據上面的應用就可以瞭解如何處理。

表 13-4　假設模式與修正模式之適配度考驗指數比較表

整體適配指標	假設模式	修正模式 A	B	C	D	E	F
絕對適配量測							
Likelihood-Ratio Chi-Square	456.93	435.74	406.89	377.33	356.58	338.92	304.24
Degrees of Freedom	163	162	161	160	159	158	157
Noncentrality Parameter (NCP)	302.93	273.74	245.89	217.33	197.58	180.92	152.32
Scaled Noncentrality Parameter (SNCP)	0.72	0.65	0.59	0.52	0.47	0.43	0.36
Goodness of Fit Index (GFI)	0.90	0.91	0.91	0.92	0.92	0.92	0.93
Standardized Root Mean Square Residual(SRMR)	0.069	0.064	0.064	0.063	0.061	0.059	0.056
Root Mean Square Error of Approximation (RMSEA)	0.067	0.064	0.060	0.057	0.055	0.052	0.048
Expected Cross-Validation Index (ECVI)	1.34	1.27	1.21	1.14	1.10	1.06	0.99
Adjusted Goodness of Fit Index (AGFI)	0.87	0.88	0.88	0.89	0.90	0.90	0.91
增值適配量測							
Non-Normed Fit Index (NNFI)	0.79	0.81	0.83	0.84	0.85	0.86	0.90
Normed Fit Index (NFI)	0.74	0.76	0.77	0.79	0.80	0.80	0.90
Comparative Fit Index (CFI)	0.82	0.84	0.85	0.87	0.88	0.89	0.90
Incremental Fit Index (IFI)	0.82	0.84	0.85	0.87	0.88	0.89	0.90
Relative Fit Index (RFI)	0.70	0.72	0.73	0.75	0.76	0.77	0.78
簡效適配量測							
Parsimony Normed Fit Index (PNFI)	0.63	0.65	0.66	0.66	0.67	0.67	0.67
Parsimony Goodness of Fit Index (PGFI)	0.70	0.70	0.70	0.70	0.70	0.70	0.70
Normed Chi-Square	2.85	2.68	2.53	2.34	2.24	2.15	2.89
Akaike Information Criterion (AIC)	559.93	531.74	504.89	477.33	458.58	442.92	415.32
Critical N(CN)	201.98	217.73	230.00	242.96	252.26	262.81	277.36

的測量誤差項之間的MI值最大，其值為22.18，期望參數改變值為0.23，具有實質的改變效果。當然，如果臺灣法律無法保障好人，那臺灣未來的前途當然堪憂。所以，有共同誤差來源是合理的。因此，再度釋放此一參數，其整體適配度統計結果呈現於表 13-4 中的修正模式B。

和上面的結果一樣，有某些指數獲得改善，唯整體上的評鑑結果亦處於模式可接受的邊緣。因此，決定繼續修正模式，由模式 B 的 MI 發現，在觀察變項「社會安全」與觀察變項「交通問題」的測量誤差項之間有最高的MI指數，其值為21.02，期望參數改變值為0.18，具有實質的改變效果。對「社會安全」與「交通問題」而言，似乎青少年將其怪罪於政府執法的不力。從題目來看就相當明顯，前者是壞人未能繩之於法，對青少年而言，後者可能肇因於違規者太多，執法者無法處置。因此，將此一參數給予重新估計，其結果呈現於表13-4之修正模式C。

修正至此，我們發現有些指標改進的空間似乎不太大，例如，PGFI、PNFI等；但有些指標已有接近接受的標準，例如，AGFI，CFI、IFI 以及相當重要的 RMSEA。因此，繼續做修正，經查 MI 值發現觀察變項「法律保障」與潛在變項「生態環境」的 MI 值最大，其值為17.33。基本上，釋放此一參數表示，潛在變項「生態環境」對觀察變項「法律保障」具有直接的效果。就理論來看，實不太恰當，因此，不釋放此一參數。繼續尋找次高的 MI 值，結果發現是觀察變項「家庭支持」與潛在變項「兩性關係」，其 MI 值為 15.30。釋放此一參數也是相當勉強。繼續看第三高的 MI 值，其為觀察變項「父母對待」與觀察變項「環境美化」的測量誤差項之間的關係，此一參數更沒理由釋放。所以尋找第四高的 MI 值，發現其為觀察變項「家庭支持」與觀察變項「異性交往」的測量誤差項之間的MI值，其值為14.61。當然，這兩個變項是有關係，很顯然它們都受到父母支持程度的影響，再觀看期望參數改變值為0.22，改變的效果也蠻大的，因此，將此參數釋放，再重新估計，其結果呈現於表 13-4 之修正模式 D。

接著我們不再詳細討論修正的過程，又經過兩次修正後，獲得修正模式F時（修正模式F之LISREL程式參看附錄13-2），其三類適配量測的指標大都達到可接受的標準，因此，修正過程就此結束。我們將修正模式F的徑路圖以及其標準化係數以圖13-1來呈現。

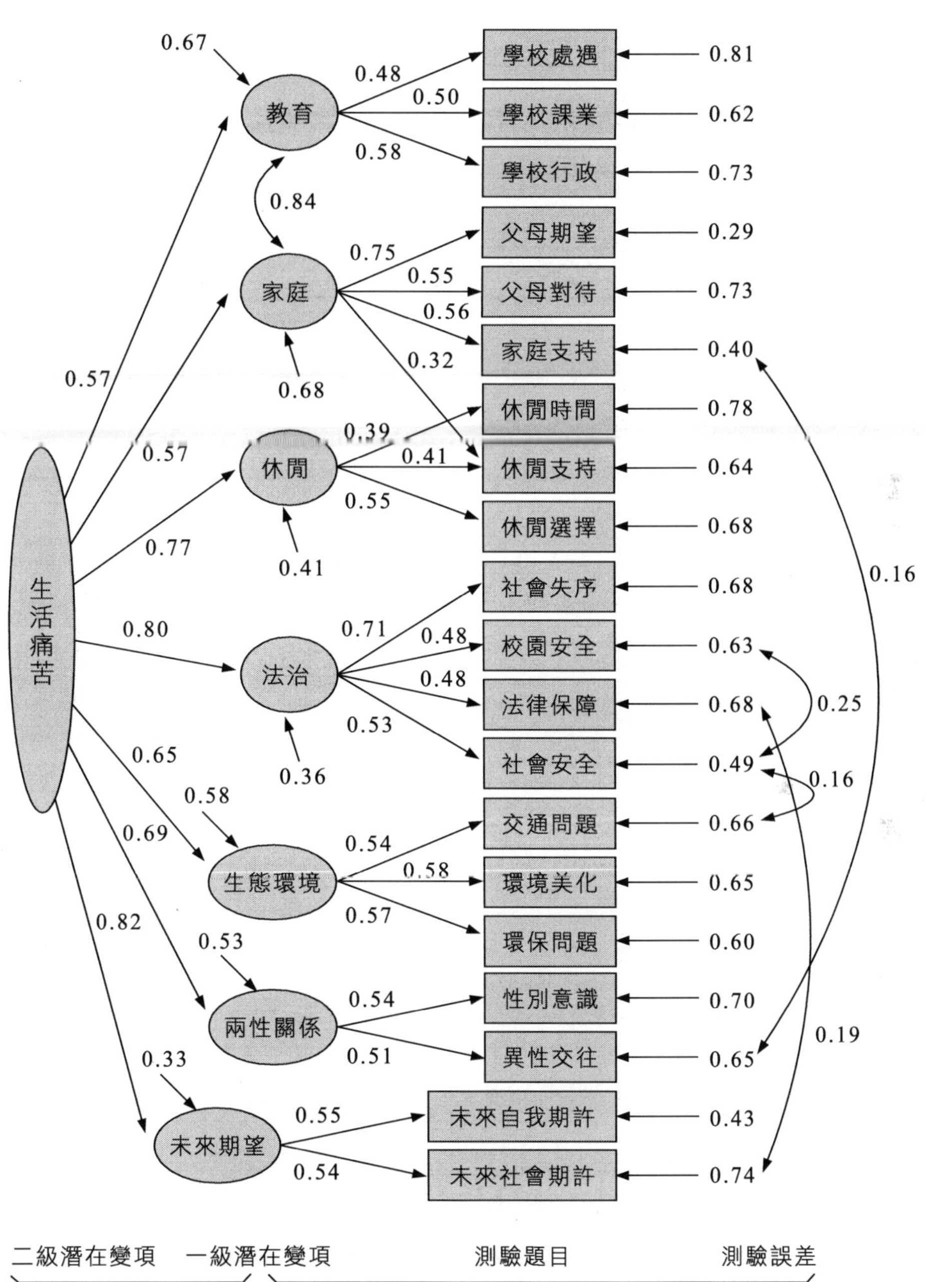

圖 13-1　青少年生活痛苦指數量表之修正模式（模式F）及標準化參數估計

第三節　模式之複核效化

當原始模式經過修正過程而獲得可以接受的修正模式時，其「驗證性」的意涵已經轉換成「探索性」的意涵。學者們大都強調再使用相同母群的另一群獨立樣本來重新檢定修正模式，這種檢定的過程就是複核效化[2]。

在本研究中，我們將原先的大樣本以隨機的方式一分為二，形成兩群樣本，樣本A作為校正樣本，樣本B則是效度樣本。在複核效化的檢定上，我們採用 Cudeck 和 Browne（*1983*）所發展的 CVI 指標，這種指標在測量校正樣本所產生的適配共變數矩陣與效度樣本的共變數矩陣之間的差距程度。實際上，這種指標可以用來選擇最具預測效度的模式，因此，當所獲得模式之CVI值愈小，表示模式愈具有預測效度。基於此種比較性的原則，我們選用原始模式，修正模式E，以及修正模式 F 來求 CVI 值。

其次，我們採用雙複核效化的方式來看模式CVI的表現。雙複核效化就是將校正樣本變成效度樣本，效度樣本變成校正樣本，再做一次CVI，如此，每一個模式皆有兩個CVI值。經 LISREL 8.30 版的計算（附錄 13-3 提供LISREL程式的處理），三個模式的雙複核效化的CVI值呈現如表 13-5。

表 13-5 中，我們發現當以樣本A作為校正樣本，樣本B作為效度樣本時，所獲得的 CVI 值為負數值。Browne 和 Cudeck（*1993*）討論過這種現象，此乃是因為CVI $=F(S_V,\hat{\Sigma}_C)$，此為 $F(\Sigma_0,\hat{\Sigma}_C)$ 的一個偏差估

[2] 讀者可以參看第八章，依據不同目的，複核效化可以有四種類型。在這裡所處理的是第一種類型：模式穩定。

表 13-5　三個模式的雙複核效化

		原始模式	修正模式 E	修正模式 F
樣本組合	$S_B, \hat{\Sigma}_A$	CVI = −0.47	CVI = −0.50	CVI = −0.50
	$S_A, \hat{\Sigma}_B$	CVI = 0.97	CVI = 0.74	CVI = 0.68

計值，因此必須加以校正，校正的估計數為 $F(S_V, \hat{\Sigma}_C) - n_V^{-1}P^*$，所以當 $F(S_V, \hat{\Sigma}_C)$ 小於 $n_V^{-1}p^*$ 時，就產生負的估計值。

對此三個模式而言，n_v 以及 p^* 都是一樣，因此，當其絕對值愈小，表示其愈有預測效度。從雙複核效化的檢定，我們可以確認修正模式 F 的兩個CVI值皆是最小，因此，可以視修正模式 F 最具有預測效度。

在採用CVI值來選擇模式時，必須注意下列的問題：首先當樣本小的時候，CVI比較傾向於簡單模式，當樣本較大時，則傾向於複雜模式（*MacCallum et al., 1994*）；其次，Browne 和 Cudeck（*1989*）警告研究者不應該以產生最小的CVI值來自動的選擇模式，而是應當加入其他的考慮，包括模式的真實性以及模式參數的實質意義等。就先前檢定的結果顯示修正模式 F 的大部分整體適配指標皆通過接受的標準。當然，這些修正的參數，皆有理論的依據[3]，所以可以選擇修正模式 F。

複核效化也可以從單一樣本來檢定，那就是採用 ECVI 值，不過這種指數受到樣本分配假定影響相當大。如果樣本分配相當偏離常態，這個值是值得懷疑的。從表 13-4 中，我們也可以看出修正模式 F 的 ECVI 值最小，顯示所有模式中，修正模式 F 是最具有預測效度。

[3] 其實，讀者可能認為修正模式所釋放的參數違反心理計量學中所宣稱的面向性問題，而且修正模式看起來怪怪的，這個論題是值得討論的。不過，本章純粹是為了教學的目的，所以就不討論此一問題，有興趣者可以參看 Catteil（*1978*）以及 Anderson 和 Gerbing（*1988*）等人的文章。

由於 CVI 和 ECVI，以及整體模式評鑑指標皆偏向於修正模式 F，因此，我們採用修正模式 F 作為青少年生活痛苦指數量表的接受模式。

第四節 模式內在結構評鑑

決定了修正模式 F 為青少年生活痛苦指數量表的接受模式，就可以進一步檢定模式的內部要素，以確保個別參數的意義性。從表 13-6「修正模式 F 變項之參數估計表」中，可以看出所有觀察變項對一級因素的標準化估計參數皆具顯著水準，顯示這些觀察變項皆可以有效地反映其所對應的潛在因素。一級因素對二級因素的標準化參數估計也皆具顯著水準，顯示一級因素可以有效地反映二級因素。最後，一級因素「教育」與一級因素「家庭」的相關為 0.35，t 值為 5.68，也達到顯著水準，符合理論的假設。

表 13-7「修正模式 F 測量誤之參數估計表」中，所有標準化測量誤以及四個被設定具有相關的測量誤之相關值皆達到顯著水準，符合理論假設的建構。這些結果顯示，所有估計參數皆達顯著水準，整個模式的內部要素具有效度。

接著檢定個別項目的信度，由表 13-8「個別項目以及潛在變項之信度與平均變異抽取量」中發現個別項目的信度顯然偏低，其中只有「父母期望」以及「社會失序」的 R^2 值大於 0.5。這表示其他的變項之信度必須改進。

另外，一級因素的組合信度只有「家庭」與「法治」達到 0.6 的標準，其餘皆未達標準。而所有的一級因素之平均變異數抽取量皆未達 0.5。顯示所有一級因素的變異性是受誤差變異的影響較大。二級因素的組合信度則是達到標準，其平均變異抽取量為 0.49，顯示誤差變異的影響稍大些。

表 13-6　修正模式 F 變項之參數估計表

參數	非標準化參數值	標準誤	t 值	標準化參數值
λ_{11}	0.46	0.06	7.25*	0.48
λ_{21}	0.48	0.06	7.50*	0.50
λ_{31}	0.68	0.08	8.15*	0.58
λ_{42}	0.84	0.07	11.76*	0.75
λ_{52}	0.61	0.06	9.44*	0.55
λ_{62}	0.65	0.07	9.75*	0.56
λ_{82}	0.37	0.08	4.58*	0.32
λ_{73}	0.39	0.09	4.41*	0.39
λ_{83}	0.48	0.11	4.51*	0.41
λ_{93}	0.56	0.12	4.68*	0.55
$\lambda_{10,4}$	0.78	0.11	7.07*	0.71
$\lambda_{11,4}$	0.61	0.10	6.26*	0.48
$\lambda_{12,4}$	0.51	0.08	6.49*	0.48
$\lambda_{13,4}$	0.56	0.08	6.72*	0.53
$\lambda_{14,5}$	0.54	0.07	7.91*	0.54
$\lambda_{15,5}$	0.68	0.08	8.10*	0.58
$\lambda_{16,5}$	0.67	0.08	8.04*	0.57
$\lambda_{17,6}$	0.68	0.13	5.37*	0.54
$\lambda_{18,6}$	0.62	0.11	5.46*	0.51
$\lambda_{19,7}$	0.62	0.15	4.23*	0.55
$\lambda_{20,7}$	0.61	0.14	4.27*	0.54
γ_{11}	0.57	0.10	5.53*	0.57
γ_{21}	0.57	0.09	6.50*	0.57
γ_{31}	0.77	0.19	4.11*	0.77
γ_{41}	0.80	0.14	5.76*	0.80
γ_{51}	0.65	0.10	6.24*	0.65
γ_{61}	0.69	0.15	4.60*	0.69
γ_{71}	0.82	0.22	3.79*	0.82
Φ_{21}	0.35	0.06	5.67*	0.35

表 13-7　修正模式 F 測量誤之參數估計表

測量誤	非標準化參數值	標準誤	t 值	標準化參數值
ε_1	0.70	0.06	11.92*	0.77
ε_2	0.66	0.06	11.62*	0.75
ε_3	0.90	0.09	10.05*	0.66
ε_4	0.54	0.07	7.60*	0.43
ε_5	0.86	0.07	12.19*	0.70
ε_6	0.96	0.08	12.08*	0.69
ε_7	0.84	0.07	12.68*	0.85
ε_8	0.87	0.08	11.16*	0.62
ε_9	0.73	0.07	9.71*	0.70
ε_{10}	0.59	0.07	8.12*	0.49
ε_{11}	1.24	0.10	12.48*	0.77
ε_{12}	0.87	0.07	12.66*	0.70
ε_{13}	0.79	0.07	12.04*	0.72
ε_{14}	0.71	0.06	11.06*	0.71
ε_{15}	0.89	0.09	10.17*	0.66
ε_{16}	0.92	0.09	10.36*	0.67
ε_{17}	1.11	0.12	9.11*	0.71
ε_{18}	1.09	0.11	10.07*	0.74
ε_{19}	0.88	0.09	10.12*	0.70
ε_{20}	0.89	0.09	10.34*	0.71
$\Theta\varepsilon_{18,6}$	0.23	0.06	3.93*	0.16
$\Theta\varepsilon_{13,11}$	0.33	0.06	5.37*	0.25
$\Theta\varepsilon_{14,13}$	0.17	0.04	4.26*	0.16
$\Theta\varepsilon_{20,12}$	0.23	0.05	4.43*	0.19

表 13-8　個別項目以及潛在變項之信度與平均變異抽取量

二級因素	一級因素	指標	R^2	組合信度	平均變異抽取量
青少年生活				0.87	0.49
	教育			0.53	0.28
		學校處遇	0.23		
		學校課業	0.25		
		學校行政	0.34		
	家庭			0.66	0.40
		父母期望	0.57		
		父母對待	0.30		
		家庭支持	0.31		
	休閒			0.45	0.28
		休閒時間	0.15		
		休閒支持	0.38		
		休閒選擇	0.30		
	法治			0.64	0.30
		社會失序	0.51		
		校園安全	0.23		
		法律保障	0.23		
		社會安全	0.28		
	生態環境			0.58	0.33
		交通問題	0.29		
		環境美化	0.34		
		環保問題	0.33		
	兩性關係			0.43	0.29
		性別意識	0.29		
		異性交往	0.26		
	未來期望			0.44	0.36
		未來自我期許	0.30		
		未來社會期許	0.29		

第五節 結論

筆者以此一個二級驗證性因素分析模式來做教學的範例，主要是讓讀者能夠熟悉如何修正模式以及使用複核效化的方法。在此結論上筆者做一些檢討，讓讀者更能夠瞭解修正模式的意涵。從圖 13-1 中可以看到有 4 對測量誤之間的相關獲得估計，測量誤的相關代表著無法觀察到的外因變項之間有一種未分析的關係存在，此意味著測量誤的相關反映兩個觀察變項之間可能測量某種共同東西，而此一東西並沒有明顯地呈現在模式中；另一個測量誤的相關可能意味著變項之間存在著共同方法效果（common method effect）。也就是說，當青少年填寫「家庭支持」此一問項時，會關連到其填寫「異性交往」此一問項，所以說，「家庭支持」與「異性交往」之間並非獨立的。這是因為這些問項是使用同一種方法來填寫；第三，測量誤之間的相關可能代表著並不是由其潛在變項所貢獻的一種共享的變異性。這個現象通常發生在重複量數的模式，或者是具有貫時的變項（longitudinal variables）。

其次，在圖 13-1「家庭」與「休閒支持」的關係被估計，亦即「休閒支持」此一變項可以同時反映「休閒」與「家庭」此兩因素。如此的做法涉及到多面向測量（multidimentional measurement）的概念，前面談到的測量誤之間的相關也涉及此一議題。也就是說，一個觀察變項可不可以同時負載在兩個以上的因素，此一議題相當具有爭議性，有些學者並不贊同此種做法，他們認為維持單一面向的測量在解釋上比較容易，且在檢定因素的聚合效度與區別效度也是比較單純（*Anderson & Gerbing, 1988*）。不過有些學者認為如果變項確實能夠反映不同的因素概念，則讓其同時負載在兩個因素上更能反映真實的意涵，例如國小的數學應用題，解此種題型一方面需具有推理的能力，另一方面也必須具備語文的能力，所以它會同時反映在推理與語文此兩因素上。讀者可以參看Byrne（*1998*）的書籍，其書中也是讓自我概念的一個變項同時負載在一般自我概念因素與學術自我概念因素。Cattell（*1978*）一書中，對此一做法提出其精闢的見解。

最後，在圖13-1中，「教育」與「家庭」之間的相關被估計，此涉及二級驗證性因素分析模式的假設，當研究者將一級因素之間的相關改用二級因素來取代，這表示研究者假設一級因素之間的相關是一種虛假關係，同時也假設每一個一級因素的直接因（direct cause）就是其殘差（*Kline, 2005*）。當研究者假設一級因素可以反映一個二級因素時，此二級因素就可以用來解釋一級因素之間的相關，理論上二級因素應當可以將一級因素間的相關完全的解釋掉。而我們的例子顯示此一個二級因素「生活痛苦」並無法完全解釋了「教育」與「家庭」間的關係，導致此兩相關間還殘留許多，所以MI值就相當的大。這意涵「教育」與「家庭」和其他五個一級因素間缺乏足夠的系統性或一致性。所以，此兩個因素可能應當獨自構成一個二級因素。

其實，我們必須讓讀者瞭解，當真的在做一份量表的檢定時，如此複雜的修正並不是很恰當的，因為如此會讓整個模式的解釋相當複雜。當然，這些修正指標可以提供研究者許多資訊，透過這些資訊研究者重新設計量表，修改題目或者是重新界定模式，再重新蒐集資料，此時此一量表會獲得更好的結果。筆者就是從這些訊息中啟發了新的構想，重新設計此一量表，最後獲得一個相當有信度與效度的青少年痛苦指數量表，有意者請參看黃芳銘、楊金寶、許福生（*2005*）〈在學青少年生活痛苦指標發展之研究〉此一篇文章。

附錄 13-1

MI 值以及期望改變值

! Pain index LISREL(pain)

Modification Indices and Expected Change

Modification Indices for LAMBDA-Y

	edu	fam	lie	law	env	sex
	---------	---------	---------	---------	---------	---------
v1	- -	12.36	1.32	7.09	3.01	0.26
v2	- -	0.11	0.65	2.49	0.21	0.56
v3	- -	2.26	0.01	2.17	0.80	1.01
v4	6.23	- -	3.82	0.01	0.01	0.49
v5	0.47	- -	4.84	14.56	13.26	6.90
v6	3.11	- -	5.39	1.23	0.06	15.57
v7	0.01	2.69	- -	1.07	0.14	0.26
v8	0.30	16.78	- -	4.17	0.81	2.02
v9	1.05	5.08	- -	3.35	0.27	0.52
v10	1.18	10.52	11.60	- -	1.34	4.88
v11	8.59	19.61	6.05	- -	5.49	0.00
v12	17.33	8.55	13.43	- -	25.64	1.62
v13	9.26	22.53	15.13	- -	0.91	5.33
v14	1.01	1.05	3.77	16.79	- -	1.39
v15	0.66	6.54	1.95	0.16	- -	3.40
v16	0.80	1.04	1.88	0.22	- -	0.06
v17	0.48	3.48	0.81	6.17	0.71	- -
v18	2.88	4.96	1.95	1.19	3.67	- -
v19	0.06	1.29	0.12	0.96	0.07	0.02
v20	0.28	7.94	10.36	15.73	11.39	0.36

Modification Indices for LAMBDA-Y

	fut
v1	0.03
v2	0.44
v3	0.47
v4	0.03
v5	9.45
v6	2.82
v7	0.05
v8	12.79
v9	0.92
v10	5.48
v11	8.90
v12	28.45
v13	4.25
v14	11.66
v15	0.50
v16	0.70
v17	0.30
v18	0.05
v19	- -
v20	- -

Expected Change for LAMBDA-Y

	edu	fam	lie	law	env	sex
v1	- -	0.27	0.12	-0.19	-0.13	-0.05
v2	- -	-0.03	-0.09	0.11	-0.03	-0.07
v3	- -	0.15	-0.02	-0.13	0.08	-0.12

v4	0.24	- -	0.25	0.01	-0.01	-0.07
v5	-0.06	- -	-0.23	-0.29	-0.29	-0.25
v6	0.17	- -	0.27	-0.09	0.02	0.41
v7	-0.01	0.15	- -	0.08	-0.03	-0.05
v8	-0.07	0.47	- -	-0.20	-0.09	0.18
v9	0.11	-0.22	- -	0.15	-0.04	-0.08
v10	0.09	0.24	0.31	- -	0.08	0.19
v11	-0.27	-0.37	-0.25	- -	-0.19	0.00
v12	0.33	0.21	0.31	- -	0.36	0.11
v13	-0.23	-0.33	-0.34	- -	0.07	-0.19
v14	0.08	0.07	0.17	0.28	- -	0.10
v15	-0.08	-0.22	-0.15	0.03	- -	-0.18
v16	-0.08	-0.09	-0.15	-0.04	- -	-0.02
v17	-0.10	-0.24	-0.21	0.27	0.09	- -
v18	-0.23	0.28	0.32	-0.11	-0.20	- -
v19	0.03	0.13	-0.07	-0.09	-0.03	0.02
v20	-0.07	-0.32	-0.69	0.38	0.33	0.08

Expected Change for LAMBDA-Y

	fut
v1	-0.02
v2	0.07
v3	-0.10
v4	0.02
v5	-0.32
v6	0.19
v7	-0.03
v8	-0.64

v9	0.14
v10	0.21
v11	-0.31
v12	0.47
v13	-0.18
v14	0.31
v15	-0.08
v16	-0.09
v17	0.11
v18	0.04
v19	- -
v20	- -

Modification Indices for BETA

	edu	fam	lie	law	env	sex
edu	- -	15.45	0.03	3.79	0.61	3.93
fam	15.45	- -	10.58	16.89	7.68	0.23
lie	0.03	10.58	- -	0.00	1.93	0.26
law	3.79	16.89	0.00	- -	13.88	0.94
env	0.61	7.68	1.93	13.88	- -	0.99
sex	3.93	0.23	0.26	0.94	0.99	- -
fut	0.05	1.70	8.37	5.47	5.97	0.36

Modification Indices for BETA

	fut
edu	0.05
fam	1.70

lie	8.37
law	5.47
env	5.97
sex	0.36
fut	- -

Expected Change for BETA

	edu	fam	lie	law	env	sex
edu	- -	0.55	0.05	-0.23	-0.09	-0.32
fam	0.53	- -	0.78	-0.43	-0.29	0.07
lie	0.03	0.46	- -	0.00	-0.16	0.08
law	-0.26	-0.51	0.00	- -	0.38	0.13
env	-0.11	-0.37	-0.35	0.42	- -	-0.15
sex	-0.33	0.07	0.15	0.13	-0.13	- -
fut	-0.04	-0.20	-0.82	0.30	0.31	0.10

Expected Change for BETA

	fut
edu	-0.05
fam	-0.26
lie	-0.66
law	0.46
env	0.53
sex	0.15
fut	- -

No Non-Zero Modification Indices for GAMMA

No Non-Zero Modification Indices for PHI

Modification Indices for PSI

	edu	fam	lie	law	env	sex
edu	- -					
fam	15.45	- -				
lie	0.03	10.58	- -			
law	3.79	16.89	0.00	- -		
env	0.61	7.68	1.93	13.88	- -	
sex	3.93	0.23	0.26	0.94	0.99	- -
fut	0.05	1.70	8.37	5.47	5.97	0.36

Modification Indices for PSI

	fut
fut	- -

Expected Change for PSI

	edu	fam	lie	law	env	sex
edu	- -					
fam	0.27	- -				
lie	0.01	0.23	- -			
law	-0.13	-0.25	0.00	- -		
env	-0.06	-0.18	-0.10	0.25	- -	
sex	-0.17	0.04	0.04	0.07	-0.08	- -
fut	-0.02	-0.10	-0.24	0.17	0.20	0.06

Expected Change for PSI

	fut
fut	- -

Modification Indices for THETA-EPS

	v1	v2	v3	v4	v5	v6
v1	- -					
v2	0.06	- -				
v3	0.01	0.10	- -			
v4	4.19	0.50	0.34	- -		
v5	4.42	0.02	0.02	5.13	- -	
v6	1.46	2.62	2.63	13.58	2.02	- -
v7	2.33	1.30	0.09	0.28	3.63	0.04
v8	1.04	6.76	1.18	2.55	0.11	11.70
v9	5.66	0.71	1.43	0.02	0.78	5.85
v10	0.88	0.02	0.33	3.67	1.30	0.50
v11	0.23	2.50	7.90	3.87	0.75	2.98
v12	0.02	0.21	7.75	1.92	3.88	0.33
v13	6.44	0.82	0.39	2.53	6.30	0.80
v14	7.04	0.81	0.02	0.31	1.28	0.39
v15	1.57	0.10	0.54	0.16	13.27	0.15
v16	1.09	3.13	0.18	2.37	1.78	0.02
v17	1.49	0.37	0.24	0.37	5.33	0.17
v18	0.01	2.35	0.60	1.26	0.81	14.83
v19	3.45	0.94	3.77	0.71	0.23	0.00
v20	7.28	0.07	1.24	3.57	3.41	0.23

Modification Indices for THETA-EPS

	v7	v8	v9	v10	v11	v12
	---------	---------	---------	---------	---------	---------
v7	- -					
v8	0.02	- -				
v9	0.81	0.39	- -			
v10	0.11	2.61	0.44	- -		
v11	0.10	3.42	9.98	0.70	- -	
v12	2.98	0.04	2.37	0.31	26.31	- -
v13	0.01	5.80	0.03	11.52	37.53	1.35
v14	0.59	0.57	0.07	0.97	1.25	9.22
v15	1.50	0.33	0.17	0.65	0.00	2.22
v16	0.04	0.77	0.00	0.04	0.12	0.07
v17	0.27	5.14	1.76	0.61	10.82	0.72
v18	1.93	15.27	4.55	0.01	0.13	3.95
v19	0.05	2.67	2.35	0.02	0.11	0.03
v20	1.14	7.70	0.07	0.04	0.79	22.26

Modification Indices for THETA-EPS

	v13	v14	v15	v16	v17	v18
	---------	---------	---------	---------	---------	---------
v13	- -					
v14	16.53	- -				
v15	0.10	1.48	- -			
v16	0.14	2.63	8.19	- -		
v17	0.03	1.18	2.79	2.98	- -	
v18	0.03	2.91	0.00	0.72	- -	- -
v19	0.34	0.34	0.01	0.11	0.01	0.01
v20	3.95	13.48	1.20	0.08	0.36	0.03

Modification Indices for THETA-EPS

	v19	v20
	---------	---------
v19	- -	
v20	- -	- -

Expected Change for THETA-EPS

	v1	v2	v3	v4	v5	v6
	---------	---------	---------	---------	---------	---------
v1	- -					
v2	-0.01	- -				
v3	0.00	0.02	- -			
v4	0.08	0.03	0.03	- -		
v5	0.09	0.01	0.01	0.16	- -	
v6	0.06	-0.07	0.09	-0.30	0.09	- -
v7	-0.06	0.05	-0.01	0.02	0.09	-0.01
v8	0.05	-0.12	0.06	0.08	0.02	0.18
v9	0.10	0.03	-0.06	-0.01	-0.04	-0.12
v10	-0.04	0.01	-0.03	0.08	0.05	-0.03
v11	-0.02	0.07	-0.16	-0.10	-0.05	-0.10
v12	0.01	-0.02	0.14	0.06	-0.09	0.03
v13	-0.10	0.03	-0.03	-0.06	-0.11	-0.04
v14	-0.11	0.03	0.01	0.02	-0.05	-0.03
v15	-0.06	0.01	0.04	0.02	-0.18	-0.02
v16	0.05	-0.08	0.02	-0.07	0.07	0.01
v17	-0.06	0.03	-0.03	-0.03	-0.13	0.02
v18	0.01	-0.07	-0.05	-0.06	0.05	0.22
v19	0.08	0.04	-0.10	0.04	0.02	0.00
v20	-0.12	0.01	0.06	-0.09	-0.09	0.03

Expected Change for THETA-EPS

	v7	v8	v9	v10	v11	v12
	---------	---------	---------	---------	---------	---------
v7	- -					
v8	0.01	- -				
v9	-0.04	0.05	- -			
v10	0.01	0.08	0.03	- -		
v11	-0.02	-0.10	0.16	0.06	- -	
v12	0.08	0.01	-0.07	-0.03	-0.30	- -
v13	0.00	-0.11	-0.01	-0.20	0.38	0.06
v14	0.03	-0.04	-0.01	-0.04	-0.06	0.13
v15	-0.06	0.03	-0.02	0.04	0.00	0.07
v16	-0.01	-0.05	0.00	-0.01	-0.02	0.01
v17	0.03	-0.14	0.07	0.04	0.21	-0.05
v18	-0.07	0.23	-0.11	0.00	0.02	-0.11
v19	0.01	-0.09	0.07	-0.01	-0.02	-0.01
v20	-0.05	-0.15	-0.01	0.01	-0.05	0.23

Expected Change for THETA-EPS

	v13	v14	v15	v16	v17	v18
	---------	---------	---------	---------	---------	---------
v13	- -					
v14	0.16	- -				
v15	-0.01	-0.09	- -			
v16	0.02	-0.12	0.26	- -		
v17	-0.01	0.06	-0.10	0.10	- -	
v18	-0.01	-0.09	0.00	-0.05	- -	- -
v19	-0.03	-0.03	-0.01	0.02	0.01	0.01
v20	0.09	0.17	0.06	-0.01	0.04	0.01

Expected Change for THETA-EPS

	v19	v20
	---------	---------
v19	- -	
v20	- -	- -

修正模式F之LISREL程式

```
! Pain index LISREL(pain)
Observed Variables:
  v1  v2  v3  v4  v5  v6  v7  v8  v9  v10
  v11 v12 v13 v14 v15 v16 v17 v18 v19 v20
Raw data from file c:\2000misery\89p419a.dat
Sample Size = 419
Latent Variables: edu fam lie law env sex fut pain
Relationships:
v1  = edu
v2  = edu
v3  = edu
v4  = fam
v5  = fam
v6  = fam
v7  = lie
v8  = lie
v9  = lie
v10 = law
v11 = law
v12 = law
v13 = law
v14 = env
v15 = env
v16 = env
```

```
v17 = sex
v18 = sex
v19 = fut
v20 = fut
paths
pain -> edu fam lie law env sex fut
let the errors between v11 and v13 correlate
let the errors between v12 and v20 correlate
let the errors between v13 and v14 correlate
let the errors between v6 and v18 correlate
let the errors between edu and fam correlate
let the errors between v8 and fam correlate
path diagram
LISREL output ss ad = 500
end of problem
```

附錄 13-3

CVI 之 LISREL 程式

```
! Cross-Validation LISREL(pain)
Observed Variables:
  v1  v2  v3  v4  v5  v6  v7  v8  v9  v10
  v11 v12 v13 v14 v15 v16 v17 v18 v19 v20
Raw data from file c:\2000misery\89p419b.dat
Sample Size = 419
Crossvalidate File C:\2000misery\painAF.cov
End of Problem
```

上面的 LISREL 程式就是 LISREL 用以計算 CVI 之程式。其中從 Observed Variables 到 Sample Size 皆是在描述效度樣本，也就是本研究的樣本 B。主要的關鍵詞就是 Crossvalidate File，如何產生這個複核效化的共變數檔 painAF.cov 呢？首先，我們必須明瞭 painAF.cov 乃是來自於校正樣本所產生的修正模式 F 之適配共變數矩陣。因此，就必須回到以校正樣本來檢定修正模式 *E* 的 LISREL 程式檔，也就是我們在附錄 13-3 裡所呈現的 LISREL 程式檔。欲產生 painAF.cov，只要在此一程式檔中的 LISREL Output 之後面加上 SI=painAF.cov 即可。然後，執行一次程式，painAF.cov 就會被存在與該程式相同的子目錄之下。在我的電腦裡是存在 C:\2000misery\。

當你執行上面這個程式時，LISREL 的輸出會先列出效度樣本的共變數矩陣，然後再列出校正樣本所產生的修正模式 *F* 的適配共變數矩陣。最後就是 CVI 值，以及它的 90%之信賴區間。

在我們的研究中，還有原始模式，修正模式 *E*，只要回到原始模式以及修正模式 *E* 的 LISREL 程式裡，加入 SI=filename。然後，將上面 Crossvalidate File

C:\2000misery\painAF.cov 改為你所界定的檔名，分別再執行一次，就可以獲得另兩個 CVI 值。

做雙複核效化的另一種樣本組合複核效化的做法，是將校正樣本與效度樣本交換即可。也就是說，樣本 A 本來為校正樣本，現在轉換成效度樣本。樣本 B 為效度樣本，將其變為校正樣本。下面的程式，可以發現原來 89p419b.dat（樣本 B）改為 89p419a.dat（樣本 A）。painBF.cov 乃是改用 89p419b.dat 去跑附錄三的程式。然後執行下面的程式就可以得到另一種樣本組合的 CVI 值。

```
! Cross-Validation LISREL(pain)
Observed Variables:

  v1  v2  v3  v4  v5  v6  v7  v8  v9  v10
  v11 v12 v13 v14 v15 v16 v17 v18 v19 v20
Raw data from file c:\2000misery\89p419a.dat
Sample Size = 419
Crossvalidate File C:\2000misery\painBF.cov
End of Problem
```

第十四章

廣義的結構方程模式之應用——檢定因果結構的有效性

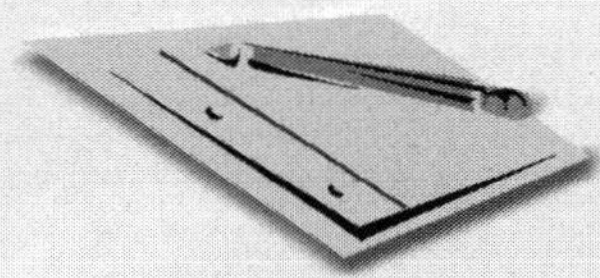

這一章是對廣義的 SEM 做應用，也就是整個模式包含有測量模式以及結構模式。當然，廣義的 SEM 可以同時評鑑研究者所提的測量關係以及結構關係。由於在前幾章中大都在探討測量關係，因此本章的主要焦點就放整個模式的結構關係，此乃是一種因果結構有效性的檢定。

第一節　模式界定

這個研究是企圖瞭解家庭階級透過哪些中介機制進而影響學生的偏差行為。我們就以家庭階級對學生偏差行為之影響機制作為研究的題目。整個研究經由文獻探討與理論的建構而形成圖 14-1 的家庭階級對學生偏差行為之影響機制的概念圖。研究對象是臺北縣國中三年級

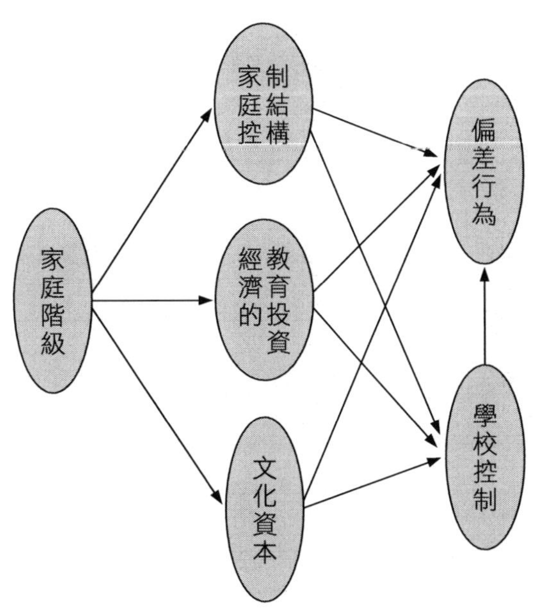

圖 14-1　家庭階級對學生偏差行為影響機制之概念圖

學生，且其父親有職業者，樣本共有548個。

這個概念圖說明家庭階級透過家庭控制結構、經濟的教育投資，以及文化資本等三種機制間接地影響學生的偏差行為。家庭階級也可以透過此三種機制再透過學校控制然後才會影響學生的偏差行為。此一概念圖說明了本研究的因果結構關係。在這個模式中家庭階級、家庭控制結構、經濟的教育投資、文化資本、學校控制，以及偏差行為皆是 SEM 中的潛在變項。它們都是由某些實際測量的觀察變項所組成的，我們將其描述於下：

一 變項的說明

㈠外因變項

1. 外因觀察變項

本研究之外因觀察變項有兩個，其一是「社會階級」。此一觀察變項乃是將學生的父親所擁有的職業加以轉換成 Tsai 和 Chiu（*1991*）所建構的社經地位指標（social-economic index, SES）（見附錄 14-1）。本研究樣本在此指標上的最高分為89.4，最低分為36.2。另一個外因觀察變項為「族群」，此一變項依據過去研究將其分為三個等級。最高等級為大陸省級，編碼為3，次為閩南以及客家人，編碼為2，最後是原住民，編碼為1。

2. 外因潛在變項

本研究之外因潛在變項有一個，即「家庭階級」。其是由社會階級以及族群所反映。

㈡內因變項

本研究之內因變項依據因果關係的鋪成，分為兩類變項：其一乃作為中介機制的中介變項（intervening variables）。此類變項有「家庭控制結構」、「經濟的教育投資」、「文化資本」，以及「學校控制」。其二為結果變項（outcome variables），此乃是本研究所要探究的最主要效果變項，此一變項為「偏差行為」。上述的變項皆為內因潛在變項，其是由內因觀察變項所建構，有關的內因觀察變項描述如下：

1. **中介變項**

家庭控制結構：本研究的「家庭控制結構」潛在變項是由兩個觀察變項所組成，此二個觀察變項皆是有關於小孩的家庭強迫性經驗，其一是父親所造成的強迫性經驗，另一是母親所造成的強迫性經驗。此二觀察變項乃是各由四個問題所構成的組合變項。父親的強迫性經驗的四問題主要是測量是否孩子們認為：「父親（或繼父）經常會用很難聽的話罵我」；「父親（或繼父）非常強調服從的重要性」；「父親（或繼父）以嚴格的規範或標準來對待及處理其所做的一切行為」；「父親（或繼父）吩咐或交代的事必須馬上去做否則必挨一頓痛罵」。母親的強迫性經驗的四問題主要測量是否孩子們認為：「母親（或繼母）經常會用很難聽的話罵我」；「母親（或繼母）非常強調服從的重要性」；「母親（或繼母）以嚴格的規範或標準來對待及處理其所做的一切行為」；「母親（或繼母）吩咐或交代的事必須馬上去做否則必挨一頓痛罵」。每題都是五分題，從「非常同意」（得一分）至「非常不同意」（得五分）。

文化資本：本研究的「文化資本」為一個內因潛在變項，包含四個內因觀察變項：「學校與家庭之溝通」、「家庭對子女學術引導與支持的投入程度」、「高級文化課程的參與」，以及「高級文化活動的參與」。「學校與家庭之溝通」與「家庭對子女學術引導與支持的投入程度」等二變項反映家庭對其孩子學校內教育的關注與投入情形；「高級文化課程的參與」與「高級文化活動的參與」等二變項則是用於反映家庭對孩子學校外教育的投入情形。

「學校與家庭之溝通」變項是由四道題目所形成的組合變項。此四道題主要是測量學生的父母親與學校校長、行政人員和老師直接或間接溝通的情形。其問題包括：「父母親利用電話、信件或你的傳話等方式與老師交換有關你在學校學習方面的意見的情形多不多？」；「你父母親拜訪老師、主任、校長，討論有關你學習方面的情形多不多？」；「你父母親參加學校舉辦的家長參觀日、懇親會或其他活動（如運動會、校慶等）的情形多不多？」；「你的父母親在你的聯絡簿、考卷或成績單上簽名或蓋章情形多不多？」。每題都是五分題，從「非常多」（得五分）至「從來沒有」（得一分）。

「家庭對子女學術引導與支持的投入程度」是一包含四道問題的組合變項。用於測量學生對其父母親在其學業、考試、學習活動等涉入程度的知覺。其問題包括：「你父母親是否經常和你談論有關你在學校學習的情形？」；「你父母親是否經常協助你把學校作業做好？」；「你父母親鼓勵你用功讀書的情形多不多？」；「你父母親督促你加緊準備考試的情形多不多？」。每題都是五分題，從「非常多」（得五分）至「從來沒有」（得一分）。

「高級文化課程的參與」是一包含八個指標的組合變項，此八個指標是學生參與音樂、美術、書法、舞蹈、心算、珠算、電腦、作文等課程的數目。

「高級文化活動的參與」是一包含四個指標的組合變項。此四個指標是學生的父母親帶其「參加音樂會或音樂活動」、「參觀美術館或任何美術、書法或國畫展覽」、「參觀博物館、自然科學博物館或天文館」，以及「到圖書館看書、借書或查有關學校方面的資料」等的頻率。

經濟的教育投資：「經濟的教育投資」包含三個變項的組合變項，第一個變項是「家中參考書的多寡」；第二個變項是「家中課外讀物的多寡」；第三個變項是「學生參加補習班課程的多寡」。

學校控制：「學校控制」是由「學校強迫性」以及「學校連結」兩個觀察變項所建構而成的一個中介性內因潛在變項。「學校強迫性」是由六道測量學生在學校所遭遇強迫性經驗的問題所形成的一個組合性變項。這六道題為：⑴學校裡有些老師對我印象不好，經常當眾罵我使我沒有面子；⑵學校老師總是要我上課保持安靜；⑶學校老師總是責備我這裡不對，那裡不對；⑷學校老師總是會嘲笑我；⑸班上同學總是把我當作是問題學生；⑹學校老師總是把我當作是問題學生。每題都是五分題，從「非常同意」（得五分）至「非常不同意」（得一分）。

「學校連結」也是由六道測量學生關心學校價值與情感的問題所形成的一個組合變項。此六道題為：⑴成績好壞對我而言無所謂，重要的是混張文憑趕快畢業；⑵我覺得我在學校所做的事與我在校外所做的事相比，簡直是浪費時間；⑶學校大部分的課程對我而言都很重要；⑷對我而言，接受國中的教育是很重要的；⑸我一點都不在乎作業是否該做得很正確；⑹無論我多麼努力，都無法獲得好成績。每題都是五分題，從「非常同意」（得五分）至「非常不同意」（得一分）。

2.結果變項

本研究的結果變項為「偏差行為」。由三類型的偏差行為所組成，第一類為「一般性偏差」，第二類為「財產犯罪」，第三類為「暴力犯罪」。偏差行為問題共有 26 題（見附錄 14-2），其中「打架」以及「加入幫派打架或結夥打鬥」兩道題的加總組合成「暴力犯罪」變項。「毀壞公物」、「沒經過他人同意，拿取價值在兩百元以下但不屬於你的財物」、「威脅或恐嚇他人，以索取財物」、「沒經過他人同意，拿取價值在兩百元至一千元以下，但不屬於你的財物」以及「沒經過他人同意，拿取價值在一千元以上，但不屬於你的財物」等五道題的加總組合成「財產犯罪」變項。其他 19 道題的加總組合成「一般性偏差」變項。

二 徑路圖

依據上面的概念圖以及變項的說明，我們就可以畫出整個模式的徑路圖，此一路徑圖呈現於圖 14-2。

三 將徑路圖轉換成方程式

(一)測量方程式

社會階級 = f（家庭階級，測量誤）$X_1 = \lambda_{X_{11}} \xi_1 + \delta_1$

族群 = f（家庭階級，測量誤）$X_2 = \lambda_{X_{21}} \xi_1 + \delta_2$

父親控制 = f（家庭控制結構，測量誤）$Y_1 = \lambda_{Y_{11}} \eta_1 + \varepsilon_1$

母親控制 = f（家庭控制結構，測量誤）$Y_2 = \lambda_{Y_{21}} \eta_1 + \varepsilon_2$

補習 = f（經濟的教育投資，測量誤）$Y_3 = \lambda_{Y_{32}} \eta_2 + \varepsilon_3$

課外讀物 = f（經濟的教育投資，測量誤）$Y_4 = \lambda_{Y_{42}} \eta_2 + \varepsilon_4$

參考書 = f（經濟的教育投資，測量誤）$Y_5 = \lambda_{Y_{52}} \eta_2 + \varepsilon_5$

學業引導 = f（文化資本，測量誤）$Y_6 = \lambda_{Y_{63}} \eta_3 + \varepsilon_6$

校家溝通 = f（文化資本，測量誤）$Y_7 = \lambda_{Y_{73}} \eta_3 + \varepsilon_7$

文化活動 = f（文化資本，測量誤）$Y_8 = \lambda_{Y_{83}} \eta_3 + \varepsilon_8$

文化課程 = f（文化資本，測量誤）$Y_9 = \lambda_{Y_{93}} \eta_3 + \varepsilon_9$

學校連結 = f（學校控制，測量誤）$Y_{10} = \lambda_{Y_{10,4}} \eta_4 + \varepsilon_{10}$

學校強迫 = f（學校控制，測量誤）$Y_{11} = \lambda_{Y_{11,4}} \eta_4 + \varepsilon_{11}$

一般偏差 = f（偏差行為，測量誤）$Y_{12} = \lambda_{Y_{12,5}} \eta_5 + \varepsilon_{12}$

暴力行為 = f（偏差行為，測量誤）$Y_{13} = \lambda_{Y_{13,5}} \eta_5 + \varepsilon_{13}$

財產犯罪 = f（偏差行為，測量誤）$Y_{14} = \lambda_{Y_{14,5}} \eta_5 + \varepsilon_{14}$

(二)結構方程式

家庭控制結構 = γ_{11}（家庭階級）+ 干擾

$$\eta_1 = \gamma_{11} \xi_1 + \zeta_1$$

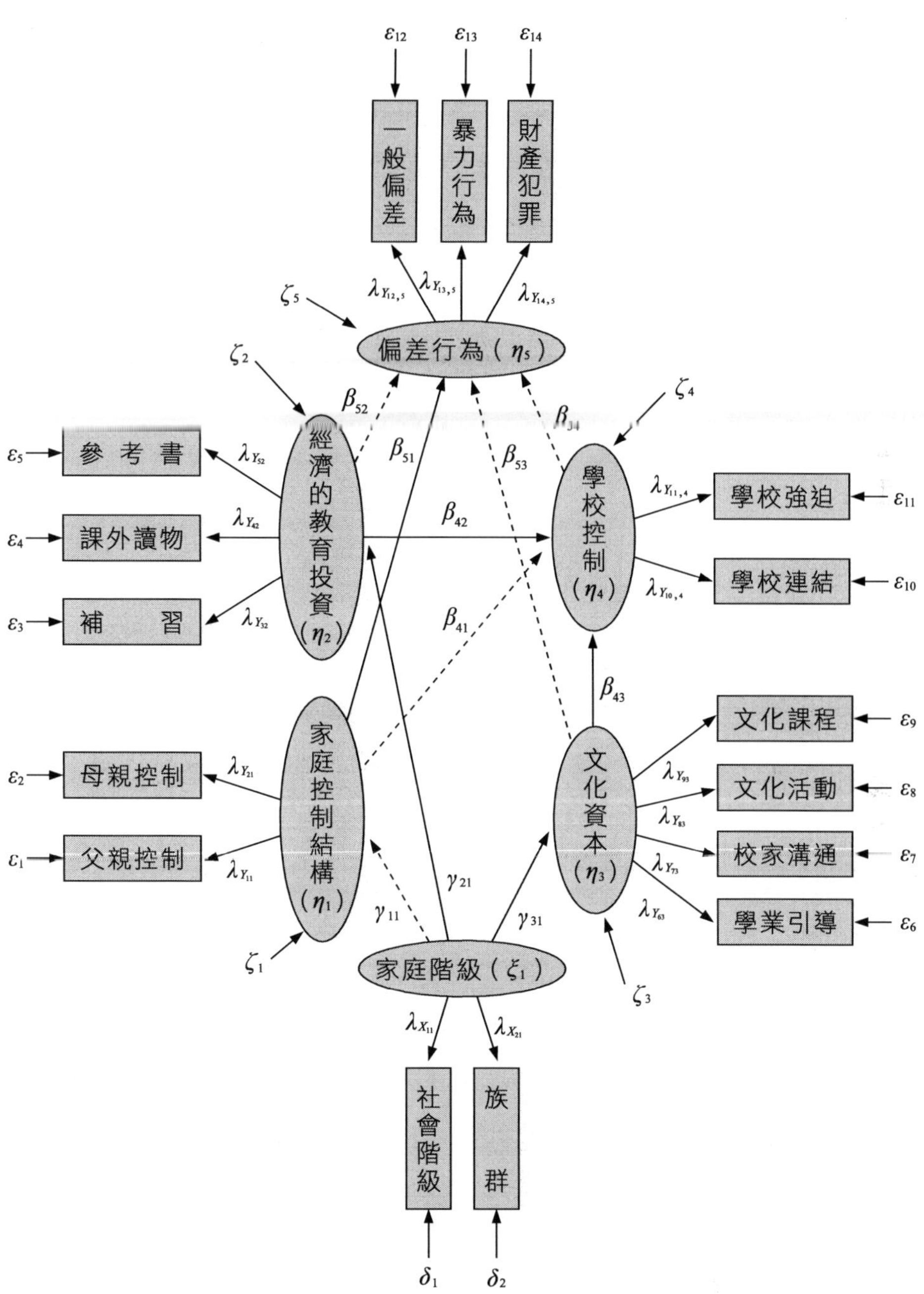

圖 14-2　家庭階級對學生偏差行為影響機制之假設模式徑路圖
（初始模式，虛線代表負向關係）

經濟的教育投資＝γ_{21}（家庭階級）＋干擾

$$\eta_2 = \gamma_{21}\xi_1 + \zeta_2$$

文化資本＝γ_{31}（家庭階級）＋干擾

$$\eta_3 = \gamma_{31}\xi_1 + \zeta_3$$

學校控制＝β_{41}（家庭控制結構）＋β_{42}（經濟的教育投資）
＋β_{43}（文化資本）＋干擾

$$\eta_4 = \beta_{41}\eta_1 + \beta_{42}\eta_2 + \beta_{43}\eta_3 + \zeta_4$$

偏差行為＝β_{51}（家庭控制結構）＋β_{52}（經濟的教育投資）
＋β_{53}（文化資本）＋β_{54}（學校控制）＋干擾

$$\eta_5 = \beta_{51}\eta_1 + \beta_{52}\eta_2 + \beta_{53}\eta_3 + \beta_{54}\eta_4 + \zeta_5$$

㈢模式的規定

$E(\eta)=0$，$E(\xi)=0$，$E(\zeta)=0$，$E(\delta)=0$，ε 與 η、ξ 以及 δ 無相關；δ 與 ξ、η 以及 ε 無相關；ζ 與 ξ 無相關。

四 研究假設

㈠測量模式假設

1. 「家庭階級」為一外因潛在變項。由「社會階級」以及「族群」兩個外因觀察變項所反映。
2. 「家庭控制」為一內因潛在變項。由「父親控制」與「母親控制」等兩個內因觀察變項所反映。
3. 「經濟的教育投資」為一內因潛在變項。由「家中參考書的多寡」、「家中課外讀物的多寡」，以及「學生參加補習班課程的多寡」等三個內因觀察變項所反映。

4.「文化資本」為一內因潛在變項。由「學校與家庭之溝通」、「家庭對子女學術引導與支持的投入程度」、「高級文化課程的參與」、「高級文化活動的參與」等四個內因觀察變項所反映。

5.「學校控制」為一內因潛在變項。由「學校強迫性」、「學校連結」等二個內因觀察變項所反映。

6.「偏差行為」為一內因潛在變項。由「一般性偏差」、「財產犯罪」以及「暴力犯罪」等三個內因觀察變項所反映。

(二)結構模式假設

1.「家庭階級」影響「家庭控制」、「經濟的教育投資」以及「文化資本」。

2.「家庭控制」影響「學校控制」以及「偏差行為」。

3.「經濟的教育投資」影響「學校控制」以及「偏差行為」。

4.「文化資本」影響「學校控制」以及「偏差行為」。

5.「學校控制」影響「偏差行為」。

(三)假設模式之規定

本研究模式之規定如下：

1.每一測驗項目皆有一個不是零的負荷量在其所測量的潛在因素上，但是對其他的潛在因素之負荷量是零。

2.測驗項目與項目之間所連結的測量誤差項彼此之間不相關。

3.潛在變項與潛在變項間殘差項彼此之間不相關。

4.潛在變項的殘差項與測量誤差項之間不相關。

5.干擾與外因潛在變項不相關。

五 LISREL 程式

完成了上面的步驟，就可以撰寫 LISREL 程式（見表 14-1）。

第二節 模式識別與資料檢視

一 模式識別

依據 Bollen（*1989*）的模式識別評定原則。首先，模式必須符合 t 規則，本模式有兩個外因觀察變項，14 個內因觀察變項，因此共變數共有 $\frac{1}{2}(2+14)(2+14+1)=136$。模式中需要估計的參數共有 42 個，因此可以知道 $t<136$。其次，不論是外因潛在變項或是內因潛在變項都至少有兩個觀察指標，符合要求。模式中的因果關係沒有互惠關係，因此是一個遞回模式。這些檢定說明模式已經符合必要條件，但是並非表示模式一定能夠識別，因為尚有經驗上的識別問題通常無法利用上面的條件來察覺，此部分只有讓 LISREL 程式來檢查了。

二 資料的檢視

表 14-2 是所有觀察變項之平均數、標準差及常態分配考驗。很顯然地，所有觀察變項之單變項常態分配考驗皆達顯著水準。顯示所有觀察變項的分配不是常態。多變項常態考驗也達顯著水準，表示其為多變項非常態分配。實際上，在前面的變項界定時，有些變項是以次序變項來界定；加之以這些變項皆非常態的分配，產生了估計方法上

表 14-1　家庭階級對學生偏差行為影響機制之 LISREL 程式

```
! Family Class LISREL
Observed Variables:
    Ses Ethnic Facon Macon Tutor Book Refer Commu
    Academic Course Activ Coer Bond Gedev Money Violen
Raw data from file c:\famclass\ses1.dat
Sample Size = 548
Latent Variables: Class Control Economic Culture School Deviance
Relationships:
Ses       =  1*Class
Ethnic    =  Class
Facon     =  1*Control
Macon     =  Control
Tutor     =  1*Economic
Book      =  Economic
Refer     =  Economic
Commu     =  1*Culture
Academic  =  Culture
Course    =  Culture
Activ     =  Culture
Coer      =  1*School
Bond      =  School
Gedev     =  1*Deviance
Money     =  Deviance
Violen    =  Deviance
Paths:
Class -> Control Economic Culture
Control Economic Culture -> School Deviance
School -> Deviance
Path Diagram
LISREL output rs se sc ef tv mi pc ad=500
End of Problem
```

表 14-2　所有觀察變項之平均數、標準差及常態分配考驗

觀察變項	平均數	標準差	峰度	態勢	常態分配考驗	
					χ^2	P
社會階級	63.29	5.09	0.418	−1.05	146.90	0.000
族群	2.11	0.33	2.00	3.63	73.51	0.000
父親控制	9.48	3.86	0.32	−0.75	38.86	0.000
母親控制	9.04	3.68	0.41	−0.54	19.61	0.000
補習	2.37	1.63	−0.18	−0.94	86.07	0.000
參考書	2.53	1.34	1.087	0.98	27.20	0.000
課外書籍	31.71	23.01	0.26	−0.79	44.31	0.000
家庭與學校溝通	10.07	2.85	0.16	−0.34	6.16	0.046
父母學業的引導	12.22	3.22	−0.23	−0.36	8.19	0.017
文化課程	0.94	1.40	1.67	2.39	54.34	0.000
文化活動	5.24	1.24	0.73	−0.53	22.90	0.000
學校強迫性	22.75	4.34	−0.27	−0.51	15.26	0.000
學校連結	22.35	4.06	−0.40	−0.01	7.26	0.026
一般性偏差	34.90	8.25	0.80	0.30	14.49	0.001
財產犯罪	6.21	1.47	1.91	4.69	85.50	0.000
暴力犯罪	2.54	0.95	2.90	11.52	142.37	0.000
多變項常態考驗	$\chi^2=1226.31$		$P=0.000$			

的問題。由於 LISREL 的 ML（maximum likelihood）估計法有常態分配的假定，所以，有些學者（*Browne, 1984a; Jöreskog & Söborm, 1993*）建議當產生此種問題時可以改採用漸近分配自由法（ADF）。在LISREL裡，使用 GWLS 法（generally weighted least squares）就是 ADF 方法的一種應用。不過採用GWLS，也有相當的問題必須解決，首先，必須有足夠

大的樣本，Diamantopoulos 和 Siguaw（*2000*）以及 Olsson 等人（*2000*）認為少則也要1000個樣本以上，否則GWLS的估計表現照樣不好。

其次，許多學者依然懷疑採用ADF的估計一定會優於ML嗎（*Byrne, 1995; Diamantopoulos & Siguaw, 2000; Hu & Bentler, 1995; Olsson et al., 2000*）？對ML的表現而言，學者發現通常只有峰度（kurtosis）值大於25以上時，對其估計才會有足夠的影響性。Olsson 等人（*2000*）的研究中更是認為當樣本夠大且峰度值非常大時，採用 WLS 的方法來估計是可以改進參數估計的理論適配，而在其他狀況之下，ML 似乎是很自然的選擇。Boomsma 和 Hoogland（*2001*）對各種估計法的強韌性再度的深入比較與探討之後，下了一個很重要的結論：對大模式[1]而言，在各種非常態分配的條件之下，ML估計比起其他估計（GLS、ERLS[2]、ADF，以及 WLS）都具有相對好的統計特質。

其實，採用ML或者是ADF完全是一種妥協（tradeoff），各有其限制存在。在第五章「估計方法的經驗適配與參數估計的差距」一節中，我們討論到估計方法影響經驗適配與參數估計的差距時，提及兩種影響要素，一為資料是否具有常態分配，二為模式界定。對ML而言，當資料是非常態分配時，那麼它所具有對部分模式錯誤界定的參數估計的好處就沒了。對 ADF 而言，當模式是錯誤界定時，它具有處理高峰度值或態勢值的優越性也無法成立（*Olsson et al., 2000*）。綜合這些學者的意見，我們審視變項的分配情形，發覺各變項的峰度值都不大，且本研究的樣本也不是很大，所以決定採用ML的估計法。

---

[1] 依據 Boomsma 和 Hoogland（*2001*）的定義，大模式為模式中觀察變項的數目大於6或8。

[2] ERLS 為橢圓再加權最小平方（elliptical reweighted least squares）。

第三節 模式估計與適配度評鑑

本研究使用 LISREL 8.30 統計軟體來處理研究資料。首先依據假設模式撰寫程式。依據程式所執行出來的結果顯示，此一假設模式出現非正定的問題，LISREL 呈現了下列兩個訊息：

W_A_R_N_I_N_G: PSI is not positive definite.

W_A_R_N_I_N_G: The solution was found non-admissible after 20 iterations.
The following solution is preliminary and is provided only for the purpose of tracing the source of the problem.
Setting AD> 20 or AD ＝ OFF may solve the problem.

雖然，LISREL 統計提供了解決這個問題的建議，實際上卻是無用的。正如 Jöreskog 和 Sörbom（*1989*）所建議，如果 10 次的疊代依然無法求得解，則即使繼續疊代亦無法解決問題。所以必須仔細解讀 LISREL 統計所輸出的資訊。從分析的共變數矩陣（見表 14-3）中，我們發覺變項「暴力犯罪」有相當大的數值存在。可以研判此一變項可能產生多元共線性的問題，所以才產生相當大的共變數。解決的方法便是去除此一變項。經去除變項後，整個模式形成如圖 14-3 之「去除『暴力犯罪』變項後之模式（修正模式 1）」。經重新估計模式，模式非正定問題便消失了，接著便可檢定模式。

表 14-3　初始假設模式分析之共變數矩陣

	父親控制	母親控制	補習	課外書籍	參考書	家庭與學校溝通	父母學業引導	高級文化課程	高級文化活動	學校強迫性	學校連結	一般性偏差	財產偏差	暴力犯罪	社會階級	族群
父親控制	14.90															
母親控制	8.52	13.54														
補習	0.00	0.20	2.65													
課外書籍	−0.25	−0.03	0.17	1.79												
參考書	−6.51	−4.49	8.78	8.12	530.18											
家庭與學校溝通	−1.51	−1.28	0.85	0.79	14.93	8.16										
父母學業引導	−2.10	−1.78	1.12	0.91	15.84	5.56	10.38									
高級文化課程	−0.47	−0.61	0.26	0.64	5.32	1.22	1.21	1.96								
高級文化活動	−0.71	−0.45	0.18	0.49	5.00	1.45	1.55	0.70	1.53							
學校強迫性	−5.81	−4.51	−0.07	0.39	22.24	2.14	2.80	0.60	0.91	18.84						
學校連結	−3.42	−3.97	0.75	0.94	28.23	3.25	3.95	1.13	1.29	9.50	16.50					
一般性偏差	2.86	3.03	0.69	−0.44	−34.80	−2.82	−1.96	−0.78	−1.27	−15.76	−12.71	68.25				
財產犯罪	0.57	0.69	0.20	0.03	−1.99	−0.17	−0.11	0.06	0.05	−1.66	−1.55	7.01	2.16			
暴力犯罪	−100.9	−93.14	−6.88	−9.91	335.30	72.59	106.79	1.02	51.01	77.46	140.58	−48.92	−3.23	186581.69		
社會階級	−0.38	−0.46	1.09	1.20	14.45	2.82	4.03	2.25	1.62	0.90	2.04	0.78	0.32	−101.91	25.83	
族群	−0.12	−0.08	0.01	0.03	0.03	0.10	0.11	0.03	0.08	−0.01	0.10	−0.20	0.01	−2.12	0.05	0.11

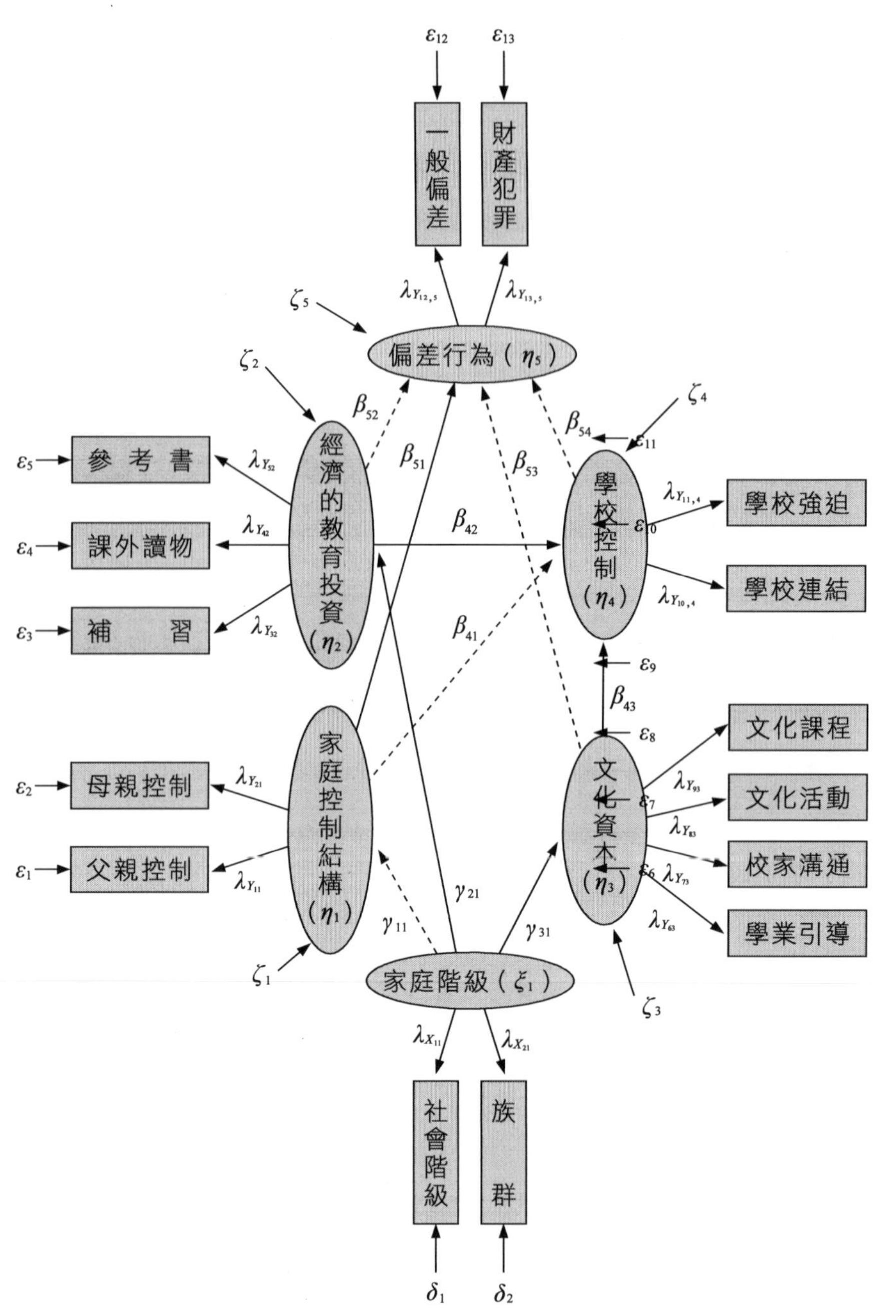

圖 14-3　去除「暴力犯罪」變項後之模式（修正模式 1）

一 違犯估計的檢查

在評鑑模式適配度之前，必須先檢查「違犯估計」，也就是說，估計係數是否超出可接受的範圍。雖然，有學者對檢驗的項目有不同的界定，我們的標準是參照 Hair 等人（*1998*）的定義，他提出的違犯估計項目有：⑴負的誤差變異數存在；⑵標準化係數超過或太接近 1（通常以 0.95 為門檻）；⑶有太大的標準誤。

從表 14-4「修正模式 1 之潛在變項與潛在變項間的參數估計」，表 14-5「修正模式 1 之潛在變項對觀察變項的參數估計」以及表 14-6「修正模式 1 之觀察變項測量誤」中，我們可以發現「家庭階級」對「文化資本」的標準化係數（γ_{31}）大於 1，顯然產生了上面所描述的問題。首先，我們企圖刪除「高級文化課程」，因為此一變項雖是一種文化資本，但是要參加高級文化課程需要相當的金錢，所以其與「經濟的教育投資」有相當的關連存在。經重新估計模式，獲得的標

表 14-4　修正模式 1 之潛在變項與潛在變項間的參數估計

參數	非標準化參數估計值	標準誤	t 值	標準化參數估計值
γ_{11}	−0.43	0.11	−3.93*	−0.24
γ_{21}	0.19	0.04	4.36*	0.60
γ_{31}	1.32	0.30	4.39*	**1.08**
β_{41}	−0.44	0.07	−6.84*	−0.42
β_{42}	2.40	0.83	2.91*	0.39
β_{43}	0.12	0.16	0.75	0.08
β_{51}	−0.55	0.18	−3.04*	0.21
β_{52}	1.93	1.78	1.08*	−0.13
β_{53}	0.24	0.33	0.72	−0.06
β_{54}	−1.91	0.25	−7.75*	0.78

*P<0.05

表 14-5 修正模式 1 之潛在變項對觀察變項的參數估計

參數	非標準化參數估計值	標準誤	t 值	標準化參數估計值
$\lambda_{X_{11}}$	1.00			0.33
$\lambda_{X_{21}}$	0.03	0.01	3.22*	0.16
$\lambda_{Y_{11}}$	1.00			0.80
$\lambda_{Y_{21}}$	0.90	0.10	8.74*	0.75
$\lambda_{Y_{32}}$	1.00			0.32
$\lambda_{Y_{42}}$	1.17	0.24	4.87*	0.46
$\lambda_{Y_{52}}$	25.17	4.96	5.08*	0.57
$\lambda_{Y_{63}}$	1.00			0.73
$\lambda_{Y_{73}}$	1.13	0.08	13.54*	0.73
$\lambda_{Y_{83}}$	0.32	0.03	9.73*	0.48
$\lambda_{Y_{93}}$	0.36	0.03	11.81*	0.60
$\lambda_{Y_{10,4}}$	1.00			0.74
$\lambda_{Y_{11,4}}$	0.92	0.07	13.16*	0.73
$\lambda_{Y_{12,5}}$	1.00			0.96
$\lambda_{Y_{13,5}}$	0.11	0.01	8.48*	0.60

註：未列標準誤者為參照指標，是限制估計參數。$*P<0.05$。

準化估計值為 0.99，顯然已降低許多，然而依然是太接近 1。依此邏輯，我們再刪除「高級文化活動」，因為參加這些活動也是需要相當的金錢。重新估計獲得的標準化參數值是 0.91，顯然已無違犯估計的問題存在。整個模式形成圖 14-4「修正文化資本之模式（修正模式 2）」的結果。也就是說，以圖 14-4 的「修正模式 2」來檢定，才能夠進入整體適配度的考驗的檢定。

表 14-6　修正模式 1 之觀察變項測量誤

參數	非標準化參數估計值	標準誤	t 值	標準化參數估計值
δ_1	22.94	1.50	15.32*	0.89
δ_2	0.11	0.01	16.44*	0.97
ε_1	5.39	1.07	5.05*	0.36
ε_2	5.91	0.89	6.63*	0.44
ε_3	2.38	0.16	15.32*	0.90
ε_4	1.41	0.11	13.41*	0.79
ε_5	356.33	34.12	10.44*	0.67
ε_6	3.81	0.34	11.18*	0.47
ε_7	4.86	0.43	11.20*	0.77
ε_8	1.50	0.10	15.16*	0.64
ε_9	0.98	0.07	13.95*	0.45
ε_{10}	8.48	0.83	10.17*	0.47
ε_{11}	7.78	0.73	10.73*	0.47
ε_{12}	5.46	6.54	0.84	0.08
ε_{13}	1.38	0.12	11.83*	0.64

二　家庭階級對偏差行為影響模式之整體適配度評鑑

經由LISREL8.30版之統計估計，將整體適配量測以表 14-7 呈現。一般在檢驗模式的整體適配量測時，皆是從絕對適配量測開始檢驗。從表 14-7 中，看到此一模式之 $\chi^2_{(55)}=106.39$，$P<0.01$，達到顯著水準，表示本研究修正模式 2 之共變數矩陣與實證資料之共變數矩陣之間有差異存在。正如上面所討論的，卡方概度之檢定容易拒絕模式，因

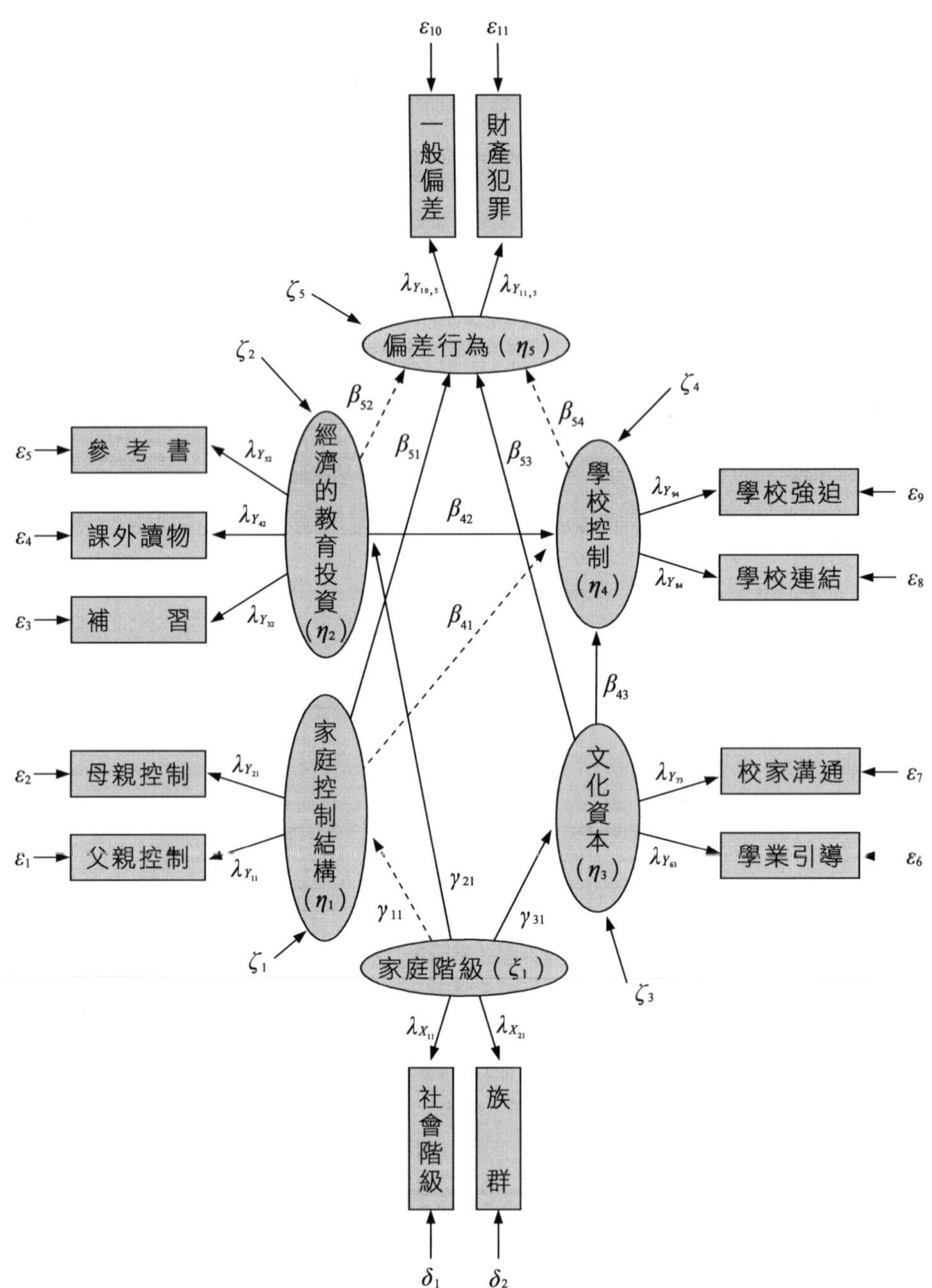

圖 14-4 修正文化資本之模式（修正模式 2）

表 14-7　修正模式 2 之適配度考驗指標

絕對適配量測
(1) Chi-Square with 55 Degrees of Freedom = 106.39 (P < 0.01) (2) Goodness of Fit Index (GFI) = 0.97 (3) Adjusted Goodness of Fit Index (AGFI) = 0.95 (4) Standarded Root Mean Square Residual (SRMR) = 0.044 (5) Root Mean Square Error of Approximation (RMSEA) = 0.041 P-Value for Test of Close Fit (RMSEA < 0.05) = 0.88
增值適配量測
(6) Non-Normed Fit Index (NNFI) = 0.94 (7) Normed Fit Index (NFI) = 0.92 (8) Comparative Fit Index (CFI) = 0.96 (9) Incremental Fit Index (IFI) = 0.96 (10) Relative Fit Index (RFI) = 0.89
簡效適配量測
(11) Parsimony Normed Fit Index (PNFI) = 0.65 (12) Parsimony Goodness of Fit Index (PGFI) = 0.59 (13) Critical N (CN) = 403.45 (14) Normed Chi-Square 106.39/55 = 1.93

此，我們接受學者之建議，繼續檢定其他的指標，以做綜合判斷。

表中絕對適配量測之 GFI 值為 0.97，大於接受值 0.90，顯示模式可以接受。AGFI = 0.95，大於接受值 0.90，顯示模式可以接受。SRMR = 0.044，小於 0.05，顯示模式可以接受。RMSEA = 0.04，小於 0.05，且其P值檢定為 0.88，遠大於建議值之 0.5，顯示模式適配的相當良好。

從增值適配量測來看，NNFI = 0.94，大於接受值 0.90，也顯示模式相當可以接受。NFI = 0.92，大於接受值 0.90，顯示模式可以接受。CFI = 0.96，遠大於接受值 0.90，顯示模式相當可以接受。IFI = 0.96，遠大於接受值 0.90，顯示模式相當可以接受。RFI = 0.89，略低於 0.9，顯示模式在可以接受的邊緣。

從簡效適配量測來看，首先是 Normed Chi-Square＝1.93，介於 1.0 與 2.0 之間，表示模式可以接受。PNFI＝0.65，大於接受值 0.5，顯示模式可以接受。PGFI＝0.59，大於接受值 0.5，顯示模式可以接受。CN＝403.45，大於 200，顯示模式可以接受。

整體而言，我們可以看到，大部分的絕對適配量測，增值適配量測，或是簡效適配量測，皆通過所要求的接受值，顯示本修正模式 2 可以接受。這顯示本研究之修正模式 2 是一個相當符合實證資料的一個模式。

三 家庭階級對偏差行為影響模式之內在結構適配評鑑

㈠測量模式之評鑑

本研究共有六個潛在變項，一個為外因潛在變項，五個為內因潛在變項。檢定這些潛在變項的建構目的在於瞭解這些建構是否具備足夠的效度與信度。效度檢定一般皆是檢查潛在變項與觀察變項間係數的量與顯著性；也就是，負荷量必須相當顯著的不同於 0。信度的檢定則是採用組合信度。

從表 14-8「修正模式 2 之潛在變項對觀察變項的參數估計」中可以看到，所有的觀察變項的負荷量，其 t 值皆大於 1.96，表示所有指標皆具有顯著水準（$P<0.05$或是更好）。也就是說，這些觀察變項可以良好的反映其所對應的潛在變項。

從表 14-9「修正模式 2 之觀察變項測量誤之估計參數」中，可以看到「一般性偏差」（ε_{10}）的測量誤未具顯著水準，也就是說，此一觀察變項沒有測量誤存在。當然，這種現象是不太合理，因為依據測驗的原理，絕大部分的測量皆具有測量誤差存在。此種非顯著的測量誤，可能隱含界定誤的問題。我們將此一問題留到下一節時再做處理。

其次，我們檢查在這六個潛在變項中，哪一個觀察變項對潛在變

表 14-8 修正模式 2 之潛在變項對觀察變項的參數估計

參數	非標準化參數估計值	標準誤	t 值	標準化參數估計值
$\lambda_{X_{11}}$	1.00			0.33
$\lambda_{X_{21}}$	0.03	0.01	2.52*	0.14
$\lambda_{Y_{11}}$	1.00			0.80
$\lambda_{Y_{21}}$	0.89	0.10	8.64*	0.75
$\lambda_{Y_{32}}$	1.00			0.34
$\lambda_{Y_{42}}$	1.00	0.21	4.74*	0.41
$\lambda_{Y_{52}}$	26.88	5.34	5.04*	0.64
$\lambda_{Y_{63}}$	1.00			0.73
$\lambda_{Y_{73}}$	1.26	0.12	10.42*	0.82
$\lambda_{Y_{84}}$	1.00			0.75
$\lambda_{Y_{94}}$	0.91	0.07	13.17*	0.72
$\lambda_{Y_{10,5}}$	1.00			0.96
$\lambda_{Y_{11,5}}$	0.11	0.01	8.44*	0.60

註：未列標準誤者為參照指標，是限制估計參數。*$P<0.05$。

項的貢獻最大。要瞭解此一問題，乃是檢驗完全標準化係數（見表 14-8）。對「家庭階級」而言，「社經地位」比「族群」更具反映的效果。對「家庭控制結構」而言，「父親控制」比「母親控制」更具反映的效果。對「經濟的教育投資」而言，「課外書籍」的多寡最具反映的效果。對「文化資本」而言，「父母學業引導」比「學校與家庭溝通」較具反映的效果。對「學校控制」而言，「學校強迫性」比「學校連結」更具反映的效果。對「偏差行為」而言，「一般性偏差」比「財產犯罪」更具反映的效果。

表 14-10 為潛在變項之組合信度。從表中可以看出，「家庭控制結構」、「文化資本」、「學校控制」以及「偏差行為」等四個潛在

表 14-9　修正模式 2 之觀察變項測量誤之估計參數

參數	非標準化參數估計值	標準誤	t 值	標準化參數估計值
δ_1	23.18	1.54	15.05*	0.89
δ_2	0.11	0.01	16.37*	0.97
ε_1	5.35	1.08	4.93*	0.36
ε_2	5.94	0.90	6.61*	0.44
ε_3	2.35	0.16	15.02*	0.90
ε_4	1.49	0.11	14.09*	0.79
ε_5	314.33	39.8	7.90*	0.67
ε_6	3.76	0.44	8.45*	0.47
ε_7	3.36	0.64	5.24*	0.77
ε_8	8.39	0.83	10.08*	0.64
ε_9	7.85	0.72	10.84*	0.45
ε_{10}	4.89	6.62	0.74	0.07
ε_{11}	1.38	0.12	11.89*	0.64

$^*P < 0.05$

表 14-10　修正模式 2 潛在變項之建構信度與平均抽取變異量

潛在變項	組合信度
家庭階級	0.11
家庭控制結構	0.75
經濟的教育投資	0.46
文化資本	0.75
學校控制	0.70
偏差行為	0.78

變項的組合信度大於 0.6，表示觀察變項對此四個潛在變項提供可信的建構測量。

另外，「家庭階級」以及「經濟的教育投資」兩個潛在變項的信度值未達到 0.6 的可接受水準，但是必須要說明的是，「家庭階級」一般皆是使用此兩種變項來代表，並無其他可茲取代的變項，「經濟的教育投資」也有此種狀況，其實，在做理論因果關係的探討時，使用潛在變項能夠將測量誤去除，而使得潛在構念更能夠反映出真實的變異，但是有許多潛在變項並非是心理量表之類的變項所建構，那麼其信度往往無法達到心理計量學者之要求，但是這並無損於理論的驗證，畢竟將這些觀察變項（「社會階級」、「族群」、「參考書」、「課外讀物」、「補習」）用於形成潛在變項來驗證理論的因果關係，總比將他們直接用來估計對其他潛在變項（一般稱此種模式為具有單一指標的 SEM 模式）的影響來得更精確多了。

㈡結構模式的檢定

此部分乃是檢定在概念化階段所建立的理論關係是否受到資料的支持。檢驗的內容包括估計參數的方向性、量與 R^2。由表 14-11「修正模式 2 之潛在變項與潛在變項間的參數估計」，以及表 14-12「潛在變項之解釋量」中，可以看出「家庭階級」對「家庭控制結構」、「經濟的教育投資」，以及「文化資本」等影響方向正確，且皆達顯著水準，符合理論的預測。其中，「家庭控制結構」的 R^2 比較低，表示其被「家庭階級」的解釋變異較低。「家庭控制結構」對「學校控制」與「偏差行為」的預測皆達顯著，但是很不幸的是，其對「偏差行為」的方向性不正確，這顯示可能有壓迫變項（suppressor variables）產生，有必要做進一步的偵測。由於偵測過程相當複雜，就不在此研究中顯示。經偵測結果發現，「學校控制」扮演著壓迫變項的角色；也就是說，「學校控制」使得「家庭控制結構」對「偏差行為」的影響由正向轉向負向的結果。「經濟的教育投資」對「學校控制」有顯

表 14-11　修正模式 2 之潛在變項與潛在變項間的參數估計

參數	非標準化參數估計值	標準誤	t 值	標準化參數估計值
γ_{11}	−0.48	0.14	−3.51*	−0.25
γ_{21}	0.19	0.05	3.90*	0.57
γ_{31}	1.18	0.30	3.89*	0.91
β_{41}	−0.43	0.07	−6.48*	−0.41
β_{42}	2.18	0.64	3.43*	0.37
β_{43}	0.18	0.12	1.49	0.12
β_{51}	−0.54	0.17	−3.08*	0.21
β_{52}	1.45	1.36	1.07	0.10
β_{53}	0.37	0.37	1.47	0.10
β_{54}	−1.90	0.24	−7.91*	−0.77

表 14-12　潛在變項之解釋量

潛在變項	R^2
家庭控制結構	0.06
經濟的教育投資	0.33
文化資本	0.83
學校控制	0.43
偏差行為	0.39

著的影響，且影響方向也符合理論的關係，但對「偏差行為」則無顯著的影響。「文化資本」對「學校控制」與「偏差行為」皆無顯著的影響。「學校控制」對「偏差行為」有顯著影響，且方向符合理論的預測。「學校控制」之 R^2 為 0.43；「偏差行為」之 R^2 為 0.39。

第四節　理論的剪裁（theory trimming）

從上面的結果顯示，整個模式的適配度可以接受，但是有些理論的關係並未被資料所驗證，顯示有界定誤產生；也就是說，模式中界定了沒有影響性的因果關係，因此，有必要做理論的重新界定，將無影響的關係去除，如此方能達到簡效的原則（principle of parsimony）。

首先，去除「經濟的教育投資」對「偏差行為」的影響，獲得的模式在 CFI、ECVI、RMSEA 的值皆與起始模式一樣（見表 14-13「理論剪裁之適配度統計摘要表」）。唯 χ^2 增加，此種增加只有 1.98，顯示在自由度降低之下，模式依然維持良好適配。接著再觀察新模式中的結構參數是否依然存在為顯著的值，結果發現只剩下「文化資本」對「學校控制」的影響未達顯著，於是再做理論剪裁的工作，將此一影響去除。重新估計的結果顯示，ECVI 獲得較低的值，顯示模式更佳簡效。再檢查結構參數發現所有的結構參數皆達顯著。我們將結構參數的輸出結果列於表 14-14，而整個模式之路徑圖也以圖 14-5「家庭

表 14-13　理論剪裁之適配度統計摘要表

模式	去除參數	χ^2 （df）	CFI	ECVI	RMSEA	$\Delta\chi^2$ （Δdf）
1 （修正模式 2）		106.39 （55）	0.96	0.33	0.041	
2	「經濟的教育投資」 →「偏差行為」	108.37 （54）	0.96	0.33	0.041	1.98 （1）
3	「文化資本」 →「學校控制」	109.74 （53）	0.96	0.32	0.041	1.37 （1）

階級對偏差行為最後修正模式之標準化參數估計（最後修正模式）」展示之。

重新對新模式的結構參數做檢定時發現，「文化資本」與「偏差行為」之影響方向不正確。這種結果經過重新偵測發現，其乃是受到「學校控制」的壓迫。很顯然地，「學校控制」變項對學生的「偏差行為」產生相當微妙的關係，它不僅對學生「偏差行為」有很高的影響力，它也會混淆「家庭控制結構」與「文化資本」對「偏差行為」的影響。

表 14-14　最終修正模式之潛在變項與潛在變項間的參數估計

參數	非標準化參數估計值	標準誤	t 值	標準化參數估計值
γ_{11}	-0.49	0.14	−3.51*	−0.25
γ_{21}	0.20	0.05	4.02*	0.63
γ_{31}	1.23	0.31	4.02*	0.94
β_{41}	−0.45	0.07	−6.71*	−0.43
β_{42}	2.73	0.64	4.54*	0.44
β_{51}	−0.48	0.17	−3.00*	−0.18
β_{53}	0.44	0.20	2.24	0.12
β_{54}	−1.72	0.19	−9.28	−0.70

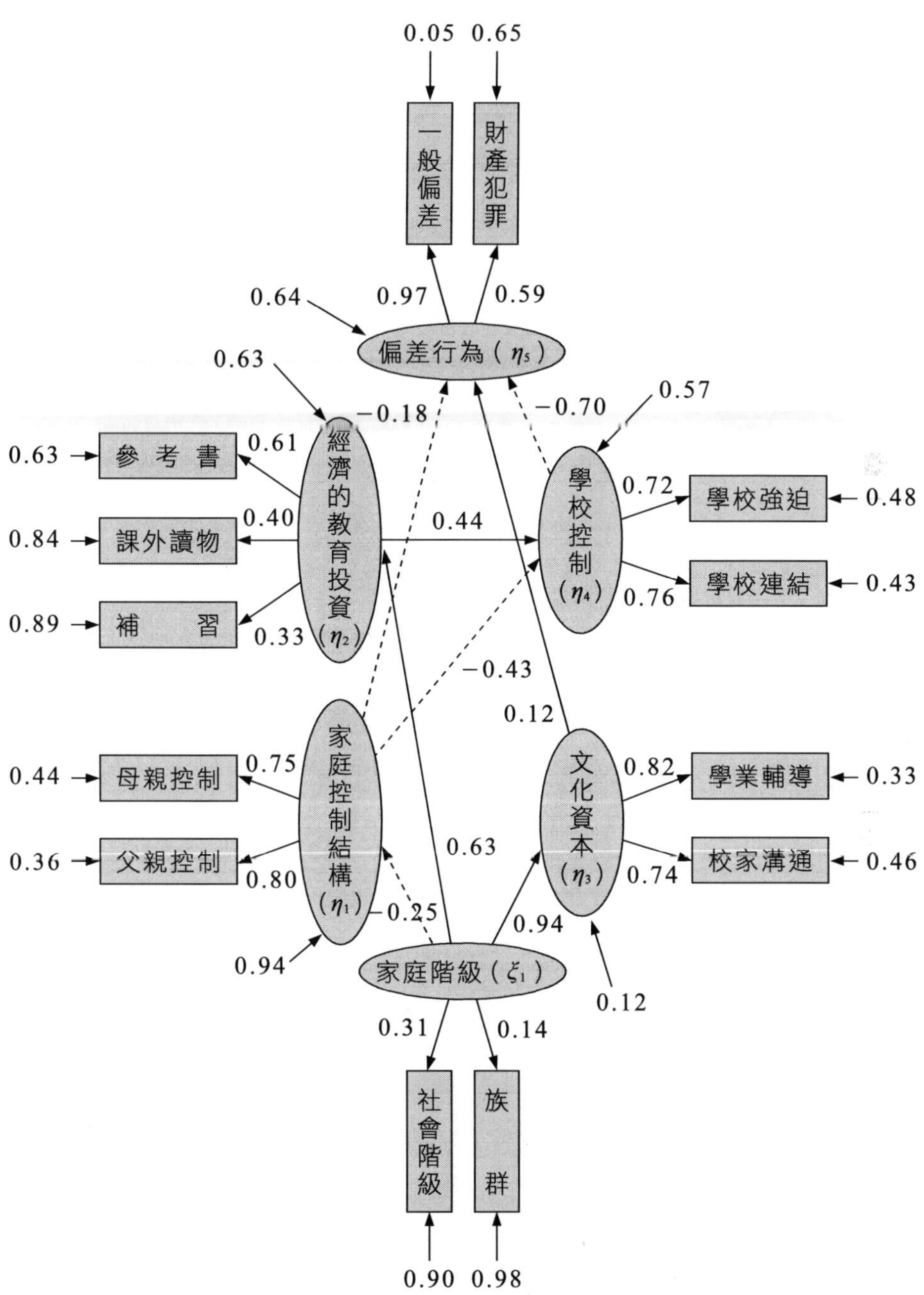

圖 14-5　家庭階級對偏差行為最後修正模式之標準化參數估計
（最後修正模式）

 第五節 家庭階級對偏差行為影響效果之分析

本研究主要的理論建構認為家庭階級對偏差行為的影響，乃是由於學生的家庭階級會影響父母親對其教育的投入與投資，這些投入與投資創造了其在學校控制上的優勢，因此影響其偏差的機率。也就是說，家庭階級對偏差行為的影響，其中介機制扮演相當的角色。從表14-15、表14-16、表14-17中可以知道，潛在變項間的間接效果、直接效果以及總效果皆達顯著水準。就本研究最為關注的影響途徑，家庭階級對偏差行為的影響也具有顯著性，其總效果為 −0.56，*t* 值為 2.04，此值大於 1.96。顯然，「家庭控制結構」、「經濟的教育投資」、「文化資本」以及「學校控制」實有扮演中介的角色。由圖 14-5「最後修正模式」來看，影響途徑包括以下四條：

1. 「家庭階級」→「家庭控制結構」→「偏差行為」，其效果為：$(-0.25)\times(-0.18)=0.045$。

表 14-15　潛在變項之間的間接效果

潛在變項		家庭階級	家庭控制結構	經濟的教育投資
學校控制	效果值	0.78		
	標準誤	(0.16)		
	t 值	4.85		
	標準化效果值	0.38		
偏差行為	效果值	−0.56	0.78	−4.70
	標準誤	(0.27)	(0.14)	(1.11)
	t 值	2.04	5.44	−4.20
	標準化效果值	−0.11	0.30	−0.31

表 14-16 潛在變項間之直接效果

潛在變項		家庭階級	家庭控制結構	經濟的教育投資	文化資本	學校控制
家庭控制結構	效果值	−0.49				
	標準誤	(0.14)				
	t 值	−3.58				
	標準化效果值	−0.25				
經濟的教育投資	效果值	0.20				
	標準誤	(0.05)				
	t 值	4.02				
	標準化效果值	0.63				
文化資本	效果值	1.23				
	標準誤	(0.31)				
	t 值	4.02				
	標準化效果值	0.94				
學校控制	效果值		−0.45	2.73		
	標準誤		(0.07)	(0.60)		
	t 值		−6.71	4.54		
	標準化效果值		−0.43	0.44		
偏差行為	效果值		−0.48		0.44	−1.72
	標準誤		(0.16)		(0.20)	(0.19)
	t 值		−3.50		2.24	−9.28
	標準化效果值		−0.18		0.12	−0.70

2. 「家庭階級」→「家庭控制結構」→「學校控制」→「偏差行為」，其效果為：$(-0.25)\times(-0.43)\times(-0.70)=-0.075$。
3. 「家庭階級」→「經濟的教育投資」→「學校控制」→「偏差行為」，其效果為：$0.63\times0.44\times(-0.70)=-0.19$。
4. 「家庭階級」→「文化資本」→「偏差行為」，其效果為：

表 14-17　潛在變項之間的總效果

潛在變項		家庭階級	家庭控制結構	經濟的教育投資	文化資本	學校控制
家庭控制結構	效果值	−0.49				
	標準誤	(0.14)				
	t 值	−3.58				
	標準化效果值	−0.25				
經濟的教育投資	效果值	0.20				
	標準誤	(0.05)				
	t 值	4.02				
	標準化效果值	0.63				
文化資本	效果值	1.23				
	標準誤	(0.31)				
	t 值	4.02				
	標準化效果值	0.94				
學校控制	效果值	0.78	−0.45	2.73		
	標準誤	(0.16)	(0.07)	(0.60)		
	t 值	4.85	−6.71	4.54		
	標準化效果值	0.38	−0.43	0.44		
偏差行為	效果值	−0.56	0.30	−4.70	0.44	−1.72
	標準誤	(0.27)	(0.14)	(1.11)	(0.20)	(0.19)
	t 值	−2.04	2.19	−4.20	2.24	−9.28
	標準化效果值	−0.11	0.11	−0.31	0.12	−0.70

$0.94 \times 0.12 = 0.11$。

圖 14-5「最後修正模式」中顯示，「家庭控制結構」可以直接或間接的影響「偏差行為」，「經濟的教育投資」只能間接地影響「偏差行為」，而「文化資本」則是可以直接影響「偏差行為」，但是卻無法經由「學校控制」來影響「偏差行為」。

第六節　結論

本研究主要針對臺北縣國中三年級學生的家庭背景進行調查分析，以瞭解族群以及社會階級等因素，對國中生偏差行為的影響及其中介機制發展的探討，企圖建立一個家庭階級對偏差行為影響的整合模式。並將此一整合模式以結構方程模式的統計技術來加以檢驗。

在文獻探討中，我們獲得整個影響機制的概念模式，這種模式起始於家庭階級（包含社會階級與族群），經由家庭投資與父母投入形成一種中介機制，這些機制在本研究中包括三個潛在變項，家庭控制結構、經濟的教育投資以及文化資本。這種機制若再與學校體制的互動作用，以學校控制的觀點，其導致於學生偏差行為發生的機率，將產生關鍵性的影響。這個概念模式經由假設的設立以及模式界定的過程，形成本研究之家庭階級對偏差行為影響的假設模式。

本假設模式經過 LISREL 統計的檢定，發現某些指標有共線性的問題，經去除這些指標後，整體模式所獲得的指數顯示模式可以被接受。對整體效果的分析顯示，家庭階級對偏差行為有顯著的影響，而這些影響皆是透過中介機制而形成的。其影響的路線共有四條如下：

1.「家庭階級」→「家庭控制結構」→「偏差行為」。
2.「家庭階級」→「家庭控制結構」→「學校控制」→「偏差行為」。
3.「家庭階級」→「經濟的教育投資」→「學校控制」→「偏差行為」。
4.「家庭階級」→「文化資本」→「偏差行為」。

這些中介機制的影響結果顯示，父母與孩子的互動面比起投資面對偏差行為產生的影響更深遠。雖然，經濟面有一定程度的影響，但是，卻不是最主要的影響機制。研究也顯示，經濟能力不佳或資源不足，並不盡然會產生偏差，唯其與學校機制產生互動時，才會增加偏差行為發生的機會。所以，學校方面必須注意此一問題。去除經濟面影響學校與教師的教育，應是勢在必行且刻不容緩之要事。

其次，家庭透過文化資本對小孩偏差行為的影響顯示，文化資本不須經由學校控制就能直接影響小孩的偏差行為。這可能是由於文化資本的變項已經包含了家庭與學校溝通的變項。這也顯示，未來學校應當更加主動地與家庭溝通，如此可以彌補低社會階級以及弱勢族群在此方面的缺乏性。

最後，研究結果顯示家庭階級對偏差行為的影響，其影響在於父母親如何對待小孩才是重要關鍵。從研究結果可以看出，低社會階級與弱勢族群在與孩子的互動能力上是比較弱，他們缺乏良好的親子互動的能力，較多的時候是以強迫性的方式來管教小孩。這個結果，導致其家庭控制結構成為影響小孩偏差行為的主要因素。因此，研究者認為，積極的推展親子教育，提升低社會階級以及弱勢族群父母親與其小孩互動的能力，是彌補此項問題的最佳方案。

蔡淑鈴與瞿海源之職業聲望表

表 14-18　蔡淑鈴與瞿海源之職業聲望表

排名	職業	聲望得分	排名	職業	聲望得分	排名	職業	聲望得分	排名	職業	聲望得分
1	科學家	89.4	33	董事長	72.3	65	警官	65.3	97	農場工人	59.1
2	省長	89.2	34	幼稚園園長	71.8	66	牧師	65.3	98	雜貨店老闆	59.0
3	行政院長	88.6	35	畫家	71.4	67	售貨經理	64.6	99	倉庫管理員	58.9
4	大學教授	87.7	36	報紙編輯	71.4	68	公務員	64.4	100	礦工	58.1
5	小學校長	84.2	37	局長	71.2	69	船東	64.4	101	泥水匠	58.1
6	中學校長	84.1	38	立法委員	71.2	70	圖書館員	64.0	102	藝人	57.8
7	電腦程式員	81.1	39	鄉鎮長	71.0	71	舞蹈家	63.7	103	船員	57.8
8	部長	80.2	40	護士	70.5	72	營造商	63.7	104	嚮導	57.6
9	將級軍官	80.0	41	牙醫	70.4	73	廚師	63.6	105	鐘錶修理工	57.3
10	大使	79.7	42	農場主人	70.0	74	接線生	63.5	106	生產線操作員	57.1
11	法官	79.0	43	工廠經理	70.0	75	土地代書	63.3	107	守衛	57.0
12	大法官	78.4	44	汽船船長	69.8	76	修道院院長	63.0	108	推土機操作員	56.7
13	市長	78.3	45	自耕農	69.5	77	建築工	62.6	109	飯店老闆	56.5
14	作家	78.2	46	記者	68.9	78	加油站服務員	62.3	110	尼姑	56.5
15	小學教師	78.1	47	軍事訓練官	68.9	79	書記人員	62.0	111	碼頭搬運工	56.2
16	商業鉅子	77.5	48	業務經理	68.8	80	裁縫師	62.0	112	公車司機	56.0
17	工程技師	77.2	49	大貿易商	68.8	81	清潔工	61.9	113	畫家	55.5
18	工程師	76.8	50	會計師	68.5	82	漁民	61.9	114	學徒	55.4
19	音樂家	76.7	51	市諮詢委員	68.4	83	攝影師	61.9	115	售貨員	54.9
20	律師	76.3	52	軍人	68.0	84	獸醫	61.9	116	女傭	53.8
21	尉階軍官	76.2	53	情報人員	67.9	85	秘書	61.8	117	住持或廟公	53.3
22	高中教師	75.0	54	女空服員	67.8	86	會計員	60.6	118	臨時工	53.3
23	檢察官	74.7	55	製片商	67.7	87	技術工人	60.5	119	計程車司機	52.3
24	醫師	74.6	56	經理	67.4	88	旅館經營者	60.5	120	卡車司機	52.0
25	航空駕駛員	74.6	57	修女	67.4	89	一般貿易商	60.5	121	推銷員	51.1
26	省諮詢委員	73.6	58	士官	67.2	90	高速公路收費員	59.9	122	侍者	51.0
27	幼稚園教師	73.6	59	商業設計員	67.2	91	打字員	59.9	123	小販	51.0
28	家庭主婦	73.3	60	行政官員	66.8	92	領班	59.7	124	舊貨收購人	50.5
29	中醫醫生	73.2	61	藥劑師	65.9	93	藥店老闆	59.6	125	道士	46.9
30	校級軍官	72.8	62	警察	65.7	94	美容師	59.5	126	乩童	36.2
31	郵差	72.5	63	導演	65.6	95	大盤商	59.3			
32	社工員	72.3	64	農會總幹事	65.6	96	和尚	59.1			

附錄 14-2

偏差行爲量表

你有沒有做過下列事情？請依實際情形，就「經常做」、「好幾次」、「一、二次」、「從沒做過」的程度在右邊打 V

	經常做	好幾次	一、二次	從沒做過
(1)曠課	□	□	□	□
(2)作弊	□	□	□	□
(3)毀壞公物	□	□	□	□
(4)和老師頂嘴	□	□	□	□
(5)離家出走	□	□	□	□
(6)當面侮辱師長	□	□	□	□
(7)不按時交作業	□	□	□	□
(8)打架	□	□	□	□
(9)賭博	□	□	□	□
(10)穿不合學校規定的服裝	□	□	□	□
(11)抽菸	□	□	□	□
(12)喝酒	□	□	□	□
(13)看色情書刊	□	□	□	□
(14)被記過	□	□	□	□
(15)與異性約會	□	□	□	□
(16)沒經過他人同意，拿取價值在兩百元以下但不屬於你的財物	□	□	□	□

⒄與同學吵架……………………………………………□ □ □ □
⒅說髒話或三字經 ……………………………………□ □ □ □
⒆上課講話…………………………………………………□ □ □ □
⒇亂開同學的玩笑 ……………………………………□ □ □ □
(21)亂開老師的玩笑 ……………………………………□ □ □ □
(22)講黃色笑話……………………………………………□ □ □ □
(23)威脅或恐嚇他人，以索取財物 ……………………□ □ □ □
(24)加入幫派打架或結夥打鬥 …………………………□ □ □ □
(25)沒經過他人同意，拿取價值在兩百元至一千元以下，但不屬於你
的財物………………………………………………………□ □ □ □
(26)沒經過他人同意，拿取價值在一千元以上，但不屬於你的財物 ‥□ □ □ □

第十五章

總結

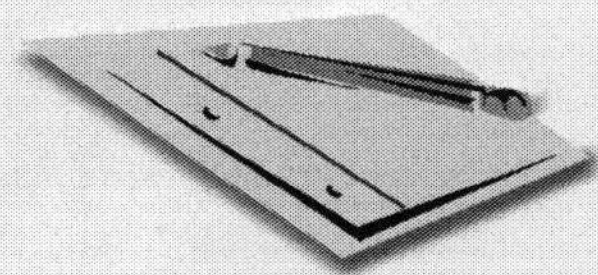

西元 2000 年 3 月下旬，Uppsala 大學資訊科學系的統計部門舉行了一個榮耀 Karl G. Jöreskog 科學成就的會議。這個會議在於感謝 Jöreskog 近三十年來對統計學的貢獻，特別是表彰他促成 SEM 這個方法學研究的成熟與發展。1970 年 11 月，Jöreskog 在社會科學的結構方程模式研討會中提出了 LISREL 電腦程式，使得 SEM 的應用更加容易與方便，SEM 的發展因而得以加速進行。從此之後，許多關於處理 SEM 的商業統計軟體不斷地被發展，這些軟體包括 Amos、EQS、LISCOMP、MX、SAS PROC-CALIS、STATISTICA-SEPATH 等。這些成果使得 SEM 的發展被學者認為是近年來科學界裡所發生最重要且最有影響性的統計革命。

Feynman（*1988, p.241*）在其著作《你管別人怎麼想》的一書中如此說：

> 科學知識是可以讓人為善也為惡的一種權力——然而它並沒有附帶該如何使用這種權力的說明。即使這種權力會因一個人的作為而遭受否定，它依然具有相當顯著的價值……佛教有一個格言如此說：每一個人都有一把通往天堂之門的鑰匙，這把鑰匙也可以開啟地獄之門。

SEM 可能如同學者所說的，它的產生是一種統計的科學革命。對社會科學界而言，SEM 的發展使得社會科學界的許多理論能夠獲得更多且更精細的驗證，但是，這並不表示我們可以毫無顧忌的使用它。或許它是一支通往天堂之鑰，但是，毫無顧忌的濫用它，可能開啟的是地獄之門。正如中國的一句俗語「水能載舟也能覆舟」，因此，我們必須對 SEM 的批判加以瞭解。長期來自學術界對 SEM 的批判，使得 SEM 的使用者趨向保守與謹慎，這是一個好的現象，如此才能促使 SEM 的追隨者開啟的是一扇天堂之門。

第一節　結構方程模式的批判

對SEM方法的批判，最值得關注的是Cliff於1983年發表於《多變項行為研究》的那篇〈關於因果模式方法應用的一些警告〉。在此篇文章中，Cliff依據科學推論的法則提出了對SEM方法運用的四個重要的警告。第一個警告是：資料無法肯定一個模式；甚至無法否定它。順著這個推論，當資料無法否定一個模式，那將有其他許多模式，資料也無法將它們否定。Cliff的這個警告，主要是告訴我們有許多的選替模式存在。資料可以肯定的模式通常不會只有一個，在第二章談對等模式時，我們討論到一個模式實際上是可以衍生出許多模式，而這些模式的統計考驗結果與原生模式是一樣的。

除此之外，當資料檢驗的結果可以接受一個模式，可能還有其他競爭模式更優於這個模式。這也意涵當資料無法否定一個模式，並不表示資料證明了這個模式或者是該模式是唯一有效。Garrison（*1986*）將此種現象稱為「經驗的理論未決定性」（undetermination of theory by experience）。因此，對SEM的研究者而言，做選替模式的比較是相當重要。有些學者替這種比較提出簡效原則，亦即當兩個模式同等地被資料所接受時，在沒有其他可考量的條件之下，具有較少估計參數的模式是比較優良的（*Bentler & Mooijaar, 1989*）。最後，我們必須讓讀者瞭解的是：驗證一個模式僅僅顯示一個模式提供了該資料所接受的描述（acceptable description）而已（*Biddle & Marlin, 1987*）。

Cliff的第二個警告是：事後不意涵因果性，也就是說，如果A與B相關連，在時間上，A追隨B之後，則B導致A不必然為真。這個論題是在批判SEM的因果性，使用SEM來做因果推論，乃是因為SEM經常被用來做非實驗性資料的分析。對相關資料而言，充分地將經驗系統給予隔絕，使得變項間相關的本質可以清楚地被確定的作為是不太可能。在第二章裡討論到理論的角色時，對因果的概念特別加以介紹，雖然 Cliff 的批判有其道理，但是對近年來 SEM 的研究者來說，他們比較沒有像Cliff宣稱那樣，隨便地做因果推論。實質上，因果性的條件，除了Cliff上面所提出的那兩個條件之外，尚必須包括有關變項的排除，以及堅強的理論支持。

對這個批判回應最多的是Mulaik（*1986, 1987, 1994, 1995, 2001*），Mulaik 企圖將哲學層次的概念與數學方程式相結合，來解決此種因果性的議題。Mulaik（*2001*）一直堅稱因果性不過是我們操作經驗所獲得較大範疇中的一個要素。他認為 Lakoff（*1995*）的看法是對的，也就是說，數學是想像範疇能夠實現的基礎。因此，數學是一個譬喻（metaphor）的工具箱。Mulaik 認為主客體關係是一種譬喻，來自於自體感受（proprioception）的身體想像範疇與客體知覺間的親密關係。因此，Mulaik 堅稱 SEM 是呈現客體的客觀狀態的一種數學模式，且因果性是在客觀語言中呈現客體特質間依賴的關係。但是因為客體特質是有邏輯性的群聚在一起而形成變項的值，因此因果性採取了變項間函數關係的形式（*Mulaik & James, 1995*）。

雖然Mulaik的努力使得因果性的數學特質與哲學特質能夠加以融合，但是這不表示從此種角度來看待因果性就足夠了。事實上，沒有一種統計的程序可以足夠確保符合因果性的必須條件。因果性絕對不是只有量的問題，它的質性問題才是主要的重點。我想Cliff的批判主要是針對那些只看數字的研究者，他們忘了 SEM 所建構的假設必須具有相當的理論辯護。

另一方面，我們必須注意的是，因果推論也並非簡單的依據研究資料是否是實驗性與非實驗性就可以決定的。在決定哪一種結論具有正當性時，考慮哪種類型的研究問題會被詢問到也是相當有益於是否具有因果性的考量（*Mulaik, 1994*）。無論如何，我們還是強調對因果推論的謹慎性是絕對必要的。

Cliff的第三個警告是關於名義謬誤（nominalistic fallacy）的問題。他認為如果我們對某事加以命名，即使我們的命名是正確的，並不表示我們瞭解它。SEM的更細微名義謬誤的論題是一些顯在變項間的相關被用來定義一個潛在變項。或許研究者真的定義了這個變項，但事實是這個被定義的變項依然是潛在，而不是顯在的。也就是說，這些因素（潛在變項）從未出現，它們一直藏著。所以，從此關係所衍生的因素無法界定它們是什麼。

名義謬誤牽連的是無效度性與無信度性的問題，前者是指變項至少有部分測量不同於我們所想的事物。後者意味變項有部分什麼也沒測到，也就是關於測量誤的問題。Mulaik（*1987*）認為當使用一個或少數幾個觀察變項來建構潛在變項，這種名義謬誤的現象特別顯著。其次，變項的品質也是相當重要的，變項的品質愈高，愈能代表潛在構念。所以說，定義潛在變項的不確定性可以降低的兩個方式，就是增加指標的個數以及增加其個別指標的品質（*Cliff, 1983*）。不過，Cliff認為即使一個潛在變項具有三到四個指標，且每一個指標有0.7的相關值，依然是相當含糊的。不論如何，解決的方式還是在於提高指標的數目，於是Mulaik認為一個潛在因素具有四個以上的指標是一個必須條件，但非充分條件，而指標效度的檢定是必須下功夫的。

Cliff 的第四個警告是：事後（post hoc）的解釋是不可信賴的。Cliff的這個警告主要是針對我們在第七章所談的模式修正的議題，特別是關於界定探詢。他給我們的警訊是利用資料來調整假設是相當危險的。Steiger（*1990*）認為事後分析的危險在於沒有適當的統計保護。不過，Cliff的這項警告與SEM的社群的看法是一致的，事後的分析已經失去了「驗證」的特性，它已經再度變成「探測」的特性，因此，需要新的樣本來重新加以檢定。其次，如果可能的話，儘量不要從事事後的工作，但是真的需要如此做的話，那麼儘可能修正的愈少愈好。

從上面的批判，我們似乎對如何解釋 SEM 的研究感到相當的困惑。我們到底如何能夠確保我們所做的 SEM 的研究，其結論是比較有效的呢？目前所能夠給各位讀者的意見是，遵循 Mulaik（*1994*）所提的七個檢驗步驟。這七個步驟是：

1. 儘可能將背景條件加以控制或對其關連性加以評鑑。

2. 努力地設計縱貫性的 SEM 以幫助評鑑因果的方向性。

3. 小心地操作潛在變項。

4. 每一個潛在變項最好使用四個以上的高質量指標。

5. 對一組資料做選替模式的比較。

6. 保持最小程度的事後調整。

7. 對所有發現給予複製或做複核效化。

最後，值得一提的是 Maruyama（*1998*）在其書中，提出了一個近年來不斷被提出的一個 SEM 研究的爭議，這個爭議是有關於整體模式適配與特別路徑係數顯著性之間的平衡問題。由於對整體模式適配的重視，產生了所謂「more is better」[1] 的迷思：為了使整體適配更好而使資料產生過份適配的不良結果。我們或許會發現，研究者為了讓模式整體適配得更好而釋放了許多毫無顯著的參數，或者是為了讓模式整體適配更好而釋放一堆沒有理論支持的關係。另一方面，也可能由於要獲得更廣泛的適配檢定而忽略掉對重要係數的關注。最糟的是，由於整體模式無法獲得適配，因而拒絕了正確界定重要係數的模式（*Maruyama, 1998*）。

---

1 「more is better」這句話是指樣本大小或是潛在變項的指標數目的問題，作者借用此句話來強調參數的釋放的問題，在 SEM 的模式參數釋放愈多，則適配度可能愈好，因而產生過度適配的問題。

第二節 其他未包含的重要主題

書寫至此，筆者頓覺要將 SEM 清楚且完整的介紹是一項高難度的挑戰，且由於篇幅有限，因此無法將所有的重要主題全部涵蓋。所以決定在最後這一章裡，開闢一小節，簡單地討論一些值得注意的主題，讓讀者可以對這些主題具有一些概念。

一 多層次結構方程模式

多層次 SEM（multilevel SEM）乃是一種因應多層次資料結構的 SEM。所謂多層次資料結構乃是指資料的特徵依據聚集的不同層次而產生的。例如，社區裡住戶的成員，學校裡班級的學生，工會裡工廠的成員等。從這些場所所蒐集的資料，具有階層式的結構，因而形成多層次資料。這種資料不再擁有樣本獨立性以及齊一分配的特徵，所以破壞了傳統 SEM 估計的假設。因而，使用非階層式分析的統計技術來分析此種多層次的資料，將會產生統計偏誤以及邏輯上的困難（*Julian, 2001*）。關於帶有階層結構資料的分析方法在文獻中曾以各種名稱出現，包括階層模式（hierarchy modeling）、階層線性模式（hierarchy linear modeling）、隨機係數模式（random coefficient modeling）、潛在曲線模式（latent curve modeling）、成長曲線模式（growth curve modeling）、混合效果與隨機效果模式（mixed effects and random effect models）、共變要素模式（covariance components models）、多層次模式（multilevel modeling），以及多層次線性模式（multilevel linear modeling）。

處理多層次資料的方法是企圖對不同層次的變異加以分割，例如，全國抽取三十所學校，在每所學校抽取三個班級，每班抽取 10 個學生，那麼就涉及學校層面的變異、班級層面的變異，以及個人層面的變異。多層次的模式可以將這些不同層次的迴歸係數加以區分出來，使所獲得的估計參數更加精確且具有意義。

關於多層次資料的處理，最早出書作系統性介紹的是Bryk和Raudenbush（*1992*）的《階層線性模式：應用以及資料分析的方法》，這本書主要是介紹多層次線性迴歸的方法。

關於多層次 SEM 的一些理論與應用，可以在一些期刊的文章中看到，包括Goldstein和MacDonald（*1988*）、McDonald（*1993*）、Muthén（*1990, 1991*）、Hox（*1995*）、Bullock、Harlow和Mulaik（*1994*）以及Julian（*2001*）等。Kalpan（*2000*）在其《結構方程模式：基礎與擴展》一書中，則有專章討論多層次結構方程模式。Heck和Thomas（*2000*）則是從組織研究的角度來專書介紹多層次模式化的技術。

LISREL 8.30 版加入了多層次資統計處理方法，在du Toit和du Toit（*2001*）所寫的《互動的LISREL：使用者引導》中用了相當的篇幅介紹如何使用 LISREL 來執行多層次資料，也有相當的篇幅介紹多層次SEM的基本理論。在Jöreskog等人（*2001*）所撰寫的《LISREL 8：新統計形貌》一書中，也詳細的介紹多層次 SEM 的理論。顯見，多層次SEM 是近年來SEM 的發展上相當注重的一個統計技術。

二 非線性關係與互動效果

在我們這本書中主要探討的是一種線性關係下的SEM，然而，研究者可能因為理論而必須設定非線性關係的模式，一種二次形式的假設。Kenny和Judd（*1984*）提供了一種討論在潛在變項模式中，如何模式化非線性效果。基本上，給予兩個潛在變項，則模式將會是$X_1=\lambda_1\xi_1+\delta_1$與$X_2=\lambda_2\xi_2+\delta_2$。互動效果將會是$X_3=X_1X_2$，則$X_3=\lambda_1\lambda_2\xi_1\xi_2+\lambda_1\xi_1\delta_2+\lambda_2\xi_2\delta_1+\delta_1\delta_2$，或者是$X_3=\lambda_3\xi_3+\lambda_1\xi_4+\lambda_2\xi_5+\delta_3$，其中$\xi_3=\xi_1\xi_2$，$\xi_4=\xi_1\delta_2$，

$\xi_5=\xi_2\delta_1$，$\delta_3=\delta_1\delta_2$以及 $\lambda_3=\lambda_1\lambda_2$。所有這些新的潛在變項之間沒有關連，也和模式中的其他潛在變項無關。其中X_3的產生就形成非線性的關係。

一般而言，互動效果之所以會存在乃是因為A變項與B變項之間的關係受到C變項的層次的影響。一個沒有互動的迴歸方程式如下：

$$A=\beta_1 B+\beta_2 C+e$$

一個具有互動效果的迴歸方程式就變成下面這個樣子：

$$A=\beta_1 B+\beta_2 C+\beta_3 (BC)+e$$

因此，在結構模式中，具有互動效果的方程式如下：

$$\eta_1=\beta_1\xi_1+\beta_2\xi_2+\beta_3(\xi_1\xi_2)+\varsigma_1$$

此一方程式可以改寫成：

$$\eta_1=\beta_1\xi_1+\beta_2\xi_2+\beta_3\xi_3+\varsigma_1$$

值得注意的是，當模式中加入了非線性關係或互動效果時，將可能產生多元共線性（multicollinearity）的問題，也就是說，新加入的變項與產生此一變項的原始變項之間會有很高的相關存在。它特別容易破壞因素分析的測量模式；其次，互動效果模式也容易產生分配的問題，這種分配的問題對結構方程模式的估計會有嚴重的影響。

對潛在變項非線性關係有興趣的讀者可以閱讀 Schumacker 和 Marcoulides（*1998*）所著的《結構方程模式中的互動與非線性效果》（*Interaction and Nonlinear Effects in Structural Equation Modeling*）一書。

三 加入平均數的分析

在我們先前所探討的模式裡，幾乎是將截距（intercept）設定為0，因此我們都沒有提及到截距這個詞。事實上，許多研究中，截距不盡然等於0，所以是可以分析截距這個現象。加入截距的分析就是增加對平均數的分析，這種模式稱為結構平均模式（structural means models）。

增加平均數到矩陣裡分析，會不同於我們過去的共變數矩陣的形式。當然，主要的不同是該矩陣必須包含一個向量的平均數和一個共變數矩陣，這種矩陣稱為增大共變數矩陣（augmented covariance matrix）。在LISREL 8.30版裡，可以處理此種矩陣。至於如何使用SEM來處理平均數的分析，有興趣的讀者可以閱讀Cole、Maxwell、Avery和Salas（*1993*）的文章。

四 MTMM的結構方程模式之分析

Campbell和Fiske（*1959*）宣稱要徹底分析建構效度，必須要檢測聚合效度與區別效度。他們倆便發展出一種用以檢定聚合效度與區別效度的分析法，稱為多特質—多方法取向（multitrait-multimethod approach, MTMM）。這個方法可以說是目前分析建構效度最為廣泛流行的方法。Campbell和Fiske認為一份測驗要具有良好的建構效度，所獲得的資料必須呈現以下的證據：

1. 聚合效度：即一份測驗分數要能夠和其他測量相同理論建構或潛在特質的測驗分數之間具有高相關。

2. 區別效度：即一份測驗分數也要能夠和其他測量不同理論建構或潛在特質的測驗分數之間具有低相關。

3. 方法效果（method effects）：即使用相同方法測量相同特質與使用不同方法測量相同特質，所得的相關需比使用相同方法測量不同特質與使用不同方法測量不同特質所得的相關還高。

要使用MTMM其前提是：必須要具有兩種以上的測量方法，以及兩種以上的潛在特質，並且，這些潛在特質必須是一樣的，但所用的測量方法必須是不相同的。

Campbell和Fiske（*1959*）提出多特質一多方法矩陣（multitrait-multimethod matrix, MTMM matrix）來測量測驗中的聚合效度、區別效度與方法效果。以下我們提出一個假想式的例子來說明這種矩陣的應用：

首先，在方法上採羽球運動測驗方法和教練評定方法來共同測量羽球選手的三種特質：技術、體能與心理。這些相關呈現於表15-1。

表15-1中的資料包含四類：

1. 相同方法測量相同的特質：【.92，.97，.95；.85，.92，.90】

2. 相同方法測量不同的特質：【.52，.70，.65；.48，.65，.60】

3. 不同方法測量相同的特質：【.75，.90，.86】

4. 不同方法測量不同的特質：【.30，.25，22；.25，.20，.20】

一份測驗具有良好的建構效度，需具備以下的檢定結果：使用相同方法測量相同特質與使用不同方法測量相同特質所得的相關（即1和3的係數）應該是高相關係數（聚合效度），且需比使用相同方法測量不同特質與使用不同方法測量不同特質（即2和4的係數）所得的相關還高（方法效果）。而使用不同方法測量不同特質的相關係數是低相關或無相關（區別效度）。由表15-1的結果，顯示符合理論的要求，這些證據說明了羽球運動測驗具有建構效度。

表15-1　假想的多特質一多方法矩陣

		方法一：羽球基本測驗法			方法二：教練評定法		
	特質	技術	體能	心理	技術	體能	心理
方法一：羽球基本測驗法	技術	(.92)					
	體能	.52	(.97)				
	心理	.70	.65	(.95)			
方法二：教練評定法	技術	(.75)	.25	.20	(.85)		
	體能	.30	(.90)	.20	.48	(.92)	
	心理	.25	.22	(.86)	.65	.60	(.90)

在 SEM 尚未成熟發展時，Campbell 和 Fiske 所用的方法是相當實用，漸漸地，以MTMM矩陣來檢定建構效度也受到相當的批判（*Marsh, 1988, 1989; Schmitt & Stults, 1986*）。最嚴厲的批判是認為這種檢測方式缺乏客觀的指標，研究者只能依據主觀的方式來判定其所獲得的結果是否具有聚合效度與區別效度。另外，就犯錯率而言，MTMM 矩陣的每一個相關是個別獨立計算出來，愈多次的比較，犯錯率（第一類型誤差）就愈高。其計算公式如下：總犯錯率 $=[1-(1-\alpha)^{n}]$，其中 n 為檢定的次數，α 則為研究者在獨立計算相關時設定的第一類型誤差。此外，一些學者認為 MTMM 矩陣的檢定並未觸及潛在因素構念的檢定，因此無法用以說明潛在因素特質的測量能力（*Lowe & Ryan-Wenger, 1992; Byrne & Goffin, 1993*）。

許多替代的方法曾經被提出來解決這些問題，其中，以驗證性因素分析的檢定方式最受歡迎（要回顧這些方法可以參見 *Schmitt & Stults, 1986*）。

對驗證性因素分析而言，其在處理聚合效度、區別效度以及方法效果的方式，是利用參數限制以及相關限制所形成的模式，來評估不同模式之下卡方值變化的結果。在檢定之前必須建構四種模式：特質因素設定相關且方法因素設定相關之模式（見圖 15-1）、無特質因素但方法因素設定相關之模式（見圖 15-2）、特質間的相關設定為 1.00 且方法因素設定相關之模式（見圖 15-3），以及特質因素設定相關且方法因素設定不相關之模式（見圖 15-4）。

關於四個圖之假設建構，以圖 15-1 做說明，其餘依此類推。圖 15-1 中研究者需蒐集十八個觀察變項，其中九個是由測驗的方式所獲得，包括發短球（測驗法）、發長球（測驗法）、長球（測驗法）、切球（測驗法）、殺球（測驗法）、平球（測驗法）、網前短球（測驗法）、網前推平球（測驗法）及挑球（測驗法）等。另外九個是由教練評定而得，包括發短球（教練評定）、發長球（教練評定）、長球（教練評定）、切球（教練評定）、殺球（教練評定）、平球（教

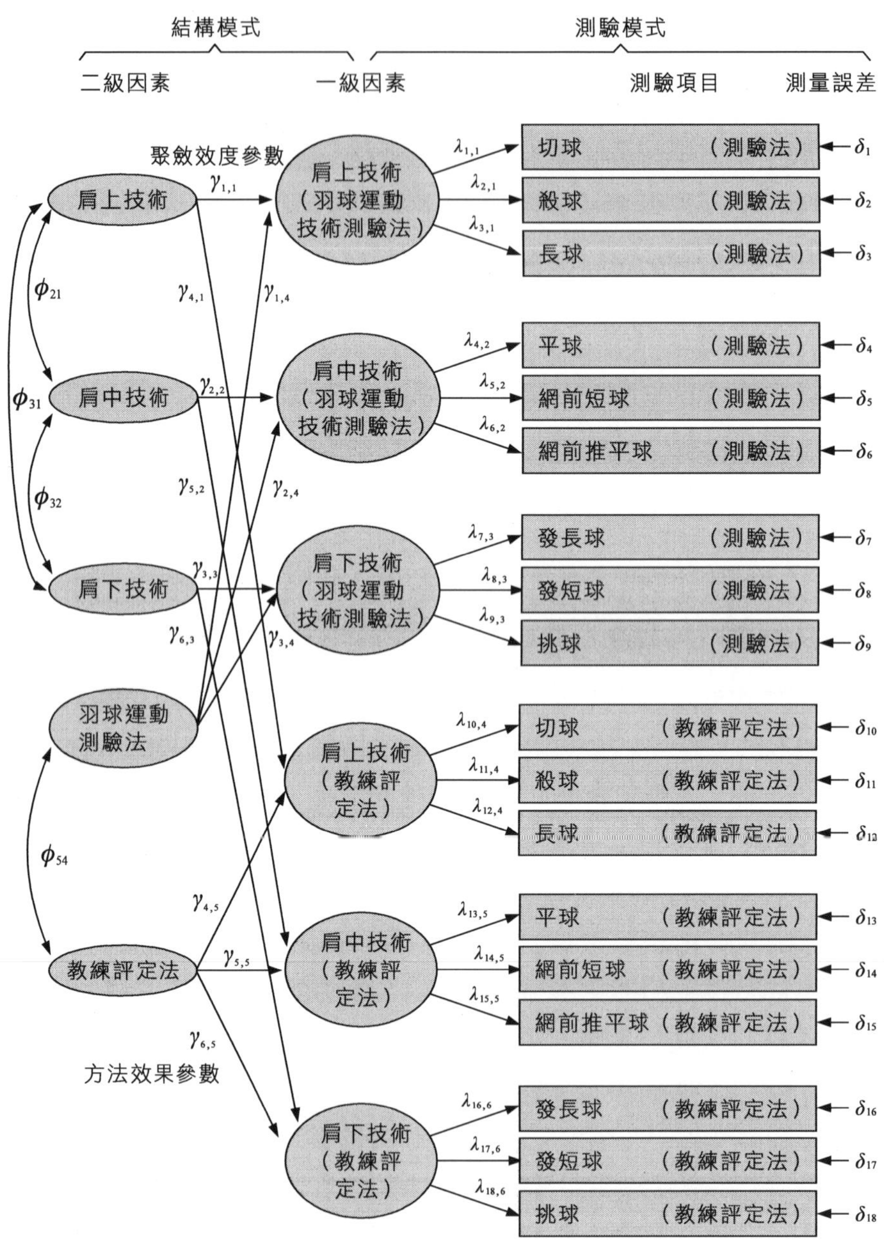

圖 15-1 羽球運動技術測驗之 MTMM 圖

（特質因素設定相關且方法因素設定相關之模式）

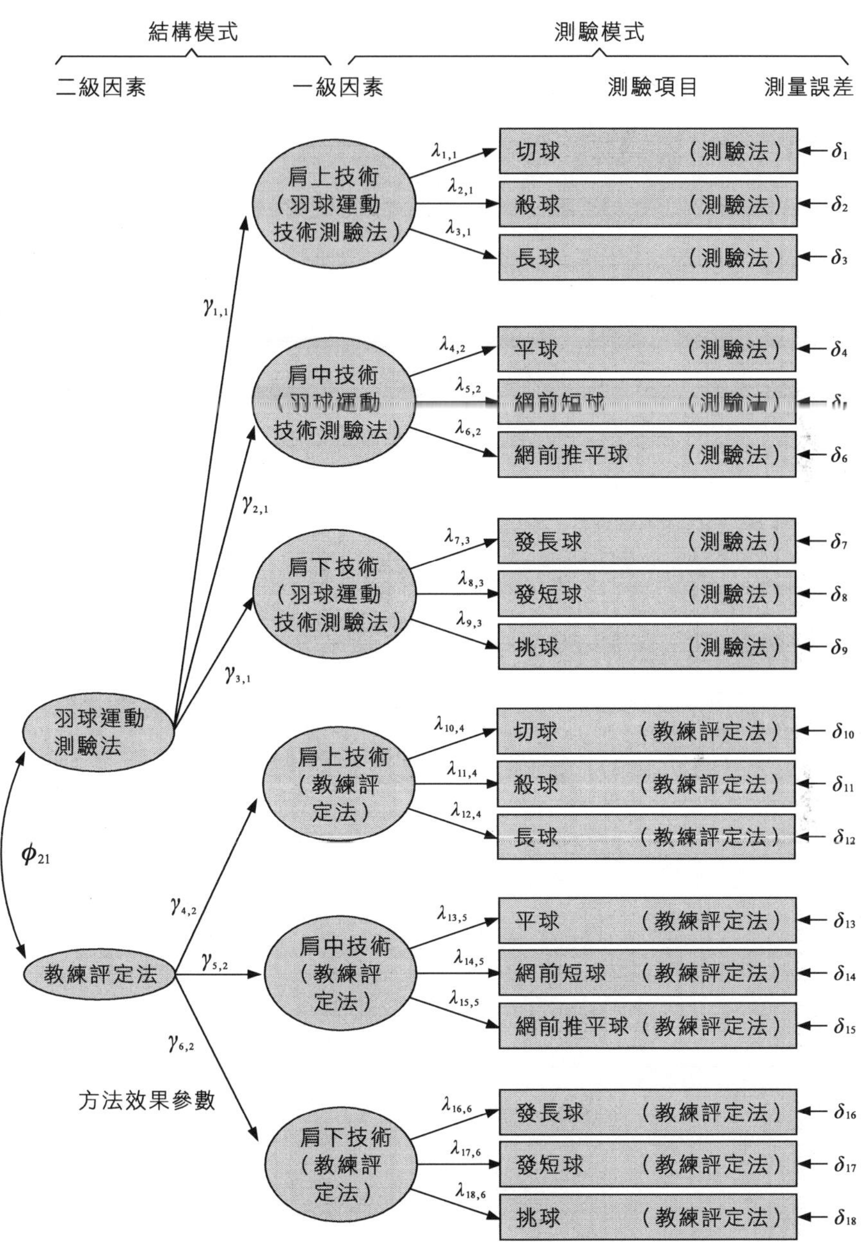

圖 15-2　無特質因素但方法因素設定相關之模式

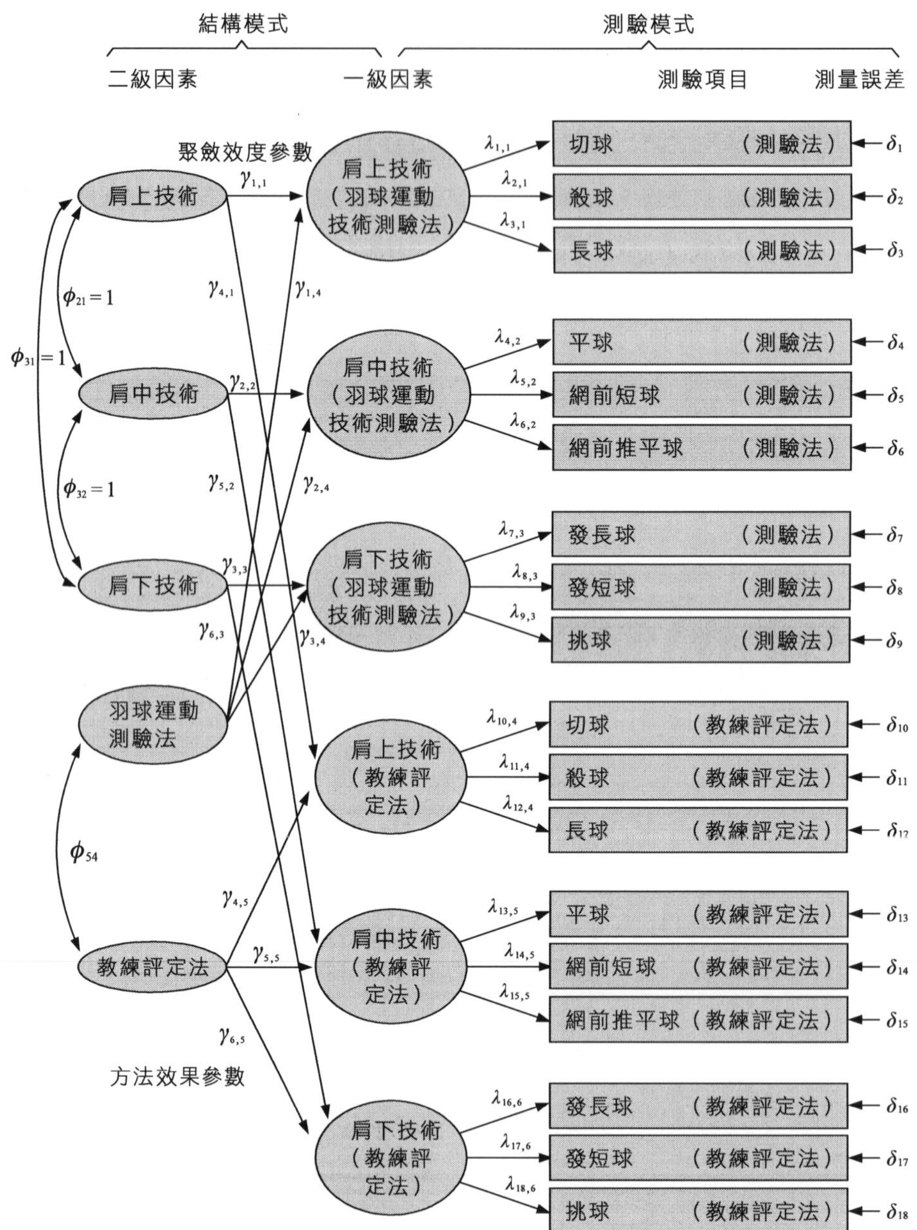

圖 15-3　特質因素相關設定 1.00 且方法因素設定相關之模式

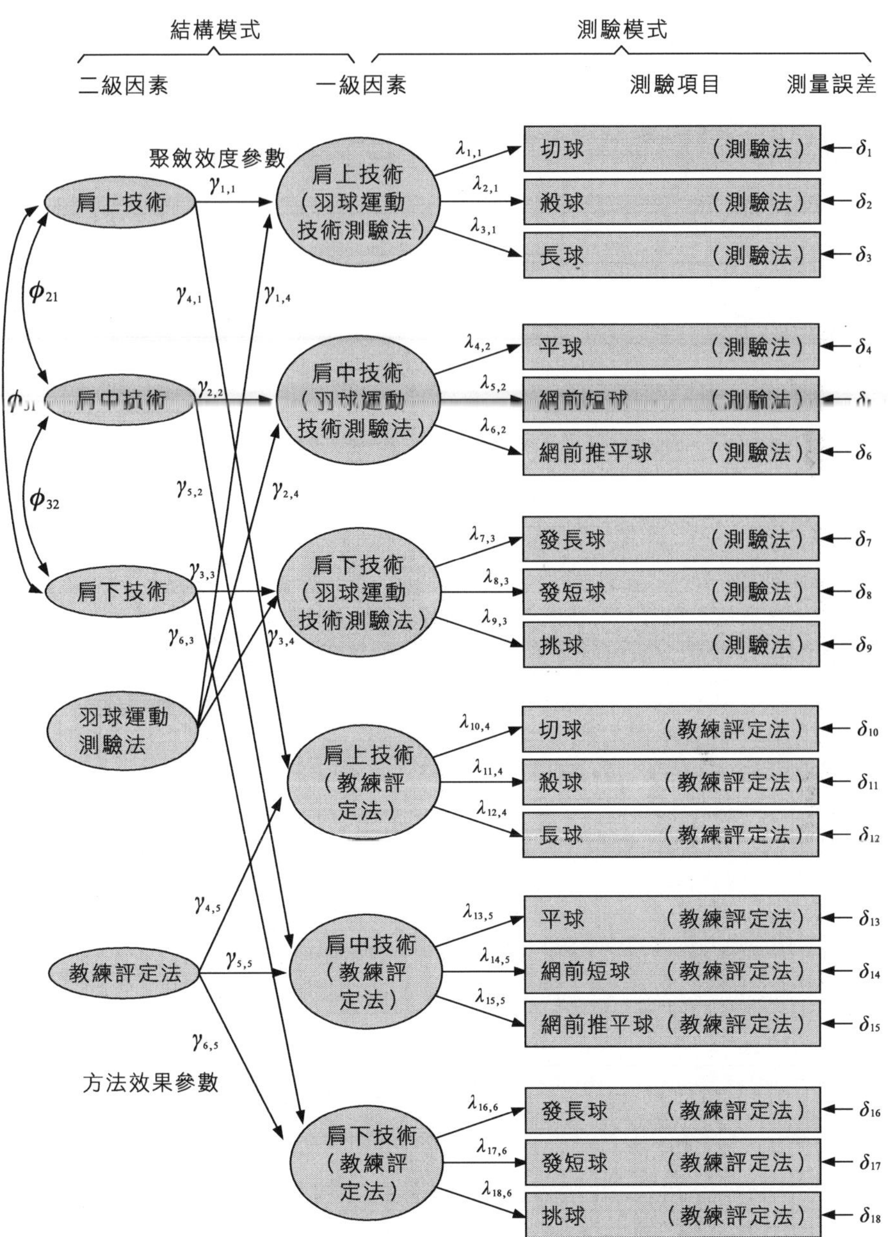

圖 15-4　特質因素設定相關但方法因素設定不相關之模式

練評定）、網前短球（教練評定）、網前推平球（教練評定）及挑球（教練評定）等。

在因素結構之假設模式的建構時，我們假設十八項觀察變項可以用六個一級因素來解釋，即「肩下技術（羽球運動技術測驗法）」、「肩中技術（羽球運動技術測驗法）」、及「肩上技術（羽球運動技術測驗法）」、「肩下技術（教練評定法）」、「肩中技術（教練評定法）」及「肩上技術（教練評定法）」。「肩下技術（羽球運動技術法）」包括發短球（測驗法）、發長球（測驗法）、挑球（測驗法）等三個基本技術項目；「肩中技術（羽球運動技術法）」包括平球（測驗法）、網前短球（測驗法）、網前推平球（測驗法）等三個基本技術項目；「肩上技術（教練評定法）」包括切球（測驗法）、殺球（測驗法）、長球（測驗法）等三項基本技術項目。「肩下技術（教練評定法）」包括發長球（教練評定法）、發短球（教練評定法）、挑球（教練評定法）等三個基本技術項目；「肩中擊球（教練評定法）」包括平球（教練評定法）、網前短球（教練評定法）、網前推平球（教練評定法）等三個基本技術項目；「肩上技術（教練評定法）」包括切球（教練評定法）、殺球（教練評定法）、長球（教練評定法）等三項基本技術項目。此構成所謂的測量模式，其規定為：

1. 每一觀察項目有一個因素負荷量在其所測量的一級因素上，但是對其他五個一級因素之因素負荷量是0。
2. 觀察項目與觀察項目之間，所連結的誤差項彼此之間沒有任何關連存在。

此六個一級因素可以用五個二級因素建構來解釋，此五個二級因素建構為「教練評定法」、「羽球運動測驗法」、「肩上技術」、「肩中技術」、「肩下技術」。此五因素中，前兩個因素為方法因素，後三個因素則為特質因素。「教練評定法」在「肩下技術（教練評定法）」、「肩中技術（教練評定法）」及「肩上技術（教練評定法）」之上各有一個因素負荷量（γ）。「羽球運動技術法」在「肩下技術

（羽球運動技術法）」、「肩中技術（羽球運動技術法）」及「肩上技術（羽球運動技術法）」之上各有一個因素負荷量。「肩下技術」在「肩下技術（教練評定法）」及「肩下技術（羽球運動技術法）」之上各有一個因素負荷量。「肩中技術」在「肩中技術（教練評定法）」及「肩中技術（羽球運動技術法）」之上各有一個因素負荷量。「肩上技術」在「肩上技術（教練評定法）」及「肩上技術（羽球運動技術法）」之上各有一個因素負荷量。五個二級因素之間，也有假設，其中「教練評定法」與「羽球運動測驗法」有相關（Φ），「肩上技術」與「肩中技術」有相關，「肩上技術」與「肩下技術」有相關，「肩中技術」與「肩下技術」有相關，其餘皆無相關存在。這些潛在變項與潛在變項間的關係構成所謂結構模式。

聚合效度、區別效度以及方法效果的檢定方式如下：

1. 聚合效度

（特質因素設定相關且方法因素設定相關之模式所得的卡方值）－（無特質因素但方法因素設定相關之模式所得的卡方值）。若相減的卡方值達到顯著水準，則聚合效度成立。

2. 區別效度

（特質因數設定相關且方法因素設定相關之模式所得的卡方值）－（特質間的相關設定為 1.00 且方法因素設定相關之模式所得的卡方值）。若此一卡方值達到顯著水準，則表示區別效度成立。

3. 方法效果

（特質因素設定相關且方法因素設定相關之模式所得的卡方值）－（特質因素設定相關且方法因素設定不相關之模式所得的卡方值），此一卡方值達到顯著水準，則表示方法效果成立。

雖然，MTMM 的方法在心理與教育測驗學界是一種相當流行的建構效度分析法，但是此一方法存在一個相當大的問題，亦即不容易尋找到測量相同特質但不同測量的方法。並且，此種方法的樣本蒐集相當耗費成本與時間，導致資料蒐集不易。也因為這些原因，作者在本書中無法利用實際的資料來探討，所以，就在此章中，以假想模式來討論，讓讀者也能夠知道有此種 CFA 的應用。

第三節　結論

雖然 SEM 遭受到各種的批判，但是這些批判並沒有讓 SEM 從此倒下去。這也表示 SEM 相當具有科學性。Jöreskog（*2000*）認為今天 SEM 的發展給了科學家很有力的工具來從事研究，它的有力點在於 SEM讓理論的陳述更加正確；讓理論的檢定更加精確；讓觀察資料能夠獲得更全面的瞭解。另一方面，Jöreskog（*2000*）認為SEM方法學有以下的優點：

1. SEM 具有檢定牽連到構念或潛在變項間的因果關係之複雜假設的力量。

2. SEM 將許多多變項統計的方法統合成一個分析的架構。

3. SEM 可以特別地陳述潛在變項間的效果以及潛在變項在觀察變項上的效果。

4. SEM 可以用來檢定選替的假設。

我們必須在此感謝Jöreskog對SEM的奉獻，當然也要感謝許多後繼者的努力，他們對 SEM 的投入使社會及行為科學能夠更加精確地且較容易地檢定所要發展的理論與觀點，也讓社會及行為科學的科學性邁進了一大步。

參考書目

王文中、呂金燮、吳毓瑩、張郁雯、張淑慧（1999）。教育測驗與評量：教室學習觀點。臺北：五南。

黃芳銘、楊金寶、許福生（2005）。在學青少年生活痛苦指標發展之研究。師大學報教育類，*50*（2），97-119。

Aitchison, J. & Silvey, D. C.（1958）. Maximum likelihood estimation of parameters subject to restraints. *Annals of Mathematical Statistics*, *29*, 813-828.

Aiken, L. R.（1980）. Content validity and reliability of single items or questionnaires. *Educational and Psychological Measurement*, *40*, 955-959.

Aiken, L. R.（1985）. Three coefficients for analyzing the reliability and validity of ratings. *Educational and Psychological Measurement*, *45*, 131-142.

Akaike, H.（1987）. Factor analysis and AIC. *Psychometrika*, *52*, 317-332.

Allison, P. D.（1987）. Estimation of linear models with incomplete data. In C. C. Clogg（Ed.）, *Sociological methodology 1987*（Vo1.17, pp.68-119）. San Francisco: Jossey-Bass.

American Educational Research Association, American Psychological Association, & National Council on Measurement in Education（1985）. *Standards for educational and psychological testing. Washington*, DC: American Psychological Association.

Anderson, J. C. & Gerbing, D. W.（1984）. The effects of sampling error on convergence, improper solutions, and goodness-of-fit indices for maximum likelihood confirmatory factor analysis. *Psychometrika*, *49*, 155-173.

Anderson, J. C. & Gerbing, D. W.（1988）. Structural equation modeling in practice: A review and recommended two-step approach. *Psychological Bulletin*, *103*, 411-423.

Arbuckle, J. L.（1996）Full information estimation in the presence of incomplete data. In G. A. Marcoulides & R. E. Schumacker（Eds.）, *Advanced structural equation modeling: Issues and techniques*（pp.243-278）. Mahwah, NJ: Lawrence Erlbaum.

Atkinson, L.（1988）. The measurement-statistics controversy: Factor analysis and subinterval data. *Bulletin of the Psychonomic Society*, *26*, 361-364.

Babakus, E., Ferguson, C. E., & Jöreskog, K. G.（1987）. The sensitivity of confirmatory maximum likelihood factor analysis to violations of measurement scale and distributional assumptions. *Journal of Marketing Research*, *37*, 72-141.

Bagozzi, R. P.（1977）. Structural equation models in experimental research. *Journal of Marketing Research*, *14*, 209-226.

Bagozzi, R. P.（1980）. *Causal models in marketing*. New York: Wiley.

Bagozzi, R. P.（1983）. Issues in the application of covariance structure analysis: A further comment. *Journal of Consumer Research, 9*, 449-450.

Bagozzi, R. P. & Yi,Y.（1988）. On the evaluation of structural equation models. *Journal of the Academy of Marketing Science, 16*, 74-94.

Bagozzi, R. P. & Yi, Y.（1989）. On the use of structural equation models in experimental designs. *Journal of Marketing Research, 26*, 271-284.

Bagozzi, R. P. Yi, Y., & Singh, S.（1991）. On the use of structural equation models in experimental designs: Two extensions. *International Journal of Research in Marketing, 8*, 125-140.

Bentler, P. M.（1980）. Multivariate analysis with latent variables : Causal modeling. *Annual Review of Psychology, 31*, 419-456.

Bentler, P. M.（1990）. Comparative fit indices in structural models. *Psychological Bulletin, 107*, 238-246.

Bentler, P. M.（1995）. *EQS: Structural equations program manual*. Encino, CA: Multivariate Software.

Bentler, P. M. & Bonett, D. G.（1980）. Significance tests and goodness-of-fit in the analysis of covariance structures. *Psychological Bulletin, 88*, 588-606.

Bentler, P. M. & Chou, C. P.（1987）. Practical issues in structural modeling. *Sociological Methods and Research, 16*, 78-117.

Bentler, P. M. & Mooijaat, A.（1989）. Choice of structural model via parsimony: A rationale based on precision. *Psychological Bulletin, 106*, 315-317.

Biddle, B. J. & Marlin, M. M.（1987）. Causality, confirmation, credulity and structural equation modeling. *Child Development, 58*, 4-17.

Bollen, K. A. (1987) . Outlier and improper solutions: A confirmatory factor analysis example. *Sociological Method and Research, 15*, 375-384.

Bollen, K. A. (1988) . A new incremental fit index for general structural equation models. A paper presented at 1988 Southern Sociological Society Meetings. Nashville, Tennessee.

Bollen, K. A. (1989a) . A new incremental fit index for general structural equation models. *Sociological Methods and Research, 17*, 303-316.

Bollen, K. A. (1989b) . *Structural equations with latent variables*. New York: Wiley.

Bollen, K. A. (1990) . Overall fit in covariance structure models: Two types of sample size effects. *Psychological Bulletin, 107*, 256-259.

Bollen, K. A. & Long, J. S. (Eds.) (1993) . *Testing structural equations models*. Newbury Park, CA: Sage.

Boomsma, A. (1982) . The robustness of LISREL against small sample sizes in factor analysis models. In H. Wold & K. Jöreskog (Eds.) , *Systems under indirect observation* (pp.149-173) . New York: Elsevier North-Holland.

Boomsma, A. (1983) . *On the robustness of LISREL (maximum likelihood estimation) against small sample size and non-normality*. Unpublished doctoral dissertation, University of Groningen, Groningen.

Boomsma, A. (1985) . Nonconvergence, improper solutions, and starting values in LISREL maximum likelihood estimation. *Psychometrika, 50*, 229-242.

Boomsma, A. (1987) . The robustness of maximum likelihood estimation in structural equation models. In P. Cuttance & R. Ecob (Eds.) , *Structural modeling by example* (pp.l60-188) . New York: Cambridge University Press.

Boomsma, A. & Hoogland, J. J. (2001) . The robustness of LISREL modeling revisited. In R. Cudeck, du Toit Stephen, & D. Sörbom (Eds) , *Structural equation modeling: Present and future. A festschrift in honor of Karl Jöreskog* (pp.139-164) . IL: SSI.

Bourdieu, P. (1977) . Cultural reproduction and social reproduction. In Jerome Karabel & A. H. Halsey (Eds.) , *Power and ideology in education* (pp.487-511) . Oxford: Oxford University Press.

Bozdogan, H. (1987) . Model selection and Akaike's information criteria (AIC) : The general theory and its analytical extensions. *Psychometrika, 52,* 345-370.

Breivik, E. & Olsson, U. H.（2001）. Adding variables to improve fit: the effect of model size on fit assessment in LISREL. In R. Cudeck, du Toit Stephen, & D. Sörbom（Eds）, *Structural equation modeling: Present and future. A festschrift in honor of Karl Jöreskog*（pp.169-194）. IL: SSI.

Brown, C. C.（1982）. On a goodness-of-fit test for the logistic model based on score statistics. *Communication in Statistics, 11*, 1087-1105.

Brown R. L.（1994）. Efficacy of the indirect approach for estimating structural equation models with missing data: A comparison of five methods. *Structural Equation Modeling, 1*（*4*）, 287-316.

Browne, M. W.（1982）. Covariance structures. In D. M. Hawkins（Ed.）, *Topics in multivariate analysis*（pp.72-141）. Cambridge, England: Cambridge University.

Browne, M. W.（1984a）. Asymptotically distribution-free methods for the analysis of covariance structures. *British Journal of Mathematics and Statistical Psychology, 37*, 62-83.

Browne, M. W.（1984b）. The decomposition of multitrait-multimethod matrices. *British Journal of Mathematical and Statistical Psychology, 37*, 1-21.

Browne, M. W. & Arminger, G.（1995）. Specification and estimation of mean- and covariance-structure models. In G. Arminger, C. C. Clogg, & M. E. Sobel（Eds.）, *Handbook of statistical modeling for the social and behavioral sciences*（pp.185-249）. New York: Plenum Press.

Browne, M. W. & Cudeck, R.（1989）. Single sample cross-validation indices for covariance structures. *Multivariate Behavioral Research, 24*, 445-455.

Browne, M. W. & Cudeck, R.（1993）. Alternative ways of assessing model fit. In K. A. Bollen & J. S. Long（Eds.）, *Testing structural equation models*（pp.136-162）. Newbury Park, CA: Sage.

Browne, M. W. & Mels, G.（1990）. *RAMONA user's guide*. Columbus: Department of Psychology, Ohio State University.

Bryk, A. S. & Raudenbush, S. W.（1992）. *Hierarchical linear models: Applications and data analysis methods*. Newbury Park, CA: Sage.

Bullock, Heather E., Harlow, L. L., & Mulaik, Stanley A.（1994）. Causation issues in structural equation modeling. *Structural Equation Modeling, 1*（*3*）, 253-267.

Byrne, B. M.（1989）. *A primer of LISREL: Basic applications and programming for confirmatory factor analytic models*. New York: Springer-Verlag.

Byrne, B. M.（1995）. One application of structural equation modeling from two perspectives: Exploring the EQS and LISREL strategies. In R. H. Hoyle（Ed.）, *Structural equation modeling: Concepts, issues and applications*（pp.138-157）. Thousand Oaks, CA: Sage.

Byrne, B. M.（1998）. Structural equation modeling with LISREL, PRELIS and SIMPLIS: Basic Concepts, *Applications and Programming*. Mahwah, NJ: Lawrence Erlbaum Associates.

Byrne, B. M. & Goffin, R. D.（1993）. Modeling MTMM data from additive and multiplicative covariance structures: An audit of construct validity concordance. *Multivariate Behavioral Research, 28*, 67-96.

Campbell, D. T. & Fiske, D .W.（1959）. Convergent and discriminant validation by multitrait-multimethod matrix. *Psychological Bulletin, 56*, 81-105.

Campbell, D. T.（1960）. Recommendations for APA test standards regarding construct, trait, or discriminant validity. *American Psychlogist, 15*, 546-553.

Campbell, K. T.（1993, January）. Establishing internal consistency reliability of measurement data of a new instrument, the information preference questionnaire. Paper presented at the annual meeting of the Southwest Educational Research association. Austin. TX.

Carmines, E. G. & Zeller, R. A.（1979）. *Reliability and validity assessment*. Newbury Park, CA: Sage.

Cattell, R. B.（1978）. *The scientific use of factor analysis in behavioral and life sciences*. New York: Plenum Press.

Chou, C. P., Bentler, P. M., & Satorra, A.（1991）. Scaled test statistics and robust standard errors for non-normal data in covariance structure analysis: A Monte Carlo study. *British Journal of Mathematical and Statistical Psychology, 44*, 347-357.

Cliff, N.（1983）. Some cautions concerning the application of causal modeling methods.

Multivariate Behavioral Research, 18, 115-126.

Cohen, J.（1988）. *Statistical power analysis for the behavioral sciences*. Mahwah, NJ: Lawrence Erlbaum Associates,

Cohen, J., & Cohen, P.（1983）. *Applied multiple regression/correlation for the behavioral science*（2nd ed.）. Hillsdale, NJ: Erlbaum.

Cole, D. A., Maxwell, S. E., Avery, R., & Salas, E.（1993）. Mutivariate group comparisons of variable systems: MANOVA and structural equation modeling. *Psychological Bulletin, 114*, 174-184.

Cook, T. D. & Campbell, D. T.（1979）. *Quasi-experimentation design and analysis issues for field settings*. Skokie, IL: Rand-McNally,

Crocker, L. & Algina, J.（1986）. *Introduction to classical and modern test theory*. New York: Holt, Rinehart & Winston.

Cronbach, L. J.（1951）. Coefficient alpha and the internal structure of tests. *Psychmetrika, 16*, 297-334.

Cronbach, L. J. & Meehl, P. E.（1955）. Construct validity in the psychological literature. *Psychological Bullitin, 52*, 281-302.

Cronbach, L. J.（1971）. Test validation. In Thorndike R. L.（Ed.）, *Educational measurement*（2nd ed.）（pp.443-507）. Washington D. C.: American Council on Education.

Cronbach, L. J., Gleser, G. C., Nanda, H., & Rajaratnam, N.（1972）. *The dependability of behavioral measures: Theory of generalizability for scores and profiles*. New York: Wiley.

Cudeck, R. & Browne, M. W.（1983）. Cross-validation of covariance structures. *Multivariate Behavioral Research, 18*, 147-167.

Cudeck, R. & Henly, S. J.（1991）. Model selection in covariance structures analysis and the "problem" of sample size: A clarification. *Psychological Bulletin, 109*, 512-519.

Cudeck R., du Toit, Stephen, & Sörbom, D.（Eds.）（2001）. *Structural equation modeling: Present and future. A festschrift in honor of Karl Jöreskog*. IL: SSI.

D'Agostino, R. B.（1986）. Tests for the normal distribution. In R. B. D'Agostino & M. A. Stephens（Eds.）, *Goodness-of-fit techniques*（pp.367-390）. New York: Dekker.

Darden W. R.（1983）. Review of behavioral modeling in marketing. In W. R. Darden, K.

B. Monroe, & W. R. Dillon（Eds.）, *Research methods and causal modeling in marketing*. Chicago: American Marketing Association.

Diamantopoulos, Adamantios, & Siguaw Judy A.（2000）. *Introducing LISREL: A Guide for the uninitiated.* Thousand Oaks: Sage.

Dillon, W. R., Kumar, A., & Mulani, N.（1987）. Offending estimates in covariance structure analysis: Comments on the causes of and solutions to Heywood cases. *Psychological Bulletin, 101*, 126-135.

du Toit, Mathilda & du Toit, Stephen.（2001）. *Interactive LISREL: User's Guide.* IL: SSI.

Enders, Craig K.（2001）. A primer on maximum likelihood algorithms available for use with missing data. *Structural Equation Modeling, 8*（*1*）, 129-141.

Finkbeiner, C.（1979）. Estimation for the multiple factor model when data are missing. *Psychometrika, 44*, 409-420.

Feynman, R. P.（1988）. *What do you care what other people think?* New York: Norton.

Freedman, D. A.（1987）. As others see us: A case study in path analysis. *Journal of Educational Statistics, 12*, 101-128, with a rejoinder after comments pp.206-223.

Galtini, J.（1983）. Misspecifications that can result in path analysis structures. *Applied Psychological Measurement, 7*, 125-137.

Garrison, J. W.（1986）. Some principles of post-positivistic philosophy of science. *Educational Researcher, 15*, 12-18.

Gerbing, D. W. & Anderson, J. C.（1984）. On the meaning of within-factor correlated measurement errors. *Journal of Consumer Research, 11*, 572-580.

Goldstein, H. & MacDonald, R. P.（1988）. A general model for the analysis of multilevel data. *Psychometrika, 53*, 455-467.

Hair, J. F., Anderson, R. E., Tatham R. L., & Black, W. C.（1998）. *Multivariate data analysis*（5th ed.）. Prentice Hall International: UK.

Hanson, N. R.（1958）. *Patterns of discovery*. Cambridge, England: Cambridge University.

Hayduk, L. A.（1987）. *Structural equation modeling with LISREL: Essentials and advances*. Baltimore: Johns Hopkins.

Heck, R. H. & Thomas, S. L.（2000）. *An introduction to multilevel modeling techniques.* Mahwah, NJ: Lawrence Erlbaum Associates, Inc.

Heiberger, R. M.（1977）. Regression with pairwise-present covariance matrix. *Proceedings of the statistical computing section, 1977*. Washington, DC: American Statistical Association.

Hirsh, T.（1969）. *Causes of delinquency*. Berkeley: University of California Press.

Hoelter, J. W.（1983）. The analysis of covariance structures: Goodness-of-fit indices. *Soci ological Methods and Research, 11*, 325-344.

Hox, J. J.（1995）. *Applied multilevel analysis*. Amsterdam: T. T. Publikaties.

Hoyle, R. H.（1995）. The structural equation modeling approach: Basic concepts and fundamental issues. In R. H. Hoyle（Ed.）, *Structural equation modeling: Concepts, issues and applications*（pp.l-15）. Thousand Oaks, CA: Sage.

Hoyle, R. H. & Panter A. T.（1995）. Writing about structural equation models. In R. H. Hoyle（Ed.）, *Structural equation modeling: Concepts, issues and applications*（pp. 158-176）. Thousand Oaks, CA: Sage.

Hu, L. T. & Bentler, P. M.（1993）. *Fit indexes in covariance structural equation modeling.* Unpublished manuscript.

Hu, L. T. & Bentler, P. M.（1995）. Evaluating model fit. In R. H. Hoyle（Ed.）, *Structural equation modeling: Concepts, issues and applications*（pp.76-99）. Thousand Oaks, CA: Sage.

Hu, L. & Bentler, P. M.（1999）. Cutoff criteria for fit indexes in covariance structure analysis: conventional criteria versus new alternatives. *Structural Equation Modeling, 6*（*1*）, 1-55.

Hu, L., Bentler, P. M., & Kano, Y.（1992）. Can test statistics in covariance structure analysis be trusted? *Psychological Bulletin, 112*, 351-362.

Hume, D.（1977[1939]）. *A treatise of human nature*. New York: Dutton.

Hutchinson, S. R.（1993）. *The stability of post hoc model modifications and measures of fit in covariance structure models*. Unpublished doctoral dissertation, University of Georgia, Athens.

James, L. R., Mulaik, S. A., & Brett, J. M.（1982）. *Causal analysis: Assumptions, models, and data*. Beverly Hills, CA: Sage.

Jöreskog, K. G.（1970）. A general method for analysis of covariance structures. *Biometrika*,

57, 239-251.

Jöreskog, K. G.（1973）. A general method for estimating a linear structural equation system. In A. S. Goldberger & O. D. Duncan（Eds.）, *Structural equation models in the social sciences*（pp.85-112）. New York: Academic.

Jöreskog, K. G.（1993）. Testing structural equation models. In K. A Bollen & J. S. Long（Eds.）, *Testing structural equation models*（pp.294-316）. Newbury Park, CA: Sage.

Jöreskog, K.G.（2000）. Thirty years of SEM in thirty minutes. Lecture presented at the Fifth Conference on Logic and Methodology.

Jöreskog, K. G. & Sörbom, D.（1981）. *LISREL V: Analysis of linear structural relationships by the method of maximum likelihood*. Chicago: National Educational Resources.

Jöreskog, K. G. & Sörbom, D.（1986）. *LISREL VI: Analysis of linear structural relationships by maximum likelihood and least square method*. Mooresville, IN: SSI.

Jöreskog, K. G. & Sörbom, D.（1989）. *LISREL 7: A Guide to the program and applications*. Chicago: SPSS Inc.

Jöreskog, K. G. & Sörbom, D.（1993）. *LISREL 8: Structural equation modeling with the SIMPLIS command language*. Chicago: Scientific Software International.

Jöreskog, K. G. & Sörbom, D.（1996a）. *LISREL 8: User's reference guide*. Chicago: Scientific Software International.

Jöreskog, K. G. & Sörbom, D.（1996b）. *PRELIS 2: User's reference guide*. Chicago: Scientific Software International.

Jöreskog, K. G., Sörbom, D., Toit, Stephen du, & Toit, Mathilda du.（2001）. *LISREL 8: New statistical features*. IL: SSI.

Julian, M. W.（2001）. The consequences of ignoring multilevel data structures in non-hierarchical covariance modeling. *Structural Equation Modeling, 8*（*3*）, 325-352.

Kano, Y.（2001）. Structural equation modeling for experimental data. In R. Cudeck, du Toit Stephen, & D. Sörbom,（Eds.）, *Structural equation modeling: Present and future. A festschrift in honor of Karl Jöreskog*（pp.381-402）. IL: SSI.

Kaplan, A.（1964）. *The conduct of inquiry: Methodology for behavioral science*. New York: Harper and Row.

Kaplan, D.（1988）. The impact of specification error on the estimation, testing, and improvement of structural equation models. *Multivariate Behavioral Research, 23*, 69-86.

Kaplan, D.（1991a）. On the modification and predictive validity of covariance structure models. *Quality and Quantity, 25*, 307-314.

Kaplan, D.（1991b）. The behaviour of three weighted least squares estimators for structured means analysis with non-normal Likert variables. *British Journal of Mathematical and Statistical Psychology, 4*, 333-346.

Kaplan, D.（1995）. Statistical power in structural equation modeling. In R. H. Hoyle（Ed.）, *Structural Equation Modeling: Concepts, Issues, and Applications*（pp. 100-117）. Thousand Oaks, Park, CA: Sage.

Kaplan, D.（2000）. *Structural equation modeling: Foundations and extensions*. Thousand Oaks, CA: Sage.

Kenny, D. A.（1979）. *Correlation and causality*, New York: Wiley.

Kenny, D. A. & Judd, C. M.（1984）. Estimating the nonlinear and interactive effects of latent variables. *Psychological Bulletin, 96*, 201-210.

Kim, J., & Curry, J.（1977）. The treatment of missing data in multivariate analysis. *Sociological Methods and Research, 6*, 215-240.

Kline, Rex B.（1998）. *Principles and practice of structural equation modeling*. New York: The Guilford Press.

Kline, Rex B.（2005）. *Principles and practice of structural equation modeling*（2nd ed.）. New York: The Guilford Press.

Koopmans, T. C., Rubin, H., & Leipnik, R. B.（1950）. Measuring the equation systems of dynamic economics. In T. C. Koopmans（Ed.）, *Statistical inference in dynamic economic models*（pp.53-237）. New York: Wiley.

Lakoff, G.（1995）. Metaphor, morality, & politics, or why conservatives have left liberals in the dust. *Social Research, 62*（2）, 177-214.

Leamer, E. E.（1978）. *Specification searches: Ad hoc inference with non-experimental data*. New York: Wily.

Lee, S. Y. & Bentler, P. M.（1980）. Some asymptotic properties of constrained generalized least squares estimation in covariance structure models. *South African Statistical Journal, 14*, 121-136.

Loehlin, J. C.（1987）. *Latent variable models*. Hillsdale, NJ: Erlbaum.

Long, J. S.（1983a）. *Confirmatory factor analysis*. Beverly Hills, CA: Sage.

Long, J. S.（1983b）. *Covariance structure models: An introduction to LISREL*. Beverly Hills, CA: Sage.

Lowe, N. K. & Ryan-Wenger, N. M.（1992）. Beyond Campbell and Fiske: Assessment of convergent and discriminant validity. *Research in Nursing and Health, 15*, 67-75.

MacCallum, R. C.（1986）. Specification searches in covariance structure modeling. *Psychological Bulletin, 100*, 107-120.

MacCallum, R. C., Browne, M. W., & Sugawara, H. M.（1996）. Power analysis and determination of sample size for covariance structure modeling. *Psychological Method, 1*, 130-149.

MacCallum, R. C., Roznowski, M., & Necowitz, L. B.（1992）. Model modifications in covariance structure analysis: The problem of capitalization on chance. *Psychological Bulletin, 111*, 490-504.

MacCallum, R. C., Roznowski, M., Mar, C. M., & Reith, J. V.（1994）. Alternative strategies for cross-validation of covariance structure models. *Multivariate Behavioral Research, 29*, 1-32.

MacCallum, R. C., Wegener, D. T., Uchino, B. N., & Fabrigar, L. R.（1993）. The problem of equivalent models in applications of covariance structure analysis. *Psychological Bulletin, 114*, 185-199.

MacDonald, R. P. & Golgsten, H.（1989）. Balanced versus unbalanced designs for linear structural relations in two-level data. *British Journal of Mathematical and Statistical Psychology, 42*, 215-232.

Mardia, K. V.（1970）. Measures of multivariate skewness and kurtosis with applications. *Biometrika, 57*（3）, 519-530.

Mardia, K. V.（1974）. Applications of some measures of multivariate skewness and kurtosis in testing normality and robustness studies. *Sankhya, B36*, 115-128.

Mardia, K. V.（1985）. Mardia's test of multinormality. In S. Kotz & N. L. Johnson（Eds. in chief）, *Encyclopedia of statistical sciences, 5*, 217-221. New York: Wiley.

Mardia, K. V. & Foster, K.（1983）. Omnibus testsof multinormality based on skewness and kurtosis. *Communication in Statistics, 12*, 207-22.

Marsh, H. W.（1988）. Multitrait-multimethod analyses. In J. P. Keeves（Ed.）, *Educational research methodology, measurement, and evaluation: An international handbook*（pp.570-578）. Oxford: Pergamon.

Marsh, H. W.（1989）. Confirmatory factor analyses of multitrait-multimethod data: Many problems and a few solutions. *Applied Psychological Measurement, 13*, 335-361.

Marsh, H. W.（1998）. Pairwise deletion for missing data in structural equation models: nonpositive definite matrices, parameter estimates, goodness of fit, and adjusted sample sizes. *Structural Equation Modeling, 5*（*1*）, 22-36.

Marsh, H. W. & Balla, J.（1994）. Goodness of fit in confirmatory factor analysis: The effect of sample size and model parsimony. *Quality & Quality, 28*, 185-217.

Marsh, H. W., Balla, J. R., & McDonald, R. P.（1988）. Goodness-of-fit indexes in confirmatory factor analysis: The effect of sample size. *Psychological Bulletin, 103*, 391-410.

Marsh, H. W. & Hau, K. T.（1999）. Confirmatory factor analysis: Strategies for small sample sizes. In R. H. Hoyle（Ed.）, *Statistical strategies for small sample size*（pp. 251-306）. Thousand Oaks, CA: Sage.

Marsh, H. W., Hau, K. T., Balla, J. R., & Grayson, D.（1998）. Is more ever too much? The number of indicators per factor in confirmatory factor analysis. *Multivariate Behavioral Research, 33*, 181-220.

Maruyama, G. M.（1998）. *Basics of structural equation modeling.* Thousand Oakes, CA: Sage.

McDonald, R. P.（1993）. A general model for two-level data with responses missing at random. *Psychometrika, 58*（*4*）, 575-585.

Mehrens, W. A. & Lehmann, I. J.（1991）. *Measurement and evaluation in education and psychology*（4th ed.）. New York: Holt, Rinehart and Winston.

Mueller, R. O.（1996）. *Basic principles of structural equation modeling: An introduction to LISREL and EQS*. Springer-Verlag.

Mulaik, S. A.（1986）. Toward a synthesis of deterministic and probabilistic formulations of causal relations by the functional relation concept. *Philosophy of science, 52*, 410-430.

Mulaik, S. A.（1987）. Toward a conception of causality applicable to experimentation and causal modeling. *Child Development, 58*, 18-32.

Mulaik, S. A.（1990）. An analysis of the conditions under which the estimation of parameters inflates goodness-of-fit indices as measures of model validity. Paper presented at the annual meeting of the Psychometric Society, Princeton, NJ.

Mulaik, S. A.（1994）. Kant, Wittgenstein, objectivity, and structural equation modeling. In C. R. Reynolds（Ed.）, *Cognitive assessment: A multidisciplinary perspective*（pp. 209-236）. New York: Plenum.

Mulaik, S. A.（1995）. The metaphoric origins of objectivity, subjectivity and consciousness in the direct perception of reality, *Philosophy of Science, 62*, 283-303.

Mulaik, S. A.（2001）. Objectivity and other metaphors of structural equation modeling. In R. Cudeck, du Toit Stephen, & D. Sörbom（Eds.）, Structural equation modeling: Present and future. *A festschrift in honor of Karl Jöreskog*（pp.59-78）. IL: SSI.

Mulaik, S. A. & James, L. R.（1995）. Objectivity and reasoning in science and structural equation modeling. In R. H. Hoyle（Ed.）, *Structural equation modeling: Concepts, issues and applications*（pp.118-137）. Thousand Oaks, CA: Sage.

Muthén, B.（1990）. *Means and Covariance structure analysis of hierarchical data.* UCLA statistics series, no 62: Los Angeles.

Muthén, B.（1991）. Analysis of longitudinal data using latent variable models with varying parameters. In L. Collins & J. Horn（Eds.）, *Best methods for the analysis of change: Recent advances, unanswered questions, future directions*（pp.1-17）. Washington, DC: American Psychological Association.

Muthén, B.（1993）. Goodness of fit with categorical and nonnormal variables. In K.A. Bollen & J. S. Long（Eds.）, *Testing structural equation models*（pp.205-234）. Newbury Park, CA: Sage.

Muthén, B. & Kaplan, D.（1992）. A comparison of some methodologies for the factor analysis of non-normal Likert variables: A note on the size of the model. *British Journal of Mathematical and Statistical Psychology, 45*, 19-30.

Muthén, B., Kap1an, D., & Hollis, M.（1987）. On structural equation modeling for data that are not missing completely at random. *Psychometrika, 52*, 431-462.

Muthén, L. K. & Muthén, B. O.（1998）. *Mplus: The comprehensive modeling program for applied researchers*. Los Angeles: Muthén and Muthén.

Neuman, W. Lawrence.（2000）. *Social research methods: qualitative and quantitative approaches*.（4th ed.）Boston: Allyn and Bacon.

Olsson, U. H., Foss, Tron, Troye, S. V., & Howell, Roy D.（2000）. The performance of ML, GLS, and WLS estimation in structural equatio modeling under conditions of misspecification and nonnormality. *Structural Equation Modeling, 7*（*4*）, 557-595.

Olsson, U. H., Troye, S. V., & Howell, R. D.（1999）. Theoretic fit and empirical fit: The performance of maximum likelihood versus generalized least squares estimation in structural equation modeling, *Multivariate Behavioral Research, 34*, 31-58.

Pearson, Karl.（1904）. Mathematical contribution to the theory of evolution XII: On the theory of contingency and its relation to association and normal correlation. Drapers Company Research Memories, Biometircs Series, Number 1.

Pedhazur, Elazar J.（1982）. *Multiple regression in behavioral research: Explanation and prediction*（2nd ed.）. New York: Holt, Rinehart and Winston, INC.

Pedhazur, E. J. & Schmelkin, L. P.（1991）. *Measurement, design, and analysis: An integrated approach*. Hillsdale, N. J.: Lawrence Erlbaum Associates.

Peter, J. P.（1981）. Construct validity: A review of basic issues and marketing practices. *Journal of Marketing Research, 18*, 133-145.

Popper, K. R.（1959）. *The logic of discovery*. London: Hutchinson.（Original work published 1935）

Popper, K. R.（1962）. *The logic of scientific discovery*. Chicago: university of Chicago Press.

Potthast, M. J.（1993）. Confirmatory factor analysis of ordered categorical variables with large models. *British Journal of Mathematical and Statistical Psychology, 46*, 273-286.

Quintana, S. M. & Maxwell, S. E.（1999）. Implications of recent developments in structural equation modeling for counseling psychology. *The Counseling Psychologist, 27*, 485-527.

Raine-Eudy, Ruth.（2000）. Using structural equation modeling to test for differential reliability and validity: An empirical demonstration. *Structural Equation Modeling, 7*（*1*）, 124-141.

Rao, C. R.（1948）. Large sample tests of statistical hypotheses concerning several parameters with application to problems of estimation. *Proceedings of the Cambridge Philosophical Society, 44*, 50-57.

Raykov, T.（2001）. Approximate confidence interval for difference in fit to structural equation models. *Structural Equation Modeling, 8*（*3*）, 458-469.

Raykov, T. & Marcoulides, G. A.（2001）. Can there be infinitely many models equivalent to a given covariance structure model? *Structural Equation Modeling, 8*（*1*）, 142-149.

Rigdon, Edward E.（1996）. CFI versus RMSEA: A comparison of two fit indexes for structural equation modeling. *Structural Equation Modeling, 3*（*4*）, 369-379.

Rigdon, Edward E.（1998）. The equal correlation baseline model for comparative fit assessment in structural equation modeling. *Structural Equation Modeling, 5*（*1*）, 63-77.

Rindskopf, D.（1984）. Structural equation models: Empirical identification, Heywood cases and related problems. *Sociological Methods and Research, 13*, 109-119.

Rindskopf, D. & Rose, T.（1988）. Some theory and applications of confirmatory second-order factor analysis. *Multivariate Behavioral Research, 23*, 51-67.

Reinhard, B.（1996）. Factors affecting coefficient alpha: A mini Monte Carlo study. In B. Thompson（Ed.）, *Advanced in social science methodology*（*Vol. 4*）（pp.3-20）. Greenwich, CT: JAI Press.

Roth, P. L.（1994）. Missing data: A conceptual review for applied psychologists. *Personnel Psychology, 47*, 537-560.

Rovine, M. J. & Delaney, M.（1990）. Missing data estimation in developmental research. In A. Von Eye（Ed.）, *Statistical methods in longitudinal research: Vol. I. Principles and structuring change*（pp.35-79）. New York: Academic Press.

Rubin, D.（1976）. Inference and missing data. *Biometrika, 63*, 581-592.

Saris,W. E. & Satorra, A.（1993）. Power evaluations in structural equation models. In K. Bollen & J. S. Long（Eds.）, *Testing structural equation model*（pp.181-204）. Newbury Park: CA: Sage.

Saris,W. E., Satorra, A., & Sörbom, D.（1987）. The detection and correction of specification errors in structural equation models. In C. C. Clogg（Ed.）, *Sociological methodo-*

logy 1987（pp.105-129）. Washington: American Sociological Association.

Saris, W. E. & Stronkhorst, H.（1984）. *Causal modeling in nonexperimental research: An introduction to the LRSREL approach.* Amsterdam: Sociometric Research Foundation.

Satorra, A.（1989）. Alternative test criteria in covariance structure analysis: A unified approach. *Psychometrika, 54*, 131-151.

Satorra, A.（1990）. Robustness issues in structural equation modeling: A review of recent developments. *Quality and Quantity, 24*, 367-386.

Satorra, A., & Bentler, P. M.（1988a）. Scaling corrections for chi-square statistics in covariance structure analysis. *Proceedings of the Business and Economic Statistics Section of the American Statistical Association*（pp.308-313）. Alexandria, VA: American Statistical Association.

Satorra, A. & Bentler, P. M.（1988b）. *Scaling corrections for statistics in covariance structure analysis.*（UCLA Statistics Series 2）. Los Angeles: University of California, Department of Psychology.

Satorra, A. & Saris, W. E.（1985）. Power of the likelihood ratio test in covariance structure analysis. *Psychometrika, 50*, 83-90.

Schafer, J. L.（1997）. *Analysis of incomplete multivariate data.* London: Chapman & Hall.

Schwarz, G.（1978）. Estimating the dimensions of a model. *Annals of Statistics, 6*, 461-464.

Schmitt, N. & Stults, D. M.（1986）. Methodological review: Analysis of multitrait-multimethod matrices. *Applied Psychological Measurement, 10*, 1-22.

Schumacker, R. & Marcoulides, G.（Eds.）（1998）. *Interaction and nonlinear effects in structural equation modeling*. Mahwah, NJ: Lawrence Erlbaum Associates.

Schumacker, R. E. & Lomax, R. G.（1996）. *A beginner's guide to structural equation modeling*, Mahwah, NJ: Lawrence Erlbaum Associates.

Shavelson, R. J., Webb, N. M., & Rowley, G. L.（1989）. Generalizability theory. *American Psychologist, 44*, 922-932.

Sobel, M. F. & Bohrnstedt, G. W.（1985）. Use of null models in evaluating the fit of covariance structure models. In N. B. Tuma（Ed.）*Sociological methodology 1985*（pp. 152-178）. San Francisco: Jossey-Bass.

Sörbom, D.（1982）. Structural equation models with structured means. In K.G. Jöreskog & H. Wolds（Eds.）, *Systems under direct observation*（pp.183-195）. Amsterdam: North Holland.

Sörbom, D.（1989）. Model modification. *Psychometrika, 54*, 371-384.

Sörbom, D. & Jöreskog, Karl G.（1982）. The use of structural equation models in evaluation research. In C Fornell（Ed.）, *A second generation of multivariate analysis*（Vol. 2, pp.381-418）. New York, NY: Praeger.

Spearman, C.（1904）. General intelligence, objectively determined and measured. *Ameri can Journal of Psychology, 15*, 201-293.

Steiger J. H.（1989）. *EZPATH: A supplementary module for SYSTAT and SYSGRAPH.* Evanston, IL: SYSTAT.

Steiger, J. H.（1990）. Structural model evaluation and modification: An interval estimation approach. *Multivariate Behavioral Research, 25*, 173-180.

Steiger J. H. & Lind, J. C.（1980）. Statistically-based tests for the number of common factors. Paper presented at the Annual Meeting of the Psychometric Society, Iowa City, IO.

Stelzl, I.（1986）. Changing the causal hypothesis without changing the fit: Some rules for generating equivalent path models. *Multivariate Behavioral Research, 21*, 309-331.

Sugawara, H. M. & MaCallum, R. C.（1983）. Effect of estimation method on incremental fit indexes for covariance structure models. *Applied Psychological Measurement, 17*, 365-377.

Suppes, P. C.（1970）. *A probabilistic theory of causality*. Amsterdam: North-Holland.

Tanaka, J. S.（1987）. How big is big enough?: Sample size and goodness-of-fit in structural equation models with latent variables. *Child Development, 58*, 134-146.

Tanaka, J. S.（1993）. Multifaceted conceptions of fit in structural equation models. In K. A. Bollen and J. S. Long（Eds.）, *Testing structural equation models*（pp.10-39）. Newbury Park, CA: Sage.

Taylor, D. L. & Campbell, K. T.（1992）. An Application-based discussion of construct validity and internal consistency reliability. Paper presented at *the annual meeting of the Southwest Educational Research association*. Austin. TX.

Thorndike, E. L.（1904）. *An introduction to the theory of mental and social measurements*.

New York: Science Press.

Tippets, E. A.（1991）. *A comparison of methods for evaluating and modifying covariance structure models*. Unpublished doctoral dissertation, University of Maryland, College Park.

Tsai, Shu-Ling & Chiu, Hei-Yuan.（1991）. Constructing occupational scales for Taiwan. *Research in Social Stratification and Mobility, 10*, 229-253.

Van Driel, O. P.（1978）. On various causes of improper solutions in maximum likelihood factor analysis. *Phychometrika, 43*, 225-243.

Wang, Lin, Fan, Xitao, & Willson, V. L.（1996）. Effects of nonormal data on parameter estimates and fit indices for a model with latent and manifest variables: An empirical study. *Structural Equation Modeling, 3*, 228-247.

West, S. G., Finch, J. F., & Curran, P. J.（1995）. Structural equation models with non-normal variables: Problems and remedies. In R. H. Hoyle（Ed.）, *Structural equation modeling: Concepts, issues and applications*（pp.56-75）. Thousand Oaks, CA: Sage.

Wothke, W.（2000）. Longitudinal and multi-group modeling with missing data. In T. D. Little, K. U. Schnabel, & J. Baumer（Eds.）, *Modeling longitudinal and multiple data: Practical issues, applied approaches and specific examples*（pp.219-240）. Mahwah, NJ: Lawrence Erlbaum Associates.

Wright, S.（1923）. The theory of path coefficients: A reply to Niles' criticism. *Genetics, 8*, 239-255.

Wright, S.（1934）. The method of path coefficients. *Annals of Mathematical Statistics, 5*, 161-215.

索引

【四劃】

【五劃】

【六劃】

【七劃】

【八劃】

【十劃】

【十一劃】

【十二劃】

【十四劃】

【十五劃】

【十六劃】

【十七劃】

【十八劃】

【十九劃】

【二十劃】

【二十一劃】

【二十二劃】

【二十三劃】

【二十四劃】

【二十五劃】

國家圖書館出版品預行編目資料

結構方程模式：理論與應用／黃芳銘著. 一五版.
一臺北市：五南圖書出版股份有限公司,
2007.05
面；　公分.
I S B N: 978-957-11-4733-8（平裝附光碟片）

1.社會科學一統計方法

501.28　　96006996

1H20

結構方程模式：理論與應用

作　　者 一 黃芳銘（318.2）
發 行 人 一 楊榮川
總 經 理 一 楊士清
總 編 輯 一 楊秀麗
主　　編 一 侯家嵐
責任編輯 一 吳靜芳
封面設計 一 童安安
出 版 者 一 五南圖書出版股份有限公司
地　　址：106 台北市大安區和平東路二段 339 號 4 樓
電　　話：(02)2705-5066　傳　　真：(02)2706-6100
網　　址：https://www.wunan.com.tw
電子郵件：wunan@wunan.com.tw
劃撥帳號：01068953
戶　　名：五南圖書出版股份有限公司

法律顧問　林勝安律師

出版日期　2002 年 9 月初版一刷
　　　　　2003 年 5 月二版一刷
　　　　　2004 年 9 月三版一刷
　　　　　2005 年 10 月三版二刷
　　　　　2006 年 5 月四版一刷
　　　　　2007 年 5 月五版一刷
　　　　　2023 年 9 月五版五刷

定　　價　新臺幣 550 元